개정판

사주·육효·택일·양택·음택·방위신에 작용하는 神秘의

神殺百科
신살백과

監修 **韓 重 洙**
著者 **金 岡 玄**

정훈출판사

2008.10.27. 당진 수청타워505호에 개업 준비 중인 필자의 사무실을 방문하신
故 白愚堂 韓 重 洙 선생님을 모시고 찍은 사진

2008.10.27. 필자의 사무실을 방문하신 故 韓 重 洙 선생님(사진 가운데 분)
오른 편은 동방대학원대학교 미래예측학과 석좌교수 철학박사 柳 方 鉉 원장님

2015.9.5. 한국한문교사 중앙연수원 훈장1급 수료식 후.
우측에 故 한양원 원장님과 좌측에 이권재 대한검정회 이사장님을 모시고 찍은 사진

2015.9.19. 대한검정회 홍문관 뜰에서 [작명·해명 실무대전] 출판기념회를 갖고
연수원 원우들과 함께 찍은 사진

제683호

상 장

고급 부 개인 대상

김재식

위 사람은 정읍문화원이 개최한 제6회 전국 한문경전 성독대회에서 위와 같이 우수한 성적으로 입상하였기에 이 상장을 드립니다.

2013년 6월 8일

교육부장관 서 남 수

(상)동발-08-022

공로상

성 명 : 김재식
주민등록번호 : 500112-1474011

위 사람은 육효학 전문가 과정 학생으로서 문화교육원 발전에 기여한 공로가 크므로 이 상을 드립니다.

2009년 2월 27일

東方大學院大學校 總長 文學博士 鄭 祥 玉

❖ 改訂 版을 내면서 ❖

명리학은 인간사의 길흉(吉凶)을 예단(豫斷)하는 학문으로 절대성이 아닌 가능성의 학문이므로 길흉화복(吉凶禍福)을 미리 예측하여 길운(吉運)은 나의 것이 되게 하고, 흉화(凶禍)는 피해 가고자 하는데 목적이 있으며, 그 작용력은 개인의 출생환경, 수양, 노력 등을 감안하여 판단할 수 있는 심오한 학문이므로 사람마다 작용력은 동일하게 적용할 수 없다 하겠습니다.

첨단과학 장비를 갖춘 기상청의 일기예보도 97% 적중한다고 해도 실제 체감지수는 70%내외가 된다는 점을 감안하면, 천차만별(千差萬別)의 다양한 인간의 삶에 미루어 그 작용력은 다를 수밖에 없을 것입니다.

국내의 저명한 명리학자 중 신살(神殺)에 대한 독보(獨步)적인 연구가로 2004년 [命理正典]을 펴내신 공자운(孔紫雲)선생은

'신살은 별이다(神殺 星也). 신은 길성이요(神 吉星). 살은 흉성(殺 凶星)이며, 명리(命理)에 나오는 모든 신살의 이름은 고대 중국의 혼천전도[渾天全圖]라는 성좌(星座) 및 성군(星群)을 그려놓은 천문성도(天文星圖)의 별의 이름과 일치한다.'고 말하였습니다.

별의 작용을 근거로 인간의 운명에 접목된 [七政四餘]·[奇門遁甲]·[紫微斗數]의 명리학에서 한결같이 별들의 배치에 따른 길흉(吉凶)의 예단(豫斷)이 주축을 이루고 있으며, 현대의 컴퓨터 만능시대에 이르기까지 인간의 길흉을 예단하는 학문으로 추종을 불허하는 학문이 된 것은 수 세기(數世紀)에 걸쳐 옛 현인들이 깊이 연구를 거듭하여 이루어 놓은 노력의 산물(産物)이라 하겠습니다.

명리학자 중에도 신살을 가벼이 생각하고 간명(看命)에 인용하지 않는

분들이 많고, 특히 일부에서 미신(迷信)으로 생각하고 도외-시(度外視)하는 사례가 많으나, 이는 이 학문의 심오(深奧)한 생성(生成)과정을 이해하지 못하는 데서 비롯된 것이라 볼 수밖에 없습니다.

이 같은 현상은 명리를 배우는 분들이 한자(漢字)에 익숙하지 못하여 신살의 용어(用語)를 쉽게 이해하지 못하는 점도 신살을 간과(看過)하게 된 이유 중의 하나가 될 것입니다. 또한, 한국의 명리학이 같은 한자문화권(漢字文化圈)에 속하는 대만이나 일본에 비해 반세기 이상의 후진(後進)과 퇴보(退步)를 가져온 요인(要因) 또한, 한글전용화 정책에 따른 한자문맹(漢字文盲)을 양산하고 우리 문화를 제대로 전승(傳承)하지 못한데 기인(起因)한다 하겠습니다.

편자가 2010년경, 동국대학교 사회교육원 명리학 최고 지도자 과정을 이수할 무렵, 명리학자 세분의 특강을 수강하게 되었던 바,

첫째는 한국 명리학계의 1인자로 꼽는 부산의 박청화 교수님의 특강을 수강하게 되어 신살(神殺)에 대하여 질문한 적이 있습니다.
'교수님께서는 간명(看命)하실 때에 신살을 참고하시나요?' 하고 질문하였더니
'사주보는 사람이 신살을 보지 않고 어떻게 점사(占辭)를 말할 수 있나요, 저는 신살과 십이운성(十二運星)을 참고 합니다'라고 하셨습니다.

두 번째는 [紫微斗數全書]를 번역출간하신 김선호(金善浩)교수님께 필자의 자미두수명반을 제시하고 '제가 신상(身上)에 좋지 않은 일을 당하여 명리에 입문하게 되었는데, 어느 때인지 아실 수 있겠습니까?' 하고 질문하니 '2006년 병술년 살파랑격(殺破浪格)에 닿는 해입니다'라고 정확히 대답하셨습니다.

살파랑 격이란 자미두수 명반의 명궁(命宮)의 삼방(三方)에서 七殺·破軍·貪狼 성(星)이 만나는 것으로 운명이 파란만장하다는 의미인데, 정년을 불과 3년 앞두고 특별감사에서 적출된 1억6천만원의 불법찬조금 내역을 언론에 유출하여 학교법인의 명예를 훼손하였다는 이유로 이사회로부터 징계해임안이 의결되어 절망과 좌절의 나락(奈落)으로 끝없이 추락했던 나는, 3개월간 밤잠을 설치며 고민한 끝에 "징계해임무효확인"소송을 법원에 제출하였고, 1년2개월간의 피를 말리는 법정다툼 끝에 합의 승소하여 절처봉생(絶處逢生)으로 인생역전의 계기(契機)를 만들었습니다.

병술년은 공교롭게도 1950년 범띠생인 필자에게는 "나가는 삼재(三災)의 해"로 삼재란 생년지를 기준으로 삼합(三合)으로 구성되는데, 포태법으로 따져 병(病)·사(死)·장(葬)이 닿는 3년간 재난을 겪게 된다고 해서 삼재(三災)라 하고, 팔난(八難)이란 부부의 질병, 부모형제자매의 병환, 도난, 재산손실, 시비, 구설, 관재로 인한 송사 등의 온갖 어려움을 겪게 된다고 하여 팔난(八難)이라 하는데, 대부분의 명리학자들이 대수롭지 않게 여기고 무속인들 만이 중요하게 보는 이 흉살의 작용력이 필자에게는 100% 적중하였습니다.

세 번째는 월간역학교육원에서 김재현 교수님의 자미두수 과정을 인터넷수강을 하게 되었는데, 역학(易學)하는 분들의 명궁(命宮)에 대부분 천무[天巫]라는 별이 있다는 말을 듣고 필자의 명반을 확인해보니 천무성(天巫星)이 들어 있어 '하면 된 다' 는 확신을 갖게 되었고, '관록궁에 정성(正星)이 없으면 기고 나는 재주가 있어도 정년퇴직 못 한다'는 말을 듣고 나의 관록궁을 확인해보니 정말 정성(正星)이 없어 자미두수의 적중률에 또 한 번 놀랐습니다.

이로부터, 필자는 간명할 때는, 반드시 사주(四柱)의 중요한 신살과 자미두수의 명반(命盤), 성명의 발음오행과 사격수리(四格數理)를 참고하게 되었습니다.

　2007년 봄, 소송 진행 중에 명리(命理)에 입문(入門)하여 서울의 명리학 전문교육기관인 역학원, 사회교육원을 전전하던 중, 신살의 용어가 난해(難解)하여 어려움을 느끼던 차에, "한자를 알면 세상이 보인다"를 모토(motto)로 한문교사를 양성하고 있는 한국한문교사 중앙연수원에 입학하였고, 지도사 2급 과정의 한자(漢字)의 육서(六書)로 시작하여 훈장특급과정인 오경(五經)에 이르는 8년 과정의 수료 1년여를 남겨두고 작명가로써의 인생2막의 피날레(finale)를 보람 있게 마무리 하기위해 여력(餘力)을 다하고 있습니다.

　위에서 필자의 부끄러운 과거 사례를 들어 설명한 것은 조금만 주의를 기울이고 경계하면 피해갈 수도 있는 일로 말미암아 불의의 사고를 당하는 경우가 바쁘게 살아가야만 하는 현대의 우리들 생활 속에는 너무도 많기 때문입니다.

　2009년 처음 출판한 [神殺百科] 초판 2500부가 수년전에 매진되어 재판인쇄 제의를 받아오던 중, 초판 내용 중에서 100여 곳의 誤, 脫字와 누락된 내용을 정정하고 일부 추가하여 금번 개정판을 출간하게 되었습니다.

　이 책은 신살에 대한 설명을 비교적 쉽고 간략하게 기술하고자 노력하였고, 간명(看命)할 때에, 모든 신살을 다 확인할 수 없다는 점을 감안하여 쉽게 찾아 볼 수 있도록 조견표를 작성하여 제시하였음으로 명리에 입문하신지 오래되지 않은 역학도(易學徒)에게는 다소 도움이 되실 것이라 사료됩니다.

금번 개정판을 출간하는데 필자의 사무실에서 오(誤), 탈자(脫字)의 정정 및 편집을 도와주신 쌍둥이 엄마 김초희 님과 인쇄를 맡아주신 공감디자인 함승환 부장님, 양수진 님께 고마움의 뜻을 표합니다.

특별히 필자가 동방대학원대학교 문화교육원 육효반 제1기 수강 시 본서의 출간에 많은 도움을 주신 柳方鉉 교수님과, 언제나 필자의 자문(諮問)에 흔쾌(欣快)히 답해주시는 대한검정회 이권재 이사장님께 감사를 드리고, 이 책의 초판 출간을 감수(監修)해 주시고, 2015년에 작고(作故)하신 한국역학계의 태두(泰斗) 백우당(白愚堂) 韓重洙 선생님의 명복(冥福)을 빕니다.

2017. 5월
正訓 作名院 사무실에서
慧堂 金岡玄 謹拜

監修辭

사람 중에는 선(善)한 사람과 악(惡)한 사람이 있듯이 신살(神殺)에도 길신(吉神)과 흉살(凶殺)이 있습니다. 길신은 주인공에게 좋은 일이 있게 하고 흉살은 주인공에게 실패, 좌절, 질병, 부상, 관재 등 좋지 못한 일로 작용한다 하겠습니다.

그러므로 명(命-四柱)이나 모든 행사에 길흉신의 있고 없음과 그 길흉신의 작용 역량에 따라 피해야 될 흉신과 도와주는 길신의 작용력 비중에 의해 세심한 추리가 요구되지만 비록 신살정국(神殺定局)에 의해 해당되는 신살의 유무를 알 수 있더라도 작용력의 강약과 허실(虛實)을 알아야 길흉을 논할 수 있는 것입니다.

혹자가 어떤 행사를 위해 택일하게 될 때 멸망일(滅亡日)에 해당할 경우 살의 명칭이 멸망한다는 뜻을 담고 있으므로 대흉살(大凶殺)과 같이 여겨져 이날을 몹시 꺼리지만 살(殺)로서의 해로운 작용은 미약한 것입니다. 그러므로 신살의 유무를 참작할 경우 작용력의 여부를 판단하게 되는 것입니다.

신살이 어떠한 원리에 의해 정해졌는지는 (이해되는 점도 없지 않으나) 이리저리 연구해 보아도 알 수가 없고 다만, 우리가 깨닫지 못하는 어떤 깊은 원리가 숨겨져 있는 것 같습니다.

《신살백과》를 편저한 혜당(慧堂)은 30여 년간 행정사무에 종사하면서 지득한 경험을 살려 한자어(漢字語)로 된 난해한 신살의 작용력을 누구나 쉽게 이해하고 실제 적용할 수 있도록 하고자 수년간 신살정국을 수집해 왔다 하기에 이왕이면 《신살백과》를 펴내도록 권유했으나 신살의 작용력과 적용에 회의를 품고 망설이다가 본인의 권유에 못 이겨 집필을 시작한 것 같습니다.

신살의 종류가 하도 많아서 흉살 없는 사람이 어디 있으랴는 마음과 신살의 작용에 대해 그다지 마음 써 본 일이 없다가 한편 생각해 보니 비록 10 ~ 20 퍼센트 정도의 작용 확률이 된다 할지라도 결코 안심할 일만은 아니라는 생각에 피흉취길(避凶就吉)의 한 가지 방도가 될 수 있을 것 같습니다.

속담에 "돌다리도 두들겨 보고 건넌다"는 교훈이 있듯이 신살의 작용 가능성이 있는 흉살은 피해 가는 것도 행복한 삶을 위한 한 가지 방도가 아닌 가 사료됩니다.

본인은 감수자(監修者)의 의무로서 혜당(慧堂)이 저술한 《신살백과》를 하자가 없는지 살펴보았습니다.

각종 역학 서적에 등장하는 300여 종의 신살을 일목요연하게 정리하여 이 같은 《신살백과》를 집필하여 출간하게 된 것은 혜당(慧堂)의 뛰어난 통찰력과 남다른 탐구력의 산물이라고 볼 수밖에 없는 바, 혜당(慧堂) 자신은 물론 앞으로 역학계 발전에도 크게 기여하게 되리라는 기대를 가져 봅니다.

이 분야의 학문을 좋아하시는 강호제현(江湖諸賢)들께서도 운명적 추리에 도우미 역할은 충분하다 생각되기에 감히 추천의 말씀을 드리는 바입니다.

역학에 대한 학구열과 예지력이 뛰어난 혜당(慧堂) 저자에게 격려의 마음을 보내주신다면 감수인의 입장에서도 흐뭇한 마음 비할 데 없을 것 같습니다.

서기 2009년 1월

白愚堂 韓重洙 拜

推薦辭

　새봄의 싹을 틔우기 위해 천지가 온 힘을 다하고 있는 엄동설한에 저의 마음을 훈훈하게 하는 기쁜 소식은 천리 길을 멀다 않고 학문을 배우러 서울까지 왕래하던 김재식 학우님께서《신살백과》원고를 출판사로 보냈다는 연락이었습니다.

　세상에 존재하는 모든 학문이 멀고 먼 험난한 배움의 길이겠습니다만 우리 역학도 예외는 아니기에 김재식님의 모습을 볼 때마다 언제나 안쓰러운 마음과 함께 믿음직스런 든든함으로 오늘의 어려운 실정에서 매우 위안이 되어 다가왔습니다.

　사실《신살백과》라 하면 왠지 거부하는 분들이 있을지도 모르겠습니다만 우리가 학문을 하는데 있어서 이론이 있다면 어느 분야이든 실전 실제의 분야가 매우 중요하므로 항상 이론과 실전이 겸비하였을 때 명실상부 그 분야에서 권위자가 될 수 있다고 하겠습니다.

　우리가 연구하는 명리학도 다르지 않다고 생각하며 역시 이론을 바탕으로 한 실전의 경력이 살아 있는 자만이 온전한 실력자라 할 수 있겠습니다.
　그래서 저는 실전에서의 왕성한 활용으로 내담자를 위한 상담자의 거침없는 대화에서 빠질 수 없는 모든 신살을 정리하여 놓은《신살백과》는 평범한 뼈 속에 숨어서 살아 움직이는 근육에 비유하고 싶습니다.

　그러므로 이번에 출판되는 김재식님의《신살백과》는 명리학의 새로운 지평을 열어 나가는 데 매우 중요한 전환점이 될 수 있음을 믿어 의심치 않으며 또한 우리 중의 누군가가 꼭 연구해야 할 책임 있는 부분을 김재식님께서 해내셨음을 높이 평가하고자 합니다.

아무리 작은 일도 소홀히 하지 않는 진지한 그 모습은 앞으로의 많은 후학들에게 귀감이 될 것이며 아울러 지금부터 시작이라는 마음가짐으로 더 많은 부분의 연구를 부탁드리고자 합니다.

특히 역학의 원로이자 권위자이신 한중수 교수님의 감수를 받아 세상에 내어 놓은 진귀한 내용인 만큼 명리를 배우는 학인이나 그리고 육효, 구성, 기문, 풍수를 공부하는 학인 또는 실전을 연마하는 많은 분들에게 꼭 필요한 책이니 곁에 두고 다독을 권하는 바입니다.

끝으로 학우 여러분, 도반 여러분, 추운 겨울 언제나 건강하시기 바랍니다.

己丑 年을 기다리며 戊子 年 乙丑 月 소한을 지나
동방대학원대학교 미래예측과 석좌교수 철학박사
한국 전통과학 아카데미 원장 巨海 **柳方鉉**

차 례

- 머리말 ·· 6
- 監修辭 ·· 10
- 推薦辭 ·· 12
- 일러두기 ·· 41

제 1 장 기초 익히기

1 육갑법(六甲法) ·· 44
1 천간(天干)과 지지(地支)의 명칭과 순서 ···································· 44
①천간(天干) ·· 44
②지지(地支) ·· 44
2 육십갑자(六十甲子) ·· 45
3 간지(干支)의 음양(陰陽) ·· 45
4 간지(干支)의 합(合)·충(沖) ·· 46
①간합(干合)과 간충(干沖) ·· 46
②지합(支合)과 지충(支沖) ·· 46
　⊙육합(六合) ·· 46
　⊙삼합(三合) ·· 46
　⊙육충(六沖) ·· 47
③형(刑)·파(破)·해(害)·원진(怨嗔) ·· 47
　⊙형(刑) ·· 47
　⊙파(破) ·· 47
　⊙해(害) ·· 48
　⊙원진(怨嗔) ·· 48
5 음양론(陰陽論) ·· 48
6 오행론(五行論) ·· 49
①오행의 명칭 ·· 49

② 오행의 소속 50
 ⊙ 천간(天干)오행 50
 ⊙ 지지(地支)오행 50
 ⊙ 수(數)오행 50
 ⊙ 색(色)오행 50
 ⊙ 방위(方位)오행 50
 ⊙ 오행소속 일람표 51
③ 간지(干支)의 합오행(合五行) 51
 ⊙ 간합오행(干合五行) 52
 ⊙ 지합오행(支合五行) 52
  • 삼합오행(三合五行) 52
  • 육합오행(六合五行) 53

7 오행생극(五行生克) 53
① 오행상생(五行相生) 53
② 오행상극(五行相克) 54
③ 오행비화(五行比和) 55

8 오행의 왕쇠(旺衰) 55
 ⊙ 왕·상·사·휴·수 일람표 56

9 육십화 갑자(六十花 甲子) 57
 ⊙ 납음오행표 57
 ⊙ 선천수(先天數) 58

2 사주(四柱) 세우기 59

1 연주(年柱) 59

2 월주(月柱) 60
① 절(節)과 월지(月支) 60
 ⊙ 24절 소속 61
② 정월법(定月法) 62

3 일주(日柱) 62
 ⊙ 시차(時差) 계산법 63

4 시주(時柱) 63
 ⊙ 시주(時柱) 일람표 64

제2장 육친론

1 육친에 대한 상식 ························· 66
1 육친 명칭 ··························· 66
⊙육친 생극도 ························· 66
2 육친이 정해지는 법식 ················ 67
3 육친(六親)의 생극관계 ················ 67
⊙육친구성 일람표 ····················· 68
⊙지장간(支藏干) ······················· 69
4 육친론(六親論) ······················· 69
①비겁(比劫) ························· 69
②식상(食傷) ························· 70
③재성(財星) ························· 72
④관살(官殺) ························· 73
⑤인수(印綬) ························· 74

2 사주에서의 합(合)과 충(沖) 관계 ········· 76
1 간합(干合)과 간충(干沖) ··············· 76
①간합(干合)의 작용 ··················· 76
②간충(干沖)의 작용 ··················· 77
2 지합(支合)과 지충(支沖) ··············· 78
①지합(支合)의 작용 ··················· 78
②지충(支沖)의 작용 ··················· 81
3 형(刑)·파(破)·해(害)·원진(元辰) ········ 82
①형(刑)의 작용 ······················· 82
②파(破)의 작용 ······················· 83
③해(害)의 작용 ······················· 83
④원진(元辰)의 작용 ··················· 84
4 공망(空亡) ··························· 85

제 3 장 신살론

1 사주(四柱)에 적용되는 신살(神殺) ········ 88
1 생일의 간지(干支)로만 보는 신살(神殺) ········ 88
①육수(六秀) ········ 88
②일록(日祿) ········ 88
③일덕(日德) ········ 89
④괴강(魁罡) ········ 89
⑤평두살(平頭殺) ········ 90
⑥음욕살(淫慾殺) ········ 90
⑦고란살(孤鸞殺) ········ 91
⑧금신(金神) ········ 91
⑨음양차착살(陰陽差錯殺) ········ 91
⑩백호대살(白虎大殺) ········ 92
⑪희신(喜神)1 ········ 92
⑫문창(文昌) ········ 93
⑬천덕(天德)과 일덕(日德) ········ 93
⑭정인(正印) ········ 93
⑮음욕방해살 ········ 94
　⊙팔전(八專) ········ 94
　⊙구추(九醜) ········ 94
⑯고란과곡살(孤鸞寡鵠殺) ········ 94
⑰일귀(日貴) ········ 95
⑱희신(喜神) ········ 95
⑲복신(福神) ········ 95
⑳녹마동향(祿馬同鄉) ········ 96
㉑녹고(祿庫)·마고(馬庫) ········ 96
　⊙녹고(祿庫) ········ 96
　⊙마고(馬庫) ········ 96
㉒십악대패일(十惡大敗日) ········ 96
㉓진신(進神)·퇴신(退神) ········ 96
　⊙진신(進神) ········ 97
　⊙퇴신(退神) ········ 97
㉔희신(喜神)2 ········ 97

2 생일간(生日干)을 기준하여 보는 신살 ········ 97
①천을귀인(天乙貴人) ········ 97

⊙천을귀인이 이루어지는 원칙 ··· 99
②천복귀인(天福貴人) ·· 101
③건록(建祿) ·· 101
④문창귀인(文昌貴人) ·· 102
⑤문곡귀인(文曲貴人) ·· 102
⑥학당귀인(學堂貴人) ·· 102
⑦금여(金輿) ·· 103
⑧암록(暗祿) ·· 103
⑨복성귀인(福星貴人) ·· 103
⑩천복귀인(天福貴人) ·· 104
⑪천주귀인(天廚貴人) ·· 104
⑫천관귀인(天官貴人) ·· 105
⑬태극귀인(太極貴人) ·· 105
⑭홍염살(紅艶殺) ··· 105
⑮극해공망(克害空亡) ·· 106
⑯양인살(羊刃殺) ··· 107
⑰비인(飛刃) ·· 107
⑱유하살(流霞殺) ··· 108
⑲철사관(鐵蛇關) ··· 108
⑳천소성(天掃星) ··· 109
㉑자암성(紫暗星) ··· 109

3 일간(日干)과 생시(生時)로 보는 신살 ··································· 111
①귀록(歸祿) ·· 111
②협록(夾祿) ·· 112
③전재(專財) ·· 112
④시마(時馬) ·· 113
⑤공귀(拱貴) ·· 113
⑥공록(拱祿) ·· 118
⑦공재(拱財) ·· 119
⑧교록(交祿) ·· 121
⑨절로공망(截路空亡) ·· 121
⑩급각살(急脚殺) ··· 122
⑪뇌공살(雷公殺) ··· 122
⑫낙정관(落井關) ··· 123
⑬천일관(千日關) ··· 123

4 생년납음(生年納音)을 기준하여 보는 신살 ······················· 124
  ① 배곡살(背曲殺) ··· 124
  ② 지소성(地掃星) ··· 125
  ③ 다병(多病) ··· 125
  ④ 망문환(望門鰥) ··· 125
  ⑤ 망문과(望門寡) ··· 125
  ⑥ 다액살(多厄殺) ··· 126

5 생년지(生年支) 기준하여 보는 신살1 ······························ 126
  ① 십이살(十二殺) ··· 126
    ⊙ 십이살 정국법 ··· 127
    ⊙ 십이살 일람표 ··· 127
    ⊙ 십이살론 ·· 128
  ② 공망(空亡) ··· 131
  ③ 홍란성(紅鸞星) ··· 131
  ④ 용덕(龍德) ··· 132
  ⑤ 천덕(天德) ··· 132
  ⑥ 월덕(月德) ··· 133
  ⑦ 자미(紫微) ··· 133
  ⑧ 태양(太陽) ··· 133
  ⑨ 태음(太陰) ··· 134
  ⑩ 삼태(三台) ··· 134
  ⑪ 팔좌(八座) ··· 135
  ⑫ 천해(天解) ··· 135
  ⑬ 지해(地解) ··· 136
  ⑭ 금궤(金匱) ··· 136
  ⑮ 천마(天馬) ··· 136
  ⑯ 월공(月空) ··· 137
  ⑰ 천희(天喜) ··· 137
  ⑱ 고신(孤辰) ··· 138
  ⑲ 과수(寡宿) ··· 138
  ⑳ 상문(喪門)·조객(弔客) ··· 140
  ㉑ 백호(白虎) ··· 140
  ㉒ 오귀(五鬼) ··· 141
  ㉓ 탄함살(呑陷殺) ··· 141
  ㉔ 대패살(大敗殺) ··· 142
  ㉕ 대모(大耗) ··· 142

㉖소모(小耗) 142
㉗팔패(八敗) 143
㉘귀문관(鬼門關) 143
㉙관재(官災) 144
㉚천공(天空) 144
㉛혈인(血刃) 144
㉜재혼(再婚) 145
㉝중혼(重婚) 145
㉞파쇄(破碎) 146
㉟골파쇄(骨破碎) 146
㊱관부(官簿) 147
㊲병부(兵簿) 147
㊳사부(死簿) 148
㊴비부(飛簿) 148
㊵권설(卷舌) 148
㊶복음(伏吟) 149
㊷반음(反吟) 149
㊸천구살(天狗殺) 150
㊹천곡(天哭) 150
㊺태백성(太白星) 151
㊻낭자(狼藉) 151
㊼철소추(鐵掃帚) 151
㊽격각(隔角) 152
㊾천도살(天屠殺) 153
㊿천형살(天刑殺) 153
(51)상충(相沖) 154
(52)부침(浮沈) 154
(53)적살(的殺) 154
(54)자에살(自縊殺) 155
(55)맥월(陌越) 155
(56)지배(指背) 156

6 생년지(生年支) 기준하여 보는 신살2 156
①검봉살(劒鋒殺) 156
②택묘살(宅墓殺) 156
③졸폭(卒暴) 157
④관색(貫索) 157

⑤난간(欄干) ················· 158
⑥폭패(暴敗) ················· 158
⑦피두(披頭) ················· 158
⑧대살(大殺) ················· 159
⑨절방(絶房) ················· 159
⑩원진(元辰) ················· 160
⑪매아살(埋兒殺) ············· 160
⑫천조관(天弔關) ············· 161
⑬단명관(短命關) ············· 161
⑭야체관(夜啼關) ············· 161
⑮당명관(撞命關) ············· 162
⑯단교관(短橋關) ············· 162
⑰화상관(和尙關) ············· 163
⑱탕화(湯火) ················· 163
⑲부벽성(斧劈星) ············· 164

7 생월(生月) 기준으로 보는 신살 ········ 164
①천덕귀인(天德貴人) ········· 164
②월덕귀인(月德貴人) ········· 165
③천월덕합(天月德合) ········· 165
　⊙천덕합(天德合) ··········· 165
　⊙월덕합(月德合) ··········· 165
④천혁(天赫) ················· 166
⑤곡살(哭殺) ················· 166
⑥경살(炅殺) ················· 166
⑦시약(時鑰) ················· 167
⑧뇌화(雷火) ················· 167
⑨검봉살(劒鋒殺) ············· 167
⑩혈인살(血刃殺) ············· 168
⑪뇌정살(雷霆殺) ············· 168
⑫음양차착(陰陽差錯) ········· 169
　⊙음차(陰差) ··············· 169
　⊙양착(暘錯) ··············· 169
⑬급각살(急脚殺) ············· 169
⑭직난관(直難關) ············· 170
⑮수화관(水火關) ············· 170
⑯침수관(沈水關) ············· 171
⑰사주관(四柱關) ············· 171

⑱장군전(將軍箭) · 172
⑲염왕관살(閻王關殺) · 172
⑳무정관(無情關) · 172
㉑백일간(百日關) · 173
㉒사계관(四季關) · 173
㉓욕분관(浴盆關) · 174
㉔단교관(斷橋關) · 174
㉕금쇄관(金鎖關) · 174
㉖곡성(哭聲) · 175

8 사계절을 기준하여 보는 신살 · 175
①천혁(天赫) · 175
②갈산(喝散) · 176
③활요(活曜) · 176
④황은귀(皇恩貴) · 176
⑤검봉살(劒鋒殺) · 177
⑥삼구(三丘), 오묘(五墓) · 177
　　⊙삼구살(三丘殺) · 177
　　⊙오묘살(五墓殺) · 177
⑦폭패살(暴敗殺) · 178
⑧천지전살(天地轉殺) · 178
　　⊙천전(天轉) · 178
　　⊙지전(地轉) · 178
⑨혈분관(血盆關) · 179

9 월(月)과 시(時) 관계로 보는 신살 · 179
①부결(負結) · 179
②벽력(霹靂) · 180
③백호관(白虎關) · 180
④비살(飛殺) · 180
⑤상상(上喪) · 181
⑥소살(小殺) · 181
⑦안맹관(眼盲關) · 181
⑧외해(外害) · 182
⑨월간(月奸) · 182
⑩월귀(月鬼) · 182
⑪음간(陰奸) · 183
⑫음살(陰殺) · 183

⑬천귀(天鬼) ··· 183
　　⑭천기(天忌) ··· 184
　　⑮천서(天鼠) ··· 184
　　⑯천상(天喪) ··· 185
　　⑰천월(天月) ··· 185
　　⑱천화(天火) ··· 185
　　⑲천저(天猪) ··· 186
　10 삼간·삼지·삼기성 ·· 186
　　①삼간(三干) ··· 186
　　②삼지(三支) ··· 187
　　③삼기성(三奇星) ··· 188

● 십이운성(十二運星)과 포태법(胞胎法) ······································· 191
　1 십이운성 ·· 191
　　①음양 구분 없이 오행기준법 ··· 191
　　②음양을 구분하는 법식 ··· 191
　　③오행의 왕쇠 ··· 192
　　　⊙십이운성 일람표 ·· 193

● 신살 정국 총람 ·· 193
　1 생일간(生日干)으로 年·月·日·時 대조 일람표 ······················· 194
　2 생년(生年) 기준 신살 일람표 ··· 195
　3 생월지(生月支) 기준 신살 정국 ·· 198
　4 사시(四時) 길흉신(吉凶神) 정국 ·· 200
　5 생일(生日)의 간지로만 보는 신살(六十甲子別) ···················· 200
　　　⊙술어(述語) 해석 ·· 203
　6 육십갑자 납음오행으로 생왕사절법 ··································· 204
　　①자생(自生) ··· 204
　　②자왕(自旺) ··· 205
　　③자묘(自墓) ··· 205
　　④자절(自絶) ··· 205
　　⑤자패(自敗) ··· 205
　　⑥자병(自病) ··· 206
　　⑦자사(自死) ··· 206

2 육효점(六爻占)에 적용되는 신살 ·· 207

1 점일(占日)의 일간(日干)을 기준하여 보는 신살(神殺) ········ 208
①천을귀인(天乙貴人) ·· 208
②건록(建祿) ·· 208
③일해(日解) ·· 209
④천사(天赦) ·· 209
⑤일하천대살(日下天大殺) ·· 209
⑥묘문(墓門) ·· 210
⑦순중공망(旬中空亡) ·· 210
⑧절로공망(截路空亡) ·· 211
⑨양인살(羊刃殺) ·· 211
⑩육수(六獸) ·· 212

2 사시(四時)를 기준하여 보는 신살 ·· 212
①천희(天喜) ·· 213
②천덕(天德) ·· 213
③월덕(月德) ·· 213
④삼구살(三丘殺) ·· 213
⑤오묘살(五墓殺) ·· 214
⑥상살(喪殺) ·· 214
⑦정기살(旌旗殺) ·· 214

3 태세의 지지(地支)를 기준하는 신살 ······································ 215
①상문(喪門) ·· 215
②조객(弔客) ·· 215

4 점(占)치는 달의 월건으로 정해지는 신살1 ······················· 216
①황은대사(皇恩大赦) ·· 216
②천사신(天赦神) ·· 216
③시덕(時德) ·· 217
④천월덕(天月德) ·· 217
⑤일덕(日德) ·· 217
⑥청룡(靑龍) ·· 218
⑦천의(天醫) ·· 218
⑧천해(天解) ·· 219
⑨생기(生氣) ·· 219
⑩천마(天馬) ·· 219
⑪천합(天合) ·· 220

⑫장군(將軍) ··· 220
⑬천시(天時) ··· 220
⑭천망(天網) ··· 221
⑮일관(日關) ··· 221
⑯천무(天巫) ··· 221
⑰소음(小陰) ··· 222
⑱역마(驛馬) ··· 222
⑲천희(天喜) ··· 222
⑳지해(地解) ··· 223
㉑외해(外解) ··· 223
㉒천사신(天赦神) ·· 223
㉓갈산(喝散) ··· 224

5 점(占)치는 달의 월건으로 정해지는 신살2 ·· 224
①세살(歲殺) ··· 224
②비살(飛殺) ··· 224
③삼구(三丘) ··· 225
④오묘(五墓) ··· 225
⑤혈기(血忌) ··· 225
⑥양살(陽殺) ··· 226
⑦음살(陰殺) ··· 226
⑧소살(小殺) ··· 226
⑨천살(天殺) ··· 227
⑩지살(地殺) ··· 227
⑪경살(炅殺) ··· 227
⑫염살(厭殺) ··· 227
⑬천상(天喪) ··· 228
⑭조객(弔客) ··· 228
⑮비염(飛廉) ··· 228
⑯천형(天刑) ··· 228
⑰천귀(天鬼) ··· 229
⑱천화(天火) ··· 229
⑲천화(天禍) ··· 229
⑳천옥(天獄) ··· 230
㉑천서(天鼠) ··· 230
㉒지곡(地哭) ··· 230
㉓천월(天月) ··· 231

㉔천도(天盜) ··· 231
㉕월형(月刑) ··· 231
㉖천뇌(天牢) ··· 232
㉗대살(大殺) ··· 232
㉘천저(天猪) ··· 232
㉙천견(天犬) ··· 232
㉚월형(月刑) ··· 233
㉛월간(月奸) ··· 233
㉜사간(私奸) ··· 233
㉝부결(負結) ··· 234
㉞상상(上喪) ··· 234
㉟욕분(浴盆) ··· 234
㊱월귀(月鬼) ··· 235
㊲태음(太陰) ··· 235
㊳곡성(哭聲) ··· 235
㊴귀기(歸忌) ··· 236
㊵사기(死忌) ··· 236
㊶왕망(往亡) ··· 236
㊷시약(時鑰) ··· 237
㊸인살(刃殺) ··· 237
㊹라망(羅網) ··· 237
㊺벽력(霹靂) ··· 238
㊻광영(光影) ··· 238
㊼음간(陰奸) ··· 238
㊽천살(天殺) ··· 239
㊾천기(天忌) ··· 239
㊿곡살(哭殺) ··· 239
(51)천곡(天哭) ··· 240
(52)천적(天賊) ··· 240
(53)격신(隔神) ··· 240
(54)뇌화(雷火) ··· 241
(55)환과살(鰥寡殺) ··· 241
(56)상거살(喪車殺) ··· 241
(57)퇴문관부(槌門官符) ··· 242
(58)천옥(天獄) ··· 242
(59)구진(句陳) ··· 242

6 신살 일람표 ·· 243
①일간(日干)을 기준하여 정해지는 신살 ·· 243
②사시(四時)를 기준하여 정해지는 신살 ·· 243
③월건을 기준하여 정해지는 신살 ··· 244

3 택일에 적용되는 일진과 신살 길흉 ·· 248
1 생기팔신(生氣八神) ·· 248
①생기·복덕 짚는 요령 ··· 248
　⊙팔괘상식 ··· 249
　⊙연령붙이는 요령과 생기팔신 아는 법 ·· 250
　⊙생기법 따지는 본궁 ··· 252
　⊙생기·복덕 일람표 ··· 253
　⊙백기일(百忌日) ··· 253
2 일반 행사를 위한 길흉일 ·· 254
①오합일(五合日) ·· 254
②월기일(月忌日) ·· 255
③대공망일(大空亡日) ·· 255
④이십팔수(二十八宿) ·· 256
　⊙이십팔수 정국 ·· 256
　⊙이십팔수 길흉 ·· 256
⑤복단일(伏斷日) ·· 258
⑥십이직(十二直) ·· 259
　⊙십이직 일람표 ·· 260
　⊙십이직 유리·불리 ·· 261
⑦사대길일(四大吉日) ·· 262
　⊙천은상길일(天恩上吉日) ·· 262
　⊙대명상길일(大明上吉日) ·· 262
　⊙천사상길일(天赦上吉日) ·· 263
　⊙모창상길일(母倉上吉日) ·· 263
⑧삼갑순(三甲旬) ·· 263
　⊙생·병·사갑순 일정국표 ··· 264
⑨십악대패일(十惡大敗日) ·· 264
⑩음양부장길일(陰陽不將吉日) ·· 264
⑪십전대길일(十全大吉日) ·· 265
⑫천롱(天聾)·지아일(地啞日) ··· 266
⑬칠살일(七殺日) ·· 266
⑭황흑도(黃黑道) ·· 266
　⊙황흑도 정국 일람 ·· 267

⑮촉수룡일(觸水龍日) ·· 267
⑯백호대살(白虎大殺) ·· 268
⑰산명·수명·지명일 ·· 268
　⊙산명일(山鳴日) ·· 268
　⊙수명일(水鳴日) ·· 268
　⊙지명일(地鳴日) ·· 269
⑱오공일(五空日) ·· 269
⑲천지개공일(天地皆空日) ·· 269

3 월별로 해당하는 길신 ·· 269
①천덕(天德) ··· 269
②천덕합(天德合) ··· 270
③월덕(月德) ··· 270
④월덕합(月德合) ··· 270
⑤월공(月空) ··· 271
⑥월은(月恩) ··· 271
⑦월재(月財) ··· 272
⑧생기일(生氣日) ··· 272
⑨천의일(天醫日) ··· 273
⑩역마(驛馬) ··· 273
⑪오부일(五富日) ··· 273
⑫해신(解神) ··· 273
⑬요안일(要安日) ··· 274
⑭옥제사일(玉帝赦日) ··· 274
⑮황은대사(皇恩大赦) ··· 274
⑯만통사길(萬通四吉) ··· 275
⑰회가제성(回駕帝星) ··· 275
⑱익후일(益後日) ··· 275
⑲속세(續世) ··· 276
⑳천후일(天后日) ··· 276
㉑천무(天巫) ··· 276
㉒성심(聖心) ··· 276
㉓경안일(敬安日) ··· 277
㉔육의(六儀) ··· 277
㉕보광(宝光) ··· 277
㉖옥우(玉宇) ··· 278
㉗월해(月害) ··· 278

㉘양덕(陽德) ····· 278
㉙음덕(陰德) ····· 279
㉚지덕(地德) ····· 279
㉛복생(福生) ····· 279
㉜보호(普護) ····· 280
㉝길기(吉期) ····· 280
㉞병보(兵宝) ····· 280
㉟병복(兵福) ····· 281
㊱시양(時陽) ····· 281
㊲시음(時陰) ····· 281
㊳삼합(三合) ····· 282
㊴육합(六合) ····· 282
㊵금당일(金堂日) ····· 282
㊶천원(天願) ····· 283
㊷천사신(天赦神) ····· 283
㊸청룡(靑龍) ····· 283
㊹음양대회일(陰陽大會日) ····· 284
㊺음양소회일(陰陽小會日) ····· 284

4 월별로 해당하는 흉신 ····· 285
①천강(天罡) ····· 285
②하괴(河魁) ····· 286
③지파일(地破日) ····· 286
④라망일(羅網日) ····· 286
⑤멸몰일(滅沒日) ····· 287
⑥복일(復日) ····· 287
⑦천적일(天賊日) ····· 287
⑧수사일(受死日) ····· 288
⑨지격일(地隔日) ····· 288
⑩지낭일(地囊日) ····· 288
⑪토부일(土符日) ····· 289
⑫토금일(土禁日) ····· 289
⑬토기일(土忌日) ····· 289
⑭토온일(土瘟日) ····· 289
⑮혈기일(血忌日) ····· 290
⑯혈지일(血支日) ····· 290
⑰산격일(山隔日) ····· 290

⑱수격일(水隔日) ······ 291
⑲천격일(天隔日) ······ 291
⑳천화일(天火日) ······ 291
㉑지화일(地火日) ······ 291
㉒독화일(獨火日) ······ 292
㉓유화일(遊火日) ······ 292
㉔온황살(瘟癀殺) ······ 292
㉕귀기일(歸忌日) ······ 293
㉖왕망일(往亡日) ······ 293
㉗홍사(紅絲) ······ 293
㉘피마살(披麻殺) ······ 293
㉙빙소와해(氷消瓦害) ······ 294
㉚음차(陰差) ······ 294
㉛양착(陽錯) ······ 294
㉜장성(長星) ······ 294
㉝단성(短星) ······ 295
㉞천구일(天狗日) ······ 295
㉟천옥(天獄) ······ 296
㊱고초일(枯焦日) ······ 296
㊲월파일(月破日) ······ 296
㊳월살(月殺) ······ 297
㊴월염(月厭) ······ 297
㊵염대(厭對) ······ 297
㊶월형(月刑) ······ 297
㊷월해(月害) ······ 298
㊸월허(月虛) ······ 298
㊹오허(五虛) ······ 298
㊺비염살(飛廉殺) ······ 299
㊻구공(九空) ······ 299
㊼구감(九坎) ······ 299
㊽천리(天吏) ······ 299
㊾치사일(致死日) ······ 300
㊿초요일(招搖日) ······ 300
(51)오묘(五墓) ······ 300
(52)인격일(人隔日) ······ 300
(53)대살(大殺) ······ 301
(54)태허일(太虛日) ······ 301

㊺신호일(神號日) ·· 301
㊻귀곡일(鬼哭日) ·· 302
㊼반지(反支) ·· 302
㊽멸망일(滅亡日) ·· 303

5 사시길흉신(四時吉凶神) ································ 303
　①천귀일(天貴日) ·· 303
　②사상일(四相日) ·· 303
　③시덕일(時德日) ·· 304
　④왕일(旺日) ·· 304
　⑤상일(相日) ·· 304
　⑥수일(守日) ·· 305
　⑦관일(官日) ·· 305
　⑧민일(民日) ·· 305
　⑨정사폐(正四廢) ·· 306
　⑩방사폐(傍四廢) ·· 306
　⑪천지전살(天地轉殺) ···································· 306
　⑫천전지전(天轉地轉) ···································· 307
　⑬천지황무일(天地荒蕪日) ···························· 307
　⑭사허패(四虛敗) ·· 307
　⑮사시대모(四時大耗) ···································· 307
　⑯사시소모(四時小耗) ···································· 308
　⑰태허일(太虛日) ·· 308
　⑱검봉살(劍鋒殺) ·· 308

●길흉신 정국 일람 ·· 309
　⊙월지(月支)를 기준하는 신살(神殺) ············ 309
　⊙사시(四時)길흉신(吉凶神)정국(定局) ········ 314

4 성조(成造)와 장매(葬埋) ······························ 315

1 세간(歲干) 기준 방위신(方位神) ················ 316
　　⊙동궁법(同宮法) ·· 317
　①세덕(歲德) ·· 317
　②세덕합(歲德合) ·· 317
　③문창귀인(文昌貴人) ···································· 318
　④문곡귀인(文曲貴人) ···································· 318
　⑤천관귀인(天官貴人) ···································· 318
　⑥천복귀인(天福貴人) ···································· 319

⑦태극귀인(太極貴人) ································· 319
⑧천을귀인(天乙貴人) ································· 319
　⊙양귀일(陽貴日) ································· 319
　⊙음귀일(陰貴日) ································· 319
⑨세록(歲祿) ··· 320
⑩천재(天財) ··· 320
⑪산가곤룡(山家困龍) ································· 320
⑫좌산관부(坐山官符) ································· 321
⑬산가관부(山家官符) ································· 321
⑭라천대퇴(羅天大退) ································· 321
⑮부천공망(浮天空亡) ································· 322
⑯장군전(將軍箭) ······································· 322
⑰산가혈인(山家血刃) ································· 322
⑱양인방(羊刃方) ······································· 322
⑲파패오귀(破敗五鬼) ································· 323
⑳정음부(正陰符) ······································· 323
㉑방음부(傍陰符) ······································· 324
㉒상삭(上朔) ··· 324
㉓금신(金神) ··· 325

2 세지 기준 방위신(길신) ························· 325
①세천덕(歲天德) ······································· 325
②천덕합(天德合) ······································· 326
③세월덕(歲月德) ······································· 326
④월덕합(月德合) ······································· 326
⑤세마(歲馬) ··· 327
⑥천창(天倉) ··· 327
⑦지창(地倉) ··· 327
⑧수천(守天) ··· 327
⑨수전(守殿) ··· 328
⑩박사(博士) ··· 328
⑪역사(力士) ··· 328
⑫지덕(地德) ··· 329
⑬주서(奏書) ··· 329
⑭용덕(龍德) ··· 329
⑮공조(功曹) ··· 330
⑯신후(神后) ··· 330

⑰태양(太陽) ································· 331
　⑱태음(太陰) ································· 331
　⑲홍란성(紅鸞星) ····························· 331
　⑳연해성(年解星) ····························· 331
　㉑옥토성(玉兎星) ····························· 332
　㉒복덕(福德) ································· 332
　㉓전송(傳送) ································· 333
　㉔승광(勝光) ································· 333
3 세지 기준 방위신(흉신) ···················· 333
　①좌산라후(坐山羅候) ························ 333
　②순산라후(巡山羅候) ························ 334
　③황천구퇴(皇天灸退) ························ 334
　④나천대퇴(羅天大退) ························ 334
　⑤구천주작(九天朱雀) ························ 335
　⑥타겁혈인(打劫血刃) ························ 335
　⑦태음살(太陰殺) ····························· 335
　⑧천관부(天官符) ····························· 336
　⑨지관부(地官符) ····························· 336
　⑩태세(太歲) ································· 336
　⑪세파(歲破) ································· 337
　⑫세형(歲刑) ································· 337
　⑬세렴(歲厭) ································· 337
　⑭대장군(大將軍) ····························· 338
　⑮겁살(劫殺) ································· 338
　⑯재살(災殺) ································· 338
　⑰천살(天殺) ································· 339
　⑱좌살(坐殺) ································· 339
　⑲향살(向殺) ································· 339
　⑳상문(喪門) ································· 339
　㉑조객(弔客) ································· 340
　㉒백호(白虎) ································· 340
　㉓유재(流財) ································· 340
　㉔금신살(金神殺) ····························· 341
　㉕대모(大耗) ································· 341
　㉖소모(小耗) ································· 341
　㉗비렴(飛廉) ································· 342

㉘복병(伏兵) ··· 342
㉙천해(天害) ··· 342
㉚오귀(五鬼) ··· 343
㉛천강(天罡) ··· 343
㉜하괴(河魁) ··· 343
㉝독화(獨火) ··· 343
㉞대화(大火) ··· 343
㉟황번(黃幡) ··· 344
㊱표미(豹尾) ··· 344
㊲잠실(蠶室) ··· 344
㊳잠관(蠶官) ··· 344
㊴잠명(蠶命) ··· 345
㊵병부(兵符) ··· 345
㊶사부(死符) ··· 345
㊷관부(官符) ··· 346
㊸신격(神隔) ··· 346
㊹귀격(鬼隔) ··· 346
㊺인격(人隔) ··· 346
㊻풍파(風波)·하백(河伯) ·································· 347

● 연신방(年神方) 일람표(一覽表) ························· 347
　①세간길신표(歲干吉神表) ································ 347
　②세간흉신방(歲干凶神方) ································ 348
　③세지길신방(歲支吉神方) ································ 348
　④세지흉신방(歲支凶神方) ································ 349

● 연신방위도(年神方位圖) ···································· 351
　①길신(吉神) ··· 351
　②흉살(凶殺) ··· 352

[5] 행사별 신살의 길흉 ·· 362

[1] 일반행사 ··· 362
　①제사일(祭祀日) ··· 362
　②고사(告祀) ··· 362
　③불공일(佛供日) ··· 363
　④산제일(山祭日) ··· 363
　⑤조왕제(竈王祭) ··· 364
　⑥용왕제(龍王祭) ··· 364

⑦지신제(地神祭) ··· 365
⑧칠성제(七星祭) ··· 365
⑨출행일(出行日) ··· 365
⑩이사일(移徙日) ··· 366
⑪입택일(入宅日) ··· 366

2 약혼과 결혼 ·· 367
①약혼일(約婚日) ··· 367
②결혼일(結婚日) ··· 367
⊙생·병·사갑표 ··· 368
⊙음양부장길일(陰陽不將吉日) ······················· 368

3 상장·입학·소송 ·· 369
①상장(上章) ··· 369
②입학(入學) ··· 370
③소송(訴訟) ··· 371

4 연락·진인구·구사일·납노 ························· 371
①연락일(宴樂日) ··· 371
②진인구(進人口) ··· 372
③구사일(求嗣日) ··· 372
④납노(納奴) ··· 372

5 입권·교역·개점 ·· 373
①입권(立券)·교역(交易) ······························ 373
②개점(開店) ··· 373
③상고흥판일(商賈興販日) ···························· 374

6 언무교병·조주 ·· 374
①언무교병(偃武交兵) ·································· 374
②조주(造酒) ··· 374
③조장일(造醬日) ··· 375

7 생활에 관계된 것 ···································· 375
①취임일(就任日) ··· 375
②구의요병(求醫療病) ·································· 376
③복약일(服藥日) ··· 376
④재의(裁衣) ··· 376
⑤벌목(伐木) ··· 377
⑥식목일(植木日) ··· 377
⑦파종일(播種日) ··· 378
⑧고양이, 개 들이는 날 ································ 378

⑨소 코 뚫는 날 ··· 379
⑩단유일(斷乳日) ·· 379
⑪이발·미용 ··· 379
⑫목욕(沐浴) ·· 380
⑬제방일(堤防日) ·· 380
⑭재산 분배일 ··· 380
⑮방사(房事) 금하는 날 ·· 381

8 성조(成造)에 관계되는 신살 ···································· 382
①성조운(成造運) ·· 382
　⊙사각법(四角法) ·· 383
　⊙연월길흉(성조운) ·· 384
②전길일(全吉日) ·· 385
③동토일(動土日) ·· 385
④기지일(基地日) ·· 386
⑤상량일(上樑日) ·· 386
⑥수문일(修門日) ·· 387
⑦폐문(閉門)·색로(塞路) ··· 387
⑧파옥(破屋)·괴원(壞垣) ··· 388
⑨천정일(穿井日) ·· 388
⑩소아살(小兒殺) ·· 389
　⊙신황(身皇)·정명살(定明殺) ·································· 389
⑪양택삼요(陽宅三要) ·· 391
　⊙출입문과의 관계 ·· 392
　⊙동서명(東西命) ·· 392
　⊙동서명 조견표(東西命 早見表) ······························· 393

9 육십갑자별 유리·불리 ··· 394
①甲子日 ·· 394
②乙丑日 ·· 395
③丙寅日 ·· 395
④丁卯日 ·· 395
⑤戊辰日 ·· 396
⑥己巳日 ·· 396
⑦庚午日 ·· 396
⑧辛未日 ·· 396
⑨壬申日 ·· 397
⑩癸酉日 ·· 397
⑪甲戌日 ·· 397

⑫ 乙亥日	397
⑬ 丙子日	397
⑭ 丁丑日	398
⑮ 戊寅日	398
⑯ 己卯日	398
⑰ 庚辰日	399
⑱ 辛巳日	399
⑲ 壬午日	399
⑳ 癸未日	399
㉑ 甲申日	400
㉒ 乙酉日	400
㉓ 丙戌日	400
㉔ 丁亥日	400
㉕ 戊子日	401
㉖ 己丑日	401
㉗ 庚寅日	401
㉘ 辛卯日	401
㉙ 壬辰日	402
㉚ 癸巳日	402
㉛ 甲午日	402
㉜ 乙未日	402
㉝ 丙申日	403
㉞ 丁酉日	403
㉟ 戊戌日	403
㊱ 己亥日	404
㊲ 庚子日	404
㊳ 辛丑日	404
㊴ 壬寅日	404
㊵ 癸卯日	405
㊶ 甲辰日	405
㊷ 乙巳日	405
㊸ 丙午日	405
㊹ 丁未日	406
㊺ 戊申日	406
㊻ 己酉日	406
㊼ 庚戌日	407
㊽ 辛亥日	407

(49)壬子日 ………… 407
(50)癸丑日 ………… 407
(51)甲寅日 ………… 407
(52)乙卯日 ………… 408
(53)丙辰日 ………… 408
(54)丁巳日 ………… 408
(55)戊午日 ………… 409
(56)己未日 ………… 409
(57)庚申日 ………… 409
(58)辛酉日 ………… 409
(59)壬戌日 ………… 410
(60)癸亥日 ………… 410

6 음택(陰宅) ………… 411

1 초상(初喪) ………… 411
①장례날짜 ………… 412
⊙중상·중일·복일 ………… 412
②합장(合葬)이 여부 ………… 412
⊙동총운법(動塚運法) ………… 413
⊙구묘 생왕방(生旺方) ………… 413
⊙삼살(三殺)·좌살(坐殺)·세파(歲破)·중상운(重喪運) ………… 415
③염(殮)하는 시각 ………… 416
④입관길시(入棺吉時) ………… 416
⑤하관길시(下棺吉時) ………… 417
⑥정상기방(停喪忌方) ………… 417
⑦하관할 때 피해야 될 사람 ………… 417
⊙정충(正沖) ………… 417
⊙순충(旬沖) ………… 417
⊙태세압본명(太歲壓本命) ………… 417
⑧제주불복방(祭主不伏方) ………… 418
⊙삼살방(三殺方) ………… 418
⊙양인방(羊刃方) ………… 418
⑨영좌(靈座) 설치를 피하는 방위 ………… 418
⊙상문(喪門)·조객방(弔客方) ………… 418

2 이장(移葬) ………… 419
①이장법(移葬法) ………… 419
⊙제살법(制殺法) ………… 420

⊙신살(神殺)의 의기(宜忌) ……………………………………………… 421
　　⊙신산좌운(新山坐運) …………………………………………………… 421
3 이장길국(移葬吉局) ……………………………………………………… 433
　①합국법(合局法) …………………………………………………………… 434
　②축월안장길일(逐月安葬吉日) ………………………………………… 435
　③주마육임(走馬六壬) ……………………………………………………… 436
　④통천규(通天竅) …………………………………………………………… 436
　⑤명암기(明暗氣) …………………………………………………………… 437
　　⊙선후천영기(先後天盈氣) 연국(年局) ……………………………… 437
　　⊙선후천영기(先後天盈氣) 일국(日局) ……………………………… 438
　⑥자미제성(紫微帝星) ……………………………………………………… 439
　⑦개산황도(盖山黃道) ……………………………………………………… 440
　⑧도천전운(都天轉運) ……………………………………………………… 441
　⑨진제성(眞帝星) …………………………………………………………… 441
　⑩사리제성(四利帝星) ……………………………………………………… 442
　⑪성마귀인(星馬貴人) ……………………………………………………… 442
　⑫존제성(尊帝星) …………………………………………………………… 442
　　⊙연국(年局) ……………………………………………………………… 442
　　⊙월국(月局) ……………………………………………………………… 443
　　⊙일국(日局) ……………………………………………………………… 444
　　⊙시국(時局) ……………………………………………………………… 444
　⑬삼기제성(三奇帝星) ……………………………………………………… 445
　　⊙양둔정국(陽遁定局) …………………………………………………… 446
　　⊙음둔정국(陰遁定局) …………………………………………………… 447
　⑭태양주천(太陽周天) ……………………………………………………… 449
　⑮진태음(眞太陰) 정국 …………………………………………………… 453
　⑯자백성(紫白星) …………………………………………………………… 454
　　⊙연백(年白) ……………………………………………………………… 455
　　⊙월백(月白) ……………………………………………………………… 455
　　⊙일백(日白) ……………………………………………………………… 456
　　⊙시백(時白) ……………………………………………………………… 457
　　⊙구궁입중도(九宮入中圖) ……………………………………………… 459
4 흉살(凶殺) ………………………………………………………………… 460
　①무기살(戊己殺) …………………………………………………………… 460
　　⊙연무기(年戊己) ………………………………………………………… 460
　　⊙월무기(月戊己) ………………………………………………………… 460
　②황천·팔요수(黃泉·八曜水) …………………………………………… 460
　　⊙황천살(黃泉殺) ………………………………………………………… 460

- ⊙팔요수(八曜水) ··· 461
- ③목욕좌(沐浴坐) ··· 461
- ④용기(龍氣)의 왕쇠 ··· 462
- ⑤사대국수(四大局水) ··· 462
- ⑥구성수법(九星水法) ··· 464
  - ⊙포태법 취용법식 ·· 464
  - ⊙합법용수(合法龍水) ·· 465
- ⑦부두법(符頭法) ··· 466
- ⑧무후법(無后法) ··· 466
- ⑨범죄자·노비 ··· 467
  - ⊙범죄자·천한사람 나오는 용맥 ·· 467
- ⑩광인·장애인·벙어리 ·· 467
  - ⊙광인(狂人) ·· 467
  - ⊙장애인 ·· 467
  - ⊙말 못하는 사람 ·· 467
- ⑪살인자·백정(白丁) ·· 467
- ⑫걸인·도적·역적 ··· 467
  - ⊙걸인(乞人) ·· 467
  - ⊙도적(盜賊)·역적(逆賊) ·· 467
- ⑬수액(水厄)·결항(結項) ·· 468
- ⑭염법 ·· 468
  - ⊙수렴(水廉) ·· 468
  - ⊙목렴(木廉) ·· 468
  - ⊙빙렴(氷廉) ·· 468
- ⑮규산(窺山) ··· 469

5 기타 ·· 470
- ①개총기일(開塚忌日) ··· 470
- ②입지공망일(入地空亡日) ·· 470
- ③합수목(合壽木) ··· 470
- ④취토방(取土方) ··· 471

⊙별항(別項) ·· 472
- ①세지신(歲支神) 일람표 ·· 472
- ②일간(日干) 기준으로 한 신살정국 ·· 484
- ③월지(月支) 기준으로 이루어지는 사주신살 ······························ 494
- ④월지(月支) 기준으로 이루어지는 택일신살 ······························ 506

부록(신살총해설) ··· 519

 # 일러두기

❶ 본 책자에는 길흉신을 합해서 약 300종의 신살을 수록하였습니다.

❷ 신살을 적용하지 않는 술서(術書)는 추명학(推命學) 가운데 오직 관상학(觀相學) 한 가지 뿐입니다.

❸ 신살적용을 가장 많이 하는 것으로는 택일(擇日)이고 육효(六爻)나 음양택에도 신살 적용하는 비중이 높습니다.

❹ 신살(神殺)에는 사주에만 적용하는 신살, 택일에만 적용되는 신살, 음양택에만 적용하는 신살, 기타 특수 예지 학문에만 적용되는 신살 등 어느 분야 한 가지에만 적용되는 신살이 없으므로 중복해서 수록된 신살이 있음을 알려 드립니다.

❺ 단, 사주신살에 있어서는 생년간지(生年干支)와 생월(生月)과 생일간지(生日干支) 또는 생시간지(生時干支)를 알아야 하므로 기초학인 육갑법(六甲法)과 사주 네 기둥 세우는 법을 미리 알아야 하겠기에 먼저 기초학 다음에 이를 수록합니다.

❻ 육갑법은 알아도 그 이상은 모르는 분을 위해 육친법(육친정하는 요령과 작용)을 수록하므로 참고하기 바랍니다. (단, 만세력이 있어야 사주 세우는 법을 알 수 있고, 이를 아는 분도 반드시 만세력이 필요합니다.)

※ 生年干支 生月干支 生日干支까지 한 눈에 볼 수 있는 만세력(음·양력 일진 대조)이 있습니다.

제 I 장

기초 익히기

1 육갑법(六甲법)

육갑법이란 추명학의 기본 지식인 십간 십이지(十干·十二支)에 대한 상식인 바, 干支의 명칭, 음양, 소속오행 그리고 간지에 매인 음양, 오행, 수리와 서로 간의 생극관계(합·충·형·파·해·원진) 등을 본문에 앞서 익혀 두어야 합니다.

1 천간(天干)과 지지(地支)의 명칭과 순서

① 천간(天干)

위는 하늘을 상징하므로 지지의 위에 놓인 글자를 천간이라 하고 천간에는 10개의 글자로 이루어졌다 해서 십간(十干)이라고 합니다. 천간의 명칭과 순서는 아래와 같습니다.

甲	乙	丙	丁	戊	己	庚	辛	壬	癸
(갑)	(을)	(병)	(정)	(무)	(기)	(경)	(신)	(임)	(계)

② 지지(地支)

甲 乙 丙 丁 등의 아래에 붙는 글자를 지지(地支)라 하는 바, 하늘아래에

땅이 있음을 상징함이요, 지지는 열두 글자가 있다 하여 십이지라고도 합니다.

子	丑	寅	卯	辰	巳	午	未	申	酉	戌	亥
(자)	(축)	(인)	(묘)	(진)	(사)	(오)	(미)	(신)	(유)	(술)	(해)

2 육십갑자(六十甲子)

육십갑자는 육갑법 상식의 기본입니다. 십간의 첫째 글자와 십이지의 첫째 글자의 순서로 계속 배합해 나가면 아래와 같이 六十개의 간지로 된 육십갑자가 이루어집니다.

육십갑자

甲子	乙丑	丙寅	丁卯	戊辰	己巳	庚午	辛未	壬申	癸酉
甲戌	乙亥	丙子	丁丑	戊寅	己卯	庚辰	辛巳	壬午	癸未
甲申	乙酉	丙戌	丁亥	戊子	己丑	庚寅	辛卯	壬辰	癸巳
甲午	乙未	丙申	丁酉	戊戌	己亥	庚子	辛丑	壬寅	癸卯
甲辰	乙巳	丙午	丁未	戊申	己酉	庚戌	辛亥	壬子	癸丑
甲寅	乙卯	丙辰	丁巳	戊午	己未	庚申	辛酉	壬戌	癸亥

※ 위의 십간·십이지 글자만 익히면 육십갑자 발음도 쉽습니다.

3 간지(干支)의 음양

천간 甲·丙·戊·庚·壬은 **양**이고 乙·丁·己·辛·癸는 **음**이며 지지 子·寅·辰·午·申·戌은 **양**이고 丑·卯·巳·未·酉·亥는 **음**입니다.

위에 기록한 십간과 십이지는 각각 음(陰)과 양(陽)으로 분리되는바 이는 만유(萬有)의 자연섭리와도 같다 하겠습니다.

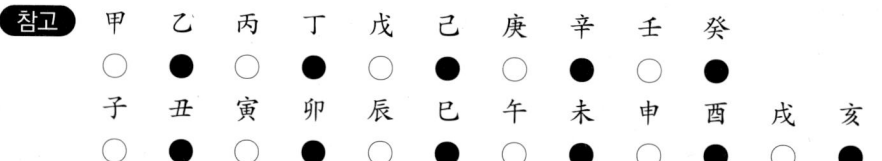

숫자의 차례로 1·3·5·7·9의 홀수는 양에 속하고 2·4·6·8·10의 짝수는 음에 속한다는 것을 기억해 두시기 바랍니다.

4 간지(干支)의 합(合)·충(沖)

천간(天干)과 지지(地支)는 서로 만나면 합(合) 되는 관계와 충(沖) 되는 관계가 있습니다. 합이란 서로 좋아하여 합치는 것이고, 충이란 서로 마주보고 서서 주먹질 하거나 성낸 모습을 지으며 충돌하는 것과 같습니다.

① 간합(干合)과 간충(干沖)

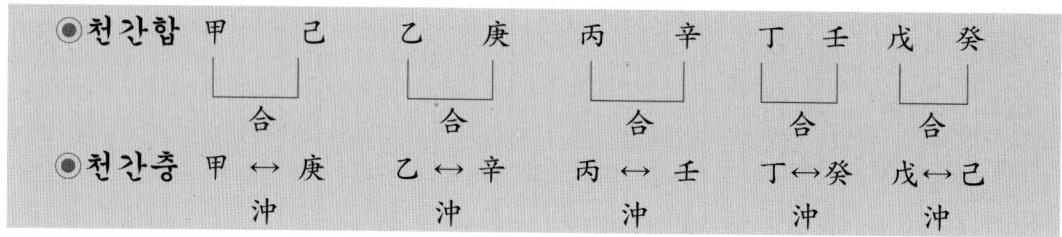

② 지합(支合)과 지충(支沖)

지지는 합(合)에 육합(六合)과 삼합(三合)이 있고 천간충(天干沖)과 같이 서로 충하는 관계가 있으며 합과 충의 의는 천간과 같습니다.

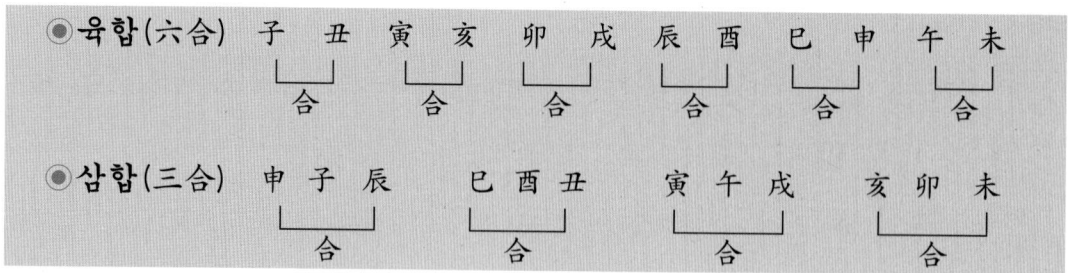

세 개의 지지가 위와 같이 만나면 모두 합(合)이 되므로 삼합(三合)이라 하는데 이 합은 합 되는 지지 셋이 다 있어야만 합으로 작용 하는 게 아니라 예를 들어, 申子辰 삼합에 申子 申辰 子辰 이렇게 두 개만 만나도 합이 되는 것입니다.

● 육충(六沖)　子↔午　丑↔未　寅↔申　卯↔酉　辰↔戌　巳↔亥
　　　　　　 沖　　 沖　　 沖　　 沖　　 沖　　 沖

③ 형(形)·파(破)·해(害)·원진(元辰)

십이지는 위와 같이 육합·삼합·육충 관계만 있는 게 아니라 천간보다 복잡하며 또, 형(刑)하고 파(破 - 깨뜨림)하고 해(害)하고 미워하는 관계가 있다 하겠습니다.

● 형(刑) : 寅·巳·申　　　　三刑 (寅刑巳　巳刑申　申刑寅)
　　　　　丑·戌·未　　　　三刑 (丑刑戌　戌刑未　未刑丑)
　　　　　子 ↔ 卯　　　　 相刑 (子刑卯　卯刑子)
　　　　　辰·午·酉·亥　　 自刑 (辰辰 午午 酉酉 亥亥)

寅巳申과 丑戌未의 형(刑)을 삼형(三刑)이라 하고 子와 卯는 서로 형(刑)한다 해서 상형(相刑)이라 하며 辰과 午와 酉와 亥는 같은 지지끼리 형(刑)한다 해서 자형(自刑)이라 합니다. 이 형의 작용에 대해서는 아래에 하겠습니다.

● 파(破)　子↔酉　丑↔辰　卯↔午　寅↔亥　巳申↔戌未

이 파(破)는 깨뜨린다는 뜻으로 파 되는 지지끼리 서로 만나면 서로 깨뜨려 망가지거나 소멸되기 쉽다는 뜻입니다.

- 해(害)　子-未, 丑-午, 寅-巳, 卯-辰, 酉-戌
- 원진(怨嗔)　子-未, 丑-午, 寅-酉, 卯-申, 辰-亥, 巳-戌

형·충·파·해 중 작용력을 말한다면 형(刑)은 강한 주먹으로 느닷없이 옆구리를 쳐 넘어뜨리는 것에 비유되고, 파(破)는 결성 항성 조성 된 것들을 파괴시킨다는 의미로 보면 되겠으며, 해(害)는 서로 인격을 훼손시키거나 명예, 재물 등을 손해 보게 된다는 뜻입니다. 그리고 원진은 서로 미워하여 화합을 못 이루는 관계라 하겠습니다.

문제　지지끼리의 합(合)과 파(破), 해(害)는 지지가 같은데 합이 우선인지 파·해가 우선인지 여기에 대한 논의가 없어 정의를 내리기가 어렵습니다. 이에 대해 질문이 많으나 합리적으로 설득할 만한 원리를 연구해 내지 못했음을 이해하시기 바라오나 필자의 견해로는 巳申合 巳申破 寅亥合 寅亥破 등에 있어 작용력을 타의 절반으로 생각하면 어떤가 생각되나 한편 구차한 변명이겠습니다. 또는 합하는 관계는 유정(有情)하더라도 운명적으로는 이 합이 도리어 해로울 수 있다고도 생각됩니다.

5 음양론

간지(干支)에 매인 음양은 위(3항)에서 그 이치를 설명하였으나 목차의 배열상 다시 논하겠습니다.

음양은 만물이 생성(生成)하는데 절대적인 관계이므로 우주 안에 있는 삼라만상은 모두가 음양의 배합에 의해 이루어지지 않은 것은 단 하나도 없습니다. 그런데 추명학(推命學)에서 적용하는 음양은 십간 십이지(十干·十二支)를 비롯하여 수(數)와 방위와 색(色)과 절(節)과 주역팔괘(周易八卦) 등에 해당하는 음양 관계를 보는 것이므로 따지고 보면 형이상학(形而上學)적으로 이해하는 게 옳을 것 같습니다.

아래에 형이상학과 형이하학적으로 분류된 음양의 구분을 몇 가지 예로 들겠습니다.

- 음양(陰陽) : 글자의 주된 풀이로 한다면 볕이 들지 않는 그늘은 음이고 볕이 드는 양지는 양이라 합니다.
- 천지(天地) : 높은 데는 양이고 얕은 데는 음이니 하늘은 양이고, 땅은 음입니다. 그러므로 하늘을 상징하는 아버지는 양이고, 어머니는 음이 됩니다. 따라서 아버지는 남자이고 어머니는 여자이니 모든 남자들은 양이고 여자들은 음입니다.
- 일월(日月) : 해는 양이고 달은 음입니다. 해가 있는 낮은 양이고 해가 없는 밤은 음이라 하겠습니다.
- 철요(凸凹) : 뾰족하게 솟은 것은 양이고 오목하게 들어간 것은 음이 되는 것입니다. 그러므로 모든 것은 요철(凹凸)의 배합에 의해 이루어지는 것입니다.
- 기우(奇偶) : 숫자상으로 끝수가 1·3·5·7·9 홀수로 된 것은 양이고 2·4·6·8·10 등 짝수로 된 것은 음에 속합니다.

이 밖에도 예를 들자면 음양의 구분은 수 없이 많으나 이상의 정도로 음이 무엇이고 양이 무엇인지 이해되리라 믿습니다.

6 오행론(五行論)

① 오행의 명칭

木　火　土　金　水

이상의 5가지 물질은 나무·불·흙·쇠·물이란 글자이지만 木火土金水의

보이지 않는(無形·無色) 기(氣)를 칭함이며 실제 있는 나무·불·흙·쇠·물이 아닙니다. 단, 사물에 비유하여 빠른 이해를 돕고자 함이지만 우리가 시각(視覺)으로 보고 육신으로 느낄 수 있는 기온도 분명 오행에 속한 것입니다.

② 오행의 소속

오행도 음양처럼 어느 것 하나 오행에 소속되지 않은 것이 없으나 추명학에서 적용되거나 소속이 분명하여 이해가 어렵지 않은 것만 예로 들겠습니다.

- 천간(天干) : 甲乙木, 丙丁火, 戊己土, 庚辛金, 壬癸水

  천간은 甲乙 丙丁 戊己 등 천간 첫 글자부터 2개씩 木火土金水의 순서로 짚어 나가면 외우기가 쉽습니다.

- 지지(地支) : 寅卯木, 巳午火, 辰戌丑未土, 申酉金, 亥子水

  참고 甲乙木에 甲을 양목(陽木) 乙을 음목(陰木)이라 하고 寅卯木에 寅을 양목, 卯를 음목으로 이해하시면 되겠습니다.

- 수오행(數五行) : 一六水, 二七火, 三八木, 四九金, 五十土

  숫자 一과 六은 水인데 一은 양수, 六은 음수로 숫자 오행과 음양을 구분하면 되겠습니다.

- 색오행(色五行) : 청색 木, 적색 火, 황색 土, 백색 金, 흑색 水
- 방위오행(方位五行) : 동방 木, 남방 火, 중앙 土, 서방 金, 북방 水

  참고 이상의 오행소속을 한데 묶어 외우는 방법이 있습니다.
  甲乙寅卯三八 동방 청색 木, 丙丁巳午二七 남방 火,
  戊己 中央 五十 土, 辰戌丑未 사계 五十 황색 土,
  庚辛申酉 西方 四九 백색 金,
  壬癸亥子 一六 북방 水

● 五行소속을 일람표로 아래에 기재 합니다.

구분\오행	天干 천간	地支 지지	數 수	方位 방위	色 색	五時 오시	五德 오덕	五常 오상	五音 오음	五氣 오기	五味 오미
木	甲乙	寅卯	三八	동	청	봄	仁 인	元 원	어금니 소리	바람	신맛
火	丙丁	巳午	二七	남	적	여름	禮 예	亨 형	잇소리	열	쓴맛
土	戊己	辰戌 丑未	五十	중앙	황	三六九 十二月	信 신		입술 소리	습	단맛
金	庚辛	申酉	四九	서	백	가을	義 의	利 리	혓소리	조	매운맛
水	壬癸	亥子	一六	북	흑	겨울	智 지	貞 정	목구멍 소리	차가움	짠맛

위 표에 수록된 이외로 궁·상·각·치·우(宮土·商金·角木·徵火·羽水)의 오음(五音)이 있고, 또는 신체 내부에 간(肝木), 심(心火), 비(脾土), 폐(肺金), 신(腎水)의 오장과 담(膽), 소장(小腸), 위(胃), 대장(大腸·金), 방광(膀胱水)의 육부(六腑)가 있습니다. 즉, 오장은 음에 속하고 육부는 양에 속한다는 점을 알아두면 되겠습니다.

③ 간지(干支)의 합오행(合五行)

천간과 지지는 모두 합하는 관계가 있고 또는 충(沖)하고 형(刑)하고 해(害)하고 깨뜨리는 관계가 있습니다. 그리고 합(合)하는 관계에는 반드시 다른 오행으로 변하는바 이를 합오행(合五行)이라 합니다. 천간끼리의 합은 간합 하나뿐이고 지지의 합은 육합과 삼합 두 가지가 있어 위 항목(**4**의 ②)에 수록하였거니와 본 항목은 오행 소속에 관한 내용이므로 다시 논하게 되는 것입니다.

◉ 간합오행(干合五行)

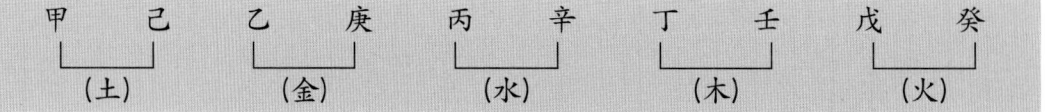

천간 甲이 己를 만나거나 己가 甲을 만나면 甲과 己는 자연히 합을 이루어 土로 변한다는 뜻입니다. 마찬가지로 乙이 庚을 만나면 金으로 화하고 丙과 辛이 만나면 水로 화하고 丁과 壬이 만나면 木으로 화하고 戊와 癸가 만나면 火로 화한다는 뜻입니다.

참고 간합이 되는 관계를 보면 반드시 상극되는 干끼리 합을 이루되 음과 양의 결합임을 알 수 있습니다.

◉ 지합 오행(支合 五行)

• 삼합 오행(三合 五行)

申子辰合水에 申辰 申子 子辰, 이렇게 둘만 있어도 반합(半合)입니다.
巳酉丑合金에 巳酉 巳丑 酉丑, 이렇게 둘만 있어도 반합(半合)을 이룹니다.
寅午戌合火에 寅午 寅戌 午戌, 이렇게 두개의 支만 있어도 반합입니다.
亥卯未合水에 亥卯 亥未 卯未, 이렇게 둘만 만나도 반합을 이룹니다.
삼합 되는 지지가 모두 있으면 이를 삼합전국(三合全局)이라 하고, 삼합 되는 지지 가운데 하나가 빠지고 둘만 있으면 이를 반합(半合) 또는 반국(半局)이라 하여 오행의 세력은 삼합의 반쯤이라 생각하면 맞을 것입니다.

● 육합 오행(六合 五行)

또는 支合에는 支끼리 서로 좋아하여 合을 이루는 관계가 있습니다. 支끼리 合하려는 마음은 三合보다 간절하나 오행의 기(氣)는 그다지 三合처럼 강하게 작용하지는 않는다고 보겠습니다.

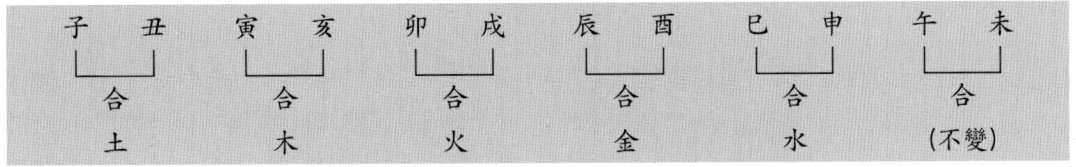

단, 午와 未는 合은 이루어지나 五行은 合化되지는 않는다 합니다.

7 오행생극(五行生克)

오행생극이란 木火土金水 오행은 각각 生해 주는 자와 生을 받는 자가 있고, 극(克)하는 자와 극을 받는 관계가 있으며 서로 비화(比和) 되는 관계 세 가지의 상관관계가 있습니다. 이를 간단히 말한다면 생극비화(生克比和) 뿐입니다.

① 오행상생(五行相生)

木生火, 火生土, 土生金, 金生水, 水生木

木 → 火 → 土 → 金 → 水 → 木

木은 火를 생하고 火는 土를 생하고 土는 金을 생하고 金은 水를 생하고 水는 木을 생하도록 되었습니다. 따라서 木은 水의 생을 받고 火는 木의 생을 받고 土는 火의 생을 받고 金은 土의 生을 받고 水는 金의 생을 받게 됩니다.

② 오행상극(五行相克)

오행상생의 정 반대가 상극관계라 하겠습니다. 아래 도표를 보고 이해하세요.

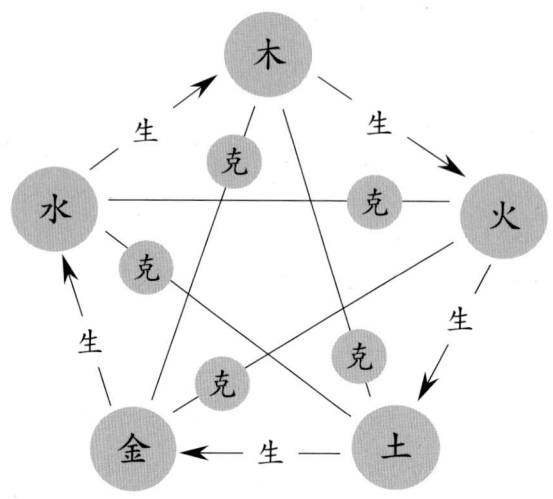

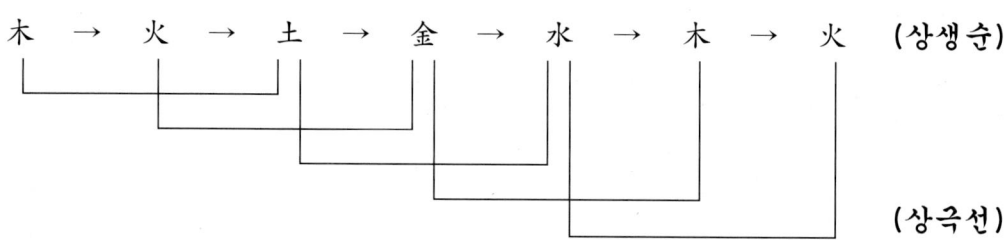

木克土, 土克水, 水克火, 火克金, 金克木

木 → 火 → 土 → 金 → 水 → 木 → 火 　(상생순)

　　　　　　　　　　　　　　　　　(상극선)

木生火 火生土 土生金 金生水 水生木이므로 木火土金水의 순서만 외우면 상생관계를 쉽게 기억할 수 있습니다.

또는 木火土金水의 순서를 한 칸씩 건너면 木克土 火克金 土克水 金克木 水克火로 오행의 상극관계를 기억하기가 쉬울 것입니다.

③ 오행비화(五行比和)

비화(比和)란 같은 오행끼리, 즉 木과 木, 火와 火, 土와 土, 金과 金, 水와 水의 예가 되겠습니다.

木 — 木, 火 — 火, 土 — 土, 金 — 金, 水 — 水

8 오행의 왕쇠(旺衰)

오행의 왕쇠에 대한 지식은 매우 중요합니다. 추명학은 물론이고 음양택과 상학(相學) 등 그 밖에도 이를 적용하지 않는 학술은 없는 것 같습니다.

木은 寅卯辰月이 득령(得令)인데 그 중에도 寅卯月이 가장 왕하고 亥子月(水生木)과 辰月의 木은 그 다음입니다.

木이 巳午月과 戌丑未月을 만나면 휴수(休囚)하여 기(氣)가 쇠하는데 그보다 申酉月에는 金克木으로 木이 절단(折斷)되므로 가장 쇠약해지는 것입니다.

火는 巳午未月이 득령인데 그중에도 巳午月이 가장 왕성하고 寅卯未月에도 왕하나 巳午月의 火보다는 왕성한 기가 못합니다.

亥子丑月의 火는 꺼진 불과 같아 가장 미약하고 辰戌土月과 申酉月은 火가 휴수(休囚)되므로 역시 기가 쇠약해진다 보겠습니다.

土는 辰戌丑未月 사계월(四季月)이 土의 기가 가장 왕성하고 巳午月은 그 다음이며, 寅卯月은 木이 土를 극하므로 가장 쇠약해지고 申酉亥子月은 土가 생부(生扶)를 받지 못하므로 휴수(休囚)되어 역시 기가 쇠약해진다 하겠습니다.

金은 申酉戌을 만나면 득령 되어 가장 왕하고 辰戌月은 金이 生을 받으므로 왕 해진다 하겠으나 未月은 火가 성하는 여름이라 오행관계는 未土가 金을 보해주어 왕성한 것 같으나 六月 염천(炎川)이라 왕 할 수 없습니다. 金이 巳午月이 되면 가장 쇠약해지고 寅卯亥子月의 金은 휴수(休囚)라 하겠습니다.

水는 亥子丑月이 득령인데 亥子月의 水는 출렁거리는 강물과 같아 왕하지만 丑月은 비록 水 득령의 겨울이지만 근본이 土이므로 왕쇠 간에 점수를 주기 어렵습니다. 辰戌未月은 왕한 土의 극을 받아 가장 쇠약해지고 水가 寅卯巳午月을 당하면 휴수되어 역시 기를 못 펴게 됩니다.

[왕·상·사·휴·수 일람표]

오행 \ 구분	旺(왕)	相(상)	死(사)	休(휴)	囚(수)
甲乙木	寅卯月	亥子月	申酉月	巳午月	辰戌丑未月
丙丁火	巳午月	寅卯月	亥子月	辰戌丑未月	申酉月
戊己土	辰戌丑未月	巳午月	寅卯月	申酉月	亥子月
庚申金	申酉月	辰戌丑未月	巳午月	亥子月	寅卯月
壬癸水	亥子月	申酉月	辰戌丑未月	寅卯月	巳午月

五行이 득령(得令 - 五行과 같은 달 - 예를 들어 木이 木月) 되면 기가 강하고 월지의 生을 받아도 강해지는 데 보탬이 됩니다. 그러나 오행이 月支의 극을 받거나 月支가 오행의 기를 뽑아내면 기가 약해집니다.

왕(旺)은 득령, 즉, 오행이 月支와 동일,
상(相)은 오행이 月支의 生을 받는 것,
사(死)는 月支의 극을 받는 것,
휴(休)는 오행이 月支五行을 생해 주는 것(예, 甲日이 巳午月),
수(囚)는 오행이 月支를 극하는 것입니다.

9 육십화 갑자(六十花 甲子)

육십화갑자를 육십갑자 납음오행(六十甲子 納音五行) 또는 육십갑자 병납음(六十甲子 幷納音)이라고도 한다.

이 납음오행은 항간(巷間)에서 남여 혼인하는데 나이를 맞추어 상생인가 상극인가를 참고하는데 쓰이고 일반 택일과 음양택일에도 많이 쓰이고 있습니다.

◉ 납음오행표

甲子 乙丑	해중금(海中金)	丙寅 丁卯	노중화(爐中火)	戊辰 己巳	대림목(大林木)
庚午 申未	노방토(路傍土)	壬申 癸酉	검봉금(劍鋒金)	甲戌 乙亥	산두화(山頭火)
丙子 丁丑	간하수(澗下水)	戊寅 己卯	성두토(城頭土)	庚辰 辛巳	백납금(白鑞金)
壬午 癸未	양류목(楊柳木)	甲申 乙酉	천중수(泉中水)	丙戌 丁亥	옥상토(屋上土)
戊子 己丑	벽력화(霹靂火)	庚寅 辛卯	송백목(松柏木)	壬辰 癸巳	장류수(長流水)
甲午 乙未	사중금(沙中金)	丙申 丁酉	산하화(山下火)	戊戌 己亥	평지목(平地木)
庚子 辛丑	벽상토(壁上土)	壬寅 癸卯	금박금(金箔金)	甲辰 乙巳	복등화(覆燈火)
丙午 丁未	천하수(天下水)	戊申 己酉	대역토(大驛土)	庚戌 辛亥	차천금(釵釧金)
壬子 癸丑	상자목(桑柘木)	甲寅 乙卯	대계수(大溪水)	丙辰 丁巳	사중토(沙中土)
戊午 己未	천상화(天上火)	庚申 辛酉	석류목(石榴木)	壬戌 癸亥	대해수(大海水)

> **참고** 위에 수록된 납음오행의 원리가 무엇인지에 대하여 천기대요(天機大要)에 의하면 다음과 같습니다. (단, 해중금 노중화 등 앞에 붙은 형상에 대해서는 설명이 없어 설명해 드리지 못합니다.)

甲子·乙丑을 함께 해중금이라 하였는데 납음오행을 金으로 정한 까닭은 이러합니다. 甲子와 乙丑을 선천수(先天數)로 따지면 甲己子午九하여 甲子가 18이오 乙庚丑未 8이라 甲子 18에 乙丑 16을 합치면 34가 됩니다. 이 수를 50(大衍數)에서 1을 뺀 49에서 甲子 乙丑의 선천수를 합친 34를 빼내면 5가 남는데(5가 넘으면 5씩 제한다) 이 5는 土가 되므로 土는 金을 生하는 까닭에 土生金하여 甲子·乙丑의 金이 되는 것입니다.

예 하나를 더 들어보겠습니다. 丙寅 丁卯를 합친(선천수) 수 (丙七 寅七 丁六 卯六 酉六 하여 합이 26)가 26이라 50에서(대연수) 1을 뺀 49에서 26을 빼면 23이 되고 이를 5씩 덜어내면 3이 남으니 三은 木이라 木生火하여 丙寅 丁卯의 납음오행은 火로 결정되는 것입니다. 하지만 六十甲子를 일일이 따져 오행을 알아볼 필요가 없으니 위에 기록한 납음오행표를 참고하는 게 편리할 것입니다.

◉ 선천수(先天數)

> 甲己子午九, 乙庚丑未八, 丙辛寅申七, 丁壬卯酉六,
> 戊癸辰戌五, 巳亥屬之四

예를 들면, 甲과 己와 子와 午는 선천수로 각각 九가 됩니다.

※ 이상까지 이해하고 기억해 두실 줄 알면 六甲法은 완전히 터득한 것이 되겠습니다.

2 사주(四柱) 세우기

　주인공이 태어난 연·월·일·시를 干支로 정하는 것이 사주 세우는 법이라 하겠습니다. 사주 세우는데 있어 만세력(萬歲曆 - 千歲曆이라고도 칭함)이 절대 필요합니다. 아무리 전문 지식이 있는 분이라도 만세력이 없으면 올바르게 연·월·일·시의 간지(干支)를 정할 수 없습니다. 그리고 사주를 바르게 기록해야만 사주에 해당하는 신살(神殺)을 참고 할 수 있습니다.

※ 요즈음은 생년 월 일 시를 정확히 알려주는 컴퓨터용 디스켓이 있으므로 구입해 사용하시면 편리하나 그래도 기본적인 책자는 있어야 좋지 않을까 생각됩니다.

1 연주(年柱)

　주인공이 태어난 해의 干支가 연주인데 연주를 태세라고도 합니다. 즉, 2008년은 戊子年이 태세이므로 그냥 戊子로 연주를 정하면 됩니다.

　그러나 무조건 그 해의 태세로 연주를 정할 수는 없습니다. 음력으로 12월 15일 이후부터 새해 정월 15일 사이에 출생한 경우는 반드시 입춘(立春)이 어느 날짜에 들었는가를 살펴야 합니다. 비록 날짜 상으로 새해가 되지 않은 12월생이라도 입춘을 지나 태어났으면 해가 바뀐 새해의 태세로 연주(年柱)를 세워야 합니다. 따라서 월건도 丑月이 아닌 다음해 정월의 월건으로 정해야 합니다.

예를 들어, 戊子년은 음력 12월 중에 입춘이 없고(己丑년에는 입춘이 음력 날짜 안에 없음) 서기 2009년 정월 10일 새벽 1시 48분이 지나야 태세를 己丑으로 기록할 수 있고 이에 따라 月도 己丑年 정월의 월건인 丙寅으로 정하게 됩니다. 己丑年에는 음력으로 五月에 윤달이 듭니다. 그래서 己丑年의 일년 날 수는 384일이 됩니다. 때문에 己丑년도 쌍춘년(雙春年)이 되겠습니다. 간단히 설명하여 음력으로 윤달이 있는 해는 무조건 쌍춘년이 되는 것이니 이점 깨닫기 바랍니다.

음력 12월 중에 태어났어도 입춘일시가 지나 출생하면 해가 바뀐 새해 태세와 새해 정월의 월건으로 기록하고, 비록 해가 바뀐 새해 정월에 출생하더라도 입춘 전에 출생하면 전년 태세와 전년 태세와 전년 12월의 월건을 적용하는 게 원칙입니다.

참고 서기 2009년인 己丑年에는 음력 12월 21일 오전 7시 47분부터 새해 태세 庚寅과 새해 정월의 월건 戊寅으로 기록하게 됩니다.

2 월주(月柱)

주인공이 태어난 달의 干支가 월건(月建) 또는 월주(月柱)로 칭하는 것입니다. 월건도 반드시 그 달에 소속된 입절(立節)의 상태를 살펴야 합니다.

먼저 달에 소속된 절기(節氣)부터 알아야 되겠습니다.

① 절(節)과 월지(月支)

입춘(立春): 正月節(태세와 月建이 바뀌는 기준)입춘日時부터 신년태세와 寅月의 월건 적용 (우수는 寅月의 中氣)

경칩(驚蟄): 전은 寅月, 月에서 月로 바뀌는 기준(춘분은 卯月의 中氣)

청명(淸明): 전은 卯月. 卯月에서 辰月로 바뀌는 기준이라 청명일부터 辰月의 월건 적용(곡우는 辰月의 中氣)

입하(立夏): 전은 辰月. 辰月에서 巳月로 바뀌는 기준이므로 입하일부터 巳月의

월건 적용(소만은 巳月의 中氣)

망종(芒種): 전은 巳月. 巳月에서 午月로 바뀌는 기준이므로 망종일시부터 午月
의 월건 적용(하지는 午月의 中氣)

소서(小暑): 전은 午月. 午月에서 未月로 바뀌는 기준이므로 소서일시부터 未月
의 월건 적용(소서는 未月의 中氣)

입추(立秋): 전은 未月. 未月에서 申月로 바뀌는 기준이므로 입추일시부터 申月
의 월건 적용(처서는 申月의 中氣)

백로(白露): 전은 申月. 申月에서 酉月로 바뀌는 기준이므로 백로일시부터 酉月
의 월건을 적용(추분은 酉月의 中氣)

한로(寒露): 전은 酉月. 酉月에서 戌月로 바뀌는 기준이므로 한로일시부터 戌月
의 월건 적용(상강은 戌月의 中氣)

입동(立冬): 전은 戌月. 戌月에서 亥月로 바뀌는 기준이므로 입동일시부터 亥月
의 월건 적용(소설은 亥月의 中氣)

대설(大雪): 전은 亥月. 亥月에서 子月로 바뀌는 기준이므로 대설일시부터 子月
의 월건 적용(동지는 子月의 中氣)

소한(小寒): 전은 子月. 子月에서 丑月로 바뀌는 기준이므로 소한일시부터 丑月
의 월건 적용(대한은 丑月의 中氣)

◉ 24절 소속

입춘·우수(立春·雨水)	寅月		경칩·춘분(驚蟄·春分)	卯月
청명·곡우(淸明·穀雨)	辰月		입하·소만(立夏·小滿)	巳月
망종·하지(芒種·夏至)	午月		소서·대서(小暑·大暑)	未月
입추·처서(立秋·處暑)	申月		백로·추분(白露·秋分)	酉月
한로·추분(寒露·秋分)	戌月		입동·소설(立冬·小雪)	亥月
대설·동지(大雪·冬至)	子月		소한·대한(小寒·大寒)	丑月

② 정월법(定月法)

甲己年 丙寅頭	乙庚年 戊寅頭	丙辛年 庚寅頭
丁壬年 壬寅頭	戊癸年 甲寅頭	

예를 들어, 태세의 干이 甲이나 己로 된 해는 寅月(正月)을 丙寅부터 시작하여 二月은 丁卯, 三月은 戊辰, 四月은 己巳 이렇게 六十甲子 순서로 十二月의 월건을 정하라는 뜻입니다.

3 일주(日柱)

생일의 간지를 일주(日柱)라 합니다. 日柱 정하는 요령은 간단하나 반드시 만세력이란 책자가 필요합니다. 만세력의 서기년도와 생월 줄에 생일을 찾으면 日柱가 무엇인지 알 수 있습니다.

그런데 한 가지 알아야 할 것은 밤 11시 이후 새벽 1시전 출생인의 일주입니다. 필자의 견해로는 새벽 0시 30분이 넘어야 오늘에서 다음날로 바뀐다 하겠습니다만 밤 11시 즉, 子時만 되면 다음날 일진으로 바뀐다고 주장하는 분들도 적지 않으므로 억지로 우기지는 않겠습니다. 이 주장(子時 초에 날이 바뀐다는)은 야자시법(夜子時法)을 적용하지 않고 甲乙日 야자시라도 그 참時의 干支를 따져나가는 방법이고 필자의 주장은 새벽 0시 0분부터 새날이 시작해서 밤 子時까지 짚어 나가면 甲子時가 아닌 丙子時로 정하게 되므로 두 가지 설의 차이는 적지 않다고 보겠습니다.

서기 1961년(辛丑) 8월 10일에 정부의 방침으로 우리 모두가 평소 쓰고 있는 시침에서 30분을 빠르게 맞추어 현재까지 사용하고 있습니다. 그 까닭은 나라 경선(經線) 위치를 준하지 않고 너무 많은 시차(時差)를 줄인다는 명목으로 일본 130도가 넘는 도쿄를 기준하였으므로 十二支 도수(度數)를 맞추려면 30분을 (현 시침에서) 빼거나 30분을 더 지난 시각으로 十二支時를 정해야 맞는 것입니다.

◉ 시차 계산법
- **오늘에서 내일로 바뀌려면** 새벽 0시 30분이 되어야 합니다.

밤 12시 10분은 전날 11시 40분으로 계산해야 하고 밤 11시25분은 밤 10시55분으로 하여 時를 정합니다.

낮 12시 10분은 11시 40분으로 계산해야 되므로 正午가 아님. 正午가 되려면 낮 12시 30분이 되어야 합니다.

우리나라는 서울지방인 121도 5분을 기준하였으므로 출생한 지역에 따라 시간을 계산해야 합니다.

서울에서 동쪽지방은 1도에 4분씩 빠르게 계산하고 서쪽지방은 1도에 4분씩 느리다는 점을 알아야 합니다.

4 시주(時柱)

주인공이 출생한 시각의 간지(干支)가 시주(時柱)인바 우리가 사용하고 있는 시간에서 30분을 빼고 (낮 11시 25분이라면 10시 55분으로) 계산하여 午時가 아닌 巳時로 정해야 맞는 것입니다.

日柱는 밤 12시 무렵만 30분 빼고 계산하므로 약간 까다롭지만 (신경을 써서 계산) 그 외 시간은 출생 당일에 해당하는 그 날의 干支를 적용하면 되겠습니다.

서기 1961년 8월 10일 12시 이후 현재까지의 올바른 時는 (태양도수에 맞는) 다음과 같습니다.

【 시주(時柱)일람표－一覽表(出生時의 干支) 】

출생시간			출생일의 生日干支				
			甲子	乙丑	丙寅	丁卯	戊辰
			己巳	庚午	辛未	壬申	癸酉
	서기 1961년 8월 10일 전과 1961년 8월 10일 이후 生日干支 즉 出生日의 干支		甲戌	乙亥	丙子	丁丑	戊寅
			己卯	庚辰	辛巳	壬午	癸未
			甲申	乙酉	丙戌	丁亥	戊子
			己丑	庚寅	辛卯	壬辰	癸巳
			甲午	乙未	丙申	丁酉	戊戌
			己亥	庚子	辛丑	壬寅	癸卯
			甲辰	乙巳	丙午	丁未	戊申
	1961년 8월 10일 이전	1961년 8월 10일 낮 12시부터	己酉	庚戌	辛亥	壬子	癸丑
			甲寅	乙卯	丙辰	丁巳	戊午
			己未	庚申	辛酉	壬戌	癸亥
子時	오전0시~1시전	오전0시30분~1시30분전	甲子	丙子	戊子	庚子	壬子
丑時	오전1시~3시전	오전1시30분~3시30분전	乙丑	丁丑	己丑	辛丑	癸丑
寅時	오전3시~5시전	오전3시30분~5시30분전	丙寅	戊寅	庚寅	壬寅	甲寅
卯時	오전5시~7시전	오전5시30분~7시30분전	丁卯	己卯	辛卯	癸卯	乙卯
辰時	오전7시~9시전	오전7시30분~9시30분전	戊辰	庚辰	壬辰	甲辰	丙辰
巳時	오전9시~11시전	오전9시30분~11시30분전	己巳	辛巳	癸巳	乙巳	丁巳
午時	오전11시~오후1시전	오전11시30분~오후1시30분전	庚午	壬午	甲午	丙午	戊午
未時	오후1시~3시전	오후1시30분~3시30분전	辛未	癸未	乙未	丁未	己未
申時	오후3시~5시전	오후3시30분~5시30분전	壬申	甲申	丙申	戊申	庚申
酉時	오후5시~7시전	오후5시30분~7시30분전	癸酉	乙酉	丁酉	己酉	辛酉
戌時	오후7시~9시전	오후7시30분~9시30분전	甲戌	丙戌	戊戌	庚戌	壬戌
亥時	오후9시~11시전	오후9시30분~11시30분전	乙亥	丁亥	己亥	辛亥	癸亥
子時	오후11시~12시전	오후11시30분~오전12시30분전	丙子	戊子	庚子	壬子	甲子

제Ⅱ장

육
친
론

1 육친에 대한 상식

초보자일 경우 반드시 앞에서 설명한 六甲法과 사주 네 기둥을 바르게 세워야 하며, 음양의 구분과 五行의 생극비화(生克比和·六甲法에 기록)의 상식을 알아두어야 신살에 대한 것도 이해되겠기에 목차상의 순서를 배제하고 육친법(六親法)부터 기술하겠습니다.

1 육친 명칭

비견(比肩)·겁재(劫財) - 비겁
식신(食神)·상관(傷官) - 식상
편재(偏財)·정재(正財) - 재성
편관(偏官)·정관(正官) - 관살
편인(偏印)·정인(正印) - 인성
편인(偏印)을 효신살(梟神殺) 또는, 도식(倒食)이라고도 하고 편관(偏官)을 칠살(七殺)이라 별칭 한다.

【육친생극도】

日干

비겁 — 식상 — 재성 — 관살 — 인수 (生克 순환도)

2 육친이 정해지는 법식

日干과 오행이 같고 음양도 같으면 **비견(比肩)** ⎫
日干과 오행이 같고 음양이 다르면 **겁재(劫財)** ⎬ 비겁(比劫)

日干이 生해 주는 干支로 음양이 같으면 **식신(食神)** ⎫
日干이 生해 주는 干支로 음양이 다르면 **상관(傷官)** ⎬ 식상(食傷)

日干이 克하는 干支로 음양이 같으면 **편재(偏財)** ⎫
日干이 克하는 干支로 음양이 다르면 **정재(正財)** ⎬ 재성(財星)

日干을 克하는 干支로 음양이 같으면 **편관(偏官)** ⎫
日干을 克하는 干支로 음양이 다르면 **정관(正官)** ⎬ 관살(官殺)

日干을 生해주는 干支로 음양이 같으면 **편인(偏印)** ⎫
日干을 生해주는 干支로 음양이 다르면 **정인(正印)** ⎬ 인성(印星)

3 육친(六親)의 생극관계

비겁은 인수의 生을 받고 식상을 생해주며 재성을 극하고 관살의 극을 받으며 비겁끼리는 비화(比和)라 한다.

식상은 비겁의 生을 받고, 재성을 생해주며 인수의 극을 받고 관살을 극한다.

재성은 식상의 生을 받고, 관살을 생해주며 비겁의 극을 받고 인수를 극한다.

관살은 재의 生을 받고, 인수를 생해주며 식상의 극을 받고 비겁을 극한다.

인수는 관살의 生을 받고, 비겁을 생해주며 재성의 극을 받고 식상을 극한다.

【 육친구성 일람표 】

五行 \ 日干	육친	비 겁		식 상		재 성		관 살		인 수	
		비겁	겁재	식신	상관	편재	정재	편관	정관	편인	정인
木	甲日	甲寅	乙卯	丙巳	丁午	戊辰戌	己丑未	庚申	辛酉	壬亥	癸子
	乙日	乙卯	甲寅	丁午	丙巳	己丑未	戊辰戌	辛酉	庚申	癸子	壬亥
火	丙日	丙巳	丁午	戊辰戌	己丑未	庚申	辛酉	壬亥	癸子	甲寅	乙卯
	丁日	丁午	丙巳	己丑未	戊辰戌	辛酉	庚申	癸子	壬亥	乙卯	甲寅
土	戊日	戊辰戌	己丑未	庚申	辛酉	壬亥	癸子	甲寅	乙卯	丙巳	丁午
	己日	己丑未	戊辰戌	辛酉	庚申	癸子	壬亥	乙卯	甲寅	丁午	丙巳
金	庚日	庚申	辛酉	壬亥	癸子	甲寅	乙卯	丙巳	丁午	戊辰戌	己丑未
	辛日	辛酉	庚申	癸子	壬亥	乙卯	甲寅	丁午	丙巳	己丑未	戊辰戌
水	壬日	壬亥	癸子	甲寅	乙卯	丙巳	丁午	戊辰戌	己丑未	庚申	辛酉
	癸日	癸子	壬亥	乙卯	甲寅	丁午	丙巳	己丑未	戊辰戌	辛酉	庚申

> **참고** 地支의 음양은 지지에 암장된 正氣干을 위주 음양을 取用하였습니다. 그러므로 亥는 본시 음(陰)이지만 亥中壬水 정기로 양(陽)으로 하고, 子는 본시 양(陽)이지만 子中癸水가 正氣이므로 음(陰)으로 하고, 午는 본시 양(陽)이지만 午中丁火 정기가 음이므로 음화(陰火)가 되고, 巳는 본시 음 火지만 巳中丙火가 정기이므로 陽火로 따져 육친을 정하게 됩니다. 간단히 말해 보면 亥子巳午는 근본 음양을 바꾸어 육친을 정한다는 점을 초보자일 경우 혼동되지 않기를 부탁드립니다.

【 지장간(支藏干) 】

地支	子	丑	寅	卯	辰	巳	午	未	申	酉	戌	亥
正氣	癸	己	甲	乙	戊	丙	丁	己	庚	辛	戊	壬
中氣		辛	丙		癸	庚	己	乙	壬		丁	甲
餘氣	壬	癸	戊	甲	乙	戊	丙	丁	戊	庚	辛	戊

4 육친론

비견, 겁재, 식신, 상관, 편재, 정재, 편관, 정관, 편인, 정인의 열 가지 구분이 있다 해서 육친(六親)을 십신(十神)이라 칭하는 예가 간혹 있으나 본 학문에서의 육친이라 칭하는 것은 육친의 본 의미는 부·모·처·자 형제가 가족제도에서 육친이라 하는바 비겁, 식상, 인수 등이 모두 육친 원리에 해당하기 때문입니다.

① 비겁(比劫)

비견(比肩) 겁재(劫財)의 합칭이 비겁입니다.

구분 \ 日干	甲	乙	丙	丁	戊	己	庚	辛	壬	癸
비견(比肩)	甲寅	乙卯	丙巳	丁午	辰戌	丑未己	庚申	辛酉	壬亥	癸子
겁재(劫財)	乙卯	甲寅	丁午	丙巳	丑未	戊辰戌	辛酉	庚申	癸子	壬亥

여기에서 '나'라 함은 日干을 칭합니다. 비견, 겁재는 나(日干)와 오행이 같으므로 가정에서는 같은 항렬(行列)인 동기간이오, 가족 이외로는 친구, 동료 나이가 비슷한 또래이며 나의 경쟁자도 될 수 있습니다.

비겁은 나(日干)와 오행이 같으므로 나를 생해주는 인수는 비겁에게도 인수(印綬)요, 日干이 生해주는 식신 상관은 비겁에게도 식상이오, 내(日干)가 극해서 취할 수 있는 재(財)는 비겁에게도 재성이오, 日干을 극하는 관살은 비겁에게도 관살입니다. 그러므로 비겁은 타(식상·재성·관살·인수)의 세력이 日干보다 왕성할 때만 도움이 되고 인수·비겁이 많을 때는 귀찮은 존재가 되고 맙니다.

■사주에 비겁이 많으면 어떠한가?

비겁(日干)은 생극작용을 日干과 같이 하므로 내가 좋아하는 재물, 관직, 명예 등을 비겁들이 뺏어가므로 빈천하게 살아간다 합니다. 이런 경우 식상·재성·관살 등 비겁의 기(氣)를 빼앗아 가게 됩니다. 사주에 비겁, 인수가 대부분이고 관살이 없으면 귀히 될 수 있습니다. 비겁이 많은 경우는 식상·재성·관살 등이 요구됩니다.

남자의 경우 비겁의 극을 받는 재성은 재물과 아내에 비유되므로 아내를 뺏기거나 아내가 병약하거나 실패가 많아 손재하고 곤궁하게 살아갈 것입니다. 여자도 가난하고 결혼이 늦거나 몸이 허약한 남편을 만나거나 그 남편이 외도(外道)하게 됩니다.

비견보다 겁재가 더 나의 것을 탈취하려는 심리가 강합니다.

② 식상(食傷)

식신(食神) 상관(傷官)의 합칭을 식상이라 합니다.

구분＼日干	甲	乙	丙	丁	戊	己	庚	辛	壬	癸
식신(食神)	丙巳	丁午	戊辰戌	己丑未	庚申	辛酉	壬亥	癸子	甲寅	乙卯
상관(傷官)	丁午	丙巳	己丑未	戊辰戌	辛酉	庚申	癸子	壬亥	乙卯	甲寅

日干이 生해 주는 干支가 식상입니다.

식상은 나(日)의 정재(正財)를 生해주어 의식주를 풍요롭게 하는 한편 나(日干)를 괴롭히는 칠살(七殺 - 즉 편관)을 제압해서 재난으로부터 구해 줌으로서 수복신(壽福神)이라고도 합니다. 日干의 기(氣)가 너무 왕성해 있을 때는 마치 비만체질이 살을 빼고자 노력하듯이 인수의 生은 귀찮게 되지만 식상으로 태왕한 기(氣)를 순히 뽑아냄으로서 비대성이 조율되는 것입니다. 그러나 식신도 도리어 귀찮을 때가 있고 상관도 日干의 힘을 설기시켜 주거나 財를 生하거나 칠살을 극해서 귀인 노릇을 함으로서 日干의 안보(安補)를 감당해 주는 것입니다.

■사주에 식상이 많으면 어떠한가?

사주(四柱)에 식상이 있어 태왕하면 관직생활에 어려움이 있고, 자식의 근심이 있겠으나 적당히 왕 하면 도리어 재복이 있어 일생 궁핍한 때가 없을 것입니다.

식상이 태왕 한 경우 차라리 관살이 없으면 그 식상은 공격할 대상물이 없으므로 평탄한 삶을 누리게 될 것입니다.

식상이 태왕하면 국법 어기는 일을 예사로 하다가 형무소를 자주 드나들게 됩니다. 여자는 자녀가 많은 상이라고도 하겠습니다.

여자는 남편을 극하는 상이라 일찍 이별을 하지 않으면 무능한 남편을 만나 고생이 심할 수도 있습니다.

③ 재성(財星)

구분 \ 日干	甲	乙	丙	丁	戊	己	庚	辛	壬	癸
편재(偏財)	戊辰戌	己丑未	庚申	辛酉	壬亥	癸子	甲寅	乙卯	丙巳	丁午
정재(正財)	己丑未	戊辰戌	辛酉	庚申	癸子	壬亥	乙卯	甲寅	丁午	丙巳

日干을 克하는 干支가 재성입니다. 재(財)는 부친 또는 부친별도 되고 남자는 아내요, 여자는 시어머니가 됩니다.

재는 식상의 生을 받고 관살을 生해주며 비겁의 극을 받고 인수를 극하게 됩니다.

남자의 경우 편재는 정부(情婦) 또는, 비공식적인 아내, 나왔다 들어갔다 하는 재물이므로 비겁이 왕한 사주에 편재가 있으면 남에게 빼앗기는 재물이요, 애인이며 부친에게도 불리하며 여자는 시어머니가 되어 편재가 많으면 시어머니가 두 분이거나 시어머니의 시집살이가 심할 것입니다.

日干이 약하지 않은 상태에 재국(財局)을 놓으면 재물이 궁핍한 때가 없습니다.

편재가 많으면 남녀 같이 부친별 되는 사람이 두 분 이상이라고도 추리합니다.

■ **사주에 재가 많으면 어떠한가?**

재(財)는 돈이라 재가 많으면 돈이 많을 것 같으나 도리어 돈이 없다. 눈앞에 돈이 얼씬거려도 보고도 못 먹는 그림의 떡이라 하겠습니다.

남녀 부친별 되는 이가(백부 삼촌 등) 많고 남자는 여자관계가 복잡할 수 있고 여자는 시어머니를 두 분 이상 섬기게 됩니다.

日干의 기(氣)가 모자란 경우 재가 많으면 뇌물을 먹다가 파직 당하기 쉽고 남자는 여자로 인해 망신당하는 수가 있습니다. 또는, 아내가 모친을 학대하는 일이 있을 것입니다.

비겁이 왕한 가운데 재가 天干에 있으면 뺏기는 재물인데 남자의 경우 아내나 애인을 뺏기기 쉽습니다.

日干이 財(편재·정재) 보다 세력이 약해보이면 공처가가 되기 쉽습니다.

④ 관살(官殺)

관살은 재의 生을 받고 인수를 生하며 식상의 극을 받고 비겁을 극합니다. 관살의 정국(定局)은 아래와 같습니다.

구분 \ 日干	甲	乙	丙	丁	戊	己	庚	辛	壬	癸
편관(偏官)	庚申	辛酉	壬亥	癸子	甲寅	乙卯	丙巳	丁午	戊辰戌	己丑未
정관(正官)	辛酉	庚申	癸子	壬亥	乙卯	甲寅	丁午	丙巳	己丑未	戊辰戌

편관(偏官)을 칠살(七殺)이라 함은 편관으로 용(用)이 안 되거나 기신(忌神)이 될 경우 가장 두려우므로 관성(官星)이 아닌 살(殺)로 되어 일간(日干)을 괴롭히기 때문입니다.

日干의 기(氣)가 충족되어 있는 상태에 관살이 재(財) 위에 앉으면 관직운이 좋아 출세하게 되며, 여성도 자신이 출세하거나 아니면 그 남편이 승승장구 직위가 오를 것입니다.

日干의 기(氣)가 모자란 상태에 관살이 많으면 재앙이 따르지만 이 경우 인수가 있으면 관인상생(官印相生 - 관살은 인수를 生하고 인수는 日干을 生하니 간접적으로 관살의 氣가 日干으로 모임) 되어 직위와 명예가 오른다 합니다.

干支를 막론하고 관살이 여러 개 있으면 관살 혼잡인데 관살을 직업으로 볼 때 하나만 있으면 직장 운이 좋으나 둘 이상이면 이 곳 저 곳 옮겨 다니는 형상이 되어 직장생활을 오래 지속하기 어렵다 하겠습니다.

■사주에 관살이 있으면 어떠한가?

남자는 도리어 직업이 없거나 여러 곳 직장을 옮겨 다니는 것으로 추리될 수 있고 여자도 직장 문제는 남성과 마찬가지이고 남편궁에 있어 재혼하게 되거나 여러 남자와 인연이 있는 것으로 추리되지만 꼭 그렇게 되는 것은 아닙니다.

관살(官殺)이 많으면 日干이 극을 받아 기가 크게 소모되므로 관재 질병 부상 등의 액이 있게 됩니다.

⑤ 인수(印綬)

인수는 관살의 生을 받고 日干과 비겁을 생하며 재(財)의 극을 받고 식상을 극하게 됩니다.

구분 \ 日干	甲	乙	丙	丁	戊	己	庚	辛	壬	癸
편인(偏印)	壬亥	癸子	甲寅	乙卯	丙巳	丁午	戊辰戌	己丑未	庚申	癸酉
정인(正印)	癸子	壬亥	乙卯	甲寅	丁午	丙巳	己丑未	戊辰戌	癸酉	庚申

인수는 日干에게 생명력을 보급해 줌으로서 기진맥진한 상태에서 기사회생(起死回生) 시켜주는 육친은 인수보다 더 좋은 육친은 없습니다. 또 日干을 위지(危地)에서 구해주는 육친이 있습니다. 다름 아닌 식상과 비겁입니다. 관살의 기세가 등등하여 두려운 경우 식상이 있으면 식상이 관살을 극해서 관살이 日干을 극하지 못하도록 하고 재성이 태왕하여 日干의 보급로인 인수를 극해서 日干을 돕지 못하도록 하면 비겁이 재

를 극해서 인수를 보호하고 그 인수는 日干과 비겁을 生하여 日干을 돕게 됩니다.

■인수는 日干, 비겁을 生해주는 육친이지만 너무 많으면 어떠한가?

이런 경우의 인수는 도식(倒食)이 되어 재물의 보급로인 식상을 극해서 가난을 불러오고, 또 한편 관살을 억제해서 日干을 돕는 식상을 극해서 인수는 도리어 관살을 보호하는 입장에 서기 때문입니다.

인수가 너무 많으면 여자는 자식 운이 불리합니다.

② 사주에서의 합(合)과 충(沖) 관계

① 간합(干合)과 간충(干沖)

① 간합(干合)의 작용

甲己合(土) 乙庚合(金) 丙辛合(水) 丁壬合(木) 戊癸合(火)

甲己合을 중정지합(中正之合)이라 하는데 甲日生이 己의 合을 만나면 신의는 있으나 혹 지능이 모자란 경우가 있습니다.

己日干이 甲을 만나면 甲己合인데 신의가 없어 박정하고 간지(奸智)에 능하다 하였습니다.

日干을 제외하고 年·月·時干에서 甲己合이 있으면 인심이 후하고 원만하며 이해심이 있어 남과 타협을 잘하며 맡은 일에 충실합니다.

乙庚合을 인의지합(仁義之合)이라 합니다. 乙日干이 月時干에 庚金이 있어 乙庚合을 이루면 결단력이 부족하고 남에게 의지하려거나 동화(同化)를 잘 하게 됩니다.

庚日干이 乙의 合을 만나면 의리가 있는 것 같이 위장 처세하는 수가 있다.

日干이외로 乙庚合이 있으면 행동이 과감하고 인의(仁義)가 있습니다.

丙辛合을 위엄지합(威嚴之合)이라 합니다. 丙日干이 辛의 합을 만나면 간계(奸計)에 능하고 예의가 없다 합니다.

辛日干이 丙의 합을 만나면 대개 몸집이 작은데 소극적이어서 포부가 크지 못하다 하였습니다.

사주 天干에 丙辛合이 있으면 냉혹하고 잔인하고 편굴하며 의리가 없고 바람기가 심한 편입니다.

丁壬合을 인수지합(仁壽之合)이라 합니다.

丁日干이 壬의 합을 만나면 소심하고 질투가 강한데 몸이 수척하다 하였습니다.

壬日干이 丁의 합을 만나면 신의가 없고 편굴하며 성질을 잘 낸다 합니다.

日干 이외로 丁壬合이 있으면 자기도취에 잘 빠지고 색을 좋아하며 질투심이 대단합니다.

戊癸合을 무정지합(無情之合)이라 합니다. 戊日干이 癸의 합을 만나면 총명하나 외관내심하여 사귀기가 어렵습니다.

癸日干이 戊의 합을 만나면 지능이 낮고 결단성이 없으면서도 질투가 강하다 하였습니다.

사주 天干 어떤 위치에 있거나를 막론하고 戊癸合이 있으면 박정한 사람인데 결혼 운도 좋지 못합니다.

② 간충(干沖)의 작용

十干도 沖 관계가 있습니다.

甲庚沖, 乙辛沖, 丙壬沖, 丁癸沖, 戊己沖

이 干沖은 어느 沖을 막론하고 日干이 상대방에게 충격을 가하는 경우와 상대방에게서 자신이 충극(沖克)을 당하는 경우가 다릅니다. 내(日干)가 상대를 충극하면 충극을 당하는 상대는 육친관계로 편재가 되고 상대가 日干을 충극하면 상대는 편관칠살(偏官七殺)이 되는 것입니다. 日干의 기(氣)가 충족되어 있으면 상대가 편관이건 편재건 두렵지 않으나 日干의 기가 모자란 상태에서는 피해의식이 생겨 항시 남을 경계하고 조심하면서 살아갑니다.

2 지합(支合)과 지충(支沖)

① 지합(支合)의 작용

지지(地支) 끼리의 합에는 삼합(三合)과 육합(六合)의 두 가지가 있습니다. 삼합이 되는 관계는 아래와 같습니다.

> 申子辰合(水) 巳酉丑合(金) 寅午戌合(火) 亥卯未合(木)

五行의 왕쇠(旺衰)를 쉽게 알 수 있는 것은 득령(得令)과 실령(失令) 중 어느 것에 해당하느냐가 요점입니다.

木은 寅卯辰月, 火는 巳午未月, 土는 辰戌丑未月, 金은 申酉戌月, 水는 亥子丑月에 해당하면 득령이라 합니다. 또, 五行이 月支의 生을 받아도 生을 받는 오행의 힘은 강해집니다. 즉, 木이 亥子月, 火가 寅卯月, 土가 巳午月, 金이 辰戌丑未月, 水가 申酉月을 만나도 生을 받으므로 득령된 오행만은 못해도 힘을 얻게 됩니다.

실령(失令)이란 오행이 月支의 협조(比和)를 못 받거나 生을 받지 못한 것으로 木이 巳午未 申酉戌丑月, 火가 亥子丑辰申酉戌月, 土가 寅卯申酉戌

亥子月, 金이 寅卯辰巳午未亥子月, 水가 寅卯辰巳午未戌月을 만난 것입니다.

그런데 오행이 득령을 못하고 生도 받지 못할지라도 기(氣)가 강해지는 조건이 있습니다. 즉, 사주 내에 甲乙寅卯가 많으면 木왕이오, 丙丁巳午가 많으면 火왕이오, 戊己辰戌丑未가 많으면 土왕이오, 庚辛申酉가 많으면 金왕이오, 壬癸亥子가 많으면 水왕이 되는 것입니다.

또 이상(득령, 生 받음, 같은 오행이 많음)에 해당되지 않아도 오행의 기(氣)가 왕해지는 수가 있는 것은 다름이 아니라 삼합국(三合局)의 전국(全局) 또는 반국(半局)이 이루어진 것입니다.

> 申子辰이 다 있으면 水局全인데 이중에 하나가 없으면 半水局
> 巳酉丑이 다 있으면 金局全인데 이중에 하나가 없으면 半金局
> 寅午戌이 다 있으면 火局全인데 이중에 하나가 빠지면 半火局
> 亥卯未가 다 있으면 木局全인데 이중에 하나가 빠지면 半木局

三合全局에 하나가 빠지면 申子 子辰 申辰으로 이상 半會水局, 巳酉 巳丑 酉丑은 半會金局, 寅午 午戌 寅戌만 있으면 半會火局, 亥卯 亥未 卯未만 있으면 半會木局이라 합니다. 三合全局이 5점이라면 半合은 3점 정도 오행의 기가 충족 된다고 생각하시면 틀림이 없을 것입니다.

※ 본 책자는 신살(神殺)이 주(主)가 되므로 오행의 왕쇠(旺衰) 원리는 더 이상 기술을 아니 하거니와 혹, 어떤 분은 子午卯酉는 오행의 중심 글자로서 子午卯酉가 빠진 半合(예를 들어 申子辰三合)에 申子 子辰만 半合이 되고 申辰만 있으면 반합이 성립 안 된다고 주장하는데 필자의 견해로는 申辰 巳丑 寅戌 亥未 등도 반합(半合)이 이루어지는 것으로 하여 오행의 왕쇠를 가름하는 바입니다.

> 子丑合(土) 寅亥合(木) 卯戌合(火) 辰酉合(金) 巳申合(水) 午未合(不變)

이상 六合(支合) 가운데 午와 未는 합은 이루어져도 오행은 변함이 없습니다. 三合과 六合의 성격을 비유한다면 三合은 뜻(정책)이 같은 사람끼리 모여 만든 당(堂)이고 六合은 남녀노소 차별 없이 그냥 친근감이 들어 좋아하는 사이(처세의 공감대)라 할 수 있습니다.

```
생년 甲子 - 조상
생월 壬申 - 부모
생일 乙亥 - 日干은 자기 자신
           日支는 처(남자)
생시 己卯 - 자녀
```

※ 여자의 경우 日干이 남편이라는 주장이 있으나 받아들이기 어렵고 필자의 견해로는 구획상 가족관계는 그 서열이 日干을 남편 日支를 여자 자신으로 보는 것이 어떨까 생각됩니다.

日支와 年支의 합은 조상의 덕이 자신에게까지 미치며 숭조(崇祖) 관념이 돈후함.

日支와 月支가 六合이면 부모 자식과의 의가 좋고 부모에게서 재산 또는 좋은 전통을 이어 받음.

日支와 時支의 합은 子女와의 화합이 잘 이루어지고 말년 운이 트임.

※ 지합(支合)의 경우 오행의 역할은 三合에 비하여 훨씬 못하며, 길신이 合을 이루면 도리어 좋지 않으나 흉신이 支合을 이루면 그 흉신의 작용을 못하므로 유리하다 하였습니다.

② 지충(支沖)의 작용

지충(支沖)을 육충(六沖)이라고도 칭합니다.

子午沖 丑未沖 寅申沖 卯酉沖 辰戌沖 巳亥沖

지지상충(地支相沖)이라고도 하는바, 아래 도표와 같이 沖되는 지지끼리 마주 보고 있게 되는데 각 沖과 성격이 다릅니다.

【 十二支의 근본 위치 】

子午沖 - 사주에 子午(沖)가 다 있으면 평생 사는 동안 마음 상하는 일과 일신의 고생이 많다 합니다.

丑未沖 - 일의 진행도중에 막힘이 많다 하였습니다.

寅申沖 - 정과 감수성이 많다 합니다.

卯酉沖 - 자신이 배은망덕을 하거나 남에게 은혜를 베풀고도 배은망덕을 당한다 합니다.

辰戌沖 - 서로 충돌하여 정신을 바짝 차려 주도록 합니다.

巳亥沖 - 남 좋게 하는 일로 허송세월 합니다.

年支와 月支가 沖되면 소년시절에 부모 곁에서 멀리 떠나 살게 됩니다.

年支와 日支가 沖하면 부모와 충돌이 많아 냉정히 말한다면 불효자라는 취급을 당하기 쉽습니다.

年支와 時支가 沖관계이면 자식대에 이르러 자랑할 만한 가문의 전통을 끊게 된다 하였습니다.

日支와 時支가 沖이면 자녀의 덕이 없고 자녀와 함께 살기가 어렵습니다.

3 형(刑)·파(破)·해(害)·원진(元辰)

① 형(刑)의 작용

寅巳申三刑 - 寅은 巳를, 巳는 申을, 申은 寅을 지지 셋이 서로 형(刑)

丑戌未三刑 - 丑은 戌을, 戌은 未를, 未는 丑을 형(刑)하므로 삼형(三形)

子卯相刑 - 子는 卯를, 卯는 子를 子卯가 서로 刑함

辰午酉亥自刑 - 辰은 辰, 午는 午를, 酉는 酉를, 亥는 亥를, 서로 같은 지지끼리 형(刑)한다 해서 자형(自刑)이라 합니다.

- 寅巳申의 형(刑)을 지세지형(持世之刑)이라 해서 寅巳申을 다 갖추고 있으면 세력을 탐하거나 세력만 믿고 무모하게 밀고 나가다가 실패하는 예가 많다 합니다.

- 丑戌未 삼형(三刑)을 무은지형(無恩之刑)이라 하는데 자신이 남한테 배은망덕(背恩忘德)을 당하기도 하고 자신이 남에게 배은망덕하는 수가 있다 합니다.

- 子卯 형(刑)의 상형(相刑)을 무례지형(無禮之刑)이라 합니다. 이 형(刑)이 있

는 주인공은 예의를 지키는데 신경을 써야 귀먹는 구설을 듣지 않을 것입니다.
- 辰午酉亥가 둘씩 있으면 이를 자형(自刑)이라 하는바 의지가 굳지 못하고 신체도 허약한 사람이 많다 합니다.

② 파(破)의 작용

파(破)란 서로 상대방을 깨뜨려 손해 본다는 의미입니다.

> 子 ↔ 酉, 丑 ↔ 辰, 寅 ↔ 亥, 卯 ↔ 午, 巳 ↔ 申, 戌 ↔ 未

- 日支와 年支가 파(破)되면 조상의 자랑할만한 전통이나 유산이 있더라도 부친에게 이르러 다 없애고 주인공에게는 아무것도 받지 못하는 것으로 추리됩니다.
- 日支와 月支가 파(破) 관계면 부모 조상이 아예 없거나 유산이 있어 받았더라도 자신이 지키지 못하고 맨손으로 자수성가(自手成家) 합니다.
- 어느 궁(宮- 年月時支)을 막론하고 日支와 파(破) 관계가 되면 고독한 명이므로 처자와의 인연이 박하다 하겠습니다.
- 日과 時支가 파가 되면 말년에 고생을 하고 자식과의 사이가 나쁘거나 그 자식이 불량스러워 불효를 당할까 우려됩니다.

③ 해(害)의 작용

해(害)란 서로 해롭게 한다는 뜻인바, 해가 되는 관계는 다음과 동일합니다.

> 子 - 未, 丑 - 午, 寅 - 巳, 卯 - 辰, 申 - 亥, 酉 - 戌

寅巳의 해(害)는 혹 장애인이 될 우려가 있습니다.
- 日支와 月支가 해(害) 관계이면 박복해서 고독해지는바, 여자의 명(命)이 더 그러합니다.
- 日·時支가 해(害) 관계이면 자손이나 아랫사람의 덕이 없고 말년에 신병으로 고생하는 수도 있습니다.
- 酉日戌時면 해(害)가 되는데 흔치는 않으나 혹, 청각장애인으로 말을 못하는 사람이 되는 수도 있습니다.

④ 원진(元辰)의 작용

원진의 본래 글자는 원진(怨嗔)으로서 「元辰」이란 약자(略字)를 사용한 것 같습니다. 원진이 이루어지는 관계는 아래와 같습니다.

> 子 - 未, 丑 - 午, 寅 - 酉, 卯 - 申, 辰 - 亥, 巳 - 戌

원진관계가 형성되는 의(義)를 참고적으로 말한다면 다음과 같은 이유가 있습니다.

- 서기양두각(鼠忌羊頭角) : 쥐는 양의 머리에 뿔난 것을 꺼린다. (子·未)
- 우증마불경(牛憎馬不耕) : 소는 말이 농사일 않고 노는 것을 미워한다. (丑·午)
- 호중계췌단(虎憎鷄嘴短) : 범은 닭의 부리가 짧은 것을 미워한다. (寅·酉)
- 토원후불평(兎怨猴不平) : 토끼는 원숭이 허리가 굽은 것을 원망한다. (卯·申)
- 용혐저면흑(龍嫌猪面黑) : 용은 돼지 얼굴이 검은 것을 혐오한다. (辰·亥)

- **사경견폐성(蛇驚犬吠聲)** : 뱀은 개짓는 소리에 놀란다. (巳·戌)

어느 한쪽에서 자기를 미워하면 자신도 자기를 미워하는 그 쪽을 미워하게 되는 것은 당연한 일이겠습니다.

4 공망(空亡)

여기에서의 공망이란, 순중공망(旬中空亡)입니다. 甲子에서 癸酉까지 10일간을 일순(一旬)이라고 하고 일순(一旬)에서 천간에 짝이 없는 戌亥를 일컬어 순중공망(旬中空亡)이라 합니다. 아래 六十甲子를 보고 공망에 대한 이치를 이해하시기 바랍니다.

```
甲子旬中  戌亥空 (甲子日에서 癸酉日 사이는 地支 戌亥가 없음)
甲戌旬中  申酉空 (甲戌日에서 癸未日 사이는 地支 申酉가 없음)
甲申旬中  午未空 (甲申日에서 癸巳日 사이는 地支 午未가 없음)
甲午旬中  辰巳空 (甲午日에서 癸卯日 사이는 地支 辰巳가 없음)
甲辰旬中  寅卯空 (甲辰日에서 癸丑日 사이는 地支 寅卯가 없음)
甲寅旬中  子丑空 (甲寅日에서 癸亥日 사이는 地支 子丑이 없음)
```

사주(四柱) 중에 日柱를 기준하여 공망을 따지는바, 길신이건 흉신이건 공망에 해당하면 生克작용에 무력해짐으로서 길신이 공망이 되는 것은 꺼리지만 흉신 공망은 도리어 좋습니다. 또, 인수가 공망이면 부모 조상의 덕이 없고, 재성이 공망이면 궁핍하고, 식상이 공망이면 액이 많은데 재물이 모아지지 않고, 남자는 처궁이 불리하며, 관살 공망이면 직장운이 없고(여자는 남편궁 불리), 인수가 공망이면 학운, 명예운이 없고 모친에게 해가 있습니다.

제Ⅲ장

신 살 론

1 사주(四柱)에 적용되는 신살

1 생일의 간지(干支)로만 보는 신살(神殺)

① 육수(六秀)

주인공이 출생한 날이 아래에 해당하면 육수일(六秀日)이라고 합니다. 아래 6일이 되겠습니다.

> 丙午, 丁未, 戊子, 己丑, 己未, 戊午日

위와 같은 날에 태어나면 수재형(秀才型)으로 총명하고 용모가 단정하며 재치가 있어 윗사람의 귀염을 받는다고 합니다. 계산이 빨라서 혹, 이기적 타산적이라는 평도 들을 수 있습니다.

② 일록(日祿)

日干이 밑에 건록(建祿)을 놓은 것입니다. 六十甲子日 중에 이 일록에 해당하는 날은 아래 4일이 되겠습니다.

> 甲寅, 乙卯, 庚申, 辛酉日

日干과 日支가 음양·오행이 동일한 것으로 甲寅日의 예를 든다면, 甲木

을 땅 위로 자란 나무 덩치와 지엽(枝葉)에, 寅木을 그 나무를 지탱하고 영양소와 수분(水分)을 보급해주는 튼튼한 뿌리에 비유됩니다. 그러므로 위의 날에 출생한 주인공은 일생 건강하고 국가나 회사로부터 받는 녹봉(祿俸)이 있거나 경영이 순조로워 일생 의식주(衣食住)의 어려움이 없다 하겠습니다.

③ 일덕(日德)

아래 5일 중에 출생하면 일덕(日德)이라 합니다.

> 戊辰, 庚辰, 甲寅, 丙辰, 壬戌日

위에 해당하는 날에 태어나면 요행스러운 일을 잘 만나거나 인덕이 있어 궁지에 처하더라도 쉽게 벗어나며 남에게 깔보이지 않는다고 합니다.

④ 괴강(魁罡)

辰을 천강(天罡), 戌을 하괴(河魁)라 하여 辰戌을 합칭 괴강으로 칭합니다. 日支에 辰戌을 놓으면 무조건 괴강이 되겠는데 통상 庚辰, 庚戌, 壬辰, 壬戌 4일만을 괴강으로 칭하는 것 같습니다. 그러나 필자의 생각으로는 아래 4일 이외에 辰戌이 붙은 甲辰, 甲戌, 丙辰, 丙戌, 戊辰, 戊戌日로 괴강에 준(準)해야 옳을 것 같습니다.

> 庚辰, 庚戌, 壬辰, 壬戌日

위와 같은 괴강일에 태어난 주인공은 의지가 강하고 똑똑한 편이므로 남에게 깔보이지는 않지만 성패의 굴곡이 심하며 온갖 풍상을 겪기 쉽다고 합니다. 대개 괴강일생은 이름난 지위에 있거나 이름난 부자가 아니면 지독한 가난으로 고생하거나 지독한 실패로 좌절할 수도 있습니다. 여자는 팔자가 세다 하였는데 괴강일 여성을 보면 활동적이고 자유분방한 면은 있으나 남편궁은 별로 나쁘지 않은 것 같습니다. 그리고 이 괴강은 사주에 많을수록 좋다고 합니다.

⑤ 평두살(平頭殺)

이 평두살은 月·日·時 어느 곳에 있어도 해당되지만 특히 生日干支에 있어야 작용성이 있다고 합니다. 평두살은 아래 6일에 해당됩니다.

> 甲子, 甲寅, 甲辰, 丙寅, 丙辰, 丙戌

평두(平頭)의 바른 뜻은 잘 모르겠으나 살(殺)에 해당되는 것은 분명하므로 해로운 작용을 하겠지요. 글자 풀이로는 평평한 머리라 두뇌가 무디다거나 아니면 머리를 크게 다칠 우려가 있다는 뜻으로 보겠는데, 어쨌거나 흉액의 작용력은 매우 약한 것으로 생각됩니다.

⑥ 음욕살(淫慾殺)

음욕살은 음욕방해살(淫慾妨害殺)이라고도 하는데 아래와 같은 일주(日柱)에 해당합니다.

> 己卯, 乙酉, 戊子, 辛卯, 戊戌, 丁未, 己酉, 癸丑, 甲寅, 乙卯, 庚申, 辛酉日

위 일진(日辰-生日의 干支)에 출생한 사람은 남녀를 막론하고 바람기가 심하여 패가망신할 우려가 있다고 합니다. 또는, 부부간의 인연이 박하고 하는 일에 방해가 따른다 합니다. 단, 신살 기록에는 명시되어 있지만 살의 작용력은 약하다(20% 정도)고 하겠습니다.

⑦ 고란살(孤鸞殺) : 여명(女命)에만 작용

고란살을 고란과곡살(孤鸞寡鵠殺)이라고도 하는데 아래와 같습니다.

> 己巳, 戊申, 丁巳, 甲寅, 辛亥日 (또는 乙酉 丙午 壬子 戊午日)

위와 같은 日辰에 출생하고 사주 구성이 나쁘면 부부간의 인연이 박하여 고독하게 지낼 수 있다 하는데 작용력은 미약한 것으로 생각됩니다.

⑧ 금신(金神)

甲日이나 己日干生이 日支에 巳나 酉나 丑이 붙은 것을 칭하는바, 아래와 같습니다.

> 己巳,   癸酉,   己丑日

위와 같은 날에 출생하면 경영에 장애가 적어 재산 모이기가 순조롭다고 합니다.

⑨ 음양차착살(陰陽差錯殺)

음양차착살이란 음차(陰差)와 양착(陽錯)을 합칭한 살(殺)의 술어입니다. 아래와 같습니다.

> 음차 - 丁未 丁丑 辛卯 辛酉 癸巳 癸亥日
> 양착 - 丙午 丙子 戊寅 戊申 壬辰 壬戌日

어떤 책자의 기록에 의하면 음양차착살이 있는 주인공은 처가나 외가가 쇠락(衰落)하게 된다 하나 작용력이 미약하다고 생각됩니다.

또는, 음차·양착을 구분하지 않고 합칭하여 丙子 丁丑 戊寅 辛卯 壬辰 癸巳 丙午 丁未 戊申 辛酉 壬戌 癸亥日을 음양차착살이라 하였습니다.

⑩ 백호대살(白虎大殺)

이 살이 이루어지는 원리는 이러합니다. 甲子를 감중궁(坎中宮)에 넣고 구궁(九宮)을 순행(順行)하여 중궁(中宮)에 드는 干支를 일컫는 것입니다.

戊辰, 丁丑, 丙戌, 乙未, 甲辰, 癸丑, 壬戌日

이 살은 일주(日柱) 뿐 아니라 月時에 있어도 해당됩니다. 특히, 일주에 있는 것이 작용력이 강하다 하는데 경험에 의하면 잘 맞지 않는 것 같습니다. 어떤 책자에 의하면 甲辰日과 乙未日生은 부친이 피 흘리고 사망한다 하였으나 백호대살의 주인공은 그런 일(부친의 사고사)이 없는 것 같습니다.

⑪ 희신(喜神) 1

희신에 해당하는 일주는 아래와 같습니다.

乙卯日 · 丙午日

乙卯日은 일록(日祿 專祿)에도 해당하고 丙午日은 육수(六秀)와 양인(羊刃)에도 해당되는바, 총명하고 활동력이 왕성하며 기쁜 일이 많이 생긴다고 합니다.

⑫ 문창(文昌)

문창성에 해당하는 일진은 아래와 같습니다.

> 丙申, 丁酉, 壬寅, 癸卯, 戊申, 己酉日

위와 같은 6일 중에 출생한 주인공은 여러모로 총명한데 특히, 글재주가 있으며 학운(學運)도 있어 좋은 스승을 만나 학문의 진전이 빠르다고 합니다.

⑬ 천덕(天德)과 일덕(日德)

천덕귀인은 아래와 같은 일진이며 월지(月支)를 기준한 천월덕귀인이 또 있습니다. 그 천덕귀인은 그 항목에서 기록하겠고, 일주(日柱)로만 해당되는 천덕귀인과 일덕귀인은 아래와 같습니다.

> 천덕귀인 : 乙亥, 丙戌, 辛巳, 壬辰日
> 일덕귀인 : 戊辰, 庚辰, 丙辰, 壬戌日

위 천덕귀인일에 해당하는 날에 태어난 주인공은 대자연의 우연한 도움이 있어 발달하며, 일덕귀인일에 태어난 주인공은 인덕이 있어 어려운 일을 만나면 남이 도와주고, 또는, 자신의 머리가 열려 임기응변을 잘 하게 된다고 합니다.

⑭ 정인(正印)

이 정인은 명리육친법(命理六親法)의 명칭과 같으나 오행생극비화(五行生克比和)의 정인(正印)과는 다릅니다. 어쨌거나 길신의 하나로 기록되어 있으므로 빼놓지 않고 소개해 드립니다.

> 乙丑, 甲戌, 癸未, 壬辰, 丙辰(甲子, 乙亥, 戊午, 丁巳日)

生日이 위와 같은 支에 해당하면 두뇌가 명석하며 문장이 뛰어나 뭇사람들의 존경과 인기를 받는다고 합니다.

⑮ 음욕방해살(淫慾妨害殺)

이 살은 고란살(孤鸞殺)과 과곡살(寡鵠殺)을 합칭함인데 각각 아래와 같습니다.

- 팔전(八專) : 甲寅, 乙卯, 己未, 丁未, 庚申, 辛酉, 戊戌, 癸丑日
- 구추(九醜) : 乙酉, 乙卯, 己酉, 己卯, 戊子, 辛卯, 壬午, 壬子, 戊午日

위 팔전(八專)은 또 한 명칭을 음욕살(淫慾殺)이라 하고, 구추(九醜)는 방해살이라 하는데 남자가 팔전이나 구추에 해당하면 생김새가 추하고 익사하는 수가 있고, 여자가 이에 해당하면 산액(産厄)으로 크게 고생한다고 하였습니다. 그러나 필자의 생각은 작용력이 약하여 사주 구성만 나쁘지 않으면 크게 근심하지 않아도 되겠습니다.

⑯ 고란과곡살(孤鸞寡鵠殺)

고란과곡이란 짝을 잃은 난새와 오리로, 홀아비 과부란 뜻을 비유함인데 이에 해당하는 일주(日柱)는 아래와 같습니다.

> 乙巳, 丁巳, 丙午, 辛亥, 戊午, 壬子, 甲寅日

⑰ 일귀(日貴)

일귀란 日支에 천을귀인 및 정관(正官)을 놓은 것으로 아래와 같습니다.

> 丙子(子中癸水가 丙日의 正官) 癸卯(卯가 癸日의 천을귀인)
> 辛巳(巳中丙火가 辛日의 正官) 庚午(午中丁火가 庚日의 正官)
> 丁亥(亥中壬水가 丁日의 正官)
> 丁酉(酉가 丁日의 천을귀인)
> 癸巳(巳中戊土가 癸日의 正官 및 天乙貴人)

위와 같은 日主는 지지에 正官 및 천을귀인을 놓아 吉貴합니다.

⑱ 희신(喜神)

희신은 아래와 같은 일주(日柱)입니다.

> 乙卯日 · 丙午日生

위 日辰에 출생하면 인내력이 강하고 생애 중 기쁜 일도 많습니다.

⑲ 복신(福神)

복신에 속하는 일주(日柱)는 다음과 같습니다.

> 戊辰, 戊寅, 戊子, 癸酉, 甲寅日

위와 같은 날에 출생하면 뜻이 높고 복록이 따른다 하였습니다.

⑳ 녹마동향(祿馬同鄕)

> 壬午日 癸巳日生 - 日支에 正財 正官이 다 있는 것

㉑ 녹고(祿庫)·마고(馬庫)

> ● 녹고 - 戊辰 己巳 丙辰 丁巳日
> ● 마고 - 戊辰 壬辰日

위와 같은 날자(日辰)에 출생하면 녹고(祿庫)라 하는바 사주의 구성이 나쁘지 않으면 평생 재물의 궁핍이 없다 합니다.

㉒ 십악대패일(十惡大敗日)

십악대패일은 택일에 쓰이는 십악대패일과 다릅니다. 정국(正局)의 원리는 日干祿(日干의 건록)이 공망된 것입니다.

> 甲辰, 乙巳, 壬申, 丙午, 丁亥, 戊申, 己丑, 庚辰, 辛巳日

예를 들어, 甲辰의 경우 甲木의 록(祿)은 寅이고 甲辰日의 空亡은 寅에 해당합니다. 한 가지 예를 더 들겠습니다. 壬申日의 경우 壬申日의 건록은 亥이고 壬申日의 공망은 戌·亥가 되는 까닭입니다. 위 날짜에 태어난 주인공은 일생 중에 허망한 일을 자주 당한다 하겠습니다.

㉓ 진신(進神)·퇴신(退神)

진신·퇴신에 해당하는 日主는 다음과 같습니다.

> ● 진신(進神) : 甲子 己卯 甲午 己酉日生
> ● 퇴신(退神) : 戊寅 癸巳 戊申 癸未日生

재물, 관직에는 진신이라야 길하고 질병은 퇴신이 유리합니다.

㉔ 희신(喜神) 2

희신에 해당하는 출생일은 다음과 같습니다.

> 丙午日 · 乙卯日

위 날짜의 주인공은 정신력 활동력이 강하고 기쁜 일이 거듭 생긴다 합니다.

2 생일간(生日干)을 기준하여 보는 신살

생일간이란 주인공이 출생한 날의 日干입니다. 일간을 기준 하는 신살은 年支나 月支로 기준 하는 신살보다 작용력이 강하다고 보겠으나 사주 구성이 좋으면 나쁜 신살이 있을지라도 참고 정도로 기억해 두고 너무 우려하지는 마십시오.

① 천을귀인(天乙貴人)

이 천을귀인은 사주풀이 뿐 아니라, 모든 방면에 다 적용되는 귀인성입니다. 年干을 기준 하는 예도 있지만 사주 추명에는 日干으로 기준하게 됩니다. 천을귀인은 다음과 같습니다.

甲戊庚牛羊　　乙己鼠猴鄕　　丙丁猪鷄位
(갑무경우양)　(을기서후향)　(병정저계위)
六辛逢馬虎　　壬癸巳兎藏
(육신봉마호)　(임계사토장)

즉, 甲 戊 庚 日 - 丑未, 乙己日 子申, 丙丁日 - 亥酉, 辛日 寅午, 壬癸日 巳卯日

즉, 예를 들면, 甲과 戊와 庚日干에 태어난 사람은 사주 연월일시 가운데 丑이나 未가 있으면 천을귀인에 해당한다는 것입니다. 이 천을귀인이 있는 주인공은 항상 자신도 깨닫지 못하는 천지신명의 도움이 있거나 주위 환경의 도움이 있어 성공하는데 큰 혜택을 받는다고 합니다.

그런데 이 천을귀인은 양귀(陽貴)와 음귀(陰貴)의 구별이 있습니다. 원래 음양귀로 분류되지만 귀인성(貴人星)으로서의 작용은 마찬가지이므로 사주나 점을 추리할 때 음양으로 구분하지 않고 그대로 천을귀인의 작용력만 인정하고 있는 것입니다.

필자도 음귀와 양귀로 분류된 것은 알고 있지만 음양귀의 작용이 다른 점에 대해서는 미처 깨닫지 못하고 있습니다. 물론 굳이 설명하라면 변명 못할 바는 아니지만 그렇게까지 섬세하게 분류해서 논할 필요는 없다 하겠습니다.

구분＼日	甲	乙	丙	丁	戊	己	庚	辛	壬	癸
陰貴人	未	申	酉	亥	丑	子	丑	寅	卯	巳
陽貴人	丑	子	亥	酉	未	申	未	午	巳	卯

【 천을귀인이 이루어지는 원칙 】

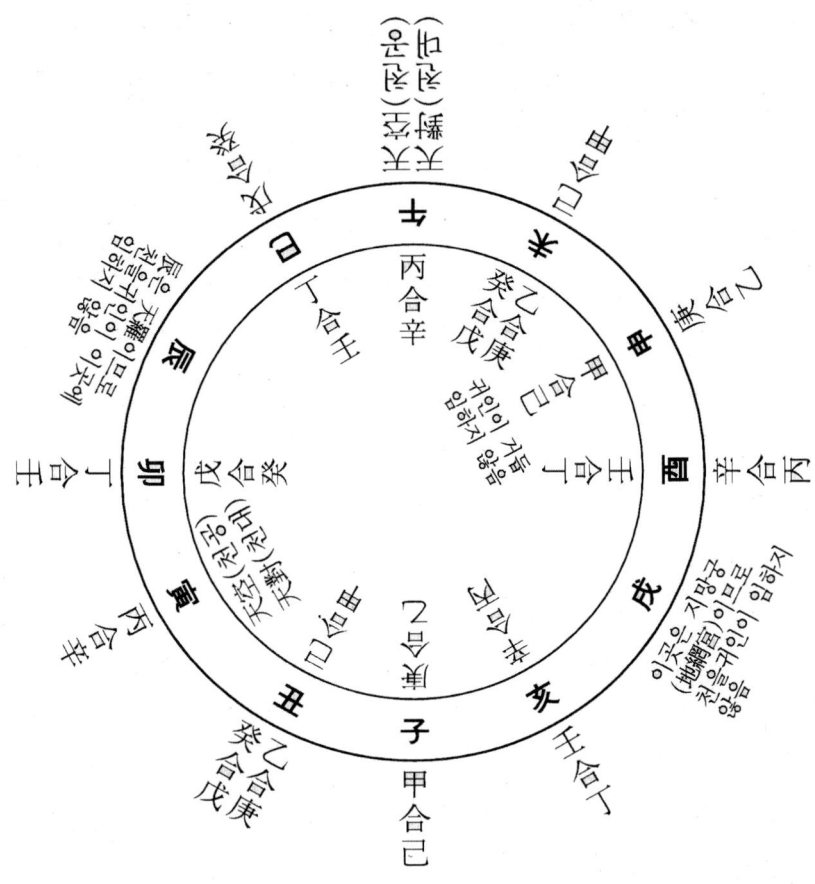

천을귀인이 이루어지는 의(義)는 다음과 같습니다. 양귀(陽貴)는 선천(先天)의 곤궁(坤宮)이며 후천의 감궁(坎宮)인 子에 甲을 붙여 십이지방(十二支方)을 순행(順行)하고, 음귀(陰貴)는 선천의 손궁(巽宮)이오, 후천의 곤궁(坤宮) 申자리에 甲을 붙여 十二方을 거꾸로(시계침 반대방향) 붙여 나갑니다.

양귀(陽貴)는 子(坎)에 甲을 붙여 合을 부르면 甲己合이라 甲의 合인 己가 子에 이르므로 己의 양귀(陽貴)가 子에 이르고 (乙己는 子申) 乙은 丑宮에 이르니 乙合庚이라 乙과 合 되는 庚의 귀인은 丑宮(甲戊庚丑未) 이르는 것입니다. 또 丙은 寅宮에 있으니 丙合辛하여 辛金의 天乙귀인은 寅宮이 되며, 丁火는 卯宮

에 임하므로 丁合壬 되어 壬의 귀인은 이 卯가 되겠습니다.

辰은 천라궁(天羅宮)이므로 (이곳은 天乙이 임하지 않음) 辰宮을 건너 巳에 戊土가 임하니 戊合癸로 癸水의 천을귀인은 巳가 되는 것입니다. 午자리는 子와 충(沖)이라 午를 넘어 未에 이르게 되니 己合甲하여 甲木의 귀인은 未가 되는 것입니다. 다음 申宮에는 庚이 닿는바 庚合乙하여 乙의 귀인은 申宮이 되겠습니다. 다음 酉에는 辛이 닿고 辛合丙이라 丙火의 귀인은 酉가 됩니다. 다음 戌宮인데 이곳은 지망(地網)에 해당 천을귀인이 머물지 않으니 戌을 건너면 亥에 壬이 닿는바 壬合丁하여 丁火의 귀인은 亥가 됩니다. 다음이 子자리인데 이곳은 이미 천을귀인이 임한 곳이라 두 번 귀인이 임하지 않는 법이므로 子를 건너면 丑에 癸가 닿으니 癸合戊로 戊土의 귀인은 丑이 되는 것입니다.

음귀(陰貴)는 申에 甲을 붙여 十二支方을 거꾸로 돌아가는바, 甲合己(申자리)로 己의 귀인이 申이 되며, 甲 다음은 乙木인지라 乙合庚으로 庚의 귀인은 未요, 다음은 丙이 午자리에 옮길 차례지만 子의 충궁이 되어 午를 건너 巳자리가 丁火라 丁合壬으로 壬水의 귀인은 巳가 되는 것입니다. 다음은 辰宮인데 辰은 천라궁이 되어 천을귀인이 머물지 않으므로 卯에 戊土가 닿으니 戊合癸로 癸水의 귀인은 卯가 되는 것입니다. 다음은 己土자리인바 卯 다음 寅宮은 천대(天對)와 천공(天空)이라 귀인이 머물지 않으므로 寅을 건너 丑宮에 이르면 己合甲이라 甲의 귀인은 丑이 되겠습니다. 다음은 庚金이 거꾸로 돌면 丑 다음 子에 이르니 후천(後天)이 庚이요 庚合乙하여 乙木의 귀인은 子가 되는 것입니다. 다음은 辛金이 亥宮에 옮기는데 辛이 丙을 合해 와서 丙의 천을귀인은 亥가 됩니다. 다음은 壬水인바, 戌은 지망궁(地網宮)이라 戌을 건너 酉宮에 이르니 壬合丁하여 丁의 귀인은 酉가 되는 것입니다. 다음은 癸水라 申宮으로 가야 되겠으나 귀인이 같은 자리에 거듭 임하는 게 아니므로 申을 건너 未자리에 이르니 癸合戌하여 戌土의 천을귀인은 未가 되는 것입니다.

② 천복귀인(天福貴人)

이 귀인성은 日干을 기준 年·月·日·時支로 보는바, 천복귀인에 해당하는 것은 아래와 같습니다.

> 甲日 - 酉, 乙日 - 申, 丙日 - 子, 丁日 - 亥, 戊日 - 卯,
> 己日 - 寅, 庚日 - 午, 辛日 - 巳, 壬日 - 午, 癸日 - 巳

이상의 천복귀인이 사주 내에 있으면 하늘이 주는 복록과 사람이 주는 인덕이 있다고 합니다. 이 천복귀인은 태세 干으로 日辰을 대조 건축하는 날을 받아도 좋습니다.

③ 건록(建祿)

이 건록이 日支에 있으면 전록(專祿)이라 칭하고 月支에 있으면 건록, 時支에 있으면 귀록(鬼祿)이라 합니다. 건록의 녹(祿)은 고정적으로 들어오는 의식주라 나라나 회사에서 주는 녹봉에 해당하고 건강한 사업의 튼튼한 기반과 같습니다. 비유하건데 나무가 땅 속에 뿌리를 튼튼히 박고 땅 속의 수분(水分)과 영양소를 보급해 줌으로서 덩치가 굵어지고 지엽(枝葉)이 잘 자라는 것과 같습니다.

건록의 정국은 아래와 같습니다.

> 甲日 - 寅, 乙日 - 卯, 丙戊日 - 巳, 丁己日 - 午,
> 庚日 - 申, 辛日 - 酉, 壬日 - 亥, 癸日 - 子

④ 문창귀인(文昌貴人)

문창귀인의 정국(定局)은 아래와 같습니다.

甲日 – 巳, 乙日 – 午, 丙日 – 申, 丁日 – 酉, 戊日 – 申
己日 – 酉, 庚日 – 亥, 辛日 – 子, 壬日 – 寅, 癸日 – 卯

사주에 문창성이 있는 주인공은 글재주가 있고 풍류(風流)를 좋아하며 과거운(국가고시 치르는 운)이 좋다 하겠습니다.

⑤ 문곡귀인(文曲貴人)

문곡귀인은 문창귀인과 같으나 하나가 더 있습니다.
정국은 아래와 같습니다.

甲日-巳亥, 乙日-子午, 丙日-寅申, 丁日-卯酉, 戊日-寅申,
己日-卯酉, 庚日-巳亥, 辛日-子午, 壬日-寅申, 癸日-卯酉

이 문곡성(文曲星)도 문창성과 같이 총명하여 글재주가 있고 풍류를 좋아하며 바람기도 있다 하겠습니다.

⑥ 학당귀인(學堂貴人)

학당귀인은 아래와 같습니다.

甲日-亥, 乙日-午, 丙日-寅, 丁日-酉, 戊日-寅,
己日-酉, 庚日-巳, 辛日-子, 壬日-申, 癸日-卯

이 학당귀인은 위의 문창·문곡과 작용력이 비슷하나 한 가지 더 첨부한

다면 학운(學運)까지 있어 좋은 학교나 훌륭한 스승을 만나 많은 지식을 얻게 된다고 합니다.

⑦ 금여(金輿)

금여는 길신으로 작용하는바, 정국(定局)은 아래와 같습니다.

> 甲日 - 辰, 乙日 - 巳, 丙日 - 未, 丁日 - 申, 戊日 - 未,
> 己日 - 申, 庚日 - 戌, 辛日 - 亥, 壬日 - 丑, 癸日 - 寅

사주에 금여가 있는 사람은 성품이 온화 단정하고 총명하며 감정이 예민하지만 까다롭지는 아니하여 남녀노소를 막론하고 사람들의 존경과 사랑을 받게 됩니다. 그리고 좋은 배우자를 만나게 됩니다. 금여가 시지(時支)에 있으면 훌륭한 자식을 둔다고 합니다.

⑧ 암록(暗祿)

암록은 건록과 六合이 되는 地支로서 다음과 같습니다.

> 甲日 - 亥, 乙日 - 戌, 丙日 - 申, 丁日 - 未, 戊日 - 申,
> 己日 - 未, 庚日 - 巳, 辛日 - 辰, 壬日 - 寅, 癸日 - 丑

암록도 건록과 비슷한 작용을 하나 신강이라야 좋은 작용을 하게 됩니다. 신약이면 암록이 있어도 작용력이 약하나 신강된 경우 신명의 도움이 있거나 누군가 뒤에 숨어서 암암리에 주인공을 돕는다고 합니다.

⑨ 복성귀인(福星貴人)

복성귀인이란 해당되는 주인공에게 복을 준다는 길신인데 정국은 다음과 같습니다.

> 甲日 - 寅, 乙日 - 丑, 丙日 - 子, 丁日 - 酉, 戊日 - 申,
> 己日 - 未, 庚日 - 午, 辛日 - 巳, 壬日 - 辰, 癸日 - 卯

위와 같은 복성귀인이 있는 사람은 하늘이 주는 복록을 받게 되며 어려운 일을 당해도 구원해주는 은인이 생겨 전화위복이 된다 합니다.

⑩ 천복귀인(天福貴人)

천복귀인이 또 있습니다. 이 귀인성의 정국(定局)은 다음과 같습니다.

> 甲日 - 未, 乙日 - 辰, 丙日 - 巳, 丁日 - 酉, 戊日 - 戌,
> 己日 - 卯, 庚日 - 亥, 辛日 - 申, 壬日 - 寅, 癸日 - 午

이 천복귀인도 명칭과 정국(定局)은 다르지만 작용력은 복성귀인과 거의 같다 하겠습니다.

⑪ 천주귀인(天廚貴人)

천주귀인의 정국은 아래와 같습니다.

> 甲日 - 巳, 乙日 - 午, 丙日 - 巳, 丁日 - 午, 戊日 - 申,
> 己日 - 酉, 庚日 - 亥, 辛日 - 子, 壬日 - 寅, 癸日 - 卯

위와 같은 천주귀인이 사주 내에 있으면 재물과 관록이 따르고 건강한 몸에 수(壽)와 복을 누리게 된다 합니다.

⑫ 천관귀인(天官貴人)

천관귀인의 정국은 아래와 같습니다.

> 甲日 - 未, 乙日 - 辰, 丙日 - 巳, 丁日 - 寅, 戊日 - 卯,
> 己日 - 酉, 庚日 - 亥, 辛日 - 申, 壬日 - 戌, 癸日 - 午

위와 같은 천관귀인이 명(命)에 있는 가운데 길격을 놓으면 문무겸전하여 큰 인물인 경우 지위가 재상(장관 이상급)에 이른다 합니다. 이 천관귀인은 사주 뿐 아니라 택일 또는, 방위를 보는 대로 적용합니다.

⑬ 태극귀인(太極貴人)

태극귀인도 길신인바, 정국(定局)은 아래와 같습니다.

> 甲日 - 子, 乙日 - 午, 丙日 - 酉, 丁日 - 卯, 戊日 - 巳,
> 己日 - 午, 庚日 - 寅, 辛日 - 亥, 壬日 - 巳, 癸日 - 申

이 귀인성은 사주와 택일 그리고, 길방을 보는데 참고합니다. 사주 구성이 좋은 가운데 위와 같은 귀인성이 있으면 지위가 높거나 재산이 풍족하게 된다고 합니다.

⑭ 홍염살(紅艷殺)

日干을 기준 月·日·時를 대조해 보는바, 다음과 같습니다.

> 甲日 - 午申, 乙日 - 午申, 丙日 - 寅, 丁日 - 未, 戊日 - 辰,
> 己日 - 辰, 庚日 - 戌申, 辛日 - 酉, 壬日 - 子, 癸日 - 申

예를 들어, 甲日이 年月日時支 가운데 午나 申이 있으면 홍염살이 있다 합니다. 그러나 年支에 있는 것보다 日支나 時支에 있는 것이 작용력이 더 있는 것으로 생각됩니다.

이 살(홍염살)이 있는 주인공은 남여를 막론하고 음탕한 것으로 여겨 몹시 꺼리는 살(殺)이라 하였습니다. 그러나 남자는 색광(色狂)에 색을 광적으로 탐하는 것이 될 가능성이 있어 색으로 인해 윤리에 어긋날 수 있다 하여 이 살이 명(命 즉, 사주)에 있음을 크게 꺼립니다.

그러나 여성에 한해서는 홍염살이 있는 것을 도리어 자랑스럽게 생각할 수 있지 않을까 생각됩니다. 물론 홍염살의 작용은 요염하여 색정적(色情的)이고 질투가 심하여 군자적 평가로 논할 때 매우 꺼리는 살이 되겠지만 이 살을 타고 난 여성의 주관적 심리로는 예쁜 얼굴(아니라도 이성을 끄는 매력)에 자태가 요염하여 뭇 남성들이 사족을 못 쓰는 것을 보고 주인공은 도리어 즐겁고 자랑스러워 할 것이니 이 살을 꺼리는 것보다 있는 것을 좋아할 것입니다.

단, 이 살(홍염살)이 작용되는 의(義)는 앞에서 설명한 바와 같지만 이 살이 있는 남성이나 여성의 주인공이 실제로 그러한지는 통계에 의해 비중은 두는 게 옳을 것 같습니다.

⑮ 극해공망(克害空亡)

극해공망에 해당되는 사주는 아래와 같습니다.

> 甲·乙日 - 午, 丙·丁日 - 申, 戊·己日 - 辰,
> 庚日 - 戌申, 辛日 - 酉, 壬日 - 子, 癸日 - 申

예를 들어, 日干 甲日이나 乙日生이 年·月·日·時 중에 午가 있으면 이를 극해공망이라 합니다. 살의 명칭이 극해(克害)라서 두렵겠으나 이 살이 있더라고 작용력은 미약하니 크게 근심하지 않아도 될 것 같습니다.

⑯ 양인살(羊刃殺)

양인은 건록 다음 지지(地支)로서 사주(四柱) 또는, 기타 여러 분야에 적용되고 있습니다. 양인에 해당되는 지(支)가 日干 밑에 있으면 일인(日刃) 月支에 있으면 양인격(羊刃格), 시지(時支)에 있으면 그냥 양인(羊刃)이라 합니다. 다음과 같습니다.

> 甲日 - 卯, 乙日 - 辰, 丙·戊日 - 午, 丁·己日 - 未,
> 庚日 - 酉, 辛日 - 戌, 壬日 - 子, 癸日 - 丑

가령 甲日의 건록은 寅인데 寅다음이 卯라 甲日의 양인이 卯다. 乙日의 건록은 卯요 卯다음이 辰이니 乙日의 양인은 辰이 된다. 양인(羊刃)은 염소양·칼날인자로 되어있다. 염소는 고집스런 동물이고, 칼날은 살상하는 무기다. 고집과 살상의 의미를 따져보면 잔인하고 혹독하다. 참을성이 부족하고 시비투쟁을 좋아하니 자연히 자신도 시비나 투쟁에 말려들게 되고 부상당할 우려가 있다.

단, 양인은 신약(身弱)한 양일간(陽日干)에는 도리어 좋고, 또 칠살(七殺)이 있으면 살인상정(殺刃相停)이란 귀격을 놓아 대귀한다.

⑰ 비인(飛刃)

이 살은 양인이 충하는 지지로서 다음과 같습니다.

> 甲日 - 酉, 乙日 - 戌, 丙·戊日 - 子, 丁·己日 - 丑,
> 庚日 - 卯, 辛日 - 辰, 壬日 - 午, 癸日 - 未

비인(飛刃)은 양인과 거의 같은 작용을 하나 그 작용력은 매우 약한 것으로 보겠습니다. 하지만 사주 내에 비인(飛刃)이 있는 경우 운(運 - 대운, 세운)에서 비인을 충하면 양인성과 같은 작용을 하게 됩니다.

⑱ 유하살(流霞殺)

유하살의 정국(定局)은 아래와 같습니다.

> 甲日 - 酉, 乙日 - 戌, 丙日 - 未, 丁日 - 申, 戊日 - 巳,
> 己日 - 午, 庚日 - 辰, 辛日 - 卯, 壬日 - 亥, 癸日 - 寅

日干을 기준 月이나 日이나 時支를 대조하면 됩니다. 위와 같은 살이 있는 주인공은 남자는 객사(客死)하고, 여자는 산액(産厄-産)으로 생명이 위험해질 가능성도 있으나 비교적 작용력이 약하다 하겠습니다.

⑲ 철사관(鐵蛇關)

철사관은 소아관살에 속하는바, 정국(定局)은 다음과 같습니다.

> 甲乙日 - 辰, 丙丁日 - 未申, 戊己日 - 寅, 庚辛日 - 戌,
> 壬癸日 - 丑

예를 들어, 甲日生과 乙日生이 사주 年月日時 가운데 辰이 있으면 철사관이라 합니다. 이 살이 있는 주인공은 어렸을 때 홍역마마를 앓게 되는 경우 특별히 주의가 필요하다고 하였습니다. 한편, 철사(鐵蛇)란 명칭의 뜻을 생각해 보면 죄를 짓고 결박을 당해본다던지 혹, 스스로 목매는 따위의 좋지 못할 가능성도 있다 하겠으나 작용력은 미약하니 지나친 우려는 아니 하셔도 되겠습니다.

⑳ 천소성(天掃星)

천소성의 정국은 아래와 같습니다.

> 甲日 - 癸未, 乙日 - 壬午, 丙日 - 辛巳, 丁日 - 庚辰, 戊日 - 己卯,
> 己日 - 戊寅, 庚日 - 丁丑, 辛日 - 丙子, 壬日 - 乙亥, 癸日 - 甲戌

예를 들어, 甲日生이 月이나 시주(時柱)에 癸未가 있으면 천소성에 해당됩니다. 혹은 生年干으로 月·日·時柱에 있어도 인정합니다. 여자는 해당되지 않으며 남자의 경우 세 차례 결혼하게 된다는 살입니다. 그러나 작용력이 몇%나 되는지는 미지수라 생각됩니다.

㉑ 자암성(紫暗星)

자암성은 日干으로 月이나 時에서 찾아보세요. 정국은 아래와 같습니다.

> 甲日 - 卯, 乙日 - 辰, 丙日 - 午, 丁日 - 未, 戊日 - 午,
> 己日 - 未, 庚日 - 酉, 辛日 - 戌, 壬日 - 子, 癸日 - 丑

자암성은 명칭이 양인(羊刃)과 다르지만 정국(定局)은 양인살과 동일하므로 작용력도 양인에 준하면 되겠습니다.

이상으로 日干을 기준 年·月·日·時에 해당하는 신살에 대해 신살의 정국과 작용력을 설명해 드렸습니다.

【 日干기준 年·月·日·時支에 해당하는 신살 일람표 】

신살 \ 日干	甲	乙	丙	丁	戊	己	庚	辛	壬	癸
천을귀인(天乙貴人)	丑未	子申	亥酉	亥酉	丑未	子申	丑未	寅午	巳卯	巳卯
건 록 (建 祿)	寅	卯	巳	午	巳	午	申	酉	亥	子
문 창 (文 昌)	巳	午	申	酉	申	酉	亥	子	寅	卯
문 곡 (文 曲)	巳亥	午子	申寅	酉卯	申寅	酉卯	亥巳	子午	寅申	卯酉
학 당 (學 堂)	亥	午	寅	酉	寅	酉	巳	子	申	卯
금 여 (金 輿)	辰	巳	未	申	未	申	戌	亥	丑	寅
복성귀인(福星貴人)	寅	丑	子	酉	申	未	午	巳	辰	卯
천복귀인(天福貴人)	未	辰	巳	酉	戌	卯	亥	申	寅	午
천주귀인(天廚貴人)	巳	午	巳	午	申	酉	亥	子	寅	卯
천관귀인(天官貴人)	未	辰	巳	寅	卯	酉	亥	申	戌	午
태극귀인(太極貴人)	子	午	酉	卯	巳	午	寅	亥	巳	申
암 록(暗 祿)	亥	戌	申	未	申	未	巳	辰	寅	丑
홍 염 살(紅 艶 殺)	午申	午申	寅	未	辰	辰	戌申	酉	子	申
극해공망(克害空亡)	午	午	申	申	巳午	巳午	寅	寅	酉丑	酉丑
양 인 살(羊 刃 殺)	卯	辰	午	未	午	未	酉	戌	子	丑
비 인(飛 刃)	酉	戌	子	丑	子	丑	卯	辰	午	未
유 하 살(流 霞 殺)	酉	戌	未	申	巳	午	辰	卯	亥	寅
철 사 관(鐵 蛇 關)	辰	辰	未申	未申	寅	寅	戌	戌	丑	丑
천 소 성(天 掃 星)	癸未	壬午	辛巳	庚辰	己卯	戊寅	丁丑	丙子	乙亥	甲戌
파조공망(破祖空亡)	午	午	申	申	戌	戌	子	子	寅	寅
자 암 성(紫 暗 星)	卯	辰	午	未	午	未	酉	戌	子	丑

3 일간(日干)과 생시(時支)로 보는 신살

① 귀록(歸祿)

시지(時支)에 日干의 건록을 놓은 것으로 이를 일록귀시격(日祿歸時格)이라고도 하는바, 귀록이 되는 경우는 다음과 같다.

甲日 寅時 - 時支 寅이 공망되지 않은 가운데 타에 申巳亥가 없는 것

乙日 卯時 - 時支 卯가 공망되지 않은 가운데 타에 卯酉子辰午가 없는 것

丙日 巳時 - 時支 巳가 공망되지 않은 가운데 타에 巳亥申寅이 없는 것

丁日 午時 - 時支 午가 공망되지 않은 가운데 타에 午卯子丑이 없는 것

戊日 巳時 - 時支 巳가 공망되지 않은 가운데 타에 巳亥寅申이 없는 것

己日 午時 - 時支 午가 공망되지 않은 가운데 타에 午子卯丑이 없는 것

庚日 申時 - 時支 申이 공망되지 않은 가운데 타에 申寅巳亥가 없는 것

辛日 酉時 - 時支 酉가 공망되지 않은 가운데 타에 酉卯子戌이 없는 것

壬日 亥時 - 時支 亥가 공망되지 않은 가운데 타에 亥巳寅申이 없는 것

癸日 子時 - 時支 子가 공망되지 않은 가운데 타에 子午酉卯未가 없는 것

이상에 해당하면 일생 국록을 먹지 아니하면 재물의 궁핍이 없다 합니다.

② 협록(夾祿)

여기에서의 녹(祿)이란 건록(建祿)을 칭하는바, 이 격이 이루어지려면 日支와 時支 사이에 日干祿을 끼고 타에는 건록이 없어야 합니다.

丙午日 壬辰時 - 辰과 午 사이에 丙日의 건록 巳를 끼고 있음
丙辰日 甲午時 - 辰과 午 사이에 丙日의 건록 巳를 끼고 있음
丁巳日 丁未時 - 巳와 未 사이에 丁日의 건록 午를 끼고 있음
丁未日 乙巳時 - 未와 巳 사이에 丁日의 건록 午를 끼고 있음
戊辰日 戊午時 - 辰과 午 사이에 戊日의 건록 巳를 끼고 있음
戊午日 丙辰時 - 辰과 午 사이에 戊日의 건록 巳를 끼고 있음
己巳日 辛未時 - 巳와 未 사이에 己日의 건록 午를 끼고 있음
己未日 己巳時 - 未와 巳 사이에 己日의 건록 午를 끼고 있음
壬子日 庚戌時 - 子와 戌 사이에 壬日의 건록 亥를 끼고 있음
壬戌日 庚子時 - 戌과 子 사이에 壬日의 건록 亥를 끼고 있음
癸亥日 癸丑時 - 亥와 丑 사이에 癸日의 건록 子를 끼고 있음
癸丑日 癸亥時 - 丑과 亥 사이에 癸日의 건록 子를 끼고 있음

건록이 표면적 직접적인 녹봉이라면 위에 해당하는 협록은 암시적 간접적인 재록(財祿)이라 비유됩니다. 남의 눈에 띄지 않는 관록과 재물, 요행 등이 암동(暗動)하는 것으로 이해하면 되겠습니다.

③ 전재(專財)

生日干의 정재(正財)가 時干에 있는 것으로 다음과 같습니다.

> 甲日 - 己巳時, 丙日 - 辛卯時, 丁日 - 庚戌時, 己日 - 壬申時,
> 壬日 - 丁未時

乙日戊寅時, 戊日 癸丑時, 庚日 乙酉時, 辛日 甲午時 등도 時干에 정재(正財)를 놓았으나 비겁(日干과 同一한 五行) 위에 있거나 사절궁(死絕宮)에 앉아 정재가 태약하므로 제외하였습니다.

위에 해당하는 주인공은 남자의 경우 처덕이 있고 애처가(愛妻家)로서 가정이 평온하고 경제도 안정된다 하겠습니다.

④ 시마(時馬)

여기에서의 마(馬)란 역마(驛馬)가 아닌 재성(財星)입니다. 이 격이 이루어지는 정국(定局)은 아래와 같습니다.

> 甲乙日 - 辰戌丑未時,   丙丁日 - 申酉時,   戊己日 - 亥子時
> 庚辛日 - 寅卯時,   壬癸日 - 巳午時

위와 같은 것에 해당하면 말년 풍요로운 생활을 누릴 수 있고 자녀의 보살핌을 받아 안락한 삶을 누리게 된다 합니다. 생시는 말년 운을 작용하고 또는, 자녀궁에 해당하기 때문입니다.

⑤ 공귀(拱貴)

여기에서의 귀(貴)란 정관성(正官星)과 천을귀인을 지칭하는 것입니다. 그러므로 공귀격이 이루어지려면 日支와 時支 사이에 정관 및 천을귀인을 끼되 타에는 정관이 없어야 합니다. 해당되는 사주는 다음과 같습니다.

甲戌日
壬申時 } 日支와 時支 사이에 甲日의 정관 酉를 끼고 있음

甲申日
庚午時 } 日과 時支 사이에 甲日의 천을귀인 未를 끼고 있음

甲申日
甲戌時 } 日과 時支 사이에 甲日의 정관 酉를 끼고 있음

乙未日
乙酉時 } 日과 時支 사이에 乙日의 정관과 천을귀인 申을 끼고 있음

乙丑日
丁亥時 } 日과 時支 사이에 乙日의 정관과 천을귀인 子를 끼고 있음

乙酉日
癸未時 } 日과 時支 사이에 乙日의 정관이오 귀인인 申을 끼고 있음

丙子日
戊戌時 } 日과 時支 사이에 丙日의 천을귀인 亥를 끼고 있음

丙戌日
戊子時 } 日支과 時支 사이에 丙日의 천을귀인 亥를 끼고 있음

丙申日
戊戌時 } 日과 時支 사이에 丙日의 천을귀인 酉를 끼고 있음

丙戌日
丙申時 } 日과 時支 사이에 丙日의 천을귀인 酉를 끼고 있음

戊子日
甲寅時 } 日과 時支 사이에 戊日의 천을귀인 丑을 끼고 있음

戊寅日
壬子時 } 日과 時支 사이에 戊日의 천을귀인 丑을 끼고 있음

戊寅日
丙辰時 } 日과 時支 사이에 戊土의 정관 卯를 끼고 있음

戊辰日
甲寅時 } 日과 時支 사이에 戊日의 정관 卯를 끼고 있음

戊午日
庚申時 } 日과 時支 사이에 戊日의 천을귀인 未를 끼고 있음

戊申日
戊午時 } 日과 時支 사이에 戊日의 천을귀인 未를 끼고 있음

己亥日
乙丑時 } 日과 時支 사이에 己日의 천을귀인 子를 끼고 있음

己丑日
乙亥時 } 日과 時支 사이에 己日의 천을귀인 子를 끼고 있음

己丑日
丁卯時 } 日과 時支 사이에 己日의 정관 寅을 끼고 있음

己未日
癸酉時 } 日과 時支 사이에 己日의 천을귀인 申을 끼고 있음

己酉日
辛未時 } 日과 時支 사이에 己日의 천을귀인 申을 끼고 있음

庚子日
戊寅時 } 日과 時支 사이에 庚日의 천을귀인 丑을 끼고 있음

庚寅日
丙子時 } 日과 時支 사이에 庚日의 천을귀인 丑을 끼고 있음

庚午日
甲申時 } 日과 時支 사이에 庚日의 천을귀인 未를 끼고 있음

庚申日
壬午時 } 日과 時支 사이에 庚日의 천을귀인 未를 끼고 있음

辛丑日
辛卯時 } 日과 時支 사이에 辛日의 천을귀인 寅를 끼고 있음

辛卯日
己丑時 } 日과 時支 사이에 辛日의 천을귀인 寅를 끼고 있음

辛巳日
乙未時 } 日과 時支 사이에 辛日의 천을귀인 午를 끼고 있음

辛未日
癸巳時 } 日과 時支 사이에 辛日의 천을귀인 午를 끼고 있음

壬辰日
丙午時 } 日과 時支 사이에 壬日의 천을귀인 巳를 끼고 있음

壬午日
甲辰時 } 日과 時支 사이에 壬日의 천을귀인 巳를 끼고 있음

壬寅日
甲辰時 } 日과 時支 사이에 壬日의 천을귀인 巳를 끼고 있음

壬辰日
壬寅時 } 日과 時支 사이에 壬日의 천을귀인 卯를 끼고 있음

癸酉日
癸亥時 } 日과 時支 사이에 癸日의 정관 戌을 끼고 있음

癸巳日
乙卯時 } 日과 時支 사이에 癸日의 정관 辰을 끼고 있음

癸亥日
辛酉時 } 日과 時支 사이에 癸日의 정관 戌을 끼고 있음

癸卯日
丁巳時 } 日과 時支 사이에 癸日의 정관 辰을 끼고 있음

위와 같은 사주에 해당하면 주변 환경이 좋아서 직접·간접적인 도움을 받게 되며 남이 잘 모르는 관직과 재물이 풍족하여 사주 원국만 나쁘지 않으면 남은 대수롭지 않게 보여도 주인공으로서는 만족한 직장 생활을 할 수 있을 것으로 추리됩니다.

⑥ 공록(拱祿)

日支와 時支 사이에 日干祿(일간록)을 끼고 있음을 일컫는바, 사주 내에 건록이 없더라도 日時에 건록을 끼고 있으면 기이한지라 길귀(吉貴)한 것이라 하였습니다. 다음과 같습니다.

丙午日 ⎫
壬辰時 ⎭ 丙日이 日과 時支 사이에 丙日의 건록 巳를 끼고 있음

丙辰日 ⎫
甲午時 ⎭ 丙日이 日과 時支 사이에 丙日의 건록 巳를 끼고 있음

丁未日 ⎫
乙巳時 ⎭ 丁日이 日과 時支 사이에 丁日의 건록 午를 끼고 있음

丁巳日 ⎫
丁未時 ⎭ 丁日이 日과 時支 사이에 丁日의 건록 午를 끼고 있음

戊辰日 ⎫
戊午時 ⎭ 戊日이 日과 時支 사이에 戊日의 건록 巳를 끼고 있음

己未日 ⎫
己巳時 ⎭ 己日이 日과 時支 사이에 己日의 건록 巳를 끼고 있음

癸丑日 ⎫
癸亥時 ⎭ 癸日이 日과 時支 사이에 癸日의 건록 子를 끼고 있음

癸亥日 ⎫
癸丑時 ⎭ 癸日이 日과 時支 사이에 癸日의 건록 子를 끼고 있음

※ 이 격을 取用하려면 사주 내에 건록이 없어야 함.

⑦ 공재(拱財)

여기에서의 재를 낀다(拱財)함은 정재(正財)나 편재(偏財)를 지칭함이 아니고 재고(財庫 - 재물 쌓아두는 곳간 또는 金庫)를 말하는 것인데 日과 時支 사이에 日干의 재고를 끼고 있으면 공재격이 이루어진다.

> 甲乙日 - 辰戌丑未,　　丙丁日 - 丑,　　戊己日 - 辰,　　庚辛日 - 未,
> 壬癸日 - 戌

이상이 日干에 각각 해당하는 재고(財庫)인바, 공재가 이루어지는 사주는 아래와 같다.

甲子日
丙寅時 } 日과 時支 사이에 甲日의 재고 丑을 끼고 있음

甲寅日
甲子時 } 日과 時支 사이에 甲日의 재고 丑을 끼고 있음

甲午日
壬申時 } 日과 時支 사이에 甲日의 재고 未를 끼고 있음

甲申日
庚午時 } 日과 時支 사이에 甲日의 재고 未를 끼고 있음

乙亥日
乙酉時 } 日과 時支 사이에 乙日의 재고 戌을 끼고 있음

乙酉日
丁亥時 } 日과 時支 사이에 乙日의 재고 戌을 끼고 있음

乙卯日
辛巳時 } 日과 時支 사이에 乙日의 재고인 辰을 끼고 있음

乙巳日
己卯時 } 日과 時支 사이에 乙日의 재고인 辰을 끼고 있음

丙子日
庚寅時 } 日과 時支 사이에 丙日의 재고 丑을 끼고 있음

丙寅日
戊子時 } 日과 時支 사이에 丙日의 재고 丑을 끼고 있음

己巳日
丁卯時 } 日과 時支 사이에 己日의 재고 辰을 끼고 있음

己卯日
己巳時 } 日과 時支 사이에 己日의 재고 辰을 끼고 있음

庚午日
甲申時 } 日과 時支 사이에 庚日의 재고 未를 끼고 있음

庚申日
壬午時 } 日과 時支 사이에 庚日의 재고 未를 끼고 있음

癸酉日
癸亥時 } 日과 時支 사이에 癸日의 재고 辰을 끼고 있음

癸亥日
辛酉時 } 日과 時支 사이에 癸日의 재고 辰을 끼고 있음

위와 같은 生日生時에 출생한 주인공은 재물과 돈을 깊숙이 간직하고 있는 상이므로 일생 돈이 마르는 때가 없고 남한테 빼앗기거나 잃어버릴 우려가 없다 하겠습니다.

⑧ 교록(交祿)

교록이란 건록(建祿)을 서로 바꾼다는 뜻입니다. 예를 들면, 丙子日 癸巳時일 경우 日干의 녹(祿)은 時支에 있고, 時干의 녹은 日支에 있어 日支와 時支에 있는 건록을 쉽게 바꾸어 자신 밑에 둠으로서 기이하게 여겨 길격으로 보는 것입니다.

丙子日 ⎫
癸巳時 ⎭ 丙子와 癸巳가 필요상 日時支 子와 巳를 바꾼다.

戊午日 ⎫
丁巳時 ⎭ 戊日의 녹 巳는 時에, 時干의 녹 午는 日支에 있어 日時가 서로 녹을 바꾼다.

이 교록(交祿)이 있는 경우 그릇이 크고 사주 구성이 좋으면 외교관(外交官)이고 그릇이 작거나 사주 구성이 혼탁하면 중개인(仲介人) 혹은 유통업(流通業)으로 성공할 수 있습니다.

⑨ 절로공망(截路空亡)

절로공망이란 앞으로 가는 길에 물이 막혀 진행하기 어렵다는 뜻으로 무조건 壬·癸時에 출생하면 이에 해당합니다. 정국은 아래와 같습니다.

```
甲日 - 申酉時(壬申·癸酉)
乙日 - 壬未時(壬午·癸未)
丙日 - 辰巳時(壬辰·癸巳)
丁日 - 寅卯時(壬寅·癸卯)
戊日 - 子丑戌亥時(壬子·癸丑·壬戌·癸亥)
己日 - 申酉時(壬甲·癸酉)
庚日 - 午未時(壬午·癸未)
辛日 - 辰巳時
壬日 - 寅卯時(壬寅·癸卯)
癸日 - 子丑戌亥時(壬子·癸丑·壬戌·癸亥)
```

예를 들어, 甲日의 경우 申時와 酉時를 절로공망(截路空亡)이라 한 것은 申과 酉時는 甲日의 壬申·癸酉時에 해당되므로 가는 길 앞에 깊은 물에 막혀 되돌아올 수밖에 없다 해서 성공에 방해가 있어 뜻을 이루기 어렵다는 것입니다. 단, 작용력은 약한 것으로 추리됩니다.

⑩ 급각살(急脚殺)

이 살은 生日干과 출생한 시간을 대조해 보는바, 정국(定局)은 아래와 같습니다.

> 甲乙日 - 申酉時, 丙丁日 - 亥子時, 戊己日 - 寅卯時,
> 庚辛日 - 巳午時, 壬癸日 - 辰戌丑未時

예를 들어, 甲日生이 申時로부터 酉時 사이에 출생하면 급각살(急脚殺)이 있는 것인데 이 살이 있는 주인공은 어릴 적에 소아마비에 걸려 다리 장애가 생기거나 어른이 되어서는 류마티스 등 통증으로 고생하는 수가 있다 합니다.

⑪ 뇌공살(雷公殺)

이 살(殺)은 日干으로 출생한 時를 대조하는바, 이 살이 이루어지는 정국은 아래와 같습니다.

> 甲乙日 - 午時, 丙丁日 - 子時, 戊己日 - 戌時,
> 庚辛日 - 寅時, 壬日 - 酉時, 癸日 - 亥時

예를 들어, 甲이나 乙日生이 午時에 출생하면 뇌공살이 되는 것입니다. 이 살이 있는 주인공은 벼락을 맞아 생명에 위험이 있다 함인데 폭우가 내리고 벼락 치는 날에는 높은 곳에 오르지 말 것이며 원두막이나 전신주 근처에 있지 말아야 합니다. 또는, 고압전기에 감전되지 않도록 주의하는 게 안전하겠습니다.

⑫ 낙정관(落井關)

이 관살은 生日干과 生時로 이루어지는 것으로 정국(定局)은 다음과 같습니다.

> 甲己日 - 巳時, 乙庚日 - 子時, 丙辛日 - 申時,
> 丁壬日 - 戌時, 戊癸日 - 卯時

예를 들어, 甲이나 己日生이 巳時에 출생하면 낙정관살이 되겠습니다. 이 살이 있는 주인공은 어릴 적에 우물, 못, 웅덩이 등에 빠질 우려가 있으므로 성인으로 자랄 때까지 특별한 보호가 요구됩니다.

⑬ 천일관(千日關)

이 천일관살은 소아살(小兒殺)의 하나로 정국은 아래와 같습니다.

> 甲乙日 - 辰·午時, 丙丁日 - 申時, 戊己日 - 巳時,
> 庚辛日 - 寅時, 壬癸日 - 丑·亥時

예를 들어, 甲이나 乙日生이 출생한 시간이 辰時이거나 午時에 해당하면 천일관 소아살인데, 출생 후 일천일(一千日)째 되는 날은 부모님이 기억하였다가 어린애를 데리고 신당을 모신 곳이나 상가(喪家) 등 부정한 자리에 데리고 가지 말라 하였습니다.

4 생년납음(生年納音)을 기준하여 보는 신살

① 배곡살(背曲殺)

이 살은 생년납음오행(甲子 乙丑 海中金의 예)을 기준하는 아래와 같은 정국(定局)에 의해 해당 여부를 찾는 것입니다.

```
金生 (甲子 乙丑 壬申 癸酉 庚辰 辛巳 甲午 乙未 壬寅 癸卯 庚戌 辛亥生)
     - 申酉午亥時
木生 (戊辰 己巳 壬午 癸未 庚寅 辛卯 戊戌 己亥 壬子 癸丑 庚申 辛酉日)
     - 寅卯申時
水生 (丙子 丁丑 甲申 乙酉 壬辰 癸巳 丙午 丁未 甲寅 乙卯 壬戌 癸亥生)
     - 未申酉戌時
火生 (丙寅 丁卯 甲戌 乙亥 戊子 己丑 丙申 丁酉 甲辰 乙巳 戊午 己未日)
     - 寅巳未申時
土生 (庚午 辛未 戊寅 己卯 丙戌 丁亥 庚子 辛丑 戊申 己酉 丙辰 丁巳日)
     - 丑寅巳午時
```

위 정국(定局)에 해당하는 주인공은 혹, 선천적으로 타고난 경우도 있지만 유년 시절에 부주의로 인해 등이 굽는(곱추) 우려도 있으니 작용력은 미약할지라도 미리 주의 하는 게 안전하겠습니다.

② 지소성(地掃星)

이 정국도 납음과 출생시로 보는 것입니다.

```
金生 - 午未申月, 木生 - 卯辰巳月, 水生 - 酉戌亥月,
火生 - 子丑寅月, 土生 - 卯辰巳月
```

이 살이 있는 여자는 여러 번 남편과 생이사별 하는 수가 있다 합니다만 작용력은 미약한 것으로 생각됩니다.

③ 다병(多病)

이 살의 정국은 生年 납음오행(納音五行) 生·月·日·時 어디에 있거나 해당되는바, 아래와 같습니다.

金生 - 亥日, 木生 - 寅日, 水生 - 巳日, 火生 - 己日, 土生 - 申日

예를 들어, 甲子 乙丑生은 金인데 이 金을 기준 亥日이면 다병관(多病關)이라 하는바, 주로 10세 이전의 어린이에게 병 치레가 잦은 것으로 작용됩니다.

④ 망문환(望門鰥)

이 망문환살도 생년납음오행을 기준하는바, 남자에게만 해당합니다. 아래와 같습니다.

金生 - 七月, 木生 - 四月, 水生 - 十月, 火生 - 正月, 土生 - 二月

⑤ 망문과(望門寡)

이 망문과살도 납음오행과 月을 대조해 보는데, 정국(定局)은 아래와 같습니다.

金生 - 正月, 木生 - 正月, 水生 - 四月, 火生 - 四月, 土生 - 七月

예를 들어, 甲子 乙丑 壬申 癸酉年에 출생하면 납음으로 金生(해중금 검봉금 등)인 바, 남자는 七月生이 망문환살이고 여자는 正月生이 망문과살입니다. 이 살이 있는 주인공은 배우자와 생이사별하고 홀로 쓸쓸한 세월을 보낸다 합니다.

⑥ 다액살(多厄殺)

이 다액살의 정국은 아래와 같습니다.

> (남) 金生 - 五·六月, 木生 - 二·三月, 水生 - 八·九月,
>   火生 - 十·十二月, 土生 - 二·三月
> (여) 金生 - 八·九月, 木生 - 十·十一月, 水生 - 二·三月,
>   火生 - 二·三月, 土生 - 五·六月

예를 들어, 납음으로 남자 金生은 五月과 六月에 출생하면 다액살이고 여자 金生은 八·九月生이 다액살입니다. 이 살이 있는 주인공은 일생동안 크고 작은 것을 막론하고 액이 따른다 하나 작용력은 약한 것입니다.

5 생년지(生年支)를 기준하여 보는 신살1

① 십이살(十二殺)

십이살은 겁살(劫殺) 재살(災殺) 천살(天殺) 지살(地殺) 연살(年殺) 월살(月殺) 망신(亡神) 장성(將星) 반안(攀鞍) 역마(驛馬) 육해(六害) 화개(華蓋)의 명칭과 순서입니다.

이 십이살은 사주풀이 뿐 아니라, 모든 역학 분야에 적용되지 않는 것이 없으나 단, 운명상 크게 영향력이 있다고 생각되지는 않습니다.

이 십이살 가운데 타지(他支)에 비해 작용력을 인정하고 싶은 것은 연살(年殺 - 桃花) 장성(將星) 화개(華蓋) 역마(驛馬)이고 그 외는 사주 내에 십이살이 많더라도 신경 쓰지 마십시오. 살의 작용 가운데 겁살 재살 천살 등은 음양택(陰陽宅)에서는 살로서의 작용력이 매우 큰 것입니다.

◉ 십이살 정국법

　申子辰年生 겁거사(劫居巳) - 申子辰年生은 겁살을 巳부터
　巳酉丑年生 겁거인(劫居寅) - 巳酉丑年生은 겁살을 寅부터
　寅午戌年生 겁거해(劫居亥) - 寅午戌年生은 겁살을 亥부터
　亥卯未年生 겁거신(劫居申) - 亥卯未年生은 겁살을 申부터

위와 같이 시작하여 위 십이살 순서로 십이방을 순행(順行)한다.

【 십이살 일람표 】

구분 生年	겁살	재살	천살	지살	연살	월살	망신	장성	반안	역마	육해	화개
申子辰生(水)	巳	午	未	申	酉	戌	亥	子	丑	寅	卯	辰
巳酉丑生(金)	寅	卯	辰	巳	午	未	申	酉	戌	亥	子	丑
寅午戌生(火)	亥	子	丑	寅	卯	辰	巳	午	未	申	酉	戌
亥卯未生(木)	申	酉	戌	亥	子	丑	寅	卯	辰	巳	午	未

[포태법]

포태법을 포태십이신(胞胎十二神)이라고도 칭하는바, 십이살과 명칭은 다르지만 따지는 정국(定局)은 동일하므로 함께 수록합니다. 즉, 포(胞)는 겁살동일, 태(胎)는 재살동일, 양(養)은 천살동일, 생(生)은 지살동일, 욕(浴)은

연살동일, 대(帶)는 월살동일, 관(冠)은 망신동일, 왕(旺)은 장성동일, 쇠(衰)는 반안동일, 병(病)은 역마동일, 사(死)는 육해동일, 장(葬)은 화개와 동일한 자리입니다.

◉ 십이살론

겁살(劫殺)이란 액겁(厄劫)이란 뜻입니다. 月支가 겁살이면 부모로부터 덕이 없으므로 혹, 부모의 유산을 물려받게 되더라도 다 없애고 자수성가 하게 된다 하였습니다. 사주에 겁살이 많으면 경영하는 일마다 쉽게 되는 경우가 없다 하였습다.

재살(災殺)이란 한자의 뜻은 재앙·재난으로 매우 무서운 살과 같으나 그렇지는 않습니다. 그렇더라도 사주 내에 재살이 2개 이상이면 성패의 기복이 있고 인덕도 없다고 보겠습니다.

천살(天殺)은 글자의 뜻과 같이 천재(天災) 즉, 하늘이 내리는 재앙이란 뜻이 되겠으나 작용력은 약합니다. 천살도 3개 이상 있으면 풍상을 겪게 되고 자연에서 오는 재난을 당할 수 있다고 봅니다. 또는, 天은 하늘이오 하늘은 아버지를 상징하므로 부선망 하거나 부친의 덕이 없다 보겠습니다.

지살(地殺)은 알기 쉽게 땅살인바, 항시 분주하게 돌아다니는 역마와 비슷하나 역마보다는 작용력이 미약할 것입니다. 또, 땅은 어머니를 상징 모친에게 불리한 점이 있거나 안살림을 맡은 부녀자의 건강이 나쁠 우려도 있습니다. 또는, 땅에 넘어져 크게 부상을 당할 수도 있습니다. 단, 사주에 의하면 지살이 있으면 혹, 두 모친을 섬기는 수도 있다 하였습니다.

연살(年殺)은 목욕(沐浴)이고, 도화(桃花)요, 함지(咸池)이며, 패살(敗殺)이라 하여 바람기가 많고 색(色)에 빠져 헤어나지 못하고 사업의 실패 등 나쁜 의미로만 해석하고 있는데 사주 구성이 좋고 이 도화살이 있으면 세련되어 이성을 끄는 매력이 있고 도리어 정조관념이 강해서 아무에게나 몸을 허락하지 않는다 하겠습니다.

월살(月殺)이 사주 내에 있으면 일찍 고향을 떠나 타향에서 고독한 세월을 보내며 처자와의 뜻이 맞지 않아 고독한 생애를 보낸다 합니다. 관재수와 구설수도 있다 하였으나 역시 작용력은 미약하니 해당되는 주인공은 크게 우려하지 마십시오.

망신(亡神)은 명칭이 망신이라 매우 불리하여 생애 중 망신 당하는 일이 많다 하겠으나 포태법으로는 임관궁(臨官宮)이 되어 도리어 좋은 작용을 하게 됩니다. 그렇긴 해도 망신이란 명칭은 공연히 붙은 게 아닐지도 모르므로 참작하시되 역시 작용력은 크지 않은 것으로 생각해야 될 것입니다.

장성(將星)은 장군별이라 장성풀이에 장성이 있는 주인공 중 여자는 너무 기(氣)가 세어 바람직하지 못하나 남자는 문무겸전하여 출장입상(出將入相)하게 된다고 과장적 표현을 하였습니다. 어쨌거나 장성은 日干의 왕궁(旺宮)이 되어 무리를 이끄는 리더형이고 운세도 강하며 사주 구성도 좋으면 출세하여 명성을 떨친다고 보겠습니다.

반안(攀鞍)은 포태법으로 쇠궁(衰宮)이 되어 몸이 약한 것이라 보겠는데 어떤 글에서 보면 과거에 급제하며 머리에 어사화를 꽂고 장안대로를 의기양양하게 거닌다 하였습니다. 나이가 40이 넘으면 체력이 쇠하여 가듯이 반안은 왕궁(旺宮) 다음이라 왕성한 기가 물러가는 형상으로 이해하면 되겠습니다.

역마(驛馬) 옛날 교통수단이 나빴던 시절에는 사주 내에 역마가 있음을 매우 꺼렸습니다. 남자는 타향에 나가 객지풍상을 겪게 되기 때문이고 집안 살림만 맡아 해야 할 여자가 역마살이 있으면 머리에 장사하는 물건을 이고 이 곳 저 곳 다니면서 풍상을 겪는다는 생각에서 그랬던 것 같습니다. 그러나 반백년 전과 반백년 후의 시대의 변화는 놀랍도록 빨라서 현 시대는 누구를 막론하고 역마가 있어야 해외여행, 유통업, 무역업 등에 유리합니다. 그것은 현재 문명의 생활 도구는 지게 대신 트럭이 있고 집집마다 자전거 대신 자가용, 승용차가 있어 천리만리 먼 곳을 편히 여행할 수 있기 때문입니다. 그래서 역마가 있어야 국내는 물론이고 국외로 활동하기에 편리합니다.

육해(六害)는 子未 丑午 寅巳 卯辰 申亥 酉戌 등과 같은 해(害)가 아니고 십이살 정국의 11번째 명칭이며 포태법으로 사궁(死宮)에 해당됩니다. 육해란 술어의 뜻인즉, 여러 차례 손해를 당한다 함인데 은근히 천재(天災), 지변(地變), 풍수(風水), 인해(人害) 등을 많이 당하는 명(命)이지만, 역시 술어의 해석과 같은 일은 당하지 않을 것입니다. 그리고 육해는 포태법으로 사궁이며 장궁(葬宮) 바로 전의 차례가 되겠습니다.

화개(華蓋)는 포태법(胞胎法)으로 장궁(葬宮)이며 십이운성으로는 묘궁(墓宮)에 해당합니다. 일명 辰戌丑未를 합칭 화개(華蓋)라 하여 五行을 묻어 두고 땅 속 깊이 감추어 두는 곳이 바로 辰戌丑未宮입니다. 글에서는 사주 내에 화개가 있으면 총명하고 지혜롭고 생각이 깊은데 예술의 소질이 있고 풍류를 좋아한다 하였습니다. 사주 구성이 나쁜 가운데 辰戌丑未가 많으면 차라리 머리 깎고 절을 찾아가 중이 되는 게 모든 액을 면하게 될 것입니다.

② 공망(空亡)

이를 순중공망(旬中空亡)이라 합니다. 공망이란, 공망이 된 육친(六親)이나 신살(神殺)의 작용력이 상실되는 것인 만큼 길신은 공망이 된 것을 꺼리지만 흉신공망은 도리어 유리합니다.

甲子旬中 (甲子, 乙丑, 丙寅, 丁卯, 戊辰, 己巳, 庚午, 辛未, 壬申, 癸酉日) 戌亥空
甲戌旬中 (甲戌, 乙亥, 丙子, 丁丑, 戊寅, 己卯, 庚辰, 辛巳, 壬午, 癸未日) 申酉空
甲申旬中 (甲申, 乙酉, 丙戌, 丁亥, 戊子, 己丑, 庚寅, 辛卯, 壬辰, 癸巳日) 午未空
甲午旬中 (甲午, 乙未, 丙申, 丁酉, 戊戌, 己亥, 庚子, 辛丑, 壬寅, 癸卯日) 辰巳空
甲辰旬中 (甲辰, 乙巳, 丙午, 丁未, 戊申, 己酉, 庚戌, 辛亥, 壬子, 癸丑日) 寅卯空
甲寅旬中 (甲寅, 乙卯, 丙辰, 丁巳, 戊午, 己未, 庚申, 辛酉, 壬戌, 癸亥日) 子丑空

공망은 日의 干支를 기준 하는 게 원칙입니다.
비겁이 공망이면 형제자매가 없거나 주변에 뜻이 맞는 친구가 없습니다.
식상이 공망이면 빈궁한데 여자는 자식 두기가 어렵고 남자는 장모가 안 계시고,
재성이 공망이면 부친이 없는 모습인데 재물이 궁핍하고 부친무덕이며
관살이 공망이면 직업운이 없고 여자는 남편궁이 좋지 못하며
인수가 공망이면 부모덕이 없고 학운(學運)도 불리하며 인기 얻는데도 지장이 크다고 보겠습니다.

③ 홍란성(紅鸞星)

홍란성은 하늘에 있다는 선녀별인데 정국(定局)은 다음과 같습니다.

> 子에 卯로 시작하여 十二支를 順行
> 子年 - 卯, 丑年 - 寅, 寅年 - 丑, 卯年 - 子, 辰年 - 亥, 巳年 - 戌,
> 午年 - 酉, 未年 - 申, 申年 - 未, 酉年 - 午, 戌年 - 巳, 亥年 - 辰

위 정국(定局)은 生年支로 月·日·時支를 대조해 해당여부를 알아냅니다. 예를 들어, 寅年生으로 月이나 日이나 時에 卯가 있으면 그 卯를 홍란성이라 합니다.

홍란성은 하늘에 있다는 여신(女神)으로서 여자가 홍란성이 있으면 현모양처의 상징인바, 용모가 우아 단정하고 지혜롭고 숙덕(淑德)이 있어 가정주부로서는 가장 적합한 인품이라 하겠습니다.

④ **용덕**(龍德)

용덕은 길신입니다. 용덕의 정국은 아래와 같습니다.

> 子年 - 未, 丑年 - 申, 寅年 - 酉, 卯年 - 戌, 辰年 - 亥, 巳年 - 子,
> 午年 - 丑, 未年 - 寅, 申年 - 卯, 酉年 - 辰, 戌年 - 巳, 亥年 - 午

예를 들어, 辰年生이 月이나 日이나 時支에 亥가 있으면 이 亥를 용덕이라 합니다. 사주 가운데 용덕이 있으면 과거 운이 좋아 국가고시에 합격할 가능성이 있겠으나 작용력은 크지 않을 것입니다.

⑤ **천덕**(天德)

천덕이 되는 사주는 아래와 같습니다.

> 子 - 酉, 丑 - 戌, 寅 - 亥, 卯 - 子, 辰 - 丑, 巳 - 寅,
> 午 - 卯, 未 - 辰, 申 - 巳, 酉 - 午, 戌 - 未, 亥 - 申

예를 들어, 子년생이 月이나 日이나 時에 酉가 있으면 이를 천덕이라 합니다. 천덕이 사주에 있으면 음으로 양으로 도와주는 이가 있고 또는 신명(神明)이 도와줌으로써 좋은 일이 많이 생긴다 하겠습니다.

⑥ 월덕(月德)

월덕의 정국(定局)은 아래와 같습니다.

子 - 巳, 丑 - 午, 寅 - 未, 卯 - 申, 辰 - 酉, 巳 - 戌,
午 - 亥, 未 - 子, 申 - 丑, 酉 - 寅, 戌 - 卯, 亥 - 辰

예를 들어, 丑年生이 月이나 日이나 時支 가운데 午가 있으면 이 午를 월덕(月德)이라 하는바, 작용은 천덕과 거의 같습니다.

⑦ 자미(紫微)

자미성의 정국은 아래와 같습니다.

子 - 未, 丑 - 申, 寅 - 酉, 卯 - 戌, 辰 - 亥, 巳 - 子,
午 - 丑, 未 - 寅, 申 - 卯, 酉 - 辰, 戌 - 巳, 亥 - 午

예를 들어, 寅年生이 月이나 日이나 時支에 酉가 있는 것입니다. 이 자미성이 있는 주인공은 사주 격국이 좋은 경우 천성이 원만하고 위엄이 있어 대중을 거느릴 수 있는 자격을 갖추어 그 명성이 높을 것입니다.

⑧ 태양(太陽)

태양은 길신인바, 정국은 다음과 같습니다.

> 子 - 丑, 丑 - 寅, 寅 - 卯, 卯 - 辰, 辰 - 巳, 巳 - 午,
> 午 - 未, 未 - 申, 申 - 酉, 酉 - 戌, 戌 - 亥, 亥 - 子

예를 들어, 戌年生이 月이나 日이나 時支에 亥가 있으면 이 亥를 태양성(太陽星)이라 합니다.

태양의 빛은 온 천하를 골고루 비추어 어두움을 제거하고 밝은 광명을 주는 것이므로 주인공은 공명정대(公明正大)한 인격자로서 인기는 물론 명성이 자자할 것입니다. 단, 사주 국이 귀격을 갖추어야 작용력이 있을 것입니다.

⑨ 태음(太陰)

태음은 태양과 더불어 온 세상을 밝혀 주는 길신입니다. 작용력은 아래와 같습니다.

> 子 - 卯, 丑 - 辰, 寅 - 巳, 卯 - 午, 辰 - 未, 巳 - 申,
> 午 - 酉, 未 - 戌, 申 - 亥, 酉 - 子, 戌 - 丑, 亥 - 寅

예를 들어, 亥年生이 月이나 日이나 時支에 寅이 있으면 이 寅을 태음성(太陰星)이라 합니다. 사주에 위와 같은 태음성이 있는 주인공은 품행이 단정하고 온화한 성격에 덕성이 높아 사람들의 존경을 받게 됩니다.

⑩ 삼태(三台)

삼태성은 하늘에서 상제(上帝)를 보좌하는 선신(善神)인바 삼태성의 정국은 다음과 같습니다.

> 子－卯, 丑－辰, 寅－巳, 卯－午, 辰－未, 巳－申,
> 午－酉, 未－戌, 申－亥, 酉－子, 戌－丑, 亥－寅

예를 들어, 寅年生이 月이나 日이나 時支에 巳가 있으면 이 巳를 삼태성(三台星)이라 합니다. 이 삼태가 명(命)에 있는 경우 나라의 최고 권력자를 보필하는 보좌역에 비유될 수 있습니다.

⑪ 팔좌(八座)

팔좌성(八座星)은 삼태와 같이 하늘에서 상제를 보좌하는 길성인바, 그 정국은 아래와 같습니다.

> 子－戌, 丑－亥, 寅－子, 卯－丑, 辰－寅, 巳－卯,
> 午－辰, 未－巳, 申－午, 酉－未, 戌－申, 亥－酉

예를 들어, 卯年生이 月이나 日이나 時支에 丑이 있으면 이 丑을 팔좌라 합니다. 이 팔좌도 삼태성(三台星)의 작용력과 동일합니다.

⑫ 천해(天解)

이 천해는 해신(解神)과 동일합니다. 천해의 정국은 다음과 같습니다.

> 子－戌, 丑－酉, 寅－申, 卯－未, 辰－午, 巳－巳,
> 午－辰, 未－卯, 申－寅, 酉－丑, 戌－子, 亥－亥

예를 들어, 용띠인 辰年生이 月이나 日이나 時支에 午가 있으면 천해성(天解星)이 있다고 합니다. 사주에 천해성이 있으면 최악의 궁지에 처하더라도 자연히 해소되고 관재수, 금전의 옹색 등에 얽혀 있더라도 천우신조(天佑神助)로 어려움에서 벗어나게 된다 합니다.

⑬ 지해(地解)

지해성도 길신에 속하는바, 정국(定局)은 다음과 같습니다.

> 子 - 未, 丑 - 申, 寅 - 酉, 卯 - 戌, 辰 - 亥, 巳 - 子,
> 午 - 丑, 未 - 寅, 申 - 卯, 酉 - 辰, 戌 - 巳, 亥 - 午

예를 들어, 소띠인 丑年生이 月이나 日이나 時支에 申金이 있으면 이에 해당합니다. 지해성도 해신(解神)이므로 어려운 일에 처할 경우 자연적으로 액이 해소되고 엉켰던 매듭이 풀리게 된다 합니다.

⑭ 금궤(金匱)

길신 금궤의 정국은 다음과 같습니다.

> 子 - 子, 丑 - 酉, 寅 - 午, 卯 - 卯, 辰 - 子, 巳 - 酉,
> 午 - 午, 未 - 卯, 申 - 子, 酉 - 酉, 戌 - 午, 亥 - 卯

예를 들어, 子年生이 月이나 日이나 時支에 또 子가 있으면 이 子를 금궤(金匱)라 합니다. 금궤란 황금덩어리를 칭하는바 금궤를 감춰두고 있는 정도라면 돈과 재물이 마르지 않으므로 궁핍한 때가 없다 하겠습니다.

⑮ 천마(天馬)

천마(天馬)는 역마와 같은 뜻인데, 生年支를 기준하면 역마 또는, 천마라 하지만 月支를 기준한 역마는 천마라 하지 않고 역마라 칭하게 됩니다. 천마가 드는 정국은 다음과 같습니다.

> 申子辰年生 - 寅,   巳酉丑年生 - 亥,
> 寅午戌年生 - 申,   亥卯未年生 - 巳

이 역마는 십이살정국(十二殺定局 - 위에 기록되어 있음)의 10번째 역마에 대한 작용력과 동일합니다.

⑯ 월공(月空)

월공에 해당하는 정국은 아래와 같습니다.

> 子 - 午, 丑 - 未, 寅 - 申, 卯 - 酉, 辰 - 戌, 巳 - 亥,
> 午 - 子, 未 - 丑, 申 - 寅, 酉 - 卯, 戌 - 辰, 亥 - 巳

예를 들어, 子年生이 月이나 日이나 時支에서 午를 만나면 월공인바 이 월공이 있는 주인공은 비교적 큰 액이 따르지 않으며 어느 정도의 실수를 할지라도 경영이나 사람 상대에 있어 크게 실패하거나 상대방이 트집 잡지 않고 슬쩍 넘어가게 된다 합니다.

※ **이 정국 모두 生年支와 상충인데 왜 길신에 속하는지 의문이 됩니다.**

⑰ 천희(天喜)

천희는 길신인바, 정국(定局)은 아래와 같습니다.

> 子 - 酉, 丑 - 申, 寅 - 未, 卯 - 午, 辰 - 巳, 巳 - 辰,
> 午 - 卯, 未 - 寅, 申 - 丑, 酉 - 子, 戌 - 亥, 亥 - 戌

예를 들어, 子年生은 月·日·時支 가운데 酉가 있으면 천희의 길신에 해당합니다. 천희(天喜)란 뜻은 하늘이 주는 기쁨이라 기쁨과 즐거운 일이 많이 생긴다고 해석됩니다. 단, 작용력은 약한 것 같습니다.

⑱ 고신(孤辰)

고신살에 해당하는 명(命)은 아래와 같습니다.

> 亥子丑生 - 寅, 寅卯辰生 - 巳, 巳午未生 - 申, 辛酉戌生 - 亥

고신살은 남자에게만 해당하고 여자는 과수살의 유무를 살펴보는 것입니다. 예를 들어, 亥나 子나 丑生은 모두 月이나 日이나 時支에 寅이 있으면 고신살이 있는 것입니다. 이 고신살의 주인공은 육친(부모 형제 처자)이 없어 고독한 수가 있고 육친이 있더라도 정신적으로 고독한 것도 해당됩니다. 월지 고신은 생장기(生長期)의 고독, 日支 고신은 중년에 고독, 時支의 고신은 말년 고독 등으로 추리되는 수도 있습니다. 혹은, 실지로 아내와 생이사별 하고 고독한 세월을 보내는 명(命)도 있습니다.

> **연구** 고신살은 寅申巳亥궁이오, 寅申巳亥는 역마지살에 해당하므로 주인공은 집을 나가 타향에 떠돌거나 외직 근무로 가족과 별거하거나 무역선을 타고 수개월씩 있다가 집으로 돌아오는 경우, 모두가 외로운 형태라서 고신살을 寅申巳亥궁에 매인 것 같습니다.

⑲ 과수(寡宿)

과수살은 여성에게만 해당하고 남자는 해당되지 않습니다. 과수살은 다음과 같습니다.

> 亥子丑生 - 戌, 寅卯辰生 - 丑, 巳午未生 - 辰, 寅午戌生 - 未

예를 들어, 亥生보다 子生과 丑生의 여자는 戌이 과수살에 해당합니다.

이 살이 있는 여성은 고독한 명(命)인데 日이나 時支에 있으면 중년 후부터 고독하고 月支에 있으면 장성하기 전의 고독인데 부모형제, 남편, 자녀가 있더라도 고독한 수가 있고, 여자 명으로 八字가 세어 남편과 생이사별하고 독수공방 신세의 고독도 작용되는 수가 있을 것입니다.

연구 여자 과수살은 묘고(墓庫)인 辰戌丑未에만 들게 됩니다. 왜 辰戌丑未가 고독 또는, 과수살에 해당되는가를 연구해 보면 그럴만한 이유가 있습니다. 명리학(命理學)의 육친법(六親法)에 부성입묘(夫星入墓)란 술어가 있습니다. 여명(女命)에 관성(官星)이 입묘(入墓)된 것을 칭하는바, 아래와 같은 경우 해당합니다.

甲乙日生女 - 辛丑,   丙丁日生女 - 壬辰,   戊己日生女 - 乙未,
庚辛日生女 - 丙戌,   壬癸日生女 - 戊戌

예를 들어, 甲이나 乙日生 여자가 타주(他柱 - 年月時干支)에서 辛丑이 있으면 이 辛丑을 부성입묘라 합니다. 甲乙日의 남편(夫)은 金(庚辛)이오, 庚辛 金을 克하는 자 남편이라 辛金이 甲乙日女의 남편이고 그 辛金 남편이 자기 고묘(庫墓)인 丑土 속에 깊이 묻혀있어 남편구실을 못하거나 남편이 아예 무덤 속에 있거나 남편이 운이 없어 두 손 묶고 있거나 남편이 모자라거나, 남편이 죄를 짓고 교도소에 들어있는 것 등으로 추리되는바, 여자는 辰戌丑未 등이 많으면 부성입묘 될 가능성이 있기 때문입니다.

고신 과수살은 쉽게 외우려면 다음 보기에서 참고 하십시오.

亥子丑生 - 寅戌, 寅卯辰生 - 巳丑, 巳午未生 - 申辰, 申酉戌生 - 亥未

예를 들어, 亥生 子生 丑生까지는 남자는 寅木이 고신살이고, 여자는 戌土가 과수살이 되는 것입니다.

⑳ 상문(喪門)·조객(弔客)

태세(太歲) 다음 다음해의 支가 상문이고 태세의 전년 또, 전년에 해당하는 支가 조객입니다. 예를 들어, 戊子年은 丑을 건너 寅이 상문이고 子에서 거꾸로 한 칸 건너(亥) 戌이라 戌이 조객입니다. 아래 표를 참고하면 이해가 될 것입니다.

- 기억하는 법

丙戌 ← 丁亥 ← 戊子 → 己丑 → 庚寅
　｜　　　　　　　｜　　　　　　　｜
조객　　　←　　태세　　→　　상문

구분 \ 태세	子	丑	寅	卯	辰	巳	午	未	申	酉	戌	亥
상문(喪門)	寅	卯	辰	巳	午	未	申	酉	戌	亥	子	丑
조객(弔客)	戌	亥	子	丑	寅	卯	辰	巳	午	未	申	酉
백호(白虎)	申	酉	戌	亥	子	丑	寅	卯	辰	巳	午	未

이 상문·조객·백호 등은 사주·육효점·음양택에서의 방위와 기타 여러 가지에 작용되는바, 사주 내에 있으면 계획을 세워 진행하는 일에 장애가 많고 질병이 따르며 좋아하지 않는 사람과 자주 접촉하게 됨으로서 일생 스트레스를 받게 됩니다.

㉑ 백호(白虎)

상문과 상충되는 지지가 백호살이 되겠습니다. 정국은 아래와 같습니다.

子-申, 丑-酉, 寅-戌, 卯-亥, 辰-子, 巳-丑,
午-寅, 未-卯, 申-辰, 酉-巳, 戌-午, 亥-未

이 백호살은 사주에 있으면 질병, 부상, 손재, 살상(殺傷) 등의 재액이 있으나 작용력은 약한 것으로 생각됩니다.

㉒ 오귀(五鬼)

이 오귀살(五鬼殺)은 방위 질병 및 기타 모든 일에 장애가 생기도록 훼방놓는 흉신인바, 정국은 다음과 같습니다.

> 子 - 辰, 丑 - 巳, 寅 - 午, 卯 - 未, 辰 - 申, 巳 - 酉,
> 午 - 戌, 未 - 亥, 申 - 子, 酉 - 丑, 戌 - 寅, 亥 - 卯

예를 들어, 子年에(子年生도 적용)는 辰方이 오귀방이오, 丑年은 巳가 오귀방이 되겠습니다. 오귀살은 질병이 따르고 방해가 많은 살이라서 사주와 방위 등 참고하는 분야가 많으나 사주에서는 작용력이 약하다 하겠습니다. 특히, 음양택에는 흉방이라서 매우 꺼리는 살입니다.

㉓ 탄함살(吞陷殺)

탄함살의 정국(定局)은 다음과 같습니다.

> 子 - 戌, 丑 - 寅, 寅 - 未, 卯 - 巳, 辰 - 辰, 巳 - 申,
> 午 - 寅, 未 - 寅, 申 - 巳, 酉 - 子, 戌 - 子, 亥 - 戌

예를 들어, 卯年生이 月이나 日이나 時支에 巳가 있으면 이(탄함)에 해당합니다. 탄함살이 있는 경우 未戌亥年生은 부상당할 우려가 있고 巳申年生은 질병이 따르고 酉生 남자는 아내가 달아나 돌아오지 않고, 卯生은 고향을 멀리 떠나 살고, 丑午生은 몸이 망가지고, 辰生은 수액(水厄 - 물에 빠짐)을 조심해야 합니다.

㉔ 대패살(大敗殺)

대패살의 정국은 다음과 같습니다.

> 子生 - 正月, 丑生 - 七月, 寅生 - 十月, 卯生 - 十月,
> 辰生 - 四月, 巳生 - 四月, 午生 - 十月, 未生 - 正月,
> 申生 - 七月, 酉生 - 七月, 戌生 - 正月, 亥生 - 正月

이 살은 주인공이 출생한 해(子年生 등)와 출생한 달(生月)을 대조하면 바르게 이해된 것이라 하겠습니다. 비록 사주 구성이 좋아 성공을 한다 해도 이 살(大敗)이 범한 이상, 생애 중에 한 두 차례는 실패를 당하게 되는 것입니다.

㉕ 대모(大耗)

대모살(大耗殺)은 아래의 경우에 해당합니다.

> 子 - 午, 丑 - 未, 寅 - 申, 卯 - 酉, 辰 - 戌, 巳 - 亥,
> 午 - 子, 未 - 丑, 申 - 寅, 酉 - 卯, 戌 - 辰, 亥 - 巳

예를 들어, 子年생이 月이나 日이나 時支에 午가 있으면 위 정국에 해당합니다. 이 살이 있는 주인공은 열심히 돈을 벌어도 이런 저런 불가피한 일들이 생겨 돈을 쓰게 되므로 돈 모으기가 어렵습니다.

㉖ 소모(小耗)

소모살은 다음과 같습니다.

> 子 - 巳, 丑 - 午, 寅 - 未, 卯 - 申, 辰 - 酉, 巳 - 戌,
> 午 - 亥, 未 - 子, 申 - 丑, 酉 - 寅, 戌 - 卯, 亥 - 辰

예를 들어, 酉年生이 月이나 日이나 時支에 寅이 있으면 이 寅을 소모살이라 하는바 작용은 위 대모살과 동일합니다.

㉗ 팔패(八敗)

팔패란 여덟 차례 실패를 당하게 된다는 흉살인바, 정국은 아래와 같습니다.

> 子 - 六月, 丑 - 九月, 寅 - 十二月, 卯 - 十二月, 辰 - 六月,
> 巳 - 六月, 午 - 十二月, 未 - 三月, 申 - 三月, 酉 - 三月,
> 戌 - 九月, 亥 - 九月

예를 들어, 甲子 丙子 戊子 庚子 壬子 등 子年生이 六月에 출생한 경우라면 이를 팔패살이라 칭합니다. 팔패란 여덟 차례나 실패한다는 뜻으로만 알지 말고, 여러 차례 시도하였던 일이 성공의 기쁨을 얻지 못하고 실패하는 운명을 타고 났지만 작용력은 매우 미약하므로 이 살이 있는 주인공은 실망하지 말고 열심히 노력을 멈추지 아니하면 광명의 날이 찾아올 것입니다.

㉘ 귀문관(鬼門關)

귀문관살의 정국은 다음과 같습니다.

> 子 - 酉, 丑 - 午, 寅 - 未, 卯 - 申, 辰 - 亥, 巳 - 戌,
> 午 - 丑, 未 - 寅, 申 - 卯, 酉 - 子, 戌 - 巳, 亥 - 辰

예를 들어, 子年生이 酉日에 출생하면 귀문관살이 되는 것입니다. 이 귀문관살이 있는 주인공은 까닭 없이 몸이 아프고 무거우며 심한 경우 신(神)들리는 수도 있다 합니다. 병원에서 종합검진을 해도 몸이 괴로운 원인이 밝혀지지 않으면 신들린게 아닌가 의심해 볼 수도 있습니다.

㉙ 관재(官災)

고의(故意)건 아니건을 막론하고 법정시비가 자주 생기는 것은 아래와 같은 사주 때문이라 합니다. 실제 그러한지 통계를 내 보는 것도 좋겠습니다.

> 子年生 - 卯辰日時, 丑年生 - 辰巳日時, 寅年生 - 巳午日時,
> 卯年生 - 午未日時, 辰年生 - 未申日時, 巳年生 - 申酉日時,
> 午年生 - 酉戌日時, 未年生 - 戌亥日時, 申年生 - 亥子日時,
> 酉年生 - 子丑日時, 戌年生 - 丑寅日時, 亥年生 - 寅卯日時

예를 들어, 甲子 丙子 등 子年생은 生日이나 生時가 卯나 辰에 해당하면 관재(官災)를 자주 당한다 하니 이 점을 잊지 말고 관재에 걸리지 않도록 주의 하는 게 좋겠습니다.

㉚ 천공(天空)

이 살(殺)에 해당하는 명(命)은 다음과 같습니다.

> 子 - 丑, 丑 - 寅, 寅 - 卯, 卯 - 辰, 辰 - 巳, 巳 - 午,
> 午 - 未, 未 - 申, 申 - 酉, 酉 - 戌, 戌 - 亥, 亥 - 子

예를 들어, 子年생이 月이나 日이나 時支에 丑이 있으면 천공살이 되는 것입니다. 육친간의 인연이 박하고 형세도 빈궁하므로 중이 되어야 도리어 삶이 편하다 하였으나 그 작용력은 약한 것 같습니다.

㉛ 혈인(血刃)

혈인살의 정국(定局)은 다음과 같습니다.

```
子 - 丑,   丑 - 未,   寅 - 寅,   卯 - 申,   辰 - 卯,   巳 - 酉,
午 - 辰,   未 - 戌,   申 - 巳,   酉 - 亥,   戌 - 午,   亥 - 子
```

혈인이란 날카로운 칼 같은 것에 다쳐 피를 많이 흘려볼 수 있다는 살이므로 언제나 이 점을 잊지 말고 주의하기 바라며, 또는, 남과 주먹질하며 싸우지도 말아야 안전하겠습니다. 혹은 대수술 하게 될 가능성도 있어 보입니다.

㉜ 재혼(再婚)

재혼이란, 첫 번 결혼에 실패하고 다시 다른 배우자를 만나 결혼하는 일인데 다음과 같은 경우에 작용될 수 있다 합니다.

```
子 - 5월생,    丑 - 6월생,    寅 - 7월생,    卯 - 8월생,
辰 - 9월생,    巳 - 10월생,   午 - 11월생,   未 - 12월생,
申 - 정월생,   酉 - 2월생,    戌 - 3월생,    亥 - 4월생
```

예를 들어, 甲子 丙子 戊子 庚子 壬子 등의 子年生은 生月이 5월인 경우 재혼할 가능성이 있다 하나 작용력은 약할 것입니다.

㉝ 중혼(重婚)

중혼이란, 거듭 혼인하다는 뜻인데 중혼에 해당하는 사주는 남녀를 막론하고 아래와 같습니다.

```
子 - 4월생,    丑 - 5월생,    寅 - 6월생,    卯 - 7월생,
辰 - 8월생,    巳 - 9월생,    午 - 10월생,   未 - 11월생,
申 - 12월생,   酉 - 정월생,   戌 - 2월생,    亥 - 3월생
```

예를 들어, 卯年生(丁卯 己卯 辛卯 癸卯 乙卯生)의 경우 7월생이면 위 중혼살에 해당하므로 거듭 혼인식을 올린다는 살이지만, 작용 가능성은 15퍼센트 정도로 생각하시기 바랍니다.

㉞ 파쇄(破碎)

파쇄에 해당하는 月·日·時는 아래와 같습니다.

```
子-午, 丑-未, 寅-申, 卯-酉, 辰-戌, 巳-亥,
午-子, 未-丑, 申-寅, 酉-卯, 戌-辰, 亥-巳
```

예를 들면, 辰年生은 戌이 月이나 日이나 時에 있으면 파쇄살(破碎殺)이라 합니다. 이 살이 사주 안에 있거나 유년(流年)에서 만나면 무슨 일이든지 성공하기 어렵다 합니다.

㉟ 골파쇄(骨破碎)

이 살은 남녀가 각각 해당되는 정국(定局)이 다르므로 남녀를 구분하여 남자의 사주는 남자에, 여자의 사주는 여자에 해당되는 것만 참고 하시기 바랍니다.

子年生	남자 2월생 여자 6월생	丑年生	남자 3월 여자 4월	寅年生	남자 10월 여자 3월
卯年生	남자 5월 여자 정월	辰年生	남자 12월 여자 6월	巳年生	남자 정월 여자 4월
午年生	남자 8월 여자 3월	未年生	남자 9월 여자 정월	申年生	남자 4월 여자 6월
酉年生	남자 12월 여자 4월	戌年生	남자 6월 여자 3월	亥年生	남자 7월 여자 정월

예를 들어, 乙丑 丁丑 己丑 등의 丑年생이 남자라면 3월생이고 여자는 4월생이 골파쇄살이다. 그런데 이 골파쇄살이 남자에게 있으면 처가가 망하고 여자에게 있으면 시댁이 망한다 하였으나 역시 작용력이 약하여 적중 10% 정도로 보면 타당하겠습니다.

㊱ 관부(官符)

관부살은 다음과 같습니다.

子 - 辰, 丑 - 巳, 寅 - 丑, 卯 - 未, 辰 - 申, 巳 - 酉,
午 - 戌, 未 - 亥, 申 - 子, 酉 - 丑, 戌 - 寅, 亥 - 卯

예를 들어, 乙丑 丁丑 己丑 辛丑 癸丑 등의 丑年생은 月이나 日이나 時에 巳가 있으면 巳를 관부(官符)라 합니다. 이 살이 있는 주인공은 피해자 피의자를 막론하고 죄에 연루되어 경찰서나 법정을 자주 드나들게 한다는 살입니다. 그러나 이 역시 작용력은 적다 하겠습니다.

㊲ 병부(病符)

병부가 드는 정국은 다음과 같습니다.

子 - 亥, 丑 - 子, 寅 - 丑, 卯 - 寅, 辰 - 卯, 巳 - 辰,
午 - 巳, 未 - 午, 申 - 未, 酉 - 申, 戌 - 酉, 亥 - 戌

예를 들어, 丙寅 戊寅 庚寅生 등 寅年生은 月·日·時 가운데 丑이 있으면 이 丑을 병부라 합니다. 사주 내에 이와 같은 병부살이 있으면 몸이 허약하거나 툭하면 몸살 질환으로 고생하기 쉬우며 특히, 나도는 유행성 질환에 걸릴 우려가 있으나 이 살(관부살) 역시 작용력은 10% 정도라 하겠습니다.

㊳ 사부(死符)

사부살(死符殺)의 정국(定局)은 아래와 같습니다.

> 子 - 巳, 丑 - 午, 寅 - 未, 卯 - 申, 辰 - 酉, 巳 - 戌,
> 午 - 亥, 未 - 子, 申 - 丑, 酉 - 寅, 戌 - 卯, 亥 - 辰

예를 들어, 卯年生이 月이나 日이나 時支에 申이 있는 것을 사부살이라 칭합니다. 사주 구성과 행운(行運 - 대운, 세운)이 나쁜 사람이 위 사부살이 있으면 단명할 가능성이 있다하나 작용은 미세한 것이라 하겠습니다.

㊴ 비부(飛符)

비부살의 정국은 아래와 같습니다.

> 子 - 辰, 丑 - 巳, 寅 - 午, 卯 - 未, 辰 - 申, 巳 - 酉,
> 午 - 戌, 未 - 亥, 申 - 子, 酉 - 丑, 戌 - 寅, 亥 - 卯

예를 들어, 乙丑 丁丑 己丑 등 丑年에 출생한 사람은 月이나 日이나 時支에 巳火가 있으면 비부살이라 합니다. 이 살이 있는 주인공은 재물이 가랑잎처럼 날아 흩어지고 아무리 절약해도(실은 주인공의 씀씀이가 큼) 재물이 모이지 않는다고 합니다.

㊵ 권설(券舌)

권설에 해당되는 명(命 - 사주)은 다음과 같습니다.

> 子 - 酉, 丑 - 戌, 寅 - 亥, 卯 - 子, 辰 - 丑, 巳 - 寅,
> 午 - 卯, 未 - 辰, 申 - 巳, 酉 - 午, 戌 - 未, 亥 - 申

예를 들어, 卯年生 즉, 丁卯 己卯 辛卯 癸卯生 등이 月이나 日이나 時支에 子가 있으면 이를 권설이라 칭합니다. 이 살이 있는 주인공은 생애 중에 손재와 구설이 자주 이르고 혹은 몸을 크게 다쳐본다 합니다.

㉑ 복음(伏吟)

복음이란 子年生이 子, 丑년생이 丑과 같이 생년지와 같은 글자가 月이나 日이나 時支에 있으면 그 같은 글자를 복음이라 하는바, 복음이 이루어지는 정국은 다음과 같습니다.

> 子 - 子, 丑 - 丑, 寅 - 寅, 卯 - 卯, 辰 - 辰, 巳 - 巳,
> 午 - 午, 未 - 未, 申 - 申, 酉 - 酉, 戌 - 戌, 亥 - 亥

출생년의 지지 즉, 태세(太歲)와 같은 글자가 月이나 日이나 時支에 또 있으면 이를 복음이라 합니다. 복음의 뜻은 좋은 일이건 나쁜 일이거나를 막론하고 거듭 이르게 된다 합니다. 좋은 일이야 몇 번이고 거듭 생겨도 싫을 것은 없지만 나쁜 일이 거듭되는 것은 두려운 일이므로 혹 좋지 않은 일이 생길 경우 비슷한 일이 당하지 않도록 주의 하셔야 되겠습니다.

㊷ 반음(反吟)

세지(歲支 - 行年의 地支)와 상충(相沖)되는 支가 月이나 日이나 時에 있으면 이를 반음이라 합니다. 한편, 복음과 상충하는 地支라 해도 마찬가지입니다.

> 子 - 午, 丑 - 未, 寅 - 申, 卯 - 酉, 辰 - 戌, 巳 - 亥,
> 午 - 子, 未 - 丑, 申 - 寅, 酉 - 卯, 戌 - 辰, 亥 - 巳

예를 들어, 子年생이 午가 있고 丑년생이 丑이 있으면 이를 반음살이라 작용력은 복음과 비슷한데 주로 슬픈 일이 거듭 생긴다 하나 작용되는 경우는 20퍼센트쯤 해당한다고 알면 되겠습니다.

㊸ 천구살(天狗殺)

천구란 신구(神狗)로서 사람에게 해로운 일을 하게 되는 흉살입니다. 이 천구살의 정국은 다음과 같습니다.

> 子 - 戌, 丑 - 亥, 寅 - 子, 卯 - 丑, 辰 - 寅, 巳 - 卯,
> 午 - 辰, 未 - 巳, 申 - 午, 酉 - 未, 戌 - 申, 亥 - 酉

예를 들어, 乙丑 丁丑 己丑 辛丑 등 丑年生이 月이나 日이나 時支에 亥가 있으면 이 亥를 천구살이라 합니다.

이 천구살이 있는 주인공은 사나운 개에 물려 고생하는 수가 있고 어릴 적에는 질병이 자주 따른다 합니다. 미친개에 물리지 않도록 주의하시기 바랍니다.

㊹ 천곡(天哭)

천곡도 흉살에 속하는바, 천곡에 해당하는 명(命 - 즉, 사주)은 아래와 같습니다.

> 子 - 午, 丑 - 巳, 寅 - 辰, 卯 - 卯, 辰 - 寅, 巳 - 丑,
> 午 - 子, 未 - 亥, 申 - 戌, 酉 - 酉, 戌 - 申, 亥 - 未

예를 들어, 戊辰 庚辰 壬辰년 등 辰年生이 月이나 日이나 時支에 卯가 있으면 이 卯를 천곡살(天哭殺)이라 합니다. 천곡살이 사주 내에 있으면 생애 중 울 일이 많이 생긴다 합니다. 단, 살의 작용력은 미약하므로 실제 해당되는 경우는 15퍼센트 정도로 인정하면 되겠습니다.

㊺ 태백성(太白星)

태백성은 서쪽에 뜨는 샛별에 비유되는바, 이름을 태백금성(太白金星)이라 합니다. 金을 살상(殺傷)의 무기로 비유, 살(殺)로 작용된다 하겠습니다. 정국은 다음과 같습니다.

> 子·午·卯·酉生 - 巳, 辰·戌·丑·未月生 - 丑, 寅·申·巳·亥生 - 酉

예를 들어, 子年生 午年生 卯年生 酉年생 등이 月이나 日이나 時支에 巳가 있으면 이 巳를 태백성이라 합니다. 질병, 부상 등을 끌어오는 흉성이지만 살로서의 작용은 미약한 것으로 보겠습니다.

㊻ 낭자(狼藉)

낭자살은 생년지와 生月로 적용하는바, 정국은 다음과 같습니다.

> 子 - 3月, 丑 - 7月, 寅 - 6月, 卯 - 6月, 辰 - 2月, 巳 - 2月,
> 午 - 6月, 未 - 11月, 申 - 7月, 酉 - 8月, 戌 - 11月, 亥 - 11月

예를 들어, 甲子 丙子 戊子 등 子年生이고 生月이 3月에 해당하면 낭자살(狼藉殺)이라 합니다. 이 살이 있는 주인공은 크게 놀라운 일을 당하거나 주변에 심성(心性)이 나쁜 사람들만 있어 손해 보는 경우가 많다 하겠습니다.

㊼ 철소추(鐵掃帚)

철소추도 흉신인바 정국(定局)이 남녀가 다릅니다.

子年生 { 남자 정월생 / 여자 12월생	丑年生 { 남자 6월생 / 여자 9월생	寅年生 { 남자 4월생 / 여자 7월생
卯年生 { 남자 2월생 / 여자 8월생	辰年生 { 남자 정월생 / 여자 12월생	巳年生 { 남자 6월생 / 여자 9월생
午年生 { 남자 4월생 / 여자 7월생	未年生 { 남자 2월생 / 여자 8월생	申年生 { 남자 정월생 / 여자 12월생
酉年生 { 남자 6월생 / 여자 9월생	戌年生 { 남자 4월생 / 여자 7월생	亥年生 { 남자 2월생 / 여자 8월생

예를 들어, 子年生(甲子 丙子 戊子 등) 남자가 음력 정월에 출생하거나 子年生 여자가 12월에 출생하면 〈철소추〉라 하는데 이 살이 사주 내에 있으면 남자는 처가가 몰락하고 여자는 시댁이 잘 안된다고 합니다. 단, 참고 정도로 아셔야지 자칫하면 부부간의 사이가 나빠질 우려가 없지 않습니다. 단, 남녀를 막론하고 작용의 비중이 10퍼센트 정도로 이해하면 무방할 것입니다.

㊽ 격각(隔角)

격각살의 생년과 해당되는 支가 한 글자씩 격리된 것으로 정국(定局)은 다음과 같습니다.

> 子-寅, 丑-卯, 寅-辰, 卯-巳, 辰-午, 巳-未,
> 午-申, 未-酉, 申-戌, 酉-亥, 戌-子, 亥-丑

예를 들어, 십이지 순서에 있어 子와 한 칸 격리된 것은 子丑寅으로 丑 때문에 寅이 子와 한 칸 격리되었다 해서 이런 경우 격살(隔殺)로 작용하는 것입니다. 그래서 이 살이 있으면 부모, 형제, 배우자, 자녀와 멀리 떨어져 살거나 육친 중에 어느 하나가 없는 것으로 추리됩니다. 또는,

필자의 견해로는 격각살이 있는 주인공은 자신의 귀인이 되어줄 사람을 만나지 못해 아쉬움이 있는 것으로도 생각할 수 있겠습니다.

㊾ 천도살(天屠殺)

천도살의 정국은 다음과 같습니다.

> 子 – 子, 丑 – 亥, 寅 – 戌, 卯 – 酉, 辰 – 申, 巳 – 未,
> 午 – 午, 未 – 巳, 申 – 辰, 酉 – 卯, 戌 – 寅, 亥 – 丑

예를 들어, 甲子 丙子 등의 子年生이 月이나 日이나 時支에 子가 또 있거나 乙丑 丁丑 등의 子年生이 月이나 日이나 時支에 亥가 있으면 명(命)에 천도살이 있다 합니다. 이 살이 있는 주인공은 남에게 상처를 입히고 옥에 갇혀 보거나 루마치스, 관절염, 신경통으로 다리 통증이 자주 있거나 아니면 도살업(屠殺業)에 종사할 가능성도 보인다 하겠으나 이 살 역시 작용력이 10퍼센트 정도라 하겠습니다.

㊿ 천형살(天形殺)

이 살은 寅巳申刑, 丑戌未刑 등의 형살(刑殺)이 아니고 그 정국은 아래와 같습니다.

> 子丑生 – 乙, 寅生 – 庚, 卯辰生 – 辛, 巳生 – 壬, 午未生 – 癸,
> 申生 – 丙, 酉戌生 – 丁, 亥生 – 戊

예를 들어, 子年生이나 丑年生이 月日時干 가운데 天干 乙이 있으면 천형살이라 합니다. 이 살이 있는 주인공은 부모 형제 처자 중 그 하나를 잃게 된다고 하나 작용력은 극히 약합니다.

(51) 상충(相沖)

이 상충살은 子午상충 丑未상충 등의 육충(六沖)이 아닙니다. 生年으로 生月을 대조하는바 아래와 같은 경우에 해당합니다.

子生 - 8월, 丑生 - 9월, 寅生 - 10월, 卯生 - 11월,
辰生 - 12월, 巳生 - 정월, 午生 - 2월, 未生 - 3월,
申生 - 4월, 酉生 - 5월, 戌生 - 6월, 亥生 - 7월

예를 들어, 甲子 丙子 戊子 등 子年生의 생월이 8월이라면 상충살에 해당합니다. 이 살이 있는 주인공은 남자의 경우 질병, 부상 등의 신액이 있고 여자는 출산시에 산액이 있다 하였습니다.

(52) 부침(浮沉)

부침살의 정국(定局)은 다음과 같습니다.

子 - 巳, 丑 - 午, 寅 - 未, 卯 - 申, 辰 - 酉, 巳 - 戌,
午 - 亥, 未 - 子, 申 - 丑, 酉 - 寅, 戌 - 卯, 亥 - 辰

예를 들어, 甲子 丙子 戊子 등 子年生이 月이나 日이나 時支 중에 巳가 있으면 이 巳를 부침살이라 칭합니다. 이 부침살의 작용은 분명하게 알지 못하겠으나 이 살의 주인공은 매사 허황된 일에 손대다가 실패가 자주 있게 되지 않으면 매사 침체되어 성공이 어려운 것으로 추리됩니다.

(53) 적살(的殺)

적살이 되는 정국(定局)은 다음과 같습니다.

子午卯酉生 - 巳, 辰戌丑未生 - 丑, 寅申巳亥生 - 酉

이 적살의 작용도 확실치 않으나 길신이 아닌 흉신임은 분명합니다. 그러므로 어떤 좋지 않은 일의 표적이 되어 어려움을 겪게 되는 게 아닌가 생각됩니다.

(54) 자에살(自縊殺)

자에(自縊)란 주인공 스스로 자살을 기도 목을 맨다는 뜻인바, 해당되는 사주는 아래와 같습니다.

子 - 酉, 丑 - 午, 寅 - 未, 卯 - 申, 辰 - 亥, 巳 - 戌,
午 - 丑, 未 - 寅, 申 - 卯, 酉 - 子, 戌 - 巳, 亥 - 辰

예를 들어, 子年生이 月이나 日이나 時支에 酉가 있으면 자에살이라 하겠습니다. 한편 子年 酉日이거나 酉年 子日은 귀문관살(鬼門關殺)에도 해당합니다. 가정환경이나 금전 문제, 또는, 자신이 처한 입장이 나쁘지 않은데도 스스로 목맨 사실이 가끔 있기에 자살자의 명(命)을 살펴본 결과 신묘하게도 자에살이 있었음을 몇 사람 보았습니다. 生年과 生日에 해당하면 귀문관살도 되는바, 귀문관살이 있는 주인공은 정신착란을 일으킬 수 있어 자에살과 귀문관살은 따로 작용되지 않고 연결 관계가 있어 순간적 정신착란으로 인해 목을 매어 자살한 게 아닌가 생각됩니다.

(55) 맥월(陌越)

맥월에 해당되는 명(命 - 四柱)은 다음과 같습니다.

子 - 亥, 丑 - 子, 寅 - 丑, 卯 - 寅, 辰 - 卯, 巳 - 辰,
午 - 巳, 未 - 午, 申 - 未, 酉 - 申, 戌 - 酉, 亥 - 戌

예를 들어, 甲子 丙子 戊子 등 子年生이 月이나 日이나 時支에 亥가 있으면 이 亥를 맥월(陌越)이라 합니다. "큰 언덕을 넘다"의 뜻이 있으므로 주인공은 살아가는 길에 큰 언덕을 넘듯이 생애가 순조롭지는 않으나 두려워할 만한 재앙도 없다 하겠습니다.

㊌ 지배(指背)

이 살의 정국은 아래와 같습니다.

申子辰年生 - 申, 巳酉丑年生 - 巳, 寅午戌年生 - 寅, 亥卯未年生 - 亥

예를 들어, 申年生과 子年生과 辰年生이 月日時 가운데 申이 있으면 이 申金을 지배라 합니다. 이에 해당하는 주인공은 시대조류에 맞지 않는 엉뚱한 일을 좋아하거나 사람들에게 배신을 당하여 이제는 옳은 말도 의심하고 믿지 않는 경향이 있는 것으로 추리됩니다.

6 생년지(生年支)를 기준하여 보는 신살2

① 검봉살(劍鋒殺)

검봉살은 生年支와 같은 支가 月이나 日이나 時支에 있음을 말하는데 정국(定局)은 위에 수록한 복음(伏吟)과 동일합니다.

② 택묘살(宅墓殺)

子 - 申, 丑 - 酉, 寅 - 戌, 卯 - 亥, 辰 - 子, 巳 - 丑,
午 - 寅, 未 - 卯, 申 - 辰, 酉 - 巳, 戌 - 午, 亥 - 未

이 살은 生年으로 月·日·時를 찾고, 또는 生日支로 年·月·時支를 대조하여 보게 됩니다.

사주에 택묘살이 있는 이가 운에서 겁살을 만나면 주인공의 건강이 몹시 나쁘고 가정도 불안하다는 것입니다.

③ **졸폭**(卒暴)

이 살의 정국은 아래와 같습니다.

> 子 - 卯, 丑 - 辰, 寅 - 巳, 卯 - 午, 辰 - 未, 巳 - 申,
> 午 - 酉, 未 - 戌, 申 - 亥, 酉 - 子, 戌 - 丑, 亥 - 寅

예를 들어, 子年生이 月·日·時에 卯가 있거나 子日生이 年·月·時支 가운데 卯가 있으면 졸폭살에 해당합니다. 이 살이 있는 주인공은 성격이 옹졸하여 성질을 잘 내고 심한 경우는 포악성도 있다 합니다. 그러나 작용력은 미약합니다.

④ **관색**(貫索)

이 살은 生年으로 月·日·時를 찾고, 또는, 生日支로 年·月·時支를 찾아보는 것입니다. 정국은 아래와 같습니다.

> 子 - 卯, 丑 - 辰, 寅 - 巳, 卯 - 午, 辰 - 未, 巳 - 申,
> 午 - 酉, 未 - 戌, 申 - 亥, 酉 - 子, 戌 - 丑, 亥 - 寅

예를 들어, 子年生이 月·日·時에 卯가 있거나 子日生이 年이나 月·時에 卯가 있으면 관색살이 되는 것입니다. 이 살이 있는 주인공은 어떤 일에 코를 꿰어 옴짝달싹 못하거나 진행하는 일이 실 뭉치처럼 엉켜 매듭을 풀기가 어렵다 합니다.

⑤ 난간(闌干)

난간살은 다음과 같은 사주에 해당합니다.

> 子 – 午, 丑 – 未, 寅 – 申, 卯 – 酉, 辰 – 戌, 巳 – 亥,
> 午 – 子, 未 – 丑, 申 – 寅, 酉 – 卯, 戌 – 辰, 亥 – 巳

이 정국은 바로 生年支와 상충되는 支가 난간살이 됩니다. 이 살이 있는 주인공은 큰 액은 없으나 허약체질로 태어나 잔병치레를 많이 하는 수도 있다 합니다.

⑥ 폭패(暴敗)

이 폭패살이 있는 사주는 다음과 같습니다.

> 子 – 未, 丑 – 申, 寅 – 酉, 卯 – 戌, 辰 – 亥, 巳 – 子,
> 午 – 丑, 未 – 寅, 申 – 卯, 酉 – 辰, 戌 – 巳, 亥 – 午

예를 들어, 子年生이 月·日·時支 가운데 未가 있거나 子日生이 年·月·時 가운데 未가 있으면 폭패살이 있는 것입니다. 이 살이 있는 주인공은 경영이 순조롭게 나가다가 갑작스런 변이 생겨 크게 실패할 가능성이 있다 하므로 큰 자본을 들여야 되는 사업은 심사숙고 뒤에 결행하셔야 좋겠습니다.

⑦ 피두(披頭)

피두살은 다음 기록한 바와 같습니다.

```
子 - 辰,  丑 - 卯,  寅 - 寅,  卯 - 丑,  辰 - 子,  巳 - 亥,
午 - 戌,  未 - 酉,  申 - 申,  酉 - 未,  戌 - 午,  亥 - 巳
```

예를 들어, 子年生이 月·日·時支 가운데 辰이 있거나 子日生이 年·月·時支 가운데 辰이 있으면 피두살입니다. 이 살이 있는 주인공은 머리를 크게 다칠 우려가 있다 하므로 항시 이 점에 유의하며 살아간다면 별 탈이 생기지 않을 것입니다.

⑧ 대살(大殺)

대살은 아래와 같은 사주에 해당되겠습니다.

```
子 - 申,  丑 - 酉,  寅 - 戌,  卯 - 亥,  辰 - 子,  巳 - 丑,
午 - 寅,  未 - 卯,  申 - 辰,  酉 - 巳,  戌 - 午,  亥 - 未
```

예를 들어, 子年生이 月·日·時支 가운데 申이 있거나 子日生이 年·月·時支 가운데 申이 있으면 이 申을 대살(大殺)이라 합니다. 명칭이 큰 살이라 하여 무서운 흉신 같으나 이 살의 작용력을 가볍게 보아도 무방하겠습니다.

⑨ 절방(絶房)

절방살은 생년지와 생월관계로 보는데 정국은 아래와 같습니다.

```
子午卯酉년생 - 11월,  辰戌丑未년생 - 2월,  寅申巳亥년생 - 7월
```

절방이란 남여를 막론하고 독수공방을 하게 된다는 뜻으로 위와 같은 연월에 해당하면 짧은 세월이라도 부부가 헤어져 있게 된다 합니다.

⑩ 원진(元辰)

원진(元辰)은 원진(怨嗔) 대신 쓰이는 글자로서 十二支에는 서로 미워하는 관계가 있어 이 관계를 원진이라 합니다.

子 - 未, 丑 - 午, 寅 - 酉, 卯 - 申, 辰 - 亥, 巳 - 戌,
午 - 丑, 未 - 子, 申 - 丑, 酉 - 寅, 戌 - 巳, 亥 - 辰

항간(巷間)에서는 남여 궁합에 띠끼리 원진이 되면 매우 꺼려 왔습니다. 우선 어떤 까닭으로 원진관계가 이루어졌는지 알아보겠습니다.

- 서기양두각(鼠忌羊頭角) - 쥐는 양의 머리에 뿔 난 것을 꺼린다.(子未)
- 우증마불경(牛憎馬不耕) - 소는 말이 노는 것을 미워한다.(丑午)
- 호증계췌단(虎憎鷄嘴短) - 범은 닭의 부리가 짧은 것을 미워한다.(寅酉)
- 토원후불평(兎怨猴不平) - 토끼는 원숭이 허리가 굽은 것을 원망한다.(卯申)
- 용혐저면흑(龍嫌猪面黑) - 용은 돼지 낯짝이 검다고 혐오한다.(辰亥)
- 사경견폐성(蛇驚犬吠聲) - 뱀은 개 짖는 소리에 놀란다.(巳戌)

상대가 자기를 미워하면 자신도 상대를 좋아하지 않는 것은 당연한 감정인지라 자연 미워하고 싫어하는 사이가 되는 것입니다. 그래서 원진은 "서로 미워한다"로 해석하면 되겠습니다.

⑪ 매아살(埋兒殺)

이 매아살은 소아관살(小兒關殺)에 속하지만 자녀를 둔 어른에게도 해당하는바, 아래와 같습니다.

子·午·卯·酉生 - 丑, 辰·戌·丑·未生 - 卯, 寅·申·巳·亥生 - 申

앞에 해당하는 살이 있으면 혹, 어린 자식을 잃어보거나 아니면 주인공이 어릴 적에 요사(夭死)할 우려가 있다고 합니다. 그러나 작용력은 미약 합니다.

⑫ 천조관(天弔關)

소아관살(小兒關殺)에 속하는바, 정국(定局)은 아래와 같습니다.

> 子 – 巳午,　丑 – 子卯,　寅 – 辰午,　卯 – 午申,　辰 – 巳午,
> 巳 – 子卯,　午 – 辰午,　未 – 午申,　申 – 巳午,　酉 – 子卯,
> 戌 – 辰午,　亥 – 午申

예를 들어, 子年生이 月이나 日이나 時支에 辰이나 午가 있으면 천조관살에 해당합니다. 단명할 가능성이 있다하나 10세를 넘기면 근심이 없고 또는, 작용되는 경우가 많지 않을 것입니다.

⑬ 단명관(短命關)

단명관살은 명이 짧게 태어났다는 뜻인데 아래와 같습니다.

> 子 – 巳,　丑 – 寅,　寅 – 辰,　卯 – 未,　辰 – 巳,　巳 – 寅,
> 午 – 辰,　未 – 未,　申 – 巳,　酉 – 寅,　戌 – 辰,　亥 – 未

예를 들어, 甲子 戊子 丙子 등 子年生은 月이나 日이나 時支에 巳가 있으면 단명살에 해당합니다. 그러나 작용력은 미미하며 또는 10세만 넘기면 전혀 근심이 없겠습니다.

⑭ 야체관(夜啼關)

이 살도 소아(小兒)에게만 해당되는 살인데 다음과 같습니다.

> 子－未, 丑－寅酉, 寅－未, 卯－未, 辰－未, 巳－未,
> 午－未, 未－寅酉, 申－未, 酉－未, 戌－寅酉, 亥－未

예를 들어, 子·寅·卯·辰·巳·午·申·酉·亥年생 등은 모두 月이나 日이나 時支에서 未를 만나면 야체관이라 합니다. 야체란 갓난아이가 낮에는 잘 놀다가 밤만 되면 몹시 울어대는 살입니다. 그러나 젖먹이 나이만 지나면 울지 않고 건강히 자란다 하겠습니다.

⑮ 당명관(撞命關)

당명관도 소아관살에 속하는바, 아래와 같습니다.

> 子－巳, 丑－未, 寅－巳, 卯－子, 辰－午, 巳－午,
> 午－丑, 未－丑, 申－午, 酉－亥, 戌－未, 亥－亥

예를 들어, 子년생이 月·日·時支 가운데 巳가 있으면 당명관살이라 합니다. 이 살도 단명할 우려가 있다는 살이지만 작용력은 미약하며 10세만 지나면 더욱 안전하게 자랄 것입니다.

⑯ 단교관(斷橋關)

이 정국도 소아관살에 속하는바, 아래와 같은 경우에 해당합니다.

> 申子辰年生 － 戌, 巳酉丑年生 － 未, 寅午戌年生 － 辰, 亥卯未年生 － 丑

예를 들어, 申子辰年生으로 月이나 日이나 時支에 戌이 있으면 단교살입니다. 이 살이 있는 주인공은 어릴 적에 크게 다쳐 다리장애가 생길 수 있으며, 어른이 되어서는 다리에 신경통 등으로 인해 괴로워 할 것입니다. 이 모두 해당하지 않으면 생애 중 앞길이 단절되어 큰 성공을 기하기가 어려운 것으로도 풀이 됩니다.

⑰ 화상관(和尙關)

이 살도 소아관살에 속합니다. 해당되는 정국은 아래와 같습니다.

> 子午卯酉년생 - 辰戌丑未,   辰戌丑未년생 - 子午卯酉,
> 寅申巳亥년생 - 寅申巳亥

화상(和尙)이란, 중(僧)의 별칭입니다. 예를 들어, 子午卯酉年에 출생한 사람이 月과 日과 時支에 辰戌丑未 일색으로 된 사람은 공문(空門 - 절)에 인연이 있어 중이 될 가능성이 보인다 합니다. 그래서 자식이 중이 되는 것을 꺼리면 어릴 적에 절(寺刹)이나 미륵이 있는 곳에 데리고 가지 말라 하였습니다.

⑱ 탕화(湯火)

이 살도 주로 소아의 명(命)에 작용되고 어른에게는 별로 해당되지 않는 것 같습니다. 정국은 아래와 같습니다.

> 子午卯酉生 - 午,   辰戌丑未生 - 未,   寅申巳亥生 - 寅

예를 들어, 子年生이나 午年生이나 卯年生이나 酉年生이 月·日·時 가운데 午가 있으면 탕화살에 해당합니다. 또는, 子午卯酉日生이 時支에 午火를 놓아도 이 살의 작용을 하게 됩니다. 명(命)에 탕화살이 있는 주인공은 생애 중 끓는 물이나 화로불 같은 것에 데어 중화상(重火傷)을 입게 될 우려가 있다 합니다. 특히, 어린이의 경우 자랄 때까지 이 점에 유의하며 기르면 탈이 없겠습니다.

⑲ 부벽성(斧劈星)

부벽성도 소아관살에 속하는바, 정국(定局)은 아래와 같습니다.

> 子午卯酉生 - 巳, 辰戌丑未生 - 丑, 寅申巳亥生 - 酉

예를 들어, 子午卯酉年生이 月·日·時支에 巳가 있거나 子午卯酉日生이 時支에 巳가 있으면 이 살에 해당합니다.

부벽(斧劈)이란 도끼로 쪼갠다는 뜻으로 어릴 적에 도끼 같은 연장에 다칠 우려가 있으니 주의해서 기르면 좋겠습니다. 하지만 이 살의 작용력도 10퍼센트 정도로 생각하면 되겠습니다.

7 생월(生月) 기준으로 보는 신살

① 천덕귀인(天德貴人)

이 천덕귀인은 年支를 기준 사주의 月·日·時를 대조하는 것이 있고 본 항과 같이 月支와 日支로 해당되는 것 2가지가 있습니다. 정국은 다음과 같습니다.

> 寅月 - 丁, 卯月 - 申, 辰月 - 壬, 巳月 - 辛, 午月 - 亥,
> 未月 - 甲, 申月 - 癸, 酉月 - 寅, 戌月 - 丙, 亥月 - 乙,
> 子月 - 巳, 丑月 - 庚

예를 들어, 正月生(寅月) 天干에 丁이 있으면 천덕귀인이라 합니다. 또는 寅月에 丁방, 卯月에 申방이 귀인방이라고도 합니다. 사주이건 길방이건 매사에 유리한 귀인성이라 하겠습니다.

② 월덕귀인(月德貴人)

월덕귀인도 月支를 기준 日이나 時를 대조하여 봅니다. 월덕귀인에 해당하는 정국은 다음과 같습니다.

> 寅月丙, 卯月甲, 辰月壬, 巳月庚, 午月丙, 未月甲,
> 申月壬, 酉月庚, 戌月丙, 亥月甲, 子月壬, 丑月庚

예를 들어, 寅月生이 年·月·日·時干에 丙이 있으면 월덕귀인이라 합니다. 귀인성이 사주 내에 있으면 어려운 고비에 처해도 우연히 도와주는 귀인이 나타나 궁지에서 구원을 받게 될 것입니다.

③ 천월덕합(天月德合)

천덕귀인과 干合 또는 支合 되는 것을 천덕합, 월덕귀인과 干合·支合 되는 것을 월덕합이라고 칭합니다. 정국은 아래와 같습니다.

◉ 천덕합(天德合)

> 寅月壬, 卯月巳, 辰月丁, 巳月丙, 午月寅, 未月己
> 申月戊, 酉月亥, 戌月辛, 亥月庚, 子月申, 丑月乙

◉ 월덕합(月德合)

> 寅午戌月 - 辛, 亥卯未月 - 己, 申子辰月 - 丁, 巳酉丑月 - 乙

예를 들어, 천덕 寅月(正月)생이 天干에 壬이 있으면 丁壬合을 이루어 천덕합이 되고, 寅月生이 天干에 辛이 있으면 월덕합이 되는 것입니다. 천월덕합의 작용은 천덕합 월덕합과 동일합니다.

④ 천혁(天赫)

천혁의 정국(定局)은 아래와 같습니다.

> 寅卯辰月(正·二·三月) - 戊寅日, 巳午未月(四·五·六月) - 甲午日,
> 申酉戌月(七·八·九月) - 戊申日, 亥子丑月(十·十一·十二月) - 甲子日

이 천혁은 生月과 生日로 보는 것입니다. 예를 들어, 춘삼월(春三月) 중의 戊寅日에 태어나면 천혁이란 길신으로 웬만한 흉살은 능히 해소할 수 있으므로 비록 궁지에 빠지더라도 요행히 벗어나게 됩니다.

⑤ 곡살(哭殺)

곡살은 다음과 같은 명(命)에 해당합니다.

> 寅月 - 巳, 卯月 - 午, 辰月 - 未, 巳月 - 申, 午月 - 酉,
> 未月 - 戌, 申月 - 亥, 酉月 - 子, 戌月 - 丑, 亥月 - 寅,
> 子月 - 卯, 丑月 - 辰

곡살은 울음소리를 자주 낸다는 흉살입니다. 그러나 중요한 신살이 아니므로 크게 근심 아니 하셔도 되겠습니다.

⑥ 경살(炅殺)

경살이 드는 사주는 아래와 같습니다.

> 寅午戌月 - 子, 亥卯未月 - 酉, 申子辰月 - 午, 巳酉丑月 - 卯

예를 들어, 정월과 5월과 9월생이 日이나 時에 子가 있으면 이를 경살(炅殺)이라 합니다. 이 살이 명(命)에 있으면 비탈진 길을 오르듯이 힘든 삶이 있다 하겠으나 역시 작용력은 미약한 것으로 보겠습니다.

⑦ **시약**(時鑰)

시약살은 아래와 같습니다.

> 寅卯辰月生 － 巳日時,　巳午未月生 － 申日時,
> 申酉戌月生 － 亥日時,　亥子丑月生 － 寅日時

예를 들어, 寅卯辰月 즉, 정·이·삼월 중에 巳日이나 巳時에 出生이라면 시약살인데, 이 살이 있는 주인공은 공공(公共) 분야에 속한 곳의 일을 맡아 보다가 실수를 범하여 옥살이를 해본다고 합니다.

⑧ **뇌화**(雷火)

뇌환은 길신으로 아래와 같은 사주에 해당합니다.

> 申子辰月生 － 申,　巳酉丑月生 － 巳,
> 寅午戌月生 － 寅,　亥卯未月生 － 亥

예를 들어, 申子辰月 즉, 正·五·九月生이 日이나 時支에 申이 있으면 이를 뇌화라 하는데, 관재에 걸리더라도 어렵지 않게 처리되며 비록 옥에 갇히더라도 요행히 석방된다 합니다. (그러나 죄의 비중이 문제이겠습니다.)

⑨ **검봉살**(劍鋒殺)

검봉살은 다음과 같은 사주에 해당합니다.

> 寅卯辰月 - 酉, 巳午未月 - 子, 申酉戌月 - 卯, 亥子丑月 - 午

검봉살은 칼이나 창같이 예리한 물건에 의해 크게 다칠 우려가 있다 합니다. 단, 사주에 미치는 영향보다 양택(陽宅)에 살의 비중을 더 두게 됩니다.

⑩ 혈인살(血刃殺)

혈인살은 生年支 기준으로도 정국이 있습니다. 혈인살의 정국은 다음과 같습니다.

> 寅月 - 丑, 卯月 - 未, 辰月 - 寅, 巳月 - 申, 午月 - 卯,
> 未月 - 酉, 申月 - 辰, 酉月 - 戌, 戌月 - 巳, 亥月 - 亥,
> 子月 - 午, 丑月 - 子

예를 들어, 寅月生(正月)이 日이나 時支에 丑이 있으면 이를 혈인살이라 합니다. 이 살이 사주 내에 있는 주인공은 몸을 다쳐 피를 많이 흘린다 함으로 주의하셔야 되겠습니다.

⑪ 뇌정살(雷霆殺)

뇌정살이 드는 명(命)은 아래와 같습니다.

> 寅申月 - 子, 卯酉月 - 寅, 辰戌月 - 辰, 巳亥月 - 午,
> 子午月 - 申, 丑未月 - 戌

예를 들어, 正月生과 七月生은 日時支에 子가 있으면 뇌정살이라 합니다. 이 살이 있는 주인공은 전기에 감전사고가 없도록 주의하고 폭우가 쏟아지며 벼락 치는 날 들판에 섰거나 원두막 같은 곳에 앉지 말아야 합니다.

⑫ 음양차착(陰陽差錯)

음차와 양착은 택일에 적용되는바, 사주신살에도 영향이 있습니다. 음차, 양착의 정국은 다음과 같습니다.

◉ 음차(陰差)

寅月 - 庚戌, 卯月 - 辛酉, 辰月 - 庚申, 巳月 - 丁未,
午月 - 丙午, 未月 - 丁巳, 申月 - 甲辰, 酉月 - 己卯,
戌月 - 甲寅, 亥月 - 癸丑, 子月 - 壬子, 丑月 - 癸亥日

◉ 양착(陽錯)

寅月 - 甲寅, 卯月 - 乙卯, 辰月 - 甲辰, 巳月 - 丁巳,
午月 - 丙午, 未月 - 丁未, 申月 - 庚申, 酉月 - 辛酉,
戌月 - 庚戌, 亥月 - 癸亥, 子月 - 壬子, 丑月 - 癸丑

예를 들어, 음차는 正月에 庚戌日이고 2月에 辛酉日입니다. 양착은 正月에 甲寅日이고 2月에 乙卯日이 되겠습니다.

음양차착살에 남자는 처가가 잘 안되고 여자는 시가가 안 된다고 합니다.

⑬ 급각살(急脚殺)

급각살의 정국(定局)은 둘이 있습니다. 앞에 生日干과 時를 대조하는 급각살이 있고(신살론 1의 **3**항 ⑩) 또는 生月을 기준하는 신살에도 있습니다. 정국(定局)은 다음과 같습니다.

> 寅月 - 寅, 卯月 - 卯, 辰月 - 申, 巳月 - 丑, 午月 - 戌,
> 未月 - 酉, 申月 - 辰, 酉月 - 巳, 戌月 - 午, 亥月 - 未,
> 子月 - 亥, 丑月 - 子

이 살이 있는 주인공은 어릴 적에 소아마비에 걸리거나 다리를 크게 다쳐 장애인이 될 우려가 있다 합니다. 아니면 어른이 된 뒤에 다리 통증으로 고생하는 수도 있습니다.

⑭ 직난관(直難關)

소아관살(小兒關殺)에 하나로 아래와 같은 명(命)입니다.

> 寅月 - 午, 卯月 - 午, 辰月 - 未, 巳月 - 未, 午月 - 卯戌,
> 未月 - 卯戌, 申月 - 巳申, 酉月 - 巳申, 戌月 - 寅卯,
> 亥月 - 寅卯, 子月 - 辰酉, 丑月 - 辰酉

예를 들어, 寅月生(正月生)이 日이나 時에 午가 있으면 직난관이라 합니다. 사주에 이 직난관이 있으면 10세 이전에 칼이나 송곳 같은 예리한 쇠붙이를 손에 쥐지 못하도록 해야 되며 어른이 되어서는 생애 중 몹시 어려운 일들이 생겨 성공에 장애가 되고 있다 합니다.

⑮ 수화관(水火關)

수화관살은 다음과 같습니다.

> 寅卯辰月 - 未戌日, 巳午未月 - 丑辰日, 申酉戌月 - 丑戌日,
> 亥子丑月 - 未辰日

예를 들어, 음력 正月生이라면 生日이 未日이나 戌日에 해당한 것을 수화관살이라 합니다. 위와 같은 月과 日辰에 해당하는 주인공은 일생을 통하여 물에 들거나 물 가까운데서 살지 말아야 하고 또는, 화재도 당하지 않도록 화재방지에 유의해야 되겠습니다.

⑯ 침수관(沉水關)

침수관살은 다음과 같습니다.

> 寅卯辰月 - 寅申日, 巳午未月 - 未日, 申酉戌月 - 酉日,
> 亥子丑月 - 丑日

예를 들어, 음력 正月이나 2月이나 3月中 生日은 寅申日에 태어나면 침수관살이 있다 합니다. 주인공은 깊은 물을 건너지 말아야 하며 여름철 바캉스를 떠나도 가슴 위로 차는 물에는 들지 말아야 하겠습니다.

⑰ 사주관(四柱關)

사주관살은 10세 이전의 어린이에게만 해당하는바, 아래와 같은 月日에 해당합니다.

> 寅申月 - 巳亥日時, 卯酉月 - 辰戌日時, 辰戌月 - 卯酉日時,
> 巳亥月 - 寅申日時, 子午月 - 丑未日時

예를 들어, 음력 正月과 2月生은 巳日·巳時나 亥日이나 亥時에 출생하면 소아살의 사주관이라 합니다. 이 살에 해당할 경우 어릴 적에 의자, 책상, 탁자 등 네발(四柱)이 달린 기구 위에 올라가지 못하도록 해야 크게 다치는 것을 면하게 된다 합니다.

⑱ 장군전(將軍箭)

장군전은 소아관살에 속하는바, 정국(定局)은 다음과 같습니다.

> 寅卯辰月 - 辰戌酉日時,　巳午未月 - 子卯未日時
> 申酉戌月 - 丑寅午日時,　亥子丑月 - 巳申亥日時

예를 들어, 正月이나 二月이나 三月 중에 출생인 경우는 어릴 적(10세 이전)에 장군묘(將軍廟), 사당, 신상(神像), 기타 신(神)을 모셔 놓은 장소에 데리고 가지 말아야 합니다.

⑲ 염왕관살(閻王關殺)

염왕관살도 어린이 시절만 해당하므로 소아살(小兒殺)에 속합니다. 소아살의 정국(定局)은 다음과 같습니다.

> 寅卯辰月 - 丑未,　巳午未月 - 辰戌,　申酉戌月 - 子午,
> 亥子丑月 - 寅卯

예를 들어, 음력 正月·二月·三月 중에 태어나고 日이나 時支에 丑이나 未가 있으면 염왕관살에 해당합니다. 이 살이 있는 주인공은 어릴 적에 제사지내고 불공드리고 무당 굿풀이 하는 것 등을 어린이 눈에 보이지 않도록 해야 액을 당하지 않는다고 합니다.

⑳ 무정관(無情關)

무정관도 소아관살에 속하는바, 아래와 같습니다.

> 寅卯辰月 - 寅酉,　巳午未月 - 戌亥,　申酉戌月 - 申,　亥子丑月 - 午

예를 들어, 음력 正月과 二月과 三月生은 日이나 時支 중에 寅이나 酉가 있으면 무정관살이 있는 것으로 보는 것입니다. 이 살이 있는 주인공은 혹, 한쪽 부모를 모시게 되거나 아니면 두 부모를 섬기게 되는 수가 있다 하나 작용력은 20퍼센트 정도로 보면 되겠습니다.

㉑ 백일관(百日關)

백일관에 해당하는 사주는 아래와 같습니다.

> 寅申巳亥月 - 辰戌丑未日, 子午卯酉月 - 寅申巳亥日時,
> 辰戌丑未月 - 子午酉卯日時

예를 들어, 正·七·四·十月生은 辰戌丑未時에 태어나면 백일관살에 해당합니다.

이상의 살이 있는 어린이는 출생일부터 100일째 되는 날 하루만은 어린이를 안고 대문 밖을 나서지 못하도록 해야 액을 면한다 하였습니다.

㉒ 사계관(四季關)

사계관은 소아관살(小兒關殺)로서 아래와 같습니다.

> 寅卯辰月生 - 巳丑,   巳午未月生 - 辰申,
> 申酉戌月生 - 未亥,   亥子丑月生 - 寅戌

예를 들어, 正月·二月·三月生이고 日이나 時에 巳나 丑이 있으면 이를 사계관살(四季關殺)이라 합니다. 이 살이 있는 주인공은 언제나 환절기(換節期) 때마다 병이 생겨 고생한다 하였습니다.

㉓ 욕분관(浴盆關)

이 살도 소아관살에 해당하는바, 아래와 같습니다.

> 寅卯辰月 - 辰, 巳午未月 - 未, 申酉戌月 - 戌, 亥子丑月 - 巳日時

예를 들어, 正月·二月·三月生이고 日時 가운데 辰이 있으면 욕분관(浴盆關)이라 하는바, 주인공이 갓난아기 때 물이 너무 뜨겁거나 차갑지 않도록 주의해서 씻겨주라 하였습니다.

㉔ 단교관(斷橋關)

단교관은 어린이에게만 해당하는 게 아니라 어릴 때부터 늙을 때까지도 해당한다고 보겠습니다.

> 寅月 - 寅, 卯月 - 卯, 辰月 - 申, 巳月 - 丑, 午月 - 戌,
> 未月 - 酉, 申月 - 辰, 酉月 - 巳, 戌月 - 午, 亥月 - 未,
> 子月 - 亥, 丑月 - 子

예를 들어, 正月生(寅月)이 日이나 時에도 寅이 있으면 이 살에 해당합니다. 이 살이 있는 주인공은 진행하는 길에 다리가 끊겨 건너지 못하는 형상이므로 실지로 경영하는 일에 장애가 생겨 더 이상 나아갈 수 없는 상태에 처하거나 아니면 사고를 당하여 다리장애가 있다 하였습니다.

㉕ 금쇄관(金鎖關)

금쇄관의 정국(定局)은 다음과 같습니다.

寅月 - 申, 卯月 - 酉, 辰月 - 戌, 巳月 - 亥, 午月 - 子,
未月 - 丑, 申月 - 寅, 酉月 - 卯, 戌月 - 辰, 亥月 - 巳,
子月 - 午, 丑月 - 未

예를 들어, 正月生이 生日에 辰을 만나면 금쇄관살에 해당합니다. 이 살의 주인공은 생애 중 죄의 유무를 막론하고 한 두 차례 구금을 당해 보는 수가 있다 합니다.

㉖ 곡성(哭聲)

곡성의 정국은 아래와 같습니다.

寅午戌月 - 寅, 亥卯未月 - 巳, 申子辰月 - 申, 巳酉丑月 - 亥

예를 들어, 正·二·三月生이 日支나 時支에 寅이 있으면 곡성(哭聲)이란 살에 해당합니다. 〈울음소리〉란 뜻으로 이 살이 있는 주인공은 생애 중 울 일이 많이 생긴다고 하였는데 작용력은 미약합니다.

8 사계절 기준하여 보는 신살

① 천혁(天赫)

천혁(天赫)이 되는 명(命)은 다음과 같습니다.

寅卯辰月(봄) - 戊寅日, 巳午未月(여름) - 甲午日,
申酉戌月(가을) - 戊申日, 亥子丑月(겨울) - 甲子日

예를 들어, 음력 正·二·三月에 戊寅日에 출생하면 천혁(天赫)이란 길일에 해당하므로 생애 중 나쁜 일을 당하지 아니하며 혹, 곤액에 빠졌더라도 도리어 전화위복(轉禍爲福)이 된다 합니다.

② 갈산(喝散)

갈산은 다음과 같습니다.

寅卯辰月生 - 巳日,   巳午未月生 - 申日,
申酉戌月生 - 亥日,   亥子丑月生 - 寅日

예를 들어, 寅卯辰月 즉, 正·二·三月生이 日支에 巳를 놓으면 갈산(喝散)이라 합니다. 사주 내에 이 갈산이 있으면 혹, 관재(官災)에 걸렸더라도 자연히 해소됩니다.

③ 활요(活曜)

활요는 길신에 속하는바, 아래와 같습니다.

寅卯辰月生 - 亥子日,   巳午未月生 - 寅卯日,
申酉戌月生 - 辰戌丑未日, 亥子丑月生 - 申酉日

예를 들어, 寅卯辰月 즉, 正·二·三月生이 亥子日에 태어나면 이를 활요라 하는바, 어둠에서 광명으로 향해 간다는 뜻입니다.

④ 황은귀(皇恩貴)

정국(定局)은 아래와 같습니다.

寅卯辰月生 - 亥, 巳午未月生 - 申, 申酉戌月生 - 未, 亥子丑月生 - 午

寅卯辰月은 음력 正·二·三月인데 正·二·三月 亥日에 태어나면 황은귀라 합니다. 글자대로 임금의 은혜가 있다는 뜻으로 현시대 배경에 비유하면 국가시책이 주인공에게 유리한 방향으로 행해진다고 풀이하면 되겠습니다.

⑤ 검봉살(劍鋒殺)

검봉살은 아래와 같습니다.

> 寅卯辰月 - 酉, 巳午未月 - 子, 申酉戌月 - 卯, 亥子丑月 - 午

예를 들어, 正·二·三月 석달은 봄철에 속하는데 봄에 태어나고 아울러 酉日生이면 검봉살이 되는 것입니다. 이 검봉살이 있는 주인공은 예리한 쇠붙이에 몸을 다칠 우려가 있다 하니 주의하시기 바랍니다.

⑥ 삼구(三丘)·오묘(五墓)

삼구·오묘살은 다음과 같습니다.

- 삼구살   寅卯辰月 - 丑.   巳午未月 - 辰.
            申酉戌月 - 未.   亥子丑月 - 戌.
- 오묘살   寅卯辰月 - 未.   巳午未月 - 戌.
            申酉戌月 - 丑.   亥子丑月 - 辰.

오묘살은 사시오행(四時五行·春木·夏火·秋金·冬水로 月에 소속된 오행의 자고(自庫) - (예 : 木이 未, 火가 戌, 土도 戌, 金이 丑, 水가 辰, 乙未, 丙戌, 戊戌, 辛丑, 壬辰) 등을 만나면 모두 자묘(自墓 - 自庫)에 해당하는 경우가 木火土金水 오행의 고(庫)라는 뜻이고, 삼구살은 오묘(五墓)의 충궁(沖宮)에 해당합니다.

삼구(三丘)·오묘(五墓)의 작용력은 우환, 질고, 이별 등의 일이 생긴다 하였는데 흉조의 작용은 미약한 것으로 생각됩니다.

⑦ 폭패살(暴敗殺)

폭패살의 정국(定局)은 다음과 같습니다.

寅卯辰月生이 – 未戌亥年.	巳午未月生이 – 子辰巳年.
申酉戌月生이 – 丑申酉年.	亥子丑月生이 – 寅卯午年.

이를 쉽게 정리하면, 未戌亥年에 寅卯辰月生, 子辰巳年에 巳午未月生, 丑申酉年에 申酉戌月, 寅卯午年에 亥子丑月生이 되겠습니다. 작용은 이 살의 명칭과 같이 생애 중에 한 두 차례 예상 밖의 실패를 당해본다는 것입니다.

⑧ 천지전살(天地轉殺)

이 살은 양택(陽宅)에도 적용되는바, 천지전살 이외로 천전(天轉) 지전(地轉)으로 구분됩니다.

寅卯辰月 – 卯, 巳午未月 – 午, 申酉戌月 – 酉, 亥子丑月 – 子

- ◉ 천전(天轉)　寅卯辰月 – 乙卯.　　巳午未月 – 丙午.
　　　　　　　　申酉戌月 – 辛酉.　　亥子丑月 – 壬子.
- ◉ 지전(地轉)　寅卯辰月 – 乙卯.　　巳午未月 – 戊午.
　　　　　　　　申酉戌月 – 癸酉.　　亥子丑月 – 丙子.

예를 들어, 寅卯辰月生이 卯日이나 卯時에 출생하면 천지전살(天地轉殺)이고, 乙卯日이나 乙卯時, 辛丑日이나 辛丑時에 출생하면 앞의 것은 천전(天轉), 뒤에 경우는 지전(地轉)이 되는 것입니다. 이 살들은 사주 추명에 참고하는 것보다 음양택에 있어 흙 다루는 일을 꺼립니다. 사주추리로는 '구를전'이란 글자의 뜻을 따르면 나그네 신세가 되어 동서남북 아니 가 본 데가 없으며 풍상도 겪게 된다고 보아야겠습니다.

⑨ 혈분관(血盆關)

혈분관이 있는 명(命)은 다음과 같습니다.

> 寅卯辰月에 辰戌時生.　　巳午未月에 丑未時生.
> 申酉戌月에 戌亥時生.　　亥子丑月에 丑寅時生.

寅卯辰月이란 正·二·三 석달의 月支요, 봄철(春)에 해당되고, 木이 왕하는 계절에는 辰이나 戌時를 만나면 혈분관이 되는 것입니다. 이 살을 타고난 주인공은 일생 중 어떤 사고를 당하여 많은 피를 쏟아 볼 수 있다는 것이므로 비록 작용되는 비율은 낮더라도 주의하는 게 좋을 것 같습니다.

9 월(月)과 시(時) 관계로 보는 신살

① 부결(負結)

부결이 되는 신살 정국(定局)은 아래와 같습니다.

> 寅卯月 - 亥,　辰巳月 - 丑,　午未月 - 卯,
> 申酉月 - 巳,　戌亥月 - 未,　子丑月 - 酉時

② 벽력(霹靂)

신살(神殺) 벽력의 정국은 아래와 같습니다.

> 寅月 - 寅, 卯月 - 申, 辰月 - 未, 巳月 - 亥, 午月 - 卯,
> 未月 - 子, 申月 - 午, 酉月 - 戌, 戌月 - 寅, 亥月 - 申,
> 子月 - 未, 丑月 - 亥

위와 같은 月·時에 출생한 주인공은 큰 비 오며 벼락치고 번개 치는 때 집 밖으로 나가지 말아야 혹, 생길지도 모르는 변을 면하게 될 것입니다.

③ 백호관(白虎關)

백호관살의 정국(定局)은 다음과 같습니다.

> 寅·卯月 - 申酉時, 辰·巳月 - 子戌時, 午·未月 - 丑卯時,
> 申·酉·戌月 - 卯時, 亥·子·丑月 - 卯時

예를 들어, 음력 正·二月生이 申酉時 출생이면 백호관살인바, 어릴 적에 잔병치레를 하고 몸도 다칠 가능성이 있으니 주의가 요구됩니다.

④ 비살(飛殺)

비살이 있는 사주는 다음과 같습니다.

> 寅午戌月 - 酉, 亥卯未月 - 子, 申子辰月 - 卯, 巳酉丑月 - 午

예를 들어, 寅午戌月 즉, 正·五·九月生은 酉時라면 비살에 해당합니다. 이 살이 있는 주인공은 어려서는 질병이 따르고 어른이 되어서는 간혹 손재를 당한다 합니다.

⑤ 상상(上喪)

상상의 정국은 다음과 같습니다.

> 寅午戌月 - 辰, 亥卯未月 - 戌, 申子辰月 - 丑, 巳酉丑月 - 未

예를 들어, 寅午戌月生(正·五·九月生)이 時가 辰時라면 상상(上喪)이란 흉신이 있는 것인데, 이 살이 있는 주인공은 부모상을 일찍 당하는 수가 있고 아니면 가정 내에 우환이 따른다 합니다.

⑥ 소살(小殺)

소살이 해당하는 月과 時는 아래와 같습니다.

> 寅午戌月 - 辰, 亥卯未月 - 巳, 申子辰月 - 子, 巳酉丑月 - 丑時

예를 들어, 生月(음)이 正·五·九月이고 출생한 時가 辰時가 되면 소살인데 나쁜 일이 자주 생긴다 합니다. 그러나 작용력은 미약합니다.

⑦ 안맹관(眼盲關)

안맹관이 있는 사주는 아래와 같습니다.

> 寅卯辰月 - 丑時, 巳午未月 - 申時, 申酉戌月 - 未時, 亥子丑月 - 寅時

예를 들어, 生月이 寅卯辰月이고 時에 丑時를 놓으면 안맹관이라 합니다. 이 살이 있는 주인공은 시력이 나쁘거나 심한 경우 두 눈을 보지 못하는 수도 있다 합니다. 단, 작용력이 작다는 것만이 위안입니다.

⑧ 외해(外解)

정국(定局)은 아래와 같습니다.

寅午戌月 - 子, 亥卯未月 - 巳, 申子辰月 - 辰, 巳酉丑月 - 申時

예를 들어, 寅午戌月 즉, 正·五·九月生이 時가 子時라면 외해에 길신에 해당하는바, 웬만한 액은 자연 소멸된다고 합니다.

⑨ 월간(月奸)

월간살(月奸殺)은 아래와 같습니다.

寅午戌月 - 丑, 亥卯未月 - 辰, 申子辰月 - 未, 巳酉丑月 - 戌

예를 들어, 正·五·九月生이 丑時 출생이면 월간(月奸)인데 남녀를 막론하고 간사한 성격에 바람을 심히 피운다 하나 작용되는 예는 흔하지 않은 것이라 하겠습니다.

⑩ 월귀(月鬼)

월귀살(月鬼殺)의 정국은 아래와 같습니다.

寅月 - 未, 卯月 - 午, 辰月 - 巳, 巳月 - 辰, 午月 - 卯, 未月 - 寅, 申月 - 丑, 酉月 - 子, 戌月 - 亥, 亥月 - 戌, 子月 - 酉, 丑月 - 申

예를 들어, 正月에 未時출생이면 월귀살에 해당합니다. 이 살이 있으면 악조(惡鳥 - 징조가 나쁜 새)가 집안에 날아들면서 가정에 괴상한 일들이 생긴다고 합니다. 단, 작용되는 예는 많지 않다 생각됩니다.

⑪ 음간(陰奸)

음간살(陰奸殺)은 다음과 같습니다.

> 寅月 - 未, 卯月 - 午, 辰月 - 巳, 巳月 - 辰, 午月 - 卯,
> 未月 - 寅, 申月 - 丑, 酉月 - 子, 戌月 - 亥, 亥月 - 戌,
> 子月 - 酉, 丑月 - 申

예를 들어, 正月生이 未時에 출생하면 음간살이라 합니다. 이 살이 있는 주인공은 집안에 있는 부녀자가 남의 사내와 간통하는 수가 있다 하나 작용되는 경우는 지극히 적은 것으로 생각됩니다.

⑫ 음살(陰殺)

음살이 되는 명(命)은 아래와 같습니다.

> 寅申月 - 寅時, 卯酉月 - 子時, 辰戌月 - 戌時, 巳亥月 - 申時,
> 子午月 - 午時, 丑未月 - 辰時

예를 들어, 正月生과 七月生(寅申月)이 출생한 때가 寅時라면 음살에 해당합니다. 이 음살이 있는 주인공 자신이 바람기가 심하지 않으면 가정 내에서 부녀자가 바람피우는 수가 있다 하는데 사주 구성이 좋으면 이러한 일이 없을 것입니다.

⑬ 천귀(天鬼)

천귀살(天鬼殺)은 다음과 같은 月과 時에 출생한 경우입니다.

> 寅月 - 巳, 卯月 - 子, 辰月 - 午, 巳月 - 午, 午月 - 酉,
> 未月 - 酉, 申月 - 申, 酉月 - 酉, 戌月 - 申, 亥月 - 亥,
> 子月 - 卯, 丑月 - 子

예를 들어, 寅月生 즉, 正月生이 巳時에 출생이라면 천귀살입니다. 이 살이 있는 주인공은 진행하는 일에 방해가 생겨 성공하기가 어렵다 합니다.

⑭ 천기(天忌)

천기살의 정국은 아래와 같습니다.

> 寅月亥時, 卯月子時, 辰月丑時, 巳月寅時, 午月卯時, 未月辰時,
> 申月巳時, 酉月午時, 戌月未時, 亥月申時, 子月酉時, 丑月戌時

예를 들어, 寅月(正月) 亥時生이라면 천기(天忌)란 흉신에 해당합니다. 이 살이 있는 주인공은 집안에 슬픈 일이 생겨 울음소리가 자주 들린다 합니다. 그러나 작용되는 경우는 드물다 하겠습니다.

⑮ 천서(天鼠)

천서도 흉살인바, 정국(定局)은 아래와 같습니다.

> 寅月子時, 卯月亥時, 辰月戌時, 巳月酉時, 午月申時, 未月未時,
> 申月午時, 酉月巳時, 戌月辰時, 亥月卯時, 子月寅時, 丑月丑時

예를 들어, 출생한 달이 正月(寅月)이고 시간이 子時라면 천서살이 되는 바, 만약 집안에서 쥐가 옷을 씹어 망가뜨리는 일이 생긴다면 좋지 않은 일이 생긴다 하니 급히 이사를 가거나 아니면 다른 예방책을 쓰는 게 좋을 것 같습니다.

⑯ 천상(天喪)

천상에 해당하는 生月生日은 다음과 같습니다.

寅午戌月 - 卯時,　亥卯未月 - 子時,　申子辰月 - 酉時,　巳酉丑月 - 午時

예를 들어, 寅午戌月 즉, 正·五·九月生은 生時가 卯時면 천상(天喪)이란 흉신에 속하는바, 이 살이 있는 주인공은 소년시절에 부모상을 당하는 수가 있다 하나 작용되는 경우는 적다하겠습니다.

⑰ 천월(天月)

천월의 정국(定局)은 다음과 같습니다.

寅月戌時,　卯月巳時,　辰月辰時,　巳月寅時,　午月未時,　未月卯時,
申月亥時,　酉月未時,　戌月寅時,　亥月午時,　子月戌時,　丑月寅時

예를 들어, 寅月(正月)에 戌時生이면 천월(天月)에 해당됩니다. 이 살이 있는 사람은 환절기마다 돌림병 즉, 유행성 질환에 걸려 고생하는 수가 있습니다.

⑱ 천화(天禍)

천화살(天禍殺)의 정국은 다음과 같습니다.

寅月巳時,　卯月辰時,　辰月卯時,　巳月寅時,　午月丑時,　未月子時,
申月亥時,　酉月戌時,　戌月酉時,　亥月申時,　子月未時,　丑月午時

위 정국은 生月기준 生時로 보는바, 예를 들어, 三月生이라면 卯時출생이 천화살(天禍殺)이 되겠습니다. 이 살이 있는 주인공은 생애 중 피하기 어려운 재난을 겪는 수가 있다 합니다.

⑲ 천저(天猪)

이 살의 정국은 다음과 같습니다.

> 寅月亥, 卯月戌, 辰月酉, 巳月申, 午月未, 未月午, 申月巳,
> 酉月辰, 戌月卯, 亥月寅, 子月丑, 丑月子

이 살의 주인공은 남들의 천대를 받게 되나 사주 구성이 좋으면 그렇지 않습니다.

10 삼간·삼지·삼기성

사주를 기록하고 보면, 그 구성이 기이(奇異)한 것이 적지 않습니다. 그런데 기이하면서도 좋은 것이 있고 나쁜 것이 있습니다.

① 삼간(三干)

천간에 干이 세 개 모두 같은 것인바, 다음과 같습니다.

三甲 : 사주 天干에 甲이 셋이 있는 명(命)은 하늘로부터 세 가지 귀한 것을 얻게 됨으로서 주인공의 장래가 밝으니 높은 관직에 올라 사회적 가정적으로 행복한 세월을 보낸다 합니다.

三乙 : 사주 천간이 乙이 셋이면 복덕수기(福德秀氣)라는 길격에 해당하여 부귀를 얻는데 도움이 된다 하였습니다.

三丙 : 사주 천간에 丙자가 셋이 있는 경우 길흉간에는 영향이 없으므로

다른 추리법에 의하여 길흉을 논해야 되겠습니다.

三丁 : 사주 천간에 丁자 셋이 있으면 흉격으로 재난이 따르고 막히는 일이 많으며 혹, 손이나 다리를 크게 다쳐 장애인이 될 우려도 있다 합니다.

三戊 : 天干의 戊土 셋은 길흉간에 영향이 없습니다. 그러나 지지에 같은 글자가 셋(三支)이 있으면 조업(祖業)을 잃고 타향으로 떠나 살게 된다 하였습니다.

三己 : 천간의 己자 셋이면 부모 곁을 떠난다 하였고, 부모와 같이 살게 될 경우는 동기간끼리 멀리 떨어져 산다고 하였습니다.

三庚 : 天干에 庚이 셋이면 길격으로 재물이 진진하며 옛날 천석군의 부자에 비유할 수 있다 합니다.

三辛 : 辛金 셋이 干에 있는 명(命)은 길흉간이 없으므로 사주 구성에 따라 논해야 되겠습니다.

三壬 : 壬이 세 개 있는 명(命)은 길격으로 부귀장수라 하였습니다.

三癸 : 癸干이 셋인 경우는 길흉간 작용이 없으나 三癸에 지지에서 亥자를 만나면 화재가 있으므로 일생 불조심 하라 하였습니다.

② 삼지(三支)

三子 : 남여 불문하고 재혼(再婚)을 면키 어렵다 하였습니다.

三丑 : 지지에 丑이 셋이면 네 차례 혼인하게 된다 하였습니다.

三寅 : 육친과의 인연이 박하여 고독한 운명입니다.

三卯 : 좋지 않습니다. 성격이 포악하거나 단명할 사주입니다.

三辰 : 경쟁자가 많으며 주인공은 침울한 것 같습니다.

三巳 : 손재나 관재수가 따르며 중년 이 후는 자녀로 인해 신경을 많이 쓰게 될 것입니다.

三午 : 말이 셋인데 배우자와 생이사별 하는 경우가 있다 합니다.

三未 : 지지에 未가 셋이면 남여 모두 짝이 없어 고독하다 하였습니다.

三申 : 인격적으로 모자란 것이 있거나 신체상으로 한 부분 장애가 있다 하겠습니다.

三酉 : 부부간의 인연이 박하여 공방살이를 할 수 있다 합니다.

三戌 : 뜻밖에 놀라운 일이 생기며 구설수도 있는 것 같습니다.

亥三 : 고독한 명이라 하였습니다.

雨壬雨辛 : 사주 내에 壬이 둘이고 辛도 둘인 경우 서자의 신분으로 태어나는 수가 있다 합니다.

③ 삼기성(三奇星)

三奇에는 天上三奇, 地下三奇, 人中三奇의 三貴神이 있다.

天上 三奇란 甲戊庚을 말하고,

地下 三奇란 乙丙丁을 말하며,

人中 三奇란 辛壬癸를 말한다.

• 甲戊庚 三奇

命中에 삼기가 모두 갖추어져 있을 경우 정신이 비범하고 박학 다능하다고 합니다.

다음의 표와 같이 천상삼기인 甲戊庚이 年이나 月에서부터 日이나 時로 놓여 있으면 이를 順이라 하여 大貴格으로 보고, 日이나 時에서부터 月이나 年으로 甲戊庚이 놓여 있으면 逆이라 하여 福格으로 본다는 뜻으로 甲의 천을귀인 丑未를 얻으면 부귀가 四海에 진동한다 합니다.

順·逆	時	日	月	年	貴·福
順		庚	戊	甲	貴
順	庚	戊	甲		貴
逆		甲	戊	庚	福
逆	甲	戊	庚		福

※ 福格은 貴보다 富하다는 뜻임.

● 乙丙丁 三奇

地下 三奇인 乙丙丁은 年에서부터 순서로 순포(順布)되면 秀氣가 하강한다 하여 보통명이나 오히려 時에서부터 역포(逆布)되면 수기가 상승한다하여 貴命으로 봅니다.

● 辛壬癸 三奇

人中三奇인 辛壬癸 삼기 자는 총명준수하나 호색이 지나칠까 염려되므로 得失半半으로 봅니다. 위의 三奇貴神은 餘他의 吉凶神과의 병임(倂臨)여부에 따라 아래와 같이 작용한다고 합니다.

① 심고(心高) 청아(淸雅)하며 포부가 원대하고 지모가 출중하여 학술에 능통하다. 기이한 물품들을 수집하기를 좋아한다.

② 丁생이 丙乙이면 장원급제 귀인이 되고, 乙생이 丙丁이면 속인이나 총명하다.

③ 삼기를 갖추고 천을귀인을 얻은 자는 부귀를 겸전하고 타인을 후원하며 산다. 또한 누리고 베풀며 살아간다.

④ 삼기와 원진, 咸池, 沖破, 천라지망(辰戌), 병임(倂臨)시 삼기는 무용지물로 본다.

⑤ 삼기가 命中에 空亡을 만나면 生旺 則 탈진이속(脫塵離俗)하거나 부귀나 권세에 아첨하지 않는다.

⑥ 삼기가 온전해도 순서가 어지러우면 호명(好命)이라 할 수 없으므로, 특별한 命이라고 판단하기 전에 기타의 신살을 살펴 판단하는 것이 좋겠습니다.

◉ 십이운성(十二運星)과 포태법

1 십이운성

이 십이운성은 신살이라기 보다는 木火土金水 오행의 왕쇠(旺衰)를 추리하기 위한 방법의 하나라 하겠습니다. 정국(定局)은 아래와 같습니다.

① 음양 구분 없이 오행기준법

木亥, 火土寅, 金巳, 水申

甲乙木은 亥에, 丙丁火와 戊己土는 寅에, 壬癸水는 申에, 庚辛金은 巳에 각각 장생(長生)을 붙여 장생, 목욕, 관대, 임관, 제왕, 쇠, 병, 사, 묘, 절, 태, 양의 순서로 십이방을 돌려 짚습니다.

② 음양을 구분하는 법식

乙木장생 午, 丁火장생·己土장생 酉, 辛金장생 子, 癸水장생 卯

이상과 같이 오행과 음양(干의 음양)의 구분으로 장생을 일으켜 십이방을 역행(逆行 - 시계 반대방향)하는 것입니다.

또는, 甲木長生 亥, 乙木長生 午, 丙戊長生 寅, 丁己長生 酉
　　　庚金長生 巳, 辛金長生 子, 壬水長生 申, 癸水長生 卯

③ 오행의 왕쇠

甲乙木은 寅卯辰月이 木旺節이라 가장 왕하고, 巳午未月과 申酉戌丑月은 실령(失令 - 제때를 못 만난 것)이라 쇠약해지며 亥子月은 水生木이 되어 생기(生氣)를 띠게 될 것입니다.

丙丁火는 巳午未月이 火 득령이라 왕성해지는 때요, 寅卯月은 木生火로 生을 받아 왕해질 가능성이 있으며, 申酉戌 亥子丑辰月은 설기(泄氣)되거나 극(克)을 받으니 火는 자연 쇠약해지는 것입니다.

戊己土는 辰戌丑未 사계월(四季月)과 生을 받는 巳午月에 왕 하나 극과 설기되는 申·酉·寅·卯·子·丑月이 쇠약해지는 때입니다.

庚辛金은 申·酉·戌月이 가장 왕하고, 寅·卯·辰·巳·午月과 亥·子月에는 기(氣)가 쇠약해지는 때입니다.

壬癸水는 亥·子·申·酉月에 왕하고, 寅·卯·辰·巳·午·未·戌·丑月이면 쇠약해지는 때입니다.

십이운성의 장생 관대 임관 제왕은 왕하고, 쇠, 병, 사, 절, 묘, 태, 양은 쇠약해지는 데 해당합니다.

【 십이운성 일람표 】

十二神 \ 日干	甲	乙	丙	丁	戊	己	庚	辛	壬	癸
장생(長生) ○	亥	午	寅	酉	寅	酉	巳	子	申	卯
목욕(沐浴) △	子	巳	卯	申	卯	申	午	亥	酉	寅
관대(冠帶) ○	丑	辰	辰	未	辰	未	未	戌	戌	丑
임관(臨官) ○	寅	卯	巳	午	巳	午	申	酉	亥	子
제왕(帝旺) ○	卯	寅	午	巳	午	巳	酉	申	子	亥
쇠(衰) ▽	辰	丑	未	辰	未	辰	戌	未	丑	戌
병(病) ▽	巳	子	申	卯	申	卯	亥	午	寅	酉
사(死) ▽	午	亥	酉	寅	酉	寅	子	巳	卯	申
묘(墓) ▽	未	戌	戌	丑	戌	丑	丑	辰	辰	未
절(絶) ▽	申	酉	亥	子	亥	子	寅	卯	巳	午
태(胎) ▽	酉	申	子	亥	子	亥	卯	寅	午	巳
양(養) △	戌	未	丑	戌	丑	戌	辰	丑	未	辰

◉ 신살 정국 총람

 신살(神殺)의 성립은 사주(四柱) 年·月·日·時의干支를 근본 자료로 대조하여 정하는바, **1** 생일의 干支(日柱)로만 보는 신살, **2** 生日干을 기준하여 보는 신살, **3** 日干과 時支로 보는 신살, **4** 생년납음을 기준하여 보는 신살, **5** 생년지를 기준하여 보는 신살 1, **6** 생년지를 기준하여 보는 신살 2, **7** 生月 기준으로 보는 신살, **8** 사계절 기준하여 보는 신살 등 그 대조해 보는 신살이 복잡합니다. 앞글에서 각각 신살의 정국과 운명적으로 영향이 미치는 작용을 설명하였으나 명칭이 많아서 신살 찾기에 어려움이 있겠다 생각되어

■1 에서 ■9 항까지의 신살을 일람표로 작성하였습니다. 그리고 단, ■1의 ■2 항 生日의 干支로만 이뤄지는 신살은 일람표로 작성되지 않으므로 제외하였습니다.

■1 생일간(生日干)으로 年·月·日·時 대조 일람표

구분 \ 日干	甲	乙	丙	丁	戊	己	庚	辛	壬	癸	비고
천을귀인(天乙貴人)	丑未	子申	亥酉	亥酉	丑未	子申	丑未	寅午	巳卯	巳卯	日干에 사주 年月日時支 대조
건　　록(建祿)	寅	卯	巳	午	巳	午	申	酉	亥	子	
문　　창(文昌)	巳	午	申	酉	申	酉	亥	子	寅	卯	
문　　곡(文曲)	巳亥	子午	寅申	卯酉	寅申	卯酉	巳亥	子午	寅申	卯酉	
학　　당(學堂)	亥	午	寅	酉	寅	酉	巳	子	申	卯	
금　　여(金輿)	辰	巳	未	申	未	申	戌	亥	丑	寅	
암　　록(暗祿)	亥	戌	申	未	申	未	巳	辰	寅	丑	
복성귀인(福星貴人)	寅	丑	子	酉	申	未	午	巳	辰	卯	
천복귀인(天福貴人)	未	辰	巳	酉	戌	卯	亥	申	寅	午	
천주귀인(天廚貴人)	巳	午	巳	午	申	酉	亥	子	寅	卯	
천관귀인(天官貴人)	未	辰	巳	寅	卯	酉	亥	申	戌	午	
태극귀인(太極貴人)	子	午	酉	卯	巳	午	寅	亥	巳	申	
홍　염　살(紅艷殺)	午申	午申	寅	未	辰	辰	戌申	酉	子	申	日干기준
극해공망(克害空亡)	午	午	申	申	巳午	巳午	寅	寅	丑	丑	
절로공망(截路空亡)	申酉	午未	辰巳	寅卯	子丑戌亥	申酉	午未	辰巳	寅卯	子丑戌亥	日干時支
양　인　살(羊刃殺)	卯	辰	午	未	午	未	酉	戌	子	丑	日干四柱
비　인　살(飛刃殺)	酉	戌	子	丑	子	丑	卯	辰	午	未	
급　각　살(急脚殺)	申酉	申酉	亥子	亥子	寅卯	寅卯	巳午	巳午	辰戌丑未	辰戌丑未	
유　하　살(流霞殺)	酉	戌	未	申	巳	午	辰	卯	亥	寅	日干時支
뇌　공　관(雷公關)	午	午	子	子	戌	戌	寅	寅	酉	亥	
낙　정　관(落井關)	巳	子	申	戌	卯	巳	子	申	戌	卯	
철　사　관(鐵蛇關)	辰	辰	未申	未申	寅	寅	戌	戌	丑	丑	
천　소　성(天掃星)	癸未	壬午	辛巳	庚辰	己卯	戊寅	丁丑	丙子	乙亥	甲戌	
파조공망(破祖空亡)	午	午	申	申	戌	戌	子	子	寅	寅	
천　일　관(千日關)	辰午	辰午	申	申	巳	巳	寅	寅	亥丑	亥丑	
자　암　성(紫暗星)	卯	辰	午	未	午	未	酉	戌	子	丑	

2 생년(生年)기준 신살 일람표

구분＼年支	子	丑	寅	卯	辰	巳	午	未	申	酉	戌	亥	비고
홍란(紅鸞)	卯	寅	丑	子	亥	戌	酉	申	未	午	巳	辰	年支기준月日時대조
용덕(龍德)	未	申	酉	戌	亥	子	丑	寅	卯	辰	巳	午	
천덕(天德)	酉	戌	亥	子	丑	寅	卯	辰	巳	午	未	申	
월덕(月德)	巳	午	未	申	酉	戌	亥	子	丑	寅	卯	辰	
복덕(福德)	酉	戌	亥	子	丑	寅	卯	辰	巳	午	未	申	
자미(紫微)	未	申	酉	亥	子	丑	寅	卯	辰	巳	午	未	
태양(太陽)	丑	寅	卯	辰	巳	午	未	申	酉	戌	亥	子	
태음(太陰)	卯	辰	巳	午	未	申	酉	戌	亥	子	丑	寅	
삼태(三台)	卯	辰	巳	午	未	申	酉	戌	亥	子	丑	寅	
팔좌(八座)	戌	亥	子	丑	寅	卯	辰	巳	午	未	申	酉	
천해(天解)	戌	酉	申	未	午	巳	辰	卯	寅	丑	子	亥	
지해(地解)	未	申	酉	戌	亥	子	丑	寅	卯	辰	巳	午	生年支로月日時대조
옥당(玉堂)						子		午		寅			
금궤(金匱)	子	酉	午	卯	子	酉	午	卯	子	酉	午	卯	
천마(天馬)	寅	亥	申	巳	寅	亥	申	巳	寅	亥	申	巳	
월공(月空)	午	未	申	酉	戌	亥	子	丑	寅	卯	辰	巳	
장성(將星)	子	亥	午	卯	子	酉	午	卯	子	酉	午	卯	
역마(驛馬)	寅	亥	申	巳	寅	亥	申	巳	寅	亥	申	巳	
화개(華蓋)	辰	丑	戌	未	辰	丑	戌	未	辰	丑	戌	未	
반안(攀鞍)	丑	戌	未	辰	丑	戌	未	辰	丑	戌	未	辰	
천희(天喜)	酉	申	未	午	巳	辰	卯	寅	丑	子	亥	戌	
겁살(劫殺)	巳	寅	亥	申	巳	寅	亥	申	巳	寅	亥	申	
재살(災殺)	午	卯	子	酉	午	卯	子	酉	午	卯	子	酉	
천살(天殺)	未	辰	丑	戌	未	辰	丑	戌	未	辰	丑	戌	
지살(地殺)	申	巳	寅	亥	申	巳	寅	亥	申	巳	寅	亥	
연살(年殺)	酉	午	卯	子	酉	午	卯	子	酉	午	卯	子	
월살(月殺)	戌	未	辰	丑	戌	未	辰	丑	戌	未	辰	丑	
망신(亡神)	亥	申	巳	寅	亥	申	巳	寅	亥	申	巳	寅	
고신(孤辰)	寅	寅	巳	巳	巳	申	申	申	亥	亥	亥	寅	
과수(寡宿)	戌	戌	丑	丑	丑	辰	辰	辰	未	未	未	寅	

1 사주(四柱)에 적용되는 신살(神殺)

구분 \ 年支	子	丑	寅	卯	辰	巳	午	未	申	酉	戌	亥	비고
도화(桃花)	酉	午	卯	子	酉	午	卯	子	酉	午	卯	子	生年支로月日時대조
상문(喪門)	寅	卯	辰	巳	午	未	申	酉	戌	亥	子	丑	
조객(弔客)	戌	亥	子	丑	寅	卯	辰	巳	午	未	申	酉	
백호(白虎)	申	酉	戌	亥	子	丑	寅	卯	辰	巳	午	未	
오귀(五鬼)	辰	巳	午	未	申	酉	戌	亥	子	丑	寅	卯	
탄함(呑陷)	戌	寅	未	巳	辰	申	寅	寅	巳	子	子		
대패(大敗)	4月	7月	10月	10月	4月	4月	10月	正月	7月	7月	正月	正月	生年生月
대모(大耗)	午	未	申	酉	戌	亥	子	丑	寅	卯	辰	巳	
소모(小耗)	巳	午	未	申	酉	戌	亥	子	丑	寅	卯	辰	
귀문관(鬼門關)	酉	午	未	申	亥	戌	丑	寅	卯	子	巳	辰	
팔패(八敗)	6月	9月	12月	12月	6月	6月	12月	3月	3月	3月	9月	9月	生年生月
관재(官災)	卯辰	辰巳	巳午	午未	未申	申酉	酉戌	戌亥	亥子	子丑	丑寅	寅卯	
천공(天空)	丑	寅	卯	辰	巳	午	未	申	酉	戌	亥	子	
혈인(血刃)	戌	酉	申	未	午	巳	辰	卯	寅	丑	子	亥	
재혼(再婚)	5月	6月	7月	8月	9月	10月	11月	12月	正月	2月	3月	4月	生年生月
중혼(重婚)	4月	5月	6月	7月	8月	9月	10月	11月	12月	正月	2月	3月	
파쇄(破碎)	午	未	申	酉	戌	亥	子	丑	寅	卯	辰	巳	
골파쇄(남)(骨破碎)	2月	3月	4月	5月	12月	正月	8月	9月	4月	11月	6月	7月	
골파쇄(여)(骨破碎)	6月	4月	3月	正月	6月	4月	3月	正月	6月	4月	3月	正月	
관부(官符)	辰	巳	午	未	申	酉	戌	亥	子	丑	寅	卯	
병부(病符)	亥	子	丑	寅	卯	辰	巳	午	未	申	酉	戌	
사부(死敷)	巳	午	未	申	酉	戌	亥	子	丑	寅	卯	辰	
비부(飛符)	辰	巳	午	未	申	酉	戌	亥	子	丑	寅	卯	
권설(卷舌)	酉	戌	亥	子	丑	寅	卯	辰	巳	午	未	申	
복음(伏吟)	子	丑	寅	卯	辰	巳	午	未	申	酉	戌	亥	
반음(反吟)	午	未	申	酉	戌	亥	子	丑	寅	卯	辰	巳	
천구(天狗)	戌	亥	子	丑	寅	卯	辰	巳	午	未	申	酉	
천곡(天哭)	午	巳	辰	卯	寅	丑	子	亥	戌	酉	申	未	
태백성(太白星)	巳	丑	酉	巳	丑	酉	巳	丑	酉	巳	丑	酉	生年支로月日時
낭자(狼藉)	3月	7月	6月	6月	2月	2月	6月	11月	7月	7月	11月	11月	
철소추(남)(鐵掃帚)	正月	6月	4月	2月	正月	6月	4月	2月	正月	6月	4月	2月	
철소추(여)(鐵掃帚)	12月	9月	7月	8月	12月	9月	7月	8月	12月	9月	7月	8月	

구분 \ 年支	子	丑	寅	卯	辰	巳	午	未	申	酉	戌	亥	비고
격각(隔角)	寅	卯	辰	巳	午	未	申	酉	戌	亥	子	丑	
천도살(天屠殺)	子	亥	戌	酉	申	未	午	巳	辰	卯	寅	丑	
상충(相沖)	8月	9月	10月	11月	12月	正月	2月	3月	4月	5月	6月	7月	
부침(浮沈)	巳	午	未	申	酉	戌	亥	子	丑	寅	卯	辰	
격살(隔殺)	巳	丑	酉	巳	丑	酉	巳	丑	酉	巳	丑	酉	
맥월(陌越)	亥	子	丑	寅	卯	辰	巳	午	未	申	酉	戌	
지배(指背)	申	巳	寅	亥	申	巳	寅	亥	申	巳	寅	亥	
자에살(自縊殺)	酉	午	未	申	亥	戌	丑	寅	卯	子	巳	辰	
검봉(劍鋒)	子	丑	寅	卯	辰	巳	午	未	申	酉	戌	亥	
택묘살(宅墓殺)	申	酉	戌	亥	子	丑	寅	卯	辰	巳	午	未	
졸폭(卒暴)	卯	辰	巳	午	未	申	酉	戌	亥	子	丑	寅	
관색(貫索)	卯	辰	巳	午	未	申	酉	戌	亥	子	丑	寅	
난간(闌干)	午	未	申	酉	戌	亥	子	丑	寅	卯	辰	巳	
폭패(暴敗)	未	申	酉	戌	亥	子	丑	寅	卯	辰	巳	午	
천액(天厄)	未	申	酉	戌	亥	子	丑	寅	卯	辰	巳	午	生月로 日時 대조
피두(披頭)	辰	卯	寅	丑	子	亥	戌	酉	申	未	午	巳	
수옥(囚獄)	午	卯			未	辰			酉	午	卯	酉	
대살(大殺)	申	酉	戌	亥	子	丑	寅	卯	辰	巳	午	未	
절방(絶房)	11月	2月	7月	11月	2月	7月	11月	2月	7月	11月	2月	7月	
원진(元辰)	未	午	酉	申	亥	戌	丑	子	卯	寅	巳	辰	
매아살(埋兒殺)	丑	卯	申	卯	申	卯	申	卯	申	丑	卯	申	
음살(陰殺)	丑	戌	未	辰	丑	戌	未	辰	丑	戌	未	辰	
천조(天弔)	巳午	子卯	辰午	午申	巳午	子卯	辰午	午申	巳午	子卯	辰午	午申	
단명(短命)	巳	寅	辰	未	巳	寅	辰	未	巳	寅	辰	未	
야체(夜啼)	未	寅酉	未	未	未	未	未	寅酉	未	未	寅酉	未	
당명(撞命)	巳	未	巳	子	午	午	丑	丑	丑	亥	未	亥	
단교(斷橋)	戌	未	辰	丑	戌	未	辰	丑	戌	未	辰	丑	
화상(和尙)	辰戌卯未	子午卯酉	寅申巳亥	辰戌卯未	子午卯酉	寅申巳亥	辰戌卯未	子午卯酉	寅申巳亥	辰戌卯未	子午卯酉	寅申巳亥	
탕화(湯火)	午	未	寅	午	未	寅	午	未	寅	午	未	寅	
부벽성(斧劈星)	巳	丑	酉	巳	丑	酉	巳	丑	酉	巳	丑	酉	

1 사주(四柱)에 적용되는 신살(神殺)

3 생월지(生月支) 기준 신살 정국

신살 \ 生月	寅	卯	辰	巳	午	未	申	酉	戌	亥	子	丑	비고
천덕(天德)	丁	申	壬	辛	亥	甲	癸	寅	丙	乙	巳	庚	
월덕(月德)	丙	甲	壬	庚	丙	甲	壬	庚	丙	甲	壬	庚	
천덕합(天德合)	壬	巳	丁	丙	寅	己	戊	亥	辛	庚	甲	乙	
월덕합(月德合)	辛	己	丁	乙	辛	己	丁	乙	辛	己	丁	乙	
곡살(哭殺)	巳	午	未	申	酉	戌	亥	子	丑	寅	卯	辰	
경살(㷠殺)	子	酉	午	卯	子	酉	午	卯	子	酉	午	卯	
시약(時鑰)	巳	巳	巳	申	申	申	亥	亥	亥	寅	寅	寅	
검봉(劍鋒)	酉	酉	酉	子	子	子	卯	卯	卯	午	午	午	
혈인(血刃)	丑	未	寅	申	卯	酉	辰	戌	巳	亥	午	子	
뇌정(雷霆)	子	寅	辰	午	申	戌	子	寅	辰	午	申	戌	
음차(陰差)	庚戌	辛酉	庚申	丁未	丙午	丁巳	甲辰	己卯	甲寅	癸丑	壬子	癸亥	
양착(陽錯)	甲寅	乙卯	甲辰	丁巳	丙午	丁未	庚申	辛酉	庚戌	癸亥	壬子	癸丑	
급각(急脚)	寅	卯	申	丑	戌	酉	辰	巳	午	未	亥	子	生月로 日時
직난관(直難關)	午	午	未	未	卯戌	卯戌	巳申	巳申	寅卯	寅卯	辰酉	辰酉	
수화관(水火關)	未戌	未戌	未戌	丑辰	丑辰	丑辰	丑戌	丑戌	丑戌	未辰	未辰	未辰	
침수관(沈水關)	寅申	寅申	寅申	未	未	未	酉	酉	酉	丑	丑	丑	
사주관(四柱關)	巳亥	辰戌	卯酉	寅申	丑未	子午	巳亥	辰戌	卯酉	寅申	丑未	子午	
장군전(將軍箭)	辰戌酉	辰戌酉	辰戌酉	子卯未	子卯未	子卯未	丑卯寅午	丑卯寅午	丑寅午	巳申亥	巳申亥	巳申亥	
욕분관(浴盆關)	辰	辰	辰	未	未	未	戌	戌	戌	丑	丑	丑	
단교관(斷橋關)	寅	卯	申	丑	戌	酉	辰	巳	午	未	亥	子	
염왕관(閻王關)	丑未	丑未	丑未	辰戌	辰戌	辰戌	子午	子午	子午	寅卯	寅卯	寅卯	
무정관(無情關)	寅酉	寅酉	寅酉	戌亥	戌亥	戌亥	申	申	申	午	午	午	
백일관(百日關)	辰戌丑未	寅申巳亥	子午卯酉	辰戌丑未	寅申巳亥	子午卯酉	辰戌丑未	寅申巳亥	子午卯酉	辰戌丑未	寅申巳亥	子午卯酉	
금쇄관(金鎖關)	申	酉	戌	亥	子	丑	寅	卯	辰	巳	午	未	
곡성(哭聲)	寅	巳	申	亥	寅	巳	申	亥	寅	巳	申	亥	
뇌화(雷火)	寅	亥	申	巳	寅	亥	申	巳	寅	亥	申	巳	

신살 \ 生月	寅	卯	辰	巳	午	未	申	酉	戌	亥	子	丑	비고
곡살(哭殺)	巳	午	未	申	酉	戌	亥	子	丑	寅	卯	辰	
경살(炅殺)	子	酉	午	卯	子	酉	午	卯	子	酉	午	卯	
격신(隔神)	亥	酉	未	巳	卯	亥	亥	酉	未	巳	卯	亥	
부결(負結)	亥	亥	丑	丑	卯	卯	巳	巳	未	未	酉	酉	
백호관(白虎關)	申酉	申酉	子戌	子戌	丑卯	丑卯		卯		卯			
벽력(霹靂)	寅	申	未	亥	卯	巳	午	戌	寅	申	未	亥	
비살(飛殺)	酉	子	卯	午	酉	子	卯	午	酉	子	卯	午	
상상(上喪)	辰	戌	丑	未	辰	戌	丑	未	辰	戌	丑	未	
안맹(眼盲)	丑	丑	丑	申	申	申	未	未	未	寅	寅	寅	
외해(外解)	子	巳	辰	申	子	巳	辰	申	子	巳	辰	申	生月로 日時
월간(月奸)	丑	辰	未	戌	丑	辰	未	戌	丑	辰	未	戌	
월귀(月鬼)	未	午	巳	辰	卯	寅	丑	子	亥	戌	酉	申	
음간(陰奸)	未	午	巳	辰	卯	寅	丑	子	亥	戌	酉	申	
음살(陰殺)	寅	子	戌	申	午	辰	寅	子	戌	申	午	辰	
천귀(天鬼)	巳	子	午	午	酉	酉	申	酉	申	亥	卯	子	
천기(天忌)	亥	子	丑	寅	卯	辰	巳	午	未	申	酉	戌	
천서(天鼠)	子	亥	戌	酉	申	未	午	巳	辰	卯	寅	丑	
천상(天喪)	卯	子	酉	午	卯	子	酉	午	卯	子	酉	午	
천월(天月)	戌	巳	辰	寅	未	卯	亥	亥	寅	午	戌	寅	
천저(天猪)	亥	戌	酉	申	未	午	巳	辰	卯	寅	丑	子	
천화(天禍)	巳	辰	卯	寅	丑	子	亥	戌	酉	申	未	午	
백일관(百日關)	辰戌丑未	寅申巳亥	子午卯酉	辰戌丑未	寅申巳亥	子午卯酉	辰戌丑未	寅申巳亥	子午卯酉	辰戌丑未	寅申巳亥	子午卯酉	소아

4 사시(四時) 길흉신(吉凶神) 정국(生月로 時)

四時 신살	(봄) 寅卯辰月	(여름) 巳午未月	(가을) 申酉戌月	(겨울) 亥子丑月	비 고
천혁(天赫)	戊寅日	甲午日	戊申日	甲子日	
갈산(喝散)	巳日	申日	亥日	寅日	
활요(活曜)	壬癸	甲乙	戊己	庚辛	
황은귀(皇恩貴)	亥日	申日	未日	午日	
검봉살(劍鋒殺)	酉	子	卯	午	
삼구(三丘)	丑	辰	未	戌	
오묘(五墓)	未	戌	丑	辰	
천지전살(天地轉殺)	卯	午	酉	子	
천전(天轉)	乙卯	丙午	辛酉	壬子	
지전(地轉)	辛卯	戊午	癸酉	丙子	
혈분관(血盆關)	辰戌時	丑未時	戌亥時	丑寅時	소아살
사폐일(四廢日)	庚申, 辛酉日	壬子, 癸亥日	甲寅, 乙卯日	丙午, 丁巳日	
침수관(沉水關)	寅申	未	酉	丑	
장군전(將軍轉)	辰戌酉	未子卯	丑寅午	巳申亥	소아살
염왕관(閻王關)	丑未	辰戌	子午	寅卯	소아살

5 생일의 干支로만 보는 신살(六十甲子別)

- 甲子日 : 진신(進神), 평두살(平頭殺), 의일(義日), 자사(自死), 정인(正印)
- 乙丑日 : 금신(金神), 정인(正印), 자묘(自墓), 제일(制日), 편재(偏財), 대공망(大空亡)
- 丙寅日 : 자생(自生), 의일(義日), 오합일(五合日), 편인(偏印, 倒食)
- 丁卯日 : 자패(自敗), 평두(平頭), 편인·도식(偏印·倒食), 오합일(五合日)
- 戊辰日 : 일덕(日德), 복신(福神), 녹고(祿庫), 마고(馬庫), 편재(偏財), 재고(財庫), 전일(專日), 백호대살(白虎大殺)
- 己巳日 : 금신(金神), 녹고(祿庫), 자병(自病), 정인(正印), 의일(義日)
- 庚午日 : 일귀(日貴 - 午中丁火庚日의 正官), 정관(正官), 벌일(伐日)

- 辛未日 : 편인(偏印), 도식(倒食), 효신살(梟神殺), 의일(義日)
- 壬申日 : 편인(偏印), 도식(倒食), 효신살(梟神殺), 의일(義日), 장생(長生)
- 癸酉日 : 금신(金神), 복신(福神), 편인(偏印), 도식(倒食), 의일(義日), 자왕(自旺)
- 甲戌日 : 정인(正印), 편재(偏財), 제일(制日), 대공망일(大空亡日)
- 乙亥日 : 천덕(天德), 정인(正印), 자절(自絶), 대공망일(大空亡日), 의일(義日)
- 丙子日 : 일귀(日貴, 子中癸水官), 양착(陽錯), 자왕(自旺), 벌일(伐日)
- 丁丑日 : 퇴신(退神), 음차(陰差), 식신(食神), 백호대살(白虎大殺)
- 戊寅日 : 복신(福神), 양착(陽錯), 편관(偏官), 칠살(七殺), 자생(自生), 오합일(五合日)
- 己卯日 : 진신(進神), 음욕살, 구추(九醜), 관자(關子), 칠살(七殺), 벌일(伐日), 오합일(五合日)
- 庚辰日 : 일덕(日德), 괴강(魁罡), 편인(偏印), 의일(義日)
- 辛巳日 : 천덕(天德), 일귀(日貴 - 巳中丙火가 정관(正官)), 자생(自生), 벌일(伐日)
- 壬午日 : 일귀(日貴 - 午中己土官), 천덕(天德), 자사(自死), 녹마동향(祿馬同鄉), 제일(制日)
- 癸未日 : 정인(正印), 칠살(七殺), 자묘(自墓), 벌일(伐日), 대공망일(大空亡日)
- 甲申日 : 편관칠살(偏官七殺), 자생(自生), 대공망일(大空亡日)
- 乙酉日 : 칠살(七殺), 음욕살(陰慾殺), 구추(九醜), 자패(自敗), 벌일(伐日), 대공망일(大空亡日)
- 丙戌日 : 천덕(天德), 평두(平頭), 백호대살, 자묘(自墓), 보일(寶日)
- 丁亥日 : 일귀(亥는 正官 또는 천을귀인), 덕합(德合), 자절(自絶), 벌일(伐日)
- 戊子日 : 육수(六秀), 음욕살(陰慾殺), 구추(九醜), 정재(正財), 제일(制日)
- 己丑日 : 육수(六秀), 팔전(八專), 관자(關子), 비견(比肩), 전일(專日)
- 庚寅日 : 자극(自克), 편재(偏財), 제일(制日)
- 辛卯日 : 음욕살(陰慾殺), 음차(陰差), 구추(九醜), 자왕(自旺), 편재(偏財), 제일(制日)

- 壬辰日 : 천덕(天德), 괴강(魁罡), 마고(馬庫), 정인(正印), 퇴신(退神), 양착(陽錯), 칠살(七殺), 벌일(伐日), 대공망일(大空亡日), 자묘(自墓)
- 癸巳日 : 일귀(日貴 - 天乙貴人과 巳中戊土 正官), 자절(自絶), 녹마동향(祿馬同鄕), 음차(陰差), 제일(制日), 정재(正財), 대공망일(大空亡日)
- 甲午日 : 진신(進神), 덕합(德合), 상관(傷官), 대공망일(大空亡日), 보일(宝日)
- 乙未日 : 백호대살(白虎大殺), 편재(偏財), 전일(專日)
- 丙申日 : 문창(門昌), 편재(偏財), 자병(自病), 제일(制日)
- 丁酉日 : 문창(門昌), 천을귀인(天乙貴人), 편재(偏財), 자사(自死), 제일(制日)
- 戊戌日 : 팔전(八專), 비견(比肩), 전일(專日)
- 己亥日 : 관자(關子), 정재(正財), 제일(制日)
- 庚子日 : 덕합(德合), 상관(傷官), 보일(宝日)
- 辛丑日 : 관자(關子), 의일(義日), 보일(宝日)
- 壬寅日 : 문창(門昌), 자절(自絶), 식신(食神), 보일(宝日), 대공망일(大空亡日)
- 癸卯日 : 문창(門昌), 식신(食神), 천을귀인(天乙貴人), 보일(宝日), 대공망일(大空亡日)
- 甲辰日 : 백호대살(白虎大殺), 평두살(平頭殺), 편재(偏財)
- 乙巳日 : 고란과곡살(孤鸞寡鵠殺), 상관(傷官), 자극(自克), 보일(宝日)
- 丙午日 : 육수(六秀), 희신(喜神), 일인(日刃), 양착(陽錯), 겁재(劫財), 양인(羊刃), 전일(專日)
- 丁未日 : 육수(六秀), 퇴신(退神), 음차(陰差), 전일(專日)
- 戊申日 : 문창(門昌), 고란과곡살(孤鸞寡鵠殺), 자병(自病), 식신(食神), 보일(寶日)
- 己酉日 : 목욕살(沐浴殺), 문창(文昌), 구추(九醜), 관자(關子), 진신(進神), 식신(食神), 보일(寶日)
- 庚戌日 : 괴강(魁罡殺), 도식(倒食), 혹은 효신살(梟神殺), 의일(義日)
- 辛亥日 : 고란과곡살(孤鸞寡鵠殺), 상관(傷官), 자병(自病), 보일(宝日)

- 壬子日 : 일인(日刃), 겁재(劫財), 자패(自敗), 양인(羊刃), 전일(專日), 대공망일(大空亡日)
- 癸丑日 : 편관칠살(偏官七殺), 벌일(伐日), 백호대살(白虎大殺)
- 甲寅日 : 일덕(日德), 복신(福神), 전록(專祿), 전일(專日), 자병(自病)
- 乙卯日 : 일록(日祿), 희신(喜神), 전록(專祿), 비견(比肩), 자사(自死), 전일(專日)
- 丙辰日 : 일덕(日德), 녹고(祿庫), 정인(正印), 평두살(平頭殺), 보일(宝日)
- 丁巳日 : 녹고(祿庫), 고란과곡(孤鸞寡鵠), 구추(九醜), 겁재(劫財), 전일(專日)
- 戊午日 : 육수(六秀), 일인(日刃), 자왕(自旺), 의일(義日), 겁재(劫財)
- 己未日 : 육수(六秀), 팔전(八專), 관자(關子), 비견(比肩), 전일(專日)
- 庚申日 : 녹마(祿馬), 전록(專祿), 팔전(八專), 비견(比肩)
- 辛酉日 : 전록(專祿), 비견(比肩), 음욕살(陰慾殺), 음차(陰差), 팔전(八專), 구추(九醜)
- 壬戌日 : 일덕(日德), 괴강(魁罡), 편관칠살(偏官七殺), 퇴신(退神), 백호대살(白虎大殺), 양착(陽錯), 벌일(伐日)
- 癸亥日 : 음차(陰差), 겁재(劫財), 전일(專日)

◉ 술어해석

진신(進神), 퇴신(退神), 고란과곡살, 일덕(日德), 복신(福神), 음차(陰差), 양착(陽錯), 희신(喜神), 녹마동향(祿馬同鄉), 녹고(祿庫), 마고(馬庫), 덕합(德合), 괴강(魁罡), 백호대살(白虎大殺), 고란살(孤鸞殺), 음욕살(陰慾殺), 천라(天羅), 지망(地網), 현침살(懸針殺), 음양차착살, 팔전(八專), 구추(九醜), 관자(關子) 등의 신살은 신살론 1의 1항 〈生日의 干支로만 보는 신살〉 항목에서 이미 설명하였고, 그 외로 의일(義日), 보일(寶日), 벌일(伐日), 제일(制日) 등의 명칭을 정한 이치와 자생(自生), 자왕(自旺), 자극(自克), 자묘(自墓), 자패(自敗) 등에 한해서는 그 술어와 정해지는 이치를 설명하겠습니다.

의일(義日) 지생간(支生干) : 지지가 천간을 生해 줌.

(예 : 甲子, 丙寅, 丁卯, 己巳, 辛未, 壬申, 癸酉, 乙亥, 庚辰, 辛丑, 庚戌, 戊午日)

보일(寶日) 간생지(干生支) : 천간이 지지를 生해 주는 것.

(예 : 丁丑, 丙戌, 甲午, 庚子, 壬寅, 癸卯, 乙巳, 丁未, 戊申, 己酉, 辛亥, 丙辰日)

벌일(伐日) 지극간(支克干) : 지지가 천간을 克하는 것.

(예 : 庚午, 丙子, 戊寅, 己卯, 辛巳, 癸未, 甲申, 乙酉, 丁亥, 壬辰, 癸丑, 壬戌日)

제일(制日) 간극지(干克支) : 천간이 지지를 극하는 것

(예 : 乙丑, 甲戌, 壬午, 戊子, 庚寅, 辛卯, 癸巳, 乙未, 丙申, 丁酉, 己亥, 甲辰日)

전일(專日) 간지동(干支同) : 천간과 지지 오행이 같은 것

(예 : 戊辰, 己丑, 戊戌, 丙午, 壬子, 甲寅, 乙卯, 丁巳, 己未, 庚申, 辛酉, 癸亥日)

6 육십갑자 납음오행으로 생왕사절법

① 자생(自生)

甲申日 : 甲申 乙酉 천중수(泉中水)라 水의 장생이 申金

丙寅日 : 丙寅 丁卯 노중화(爐中火)라 火의 장생은 寅宮

戊寅日 : 戊寅 己卯 성두토(城頭土)라 土의 장생도 寅宮

己亥日 : 戊戌 己亥 평지목(平地木)이라 木의 장생이 亥宮

辛巳日 : 庚辰 辛巳 백랍금(白鑞金)이라 金의 장생은 巳宮

② 자왕(自旺) : 납음오행이 왕지로 된 것.

　丙子日 － 丙子, 丁丑 간하수(澗下水)라 水의 왕궁이 子水
　戊午日 － 戊午, 己未 천상화(天上火)라 火의 왕궁이 午火
　辛卯日 － 庚寅, 辛卯 송백목(松栢木)이라 木의 旺궁이 卯木
　癸酉日 － 壬申, 癸酉 검봉금(劒鋒金)이라 金의 왕궁이 酉

③ 자묘(自墓)

　甲戌日 － 甲戌 乙亥 산두화(山頭火)라 火의 묘궁이 戌
　乙丑日 － 甲子, 乙丑 해중금(海中金)이라 金의 묘궁이 丑
　丙戌日 － 丙戌, 丁亥 옥상토(屋上土)라 土의 묘고궁도 戌
　壬辰日 － 壬辰, 癸巳 장류수(長流水)라 水의 묘궁(墓宮)이 辰
　癸未日 － 壬午, 癸未 양류목(楊柳木)이라 木의 묘궁이 未

④ 자절(自絶) : 납음오행이 절지(絶地)로 된 것

　乙亥日 － 甲戌, 乙亥 산두화(山頭火)라 火의 절궁(絶宮)이 亥
　丁亥日 － 丙戌, 丁亥 옥상토(屋上土)라 土의 절궁도 亥
　庚申日 － 庚申, 辛酉 석류목(石榴木)이라 木의 절궁이 申
　壬寅日 － 壬寅, 癸卯 금박금(金箔金)이라 金의 절궁이 寅
　癸巳日 － 壬辰, 癸巳 장류수(長流水)라 水의 절궁이 巳

⑤ 자패(自敗) : 납음오행이 패지(敗地)로 된 것(敗는 沐浴也)

　甲午日 － 甲午, 乙未 사중금(沙中金)이라 金의 목욕궁이 午
　乙酉日 － 甲申, 乙酉 천중수(泉中水)라 水의 목욕궁이 酉
　丁卯日 － 丙寅, 丁卯 노중화(爐中火)라 火의 목욕궁이 卯
　己卯日 － 戊寅, 己卯 성두토(城頭土)라 土의 목욕궁이 卯
　壬子日 － 壬子 癸丑 상자목(桑柘木)이라 木의 목욕궁이 子

⑥ 자병(自病) : 납음오행이 병지(病地)로 된 것

    甲寅日 - 甲寅, 乙卯 대계수(大溪水)라 水의 병궁(病宮)이 寅
    丙申日 - 丙申, 丁酉 산하화(山下火)라 火의 병궁(病宮)이 申
    戊申日 - 戊申, 己酉 대역토(大驛土)라 土의 병궁이 申
    己巳日 - 戊辰, 己巳 대림목(大林木)이라 木의 병궁이 巳
    辛亥日 - 庚戌, 辛亥 차천금(釵釧金)이라 金의 병궁이 亥

⑦ 자사(自死) : 납음오행으로 사지(死地)를 만난 것

    甲子日 - 甲子, 乙丑 해중금(海中金)이라 金의 사궁(死宮)이 子
    乙卯日 - 甲寅, 乙卯 대계수(大溪水)라 水의 사궁이 卯
    丁酉日 - 丙申, 丁酉 산하화(山下火)라 火의 사궁이 酉
    己酉日 - 戊申, 己酉 대역토(大驛土)라 土의 사궁이 酉
    壬午日 - 壬午, 癸未 양류목(楊柳木)이라 木의 사궁이 午

자생(自生)은 부귀공명, **자왕**(自旺)도 부귀공명

자묘(自墓)는 관재, 질병, 부부간 생이사별

자패(自敗)는 관재, 병액, 불구빈요(不具貧夭)

자병(自病), **자절**(自絶), **자사**(自死) 모두 관재, 질병, 빈궁

2 육효점(六爻占)에 적용되는 신살

역점(易占)에도 신살(神殺)의 작용력은 적지 않습니다. 그러나 그 많은 신살을 다 적용할 수는 없습니다. 왜냐하면, 단역대전(斷易大典)에 수록된 신살을 세어 보아도 일백삼십여 종의 신살이 있습니다. 그러므로 이 많은 신살을 괘(卦)에 다 수록할 수는 없습니다.〈사주신살도 마찬가지입니다.〉실질적으로 역점(易占)을 보기 위해 작괘를 할 때 중요한 신살만을 7·8가지 정도 기록하고 신살의 의미를 참작해서 길흉을 추리하는 것입니다. 본 책자의 명칭상 작용력의 비중이 크고 작은 것을 막론하고 있는 것은 다 수록하겠거니와 아래에 중요성이 있는 신살만을 가려 수록하오니 참작하시기 바랍니다.

가택점에 적용하는 신살 : 천을귀인, 건록, 순중공망, 육수, 역마, 겁살, 상문, 조객, 월해, 일해, 오귀, 천희, 희신, 천적, 대모, 소모

신수점 : 천을귀인, 건록, 역마, 겁살, 공망, 양인, 혈인, 관부, 병부, 도화, 수옥살

질병점 : 겁살, 보호, 병부, 사부, 천을귀인, 월파, 상문, 조객, 혈인 등

재수점 : 대모, 소모, 현무, 천을귀인, 건록, 천적, 월재

이사점 : 귀기, 왕망, 천적, 월파, 공망, 겁살, 함지

출행점 : 왕망, 귀기, 천적, 수사

1 점일(占日)의 일간(日干)을 기준하여 보는 신살(神殺)

① 천을귀인(天乙貴人)

천을귀인의 정국은 다음과 같습니다.

吉神 \ 日干	甲	乙	丙	丁	戊	己	庚	辛	壬	癸
天乙貴人	丑未	子申	亥酉	亥酉	丑未	子申	丑未	寅午	巳卯	巳卯
천을귀인 陽貴	未	申	酉	亥	丑	子	丑	寅	卯	巳
천을귀인 陰貴	丑	子	亥	酉	未	申	未	午	巳	卯

예를 들어, 甲日에 점(占)을 묻는다면 丑이나 未爻(효)에 천을귀인이 임한다 하는 것입니다. 이 천을귀인은 사주, 신수, 점 그리고 음양택 등 모든 분야에 길신으로 작용된다 하겠습니다.

② 건록(建祿)

이 건록은 점치는 날의 日干으로 대조해 봅니다. 정국은 아래와 같습니다.

명칭 \ 日干	甲	乙	丙	丁	戊	己	庚	辛	壬	癸
건록(建祿)	寅	卯	巳	午	巳	午	申	酉	亥	子

예를 들어, 甲日에 점(占)을 묻는다면 비신(飛神 - 子·寅·辰·午·申·戌 등의 예) 寅木에 건록이 임하였다 합니다. 이 건록은 세(世)나 용신(用神)에 임하면 세(世)나 용(用)의 힘이 더 강해져서 길한 작용을 하기 때문입니다.

③ 일해(日解)

일해(日解)는 길신으로 다음과 같습니다.

吉神＼日	甲	乙	丙	丁	戊	己	庚	辛	壬	癸
일해(日解)	巳亥	巳申	申寅	申丑	寅酉	寅巳亥	酉申	酉寅	卯丑	卯酉

예를 들어, 점치는 날의 日干이 甲이라면 비신(飛神) 巳와 亥를 일해(日解)라 합니다. 관재(官災)에 걸린 사람에게 유리하며 채무자, 환자 등에도 세(世)나 용(用)이 일해에 해당하면 어려움에서 해소된다 하겠습니다. 그러나 누군가와 약속, 약정한 일에서는 취소될 가능성도 있습니다.

④ 천사(天赦)

천사는 사시(四時)를 기준하는 정국과 점치는 날의 日干을 기준하는 것 두 가지가 있습니다. 사시기준은 다음 항목에서 수록하겠으며 日干 기준 신살은 다음과 같습니다.

吉神＼日干	甲	乙	丙	丁	戊	己	庚	辛	壬	癸
천사(天赦)	卯	亥	酉	未	巳	卯	亥	酉	未	巳

육효점에서 용(用)이나 동(動)에 천사(天赦)의 길신이 임하면 만사에 근심이 없다 하였습니다. 특히, 죄인의 경우 나라의 사면령에 의해 석방되거나 면제(免除) 될 수 있습니다.

⑤ 일하천대살(日下天大殺)

이 살의 정국(定局)은 다음과 같습니다.

> 甲乙日 - 亥, 丙丁日 - 未, 戊己日 - 戌, 庚辛日 - 寅, 壬癸日 - 巳

예를 들어, 甲日이나 乙日 점에는 비신(飛神) 亥를 천대살이라 합니다. 만약 해당되는 支가 발동하면 집안에 좋지 않은 일이 생긴다 하였습니다.

⑥ 묘문(墓門)

묘문의 정국은 아래와 같습니다.

> 甲乙日 - 申酉, 丙丁日 - 亥子, 戊己日 - 寅卯, 庚辛日 - 巳午,
> 壬癸日 - 辰戌丑未

이 살은 따지고 보면 비신(飛神)이 日干을 극하는 것으로 하극상(下克上)의 형태라 가택, 신수, 질병점에 꺼린다 하겠습니다.

⑦ 순중공망(旬中空亡)

이 공망을 육갑공망이라고도 하는데 아래와 같습니다.

> 甲子旬中 - 戌亥,   甲子日에서 癸酉日까지 戌亥가 없어 공망
> 甲戌旬中 - 申酉,   甲戌日에서 癸未日까지 申酉가 없어 공망
> 甲申旬中 - 午未,   甲申日에서 癸巳日까지 午未가 없어 공망
> 甲午旬中 - 辰巳,   甲午日에서 癸卯日까지 辰巳가 없어 공망
> 甲辰旬中 - 寅卯,   甲辰日에서 癸丑日까지 寅卯가 없어 공망
> 甲寅旬中 - 子丑,   甲寅日에서 癸亥日까지 子丑이 없어 공망

예를 들어, 甲子旬中 戌亥가 공망이 되는 것은 天干 첫 번째 甲子에서 癸酉日까지 10일 사이에 地支 戌亥가 없으므로 戌亥를 공망이라 합니다.

사물에 있어 실체(實體)가 없는 것은 아무런 작용은 못하는 것같이 天干地支도 없는 것이요, 생극작용(生克作用)이 불가능하므로 六爻에도 길신이나 用이 공망이면 불리하고 흉신이 공망되면 흉태를 부리지 못하므로 도리어 유리한 것입니다.

> **참고** 또는 납음오행(納音五行)으로 甲에서 癸까지의 十干旬中에 없는 오행이 있는바, 이를 오행공(五行空)이라고도 합니다.
>
> 甲子旬中 - 水空, 甲申旬中 - 金空
> 甲午旬中 - 水空, 甲寅旬中 - 金空

⑧ 절로공망(截路空亡)

절로공망은 壬癸時로서 예를 들어, 명(命)이나 점법(占法)에 절로공망을 만나면 앞길에 깊은 강이나 바닷물을 만나 더 이상 진행이 어렵다는 뜻으로 추리하게 됩니다.

```
甲己日 - 申酉時(壬申, 癸酉),   乙庚日 - 壬未時(壬午·癸未)
丙辛日 - 辰巳時(壬辰·癸巳),   丁壬日 - 寅卯時(壬寅·癸卯)
戊癸日 - 子丑·戌亥時(壬子·癸丑·壬戌·癸亥時)
```

이상과 같은 절로공망을 만나면 매사에 진전이 없다 합니다.

⑨ 양인살(羊刃殺)

양인살은 건록 바로 뒤의 지지로서 다음과 같은 경우에 해당합니다.

```
甲日 - 卯, 乙日 - 辰, 丙戊日 - 午, 丁己日 - 未, 庚日 - 酉,
辛日 - 戌, 壬日 - 子, 癸日 - 丑
```

양인은 살상무기(殺傷武器) 또는 강도(强盜)에 비유되므로 어떤 점을 막론하고 양인이 발동하는 것을 꺼리게 됩니다. 특히, 양인이 발동하여 用을 극하면 해당되는 육친에게 신액(身厄 - 질병·사고)이 이르지 않도록 주의해야 되겠습니다.

⑩ **육수**(六獸)

육수(六獸)를 육신(六神)이라고도 칭하는바, 정국(定局)은 아래와 같습니다.

> 甲乙日 - 청룡(靑龍),　丙丁日 - 주작(朱雀)
> 戊日 - 구진(句陳),　　己日 - 등사(螣蛇)
> 庚辛日 - 백호(白虎),　壬癸日 - 현무(玄武)

육효포국법(六爻布局法)에 日干이 甲日과 乙日에는 초효(初爻)에 청룡, 二爻에 주작(朱雀), 三爻에 구진(句陳), 四爻에 등사(螣蛇), 五爻에 백호(白虎), 상효(上爻 - 六爻)에 현무(玄武)를 붙여 나갑니다. 마찬가지로 丙丁日은 초효에 주작, 戊日은 초효에 구진, 己日은 초효에 등사, 庚日과 辛日은 초효에 백호, 壬日과 癸日은 初爻에 현무를 붙여 청룡, 주작, 구진, 등사, 백호, 현무 등의 순서로 기록해 나가는 것입니다. 육수의 작용을 간단히 든다면 다음과 같습니다. 청룡이 발동하면 경사요, 주작이 발동하면 소식이나 구설이 이르고, 구진이 동하면 토지매매요, 등사가 동하면 성가신 일이 생기고, 백호가 발동하면 질병·부상이요, 현무가 동하면 손재·도난이 있다 합니다.

2 사시(四時)를 기준하여 보는 신살

사시(四時)란 봄, 여름, 가을, 겨울 즉, 춘(春), 하(夏), 추(秋), 동(冬)입니다. 이를 십이지로 분류하면 봄은 寅卯辰月, 여름은 巳午未月, 가을은 申酉戌月, 겨울은 亥子丑月이 되는 것입니다.

① 천희(天喜)

천희의 정국(定局)은 다음과 같습니다.

> 寅卯辰月 - 戌, 巳午未月 - 丑, 申酉戌月 - 辰, 亥子丑月 - 未

예를 들어, 寅卯辰月 즉, 봄 석달간은 비신(飛神) 戌이 천희입니다. 이 천희의 길신이 육효 용신에 있으면 기쁜 일이 생긴다 하겠습니다.

② 천덕(天德)

천덕귀인은 다음과 같습니다.

> 寅卯辰月 - 亥, 巳午未月 - 寅, 申酉戌月 - 巳, 亥子丑月 - 申

예를 들어, 正·二·三月의 점이라면 비신 亥가 천덕귀인이란 길신으로 세(世)나 용신(用神)에 임하면 좋은 작용을 하게 됩니다.

③ 월덕(月德)

월덕귀인의 정국은 아래와 같습니다.

> 寅卯辰月 - 未, 巳午未月 - 戌, 申酉戌月 - 丑, 亥子丑月 - 辰

예를 들어, 正·二·三月에는 비신(飛神) 未가 월덕귀인인바, 작용은 천덕귀인과 같습니다.

④ 삼구살(三丘殺)

삼구살은 다음과 같습니다.

| 寅卯辰月 - 丑, 巳午未月 - 辰, 申酉戌月 - 未, 亥子丑月 - 戌 |

예를 들어, 寅卯辰月 점에 비신축(飛神丑)이 삼구살인바, 이 살은 질병점에 매우 불리하나 삼구살에 해당되어도 다른 길신이 함께 임하면 크게 위험하지는 않습니다.

⑤ 오묘살(五墓殺)은 삼구살의 충궁(沖宮)에 해당합니다.

| 寅卯辰月 - 未, 巳午未月 - 戌, 申酉戌月 - 丑, 亥子丑月 - 辰 |

오묘(五墓)는 절기오행(節氣五行)의 묘(墓)로서 봄은 木에 속하므로 木의 묘고는 未요, 여름은 火에 속하니 火의 묘고가 戌이요, 가을은 金의 계절이라 金의 묘고는 丑이며, 겨울은 水에 속하니 水의 묘고는 辰이 되는 것입니다. 오묘살의 작용은 삼구살(三丘殺)과 같습니다.

⑥ 상살(喪殺)

상살은 아래와 같습니다.

| 寅卯辰月 - 酉, 巳午未月 - 子, 申酉戌月 - 午, 亥子丑月 - 卯 |

예를 들어, 봄철인 寅卯辰月에는 비신(飛神) 酉가 상살입니다. 가택점이나 질병점에 상살이 동하거나 世를 극하면 장사지낼 준비를 해야 된다고 하였습니다.

⑦ 정기살(旌旗殺)

정기살의 정기(旌旗)는 일반적인 기가 아니고 상여 앞에 들고 가는 공포와 만장(輓章) 명정(銘旌)에 비유됩니다.

> 寅卯辰月 - 卯, 巳午未月 - 子, 申酉戌月 - 酉, 亥子丑月 - 午

예를 들어, 正·二·三月 봄철의 점(占)에 질병 때문에 얻은 괘(卦) 가운데 卯가 있어 동하거나 세(世)에 불리 되면 징조가 나빠 생명이 위태하다고 추리할 수 있습니다.

3 태세(太歲 - 당년)의 지지를 기준하여 보는 신살

① 상문(喪門)

> 子年 - 寅, 丑年 - 卯, 寅年 - 辰, 卯年 - 巳, 辰年 - 午, 巳年 - 未

예를 들어, 子年점에 비신(飛神) 寅木이 발동이라면 가택점이나 질병점에 대흉한 것입니다. 상문이 발동하면 가족이 아니면 가까운 친척이 사망하여 경중간에 복을 입어본다 합니다.

② 조객(弔客)

조객살은 다음과 같습니다.

> 子年 - 戌, 丑年 - 亥, 寅年 - 子, 卯年 - 丑, 辰年 - 寅,
> 巳年 - 卯, 午年 - 寅, 未年 - 卯, 申年 - 午, 酉年 - 未,
> 戌年 - 申, 亥年 - 酉

조객살의 예와 작용은 ①항 상문과 같습니다.

4 점(占)치는 달의 월건으로 정해지는 신살 1

① 황은대사(皇恩大赦)

황은대사는 길신인데 정국(定局)은 아래와 같습니다.

> 正月 - 戌, 二月 - 丑, 三月 - 寅, 四月 - 巳, 五月 - 酉,
> 六月 - 卯, 七月 - 子, 八月 - 午, 九月 - 亥, 十月 - 辰,
> 十一月 - 申, 十二月 - 未

예를 들어, 寅月의 점에 육효(六爻)의 비신(飛神) 戌이 황은대사라 죄인의 경우 국가에서 사면령이 있어 풀려나오게 됩니다.

② 천사신(天赦神)

천사신의 정국은 아래와 같습니다.

> 正月 - 戌, 二月 - 丑, 三月 - 辰, 四月 - 未, 五月 - 戌,
> 六月 - 丑, 七月 - 辰, 八月 - 未, 九月 - 戌, 十月 - 丑,
> 十一月 - 辰, 十二月 - 未

예를 들어, 正月(寅月)에 점을 묻는다면 비신(飛神) 戌이 천사신이고 二月(卯月)에 점을 묻는다면 비신 丑에 천사신이 임하게 됩니다. 사신(赦神)이란 뜻은 어떤 속박된 상태에서 풀려나 자유를 찾는다는 뜻이므로 부채의 탕감, 구속에서의 사면 등의 작용을 하게 됩니다. 단, 세(世)나 용(用) 또는, 동효(動爻)에 있어야만 작용력이 있다 하겠습니다.

③ 시덕(時德)

시덕은 길신(吉神)인바, 정국은 다음과 같습니다.

> 正月 - 辰, 二月 - 亥, 三月 - 巳, 四月 - 丑, 五月 - 申,
> 六月 - 酉, 七月 - 戌, 八月 - 巳, 九月 - 亥, 十月 - 未,
> 十一月 - 寅, 十二月 - 卯

예를 들어, 正月 점에는 辰이 시덕이고 二月점에는 亥가 시덕입니다. 세(世)나 용(用) 동효(動爻)에 시덕의 길신이 임하면 특히, 매매가 잘 이루어진다 하였습니다.

④ 천월덕(天月德)

천덕과 월덕은 각각 아래와 같습니다.

> 正月 - 亥未, 二月 - 子申, 三月 - 丑酉, 四月 - 寅戌, 五月 - 卯亥,
> 六月 - 辰子, 七月 - 巳丑, 八月 - 午寅, 九月 - 未卯, 十月 - 申辰,
> 十一月 - 酉巳, 十二月 - 戌午

예를 들어, 점치는 때가 正月이라면 비신 亥가 천덕이고, 未가 월덕입니다. 세(世)나 용(用)이나 동효에 천덕이나 월덕을 만나고 공망되지 않으면 비록 궁지에 처했더라도 구원을 받게 된다 합니다.

⑤ 일덕(日德)

일덕은 다음과 같습니다.

> 正月 - 亥, 二月 - 戌, 三月 - 酉, 四月 - 申, 五月 - 未,
> 六月 - 午, 七月 - 巳, 八月 - 辰, 九月 - 卯, 十月 - 寅,
> 十一月 - 丑, 十二月 - 子

예를 들어, 正月의 점(占)에는 비신 亥가 일덕입니다. 이 일덕의 길신이 용신에 있거나 동(動)하여 용신을 생해주면 피의자의 경우 구속되지 않으며 혹, 관청에 법을 어긴 일이 있더라도 순조롭게 해소된다 합니다.

⑥ 청룡(青龍)

이 청룡은 육수(六秀)나 방위신(예 : 甲乙 청룡 동방 木)과는 다릅니다. 아래와 같습니다.

> 正月 - 寅, 二月 - 卯, 三月 - 辰, 四月 - 巳, 五月 - 午,
> 六月 - 未, 七月 - 申, 八月 - 酉, 九月 - 戌, 十月 - 亥,
> 十一月 - 子, 十二月 - 丑

예를 들어, 正月에는 비신(飛神) 寅이 청룡인데 따지고 보면 월건이 바로 청룡의 길신이 되겠습니다. 용(用)이나 동(動)에 청룡이 임하면 혼인, 취직 등 경사가 이르며 재수도 좋아진다 합니다.

⑦ 천의(天醫)

천의의 정국은 아래와 같습니다.

> 正月 - 卯, 二月 - 亥, 三月 - 丑, 四月 - 未, 五月 - 巳,
> 六月 - 卯, 七月 - 亥, 八月 - 丑, 九月 - 未, 十月 - 巳,
> 十一月 - 卯, 十二月 - 亥

질병점에 이 천의(天醫)가 세(世)나 용(用)에 있거나 천의가 동(動)하여 世나 用을 생해주면 점차로 좋아져서 오랜 뒤에는 병이 완치된다 하였습니다.

⑧ 천해(天解)

천해의 정국은 다음과 같습니다.

> 正·七月 - 申, 二·八月 - 戌, 三·九月 - 子, 四·十月 - 寅,
> 五·十一月 - 辰, 六·十二月 - 午

예를 들어, 正月(寅月)과 七月(申月)의 점에는 六爻 가운데 申이 있으면 申을 천해(天解)라 합니다. 괘(卦)에 申이 있으면 좋지 못한 일이 생기더라도 자연히 해소된다 합니다.

⑨ 생기(生氣)

생기의 정국은 다음과 같습니다.

> 正月 - 子, 二月 - 丑, 三月 - 寅, 四月 - 卯, 五月 - 辰,
> 六月 - 巳, 七月 - 午, 八月 - 未, 九月 - 申, 十月 - 酉,
> 十一月 - 戌, 十二月 - 亥

예를 들어, 正月에 묻는 점(占)에 子가 있으면 子를 생기라 합니다. 세(世)나 용(用)에 생기를 만나면 만사가 순조롭게 이루어진다 합니다.

⑩ 천마(天馬)

여기에서의 천마는 역마(驛馬)와의 정국과 다릅니다. 천마의 정국은 다음과 같습니다.

> 正·七月 - 午, 二·八月 - 申, 三·九月 - 戌, 四·十月 - 子,
> 五·十一月 - 寅, 六·十二月 - 辰

예를 들어, 正月이나 七月에 치는 六爻占에는 비신(飛神) 午가 천마입니다. 출행을 묻는 점, 직업을 구하는 일, 취임 등에 유리합니다.

⑪ 천합(天合)

천합의 정국은 다음과 같습니다.

> 正月 - 子, 二月 - 丑, 三月 - 寅, 四月 - 卯, 五月 - 辰,
> 六月 - 巳, 七月 - 午, 八月 - 未, 九月 - 申, 十月 - 酉,
> 十一月 - 戌, 十二月 - 亥

정월점에는 비신(飛神) 子가 천합(天合)입니다. 남과 합의 보는 일, 남에게 부탁하는 일 등에는 매우 좋은 길신으로 육효 내에 천합이 있으면 하는 일이 순조롭다 합니다.

⑫ 장군(將軍)

장군성(將軍星)의 정국(定局)은 다음과 같습니다.

> 正·二·三月 - 子,　　四·五·六月 - 卯,
> 七·八·九月 - 午,　　十·十一·十二月 - 酉

예를 들어, 寅卯辰月 3월 동안에는 子가 있으면 이 子를 장군성이라 하는바, 무인(武人)에게 길하고 또는, 수령하는데 효과적이라 합니다.

⑬ 천시(天時)

천시는 육효(六爻) 추리의 조성(助星)으로 정국은 다음과 같습니다.

> 寅午戌月 - 卯, 亥卯未月 - 巳, 申子辰月 - 酉, 巳酉丑月 - 午

예를 들어, 寅午戌月 즉, 正月·二月·三月 중에는 卯가 천시(天時)라는 신살입니다. 모든 점에 유리하나 작용력은 미세한 것 같습니다.

⑭ 천망(天網)

천망의 정국은 다음과 같습니다.

寅午戌月 - 寅, 亥卯未月 - 亥, 申子辰月 - 申, 巳酉丑月 - 巳

예를 들어, 正月·二月·三月 중에는 寅이 천망(天網)인바 도망자를 쫓는데 유리라 하였습니다.

⑮ 일관(日關)

일관의 정국은 아래와 같습니다.

寅卯辰月 - 丑, 巳午未月 - 辰, 申酉戌月 - 未, 亥子丑月 - 戌

예를 들어, 봄철에 속하는 寅卯辰月 석달에는 축효(丑爻)가 일관(日關)이 되는 것입니다. 이 일관이 용(用)이나 동효에 해당하면 송사를 걸려와도 나쁘지 않다 합니다.

⑯ 천무(天巫)

천무는 아래와 같습니다.

寅午戌月 - 巳, 亥卯未月 - 申, 申子辰月 - 亥, 巳酉丑月 - 寅

예를 들어, 正月과 五月과 九月에는 육효 내에 巳가 있으면 巳를 천무라 합니다. 벼슬점에 유리하므로 취직·승진에 뜻을 이루게 될 것입니다.

⑰ 소음(小陰)

소음이 되는 정국은 아래와 같습니다.

寅月 - 辰, 卯月 - 卯, 辰月 - 寅, 巳月 - 丑, 午月 - 子, 未月 - 亥
申月 - 戌, 酉月 - 酉, 戌月 - 申, 亥月 - 未, 子月 - 午, 丑月 - 巳

예를 들어, 正月에는 辰이 천무이고, 二月에는 卯가 천무인 것입니다. 취직, 승진점에 이 소음이 세(世)나 용(用)에 있으면 길하다 합니다.

⑱ 역마(驛馬)

역마는 택일이나 사주에서 말하는 역마와 동일합니다.

寅午戌月 - 申, 亥卯未月 - 巳, 申子辰月 - 寅, 巳酉丑月 - 亥

예를 들어, 申子辰月 점에는 寅이 역마입니다. 운송사업, 장거리 출장, 여관, 호텔업, 기타 장사에 종사하는데 좋은 신살입니다.

⑲ 천희(天喜)

천희의 정국(定局)은 아래와 같습니다.

寅月 - 戌, 卯月 - 亥, 辰月 - 子, 巳月 - 丑, 午月 - 寅, 未月 - 卯
申月 - 辰, 酉月 - 巳, 戌月 - 午, 亥月 - 未, 子月 - 申, 丑月 - 酉

신수점에 위와 같은 천희가 세(世)나 용(用)에 해당하거나 천희가 발동하여 세나 用을 生合하면 기쁜 일이 생기고 근심이 사라진다 하였습니다.

⑳ 지해(地解)

지해의 정국은 아래와 같습니다.

寅卯月 - 申, 辰巳月 - 酉, 午未月 - 戌, 申酉月 - 亥, 戌亥月 - 子

예를 들어, 正月과 二月에는 육효(六爻) 가운데 申이 있으면 이를 지해라 합니다. 이 지해가 발동하여 용신을 생해주면 웬만한 질병은 속히 낫는다 합니다.

㉑ 외해(外解)

외해도 해신(解神)인바, 아래와 같습니다.

寅午戌月 - 子, 亥卯未月 - 巳, 申子辰月 - 辰, 巳酉丑月 - 申

예를 들어, 正月·五月·九月의 점에 비신(飛神) 子가 있으면 이 子를 외해라 합니다. 이 외해의 길신이 용신에 있거나 발동하며 용신을 생해주면 근심이 있더라도 앞으로 말끔히 사라진다고 합니다.

㉒ 천사신(天赦神)

천사신을 사문성(赦文星)이라고도 하는데 정국은 아래와 같습니다.

寅午戌月 - 戌, 亥卯未月 - 丑, 申子辰月 - 辰, 巳酉丑月 - 未

예를 들어, 正月·五月·九月의 점에 戌이 있으면 이 戌을 천사신이라 합니다. 戌이 동하여 용(用)을 생하거나 用이 천사신이면 웬만한 죄를 짓고서도 특별사면을 받게 됩니다. 부채 해결도 가능 하겠습니다.

㉓ 갈산(喝散)

갈산에 해당하는 효(爻)는 아래와 같습니다.

> 寅卯辰月 - 巳, 巳午未月 - 申, 申酉戌月 - 亥, 亥子丑月 - 寅

예를 들어, 正月·二月·三月 중에는 비신(飛神) 巳가 갈산에 해당합니다. 이 갈산이 지세(持世)하거나 동하여 용(用)을 생하면 원하는 일이 이루어지고 곤란한 일은 자연 소멸된다고 합니다.

5 점(占)치는 달의 월건으로 정해지는 신살2

① 세살(歲殺)

세살의 정국(定局)은 아래와 같습니다.

> 寅午戌月 - 丑, 亥卯未月 - 戌, 申子辰月 - 未, 巳酉丑月 - 辰

예를 들어, 正月·九月·十月의 점에는 비신 丑이 세살입니다. 이 세살은 세(世)나 용에 있거나 동하여 용신을 克하면 환자의 점이나 관재(官災)를 묻는 점에 불리라 하겠습니다.

② 비살(飛殺)

비살은 다음과 같습니다.

> 寅午戌月 - 酉, 亥卯未月 - 子, 申子辰月 - 未, 巳酉丑月 - 卯

예를 들어, 正月·五月·九月 중의 점은 용(用)에 酉가 있으면 비살이라 환자의 상태를 묻는 점에 불리합니다.

③ 삼구(三丘)

삼구살은 아래와 같습니다.

> 寅卯辰月 - 丑, 巳午未月 - 辰, 申酉戌月 - 未, 亥子丑月 - 戌

예를 들어, 寅卯辰月 즉, 봄 석달 중에는 丑이 삼구살인 바, 질병을 묻는 점에 삼구살이 용(用)에 있거나 동하여 용이나 세(世)를 극하면 흉조라 하겠습니다.

④ 오묘(五墓)

오묘란 오행이 묘(墓)에 든 것으로 다음과 같습니다.

> 寅卯辰月 - 未, 巳午未月 - 戌, 申酉戌月 - 丑, 亥子丑月 - 辰

예를 들어, 봄에는 未, 여름에는 戌, 가을에는 丑, 겨울에는 辰이 오묘(五墓)라 칭하는바, 가택점에 해당되는 묘가 동하면 조상의 분묘가 망가지거나 이장할 일이 생길 것입니다.

⑤ 혈기(血忌)

혈기는 다음과 같습니다.

> 正月 - 丑, 二月 - 未, 三月 - 寅, 四月 - 申, 五月 - 卯, 六月 - 酉,
> 七月 - 辰, 八月 - 戌, 九月 - 巳, 十月 - 亥, 十一月 - 午, 十二月 - 子

예를 들어, 寅卯辰의 점(占)에는 丑이 혈기인바, 이 혈기가 세(世)나 용(用)에 임하면 피 흘리는 일 즉, 종기 째고 수술 받는 일 등을 아니하게 탈이 생기지 않는다 합니다.

⑥ 양살(陽殺)

양살(陽殺)은 관재점(官災占)에 불리하므로 양살이 발동하면 옥에 갇히는 것을 면키 어렵다 합니다. 정국은 아래와 같습니다.

> 寅午戌月 – 亥, 亥卯未月 – 寅, 申子辰月 – 巳, 巳酉丑月 – 申

⑦ 음살(陰殺)

신수점에 음살이 발동하면 주인공을 시기하는 자의 음모가 있다 하니 주의하는 게 좋을 것입니다. 음살은 아래와 같습니다.

> 寅申月 – 寅, 卯酉月 – 子, 辰戌月 – 戌, 巳亥月 – 申,
> 子午月 – 午, 丑未月 – 辰

예를 들어, 正月과 七月은 寅이 음살입니다.

⑧ 소살(小殺)

어린 자녀의 질병을 묻는 점에 소살(小殺)이 동하여 손효(孫爻)를 극하거나 손효에 소살이 붙으면 흉하다 하였습니다. 다음과 같습니다.

> 寅月 – 辰, 卯月 – 巳, 辰月 – 子, 巳月 – 丑, 午月 – 申, 未月 – 酉
> 申月 – 戌, 酉月 – 亥, 戌月 – 午, 亥月 – 未, 子月 – 寅, 丑月 – 卯

⑨ 천살(天殺)

이 살이 동하면 전택에 손실이 있고 환자의 상태를 묻는 점에도 불리합니다. 이 살은 십이살과 동일한바 다음과 같습니다.

寅午戌月 - 丑, 亥卯未月 - 戌, 申子辰月 - 未, 巳酉丑月 - 辰

⑩ 지살(地殺)

질병의 상태를 묻는 점에 지살(地殺)이 용(用)에 붙거나 발동하여 용신을 극하면 좋지 않다 하였습니다. 지살도 십이살의 지살과 동일합니다.

寅午戌月 - 寅, 亥卯未月 - 亥, 申子辰月 - 申, 巳酉丑月 - 巳

⑪ 경살(炅殺)

신수점에 경살이 세(世)에 붙거나 동하여 세(世 - 또는 用)를 극하면 갑자기 큰 사고를 당하여 생명이 위험할 수 있다 하니 주의하기 바랍니다.

寅午戌月 - 子, 亥卯未月 - 酉, 申子辰月 - 午, 巳酉丑月 - 卯

경살은 십이살의 재살(災殺)과 정국이 동일합니다.

⑫ 염살(厭殺)

가택점에 염살이 동하면 질병환자나 나이 많은 노인이 있을 경우 사망의 변이 있다 하나 작용력은 미약한 것으로 생각됩니다. 다음과 같습니다.

寅月 - 戌, 卯月 - 酉, 辰月 - 申, 巳月 - 未, 午月 - 午, 未月 - 巳
申月 - 辰, 酉月 - 卯, 戌月 - 寅, 亥月 - 丑, 子月 - 子, 丑月 - 亥

⑬ 천상(天喪)

가택점에 천상이 이효(二爻)에 임하거나 발동하면 효복(孝服 - 부모상)을 입을까 우려됩니다. 천상은 아래와 같습니다.

寅午戌月 - 卯, 亥卯未月 - 子, 申子辰月 - 酉, 巳酉丑月 - 午

⑭ 조객(弔客)

명칭은 같아도 연신(年神)의 조객과 정국이 다릅니다. 이 조객살이 택효(宅爻 - 즉, 二爻)에 있거나 발동하면 중환자나 노인이 있을 경우 상(喪)을 당하기 쉽습니다.

⑮ 비염(飛廉)

비염살이 二爻(이효)나 용(用)에 있거나 발동하면 그 가정에 슬픈 일이 있다 하나 작용력은 미약합니다. 정국은 다음과 같습니다.

寅月 - 申, 卯月 - 未, 辰月 - 午, 巳月 - 巳, 午月 - 辰, 未月 - 卯
申月 - 寅, 酉月 - 丑, 戌月 - 子, 亥月 - 亥, 子月 - 戌, 丑月 - 酉

⑯ 천형(天刑)

이 살이 발동하거나 용(用)에 임하면 공공적(公共的)인 일은 모두 좋지 않으며 형옥, 부상, 질병 등의 액이 있게 된다 하였으나 작용되는 경우는 많지 않다고 생각됩니다. 정국은 다음과 같습니다.

```
寅月 - 辰, 卯月 - 卯, 辰月 - 寅, 巳月 - 丑, 午月 - 子, 未月 - 亥
申月 - 戌, 酉月 - 酉, 戌月 - 申, 亥月 - 未, 子月 - 午, 丑月 - 巳
```

⑰ 천귀(天鬼)

이 살이 이효(二爻)나 동효(動爻)에 있는 경우 가택점이라면 집안에 원인 모를 괴이한 일이 생긴다 하였습니다. 천귀는 다음과 같습니다.

```
寅月 - 巳, 卯月 - 子, 辰月 - 午, 巳月 - 午, 午月 - 酉, 未月 - 酉
申月 - 申, 酉月 - 酉, 戌月 - 申, 亥月 - 亥, 子月 - 卯, 丑月 - 子
```

⑱ 천화(天火)

이 살이 육효 내에 있어 발동하면 화재(火災)를 크게 당하는 수가 있는데 아래와 같은 경우라 하겠습니다.

```
寅午戌月 - 子,  亥卯未月 - 卯,  申子辰月 - 午,  巳酉丑月 - 酉
```

예를 들어, 正月·五月·九月의 점괘에 비신(飛神) 亥가 있으면 천화라 합니다.

⑲ 천화(天禍)

괘효(卦爻)에 천화살이 발동하거나 용(用)에 있으면 화재를 당하거나 다른 좋지 않은 일이 생길 징조라 하겠습니다. 정국은 다음과 같습니다.

寅月 - 巳, 卯月 - 辰, 辰月 - 卯, 巳月 - 寅, 午月 - 丑, 未月 - 子
申月 - 亥, 酉月 - 戌, 戌月 - 酉, 亥月 - 申, 子月 - 未, 丑月 - 午

⑳ 천옥(天獄)

아래와 같은 경우 천옥살인데 신수점이나 죄인점에 천옥살이 발동하거나 용(用)에 있으면 송사에 걸려 낭패를 보고, 죄인은 옥에 갇히는 일이 있을 것이지만 작용되는 경우는 많지 않다고 보겠습니다.

寅月 - 戌亥, 卯月 - 申酉, 辰月 - 巳申, 巳月 - 寅未, 午月 - 午亥,
未月 - 巳申, 申月 - 辰巳, 酉月 - 寅卯, 戌月 - 寅亥, 亥月 - 丑申,
子月 - 子巳, 丑月 - 寅亥

㉑ 천서(天鼠)

가택점의 경우 천서가 발동하거나 택효(宅爻 : 즉, 二爻)에 임하면 쥐가 의복을 갉아 먹는다고 합니다. 천서는 아래와 같습니다.

寅月 - 子, 卯月 - 亥, 辰月 - 戌, 巳月 - 酉, 午月 - 申, 未月 - 未
申月 - 午, 酉月 - 巳, 戌月 - 辰, 亥月 - 卯, 子月 - 寅, 丑月 - 丑

㉒ 지곡(地哭)

이 지곡살이 발동하여 二爻나 용(用)을 극하면 집안에서 괴이한 일이 생기거나 가족 중에 병을 얻어 고생한다 추리는 되나 작용력은 약합니다.

寅月 - 卯, 卯月 - 辰, 辰月 - 巳, 巳月 - 午, 午月 - 未, 未月 - 申
申月 - 酉, 酉月 - 戌, 戌月 - 亥, 亥月 - 子, 子月 - 丑, 丑月 - 寅

㉓ 천월(天月)

신수점에 천월이 세(世)에 있거나 천월이 동하여 세(世)를 극하면 큰 병은 아니지만 잔병을 자주 앓게 된다고 합니다. 정국은 다음과 같습니다.

寅月 - 戌, 卯月 - 巳, 辰月 - 辰, 巳月 - 寅, 午月 - 未, 未月 - 卯
申月 - 亥, 酉月 - 未, 戌月 - 寅, 亥月 - 午, 子月 - 戌, 丑月 - 寅

㉔ 천도(天盜)

천도살이 동하거나 택효(宅爻 : 二爻)에 있으면 집안에 도둑이 들거나 운영상 손실이 있게 됩니다. 정국은 아래와 같습니다.

寅午戌月 - 亥, 亥卯未月 - 寅, 申子辰月 - 巳, 巳酉丑月 - 申

㉕ 월형(月刑)

기록에는 세형(歲刑)이라 하였으나 점치는 달을 기준하므로 월형으로 고쳤습니다. 정국은 아래와 같습니다.

寅月 - 巳, 卯月 - 子, 辰月 - 辰, 巳月 - 申, 午月 - 午, 未月 - 丑
申月 - 寅, 酉月 - 酉, 戌月 - 未, 亥月 - 亥, 子月 - 卯, 丑月 - 戌

이상의 정국에 해당할 경우 형살(刑殺)인데 동하여 용(用)을 극하거나 용(用)이 형살이면 잘못한 일이 없더라도 관재에 걸릴 우려가 있습니다.

㉖ 천뇌(天牢)

가택점에 천뇌살이 발동하거나 이효(二爻)에 있으면 가축이 병들어 손해가 크다 합니다. 정국은 아래와 같습니다.

寅月 - 丑, 卯月 - 子, 辰月 - 亥, 巳月 - 戌, 午月 - 酉, 未月 - 申
申月 - 未, 酉月 - 午, 戌月 - 巳, 亥月 - 辰, 子月 - 卯, 丑月 - 寅

㉗ 대살(大殺)

이 신살은 명칭처럼 살의 작용력이 크거나 무서운 살이 아니지만 정국에 있으므로 소개하는 바입니다. 아래와 같습니다.

寅月 - 戌, 卯月 - 辰, 辰月 - 卯, 巳月 - 酉, 午月 - 寅, 未月 - 申
申月 - 丑, 酉月 - 未, 戌月 - 子, 亥月 - 午, 子月 - 亥, 丑月 - 巳

㉘ 천저(天猪)

천저란, 돼지귀신이란 뜻인데 만약 가정에 상서롭지 못한 일이 생기고 괘(卦)에 이 살이 있으면 불결한 방위에서 들여온 돼지고기를 먹은 탈이라 하였는데 흔히 생기는 일은 아닌 것 같습니다.

㉙ 천견(天犬)

천견이란, 개귀신을 칭하는 것 같습니다. 천견살이 택효(宅爻 : 二爻)에 붙거나 발동하여 택효를 극하면 까닭 없이 개가 짖어대고 괴상한 일이 생긴다 합니다. 단, 작용되는 경우는 흔하지 않은 것 같습니다. 천결살의 정국은 다음과 같습니다.

寅月 - 戌, 卯月 - 亥, 辰月 - 子, 巳月 - 丑, 午月 - 寅, 未月 - 卯
申月 - 辰, 酉月 - 巳, 戌月 - 午, 亥月 - 未, 子月 - 申, 丑月 - 酉

㉚ 월형(月刑)

월형이란, 형살(刑殺)로 관재(官災)가 생겨 민사상의 손해를 보거나 형사(刑事)에 관련되어 형(刑)을 받게 되는 것인바, 세(世)나 귀(鬼)가 붙고 형살이 있으면 관재에 걸리지 않도록 주의하는 게 좋습니다.

寅月 - 巳, 卯月 - 子, 辰月 - 辰, 巳月 - 寅, 午月 - 午, 未月 - 戌
申月 - 巳, 酉月 - 酉, 戌月 - 丑, 亥月 - 亥, 子月 - 卯, 丑月 - 未

㉛ 월간(月奸)

가택점이나 신수점에 월간살(月奸殺)이 세(世)에 붙거나 발동하면 집안에 음사(淫事 : 간음)가 생길 수 있다 하는데 작용력은 많지 않은 것 같습니다. 정국은 다음과 같습니다.

寅午戌月 - 丑, 亥卯未月 - 辰, 申子辰月 - 未, 巳酉丑月 - 戌

㉜ 사간(邪奸)

사간살도 작용력이 위 월간살과 동일합니다. 정국은 다음과 같습니다.

寅午戌月 - 寅, 亥卯未月 - 巳, 申子辰月 - 申, 巳酉丑月 - 亥

㉝ 부결(負結)

가택점에 부결이 택효(宅爻)에 있거나 발동하면 집안에 해결하기 싫거나 몹시 부담스러운 일이 생긴다 합니다. 부결의 정국은 아래와 같습니다.

寅卯月 - 亥, 辰巳月 - 丑, 午未月 - 卯, 申酉月 - 巳,
戌亥月 - 未, 子丑月 - 酉

㉞ 상상(上喪)

상상은 상문(喪門)의 작용과 동일합니다. 나이 많은 부모님이 계신 경우 상상이 택효(宅爻 : 二爻)에 있거나 발동하면 부모상을 당하는 수가 있습니다. 상상의 정국은 다음과 같습니다.

寅月 - 午, 卯月 - 未, 辰月 - 申, 巳月 - 酉, 午月 - 戌, 未月 - 亥
申月 - 子, 酉月 - 丑, 戌月 - 寅, 亥月 - 卯, 子月 - 辰, 丑月 - 巳

㉟ 욕분(浴盆)

신수점에 이 욕분관살이 발동하거나 세효(世爻)에 임하면 수액(水厄)이 우려되므로 깊은 물에 들지 말아야 안전하겠습니다. 정국(定局)은 아래와 같습니다.

寅卯辰月 - 辰, 巳午未月 - 未, 申酉戌月 - 戌, 亥子丑月 - 丑

예를 들어, 正月·二月·三月 중에 점을 묻는 경우 육효 내에 辰이 있으면 이 辰을 욕분관살이라 합니다.

㊱ 월귀(月鬼)

가택점에 월귀살이 택효(宅爻 : 二爻)에 있거나 발동하면 괴조(怪鳥 - 괴이한 새)가 집안에 날아들어 좋지 않은 일들이 연달아 생긴다 하였습니다. 월귀살은 다음과 같습니다.

> 寅月 - 未, 卯月 - 午, 辰月 - 巳, 巳月 - 辰, 午月 - 卯, 未月 - 寅
> 申月 - 丑, 酉月 - 子, 戌月 - 亥, 亥月 - 戌, 子月 - 酉, 丑月 - 申

㊲ 태음(太陰)

태음살이 택효(宅爻)에 있거나 발동하여 택효를 극하면 집안 부녀자에게 질환이 이른다 합니다. 태음살은 다음과 같습니다.

> 正月 - 子, 二月 - 丑, 三月 - 寅, 四月 - 卯, 五月 - 辰, 六月 - 巳,
> 七月 - 午, 八月 - 未, 九月 - 申, 十月 - 酉, 十一月 - 戌, 十二月 - 亥

㊳ 곡성(哭聲)

이 곡성은 "울음소리"라는 뜻이므로 가택점이나 중환자의 상태를 묻는 점에 곡성이 임하는 효(爻)가 발동하거나 곡성이 괘(卦) 二爻에 있으면 집안에 울음소리가 나는 일이 생긴다 추리되나 그 작용하는 경우는 많지 않은 것 같습니다.

| 寅卯辰月 - 寅, 巳午未月 - 巳, 申酉戌月 - 申, 亥子丑月 - 亥 |

예를 들어, 正月·二月·三月 사이에는 비신(飛神) 寅이 있으면 곡성(哭聲)이라 하겠습니다.

㊴ 귀기(歸忌)

이사나 먼 길 여행의 길흉을 알기 위해 얻은 괘가 귀기발동 혹은 귀기지세(歸忌持世)가 된다면 출행이건, 이사건 취소하는 게 좋을 것 같습니다. 귀기의 정국은 아래와 같습니다.

| 寅申巳亥月 - 丑, 子午卯酉月 - 寅, 辰戌丑未月 - 子 |

이 귀기는 흉살로 이사나 여행에 꺼리는 살인바, 택일 항목에 작용되는 비중이 크다 하겠습니다.

㊵ 사기(死忌)

사기는 중환자의 상태를 알기 위해 점을 칠 경우, 용(用 : 환자)에 사기(死氣)가 임하면 생명이 위태로운 것으로 추리됩니다. 아래와 같은 경우에 해당합니다.

| 寅月 - 午, 卯月 - 未, 辰月 - 申, 巳月 - 酉, 午月 - 戌, 未月 - 亥 |
| 申月 - 子, 酉月 - 丑, 戌月 - 寅, 亥月 - 卯, 子月 - 辰, 丑月 - 巳 |

㊶ 왕망(往亡)

왕망살(往亡殺)은 여행을 떠나는데 가장 꺼리는 살입니다. 항공, 해상, 육로를 막론하고 출행을 위한 점(占)을 묻고자 할 때 왕망살이 용(用)에 해당하거나 발동하면 출행계획을 그만두어야 좋을 것입니다. 왕망살은 다음과 같습니다.

寅午戌月 - 寅, 亥卯未月 - 巳, 申子辰月 - 申, 巳酉丑月 - 亥

㊷ 시약(時鑰)

이 시약은 사주신살에도 적용됩니다. 만약 세(世)나 용신이 시약에 해당한다면 공사(公事 : 공공적인 일)를 처리하는 과정에서 실수로 인해 법정구속을 당할 우려가 있습니다. 아래와 같은 경우 해당합니다.

寅卯辰月 - 巳, 巳午未月 - 申, 申酉戌月 - 亥, 亥子丑月 - 寅

㊸ 인살(刃殺)

본 항목에서의 인살은 양인(羊刃)이 아닙니다. 이 인살이 세(世)나 용에 있거나 발동하면 공공사를 처리하다가 법에 어긋나 구금될 수도 있다 합니다. 그러나 역시 작용력은 약한 것 같습니다.

寅卯辰月 - 未, 巳午未月 - 辰, 申酉戌月 - 丑, 亥子丑月 - 戌

㊹ 라망(羅網)

이 라망은 택일신살의 라망 정국(定局)과 다릅니다. 신수점에 라망지세(羅網持世 : 라망이 世에 있는 것) 하거나 라망이 동하여 세(世)를 극하면 공적인 일을 다루다가 실수하여 형옥에 갇힐 우려가 있습니다.

寅午戌月 - 寅, 亥卯未月 - 亥, 申子辰月 - 申, 巳酉丑月 - 巳

㊺ 벽력(霹靂)

벽력이란 벼락인바, 신수점에 벽력이 동하여 세(世)를 극하면 벼락 치는 날씨에 벼락 맞아 화를 당하는 수가 있으니 주의하라 하였습니다. 벽력은 다음과 같습니다.

寅月 - 寅, 卯月 - 申, 辰月 - 未, 巳月 - 亥, 午月 - 卯, 未月 - 巳
申月 - 午, 酉月 - 戌, 戌月 - 寅, 亥月 - 申, 子月 - 未, 丑月 - 亥

㊻ 광영(光影)

광영살이 가택이나 신수점에 택효(宅爻 : 二爻)나 세효(世爻)에 있으면 집안에 괴이한 일이 생긴다 하였습니다. 아래와 같습니다.

寅午戌月 - 戌, 亥卯未月 - 未, 申子辰月 - 辰, 巳酉丑月 - 丑

㊼ 음간(陰奸)

가택점에 음간살이 택효(宅爻 : 二爻)에 임하거나 발동하면 집안의 부녀자가 바람피우는 사건이 생길 수 있다 하였는데 아래와 같은 경우에 해당합니다.

寅月 - 未, 卯月 - 午, 辰月 - 巳, 巳月 - 辰, 午月 - 卯, 未月 - 寅
申月 - 丑, 酉月 - 子, 戌月 - 亥, 亥月 - 戌, 子月 - 酉, 丑月 - 申

㊽ 천살(天殺)

이 항목에서의 천살은 십이살정국(十二殺定局)의 신살과는 다릅니다. 신수점이나 질병점에 이 천살이 동하여 세(世)를 극하거나 세에 임하면 구사일생(九死一生)의 곤경에 빠지는 수가 있다 합니다.

寅月 - 戌, 卯月 - 巳, 辰月 - 午, 巳月 - 未, 午月 - 寅, 未月 - 卯
申月 - 辰, 酉月 - 亥, 戌月 - 子, 亥月 - 丑, 子月 - 申, 丑月 - 酉

㊾ 천기(天忌)

천기살이 발동하거나 택효(宅爻 : 二爻)에 임하면 집안에 사람이 죽어 울음소리가 크게 들린다 하였습니다. 정국(定局)은 아래와 같습니다.

寅月 - 亥, 卯月 - 子, 辰月 - 丑, 巳月 - 寅, 午月 - 卯, 未月 - 辰
申月 - 巳, 酉月 - 午, 戌月 - 未, 亥月 - 申, 子月 - 酉, 丑月 - 戌

㊿ 곡살(哭殺)

가택점에 곡살이 발동하면 집안에서 울음소리를 낸다 하였으나 실제로 작용되는 예는 흔치 않은 것 같습니다. 곡살에 해당하는 비신(飛神 : 子寅辰午申戌의 예)은 다음과 같습니다.

寅月 - 巳, 卯月 - 午, 辰月 - 未, 巳月 - 申, 午月 - 酉, 未月 - 戌
申月 - 亥, 酉月 - 子, 戌月 - 丑, 亥月 - 寅, 子月 - 卯, 丑月 - 辰

(51) 천곡(天哭)

천곡살(天哭殺)의 작용도 곡살과 거의 같습니다. 단, 정국(定局)에 대해서는 곡살과 다릅니다.

寅月 - 子亥, 卯月 - 子申, 辰月 - 巳酉, 巳月 - 寅酉, 午月 - 午亥,
未月 - 申, 申月 - 巳, 酉月 - 寅, 戌月 - 亥, 亥月 - 申, 子月 - 巳,
丑月 - 寅

(52) 천적(天賊)

천적은 도둑 성질이 있는 살이므로 가택점에 택효(宅爻)가 있거나 천적이 발동하면 재물의 손실이라 하겠습니다. 또, 실물점에는 천적을 범인으로 보는바, 천적의 기(氣)가 왕하거나 동하여 진신이 되면 범인을 잡을 수 없고 천적의 기가 약하거나 동할지라도 퇴신이 되면 잡을 수가 있습니다.

寅月 - 辰, 卯月 - 酉, 辰月 - 寅, 巳月 - 未, 午月 - 子, 未月 - 巳
申月 - 戌, 酉月 - 卯, 戌月 - 申, 亥月 - 丑, 子月 - 午, 丑月 - 亥

(53) 격신(隔神)

격(隔)이란 막혀 뚫리지 않는다는 뜻입니다. 모든 점에 있어 진행이 답답하고 해결할 수 있는 두뇌가 열리지 않는 형태입니다. 격신의 정국은 다음과 같습니다.

寅申月 - 亥, 卯酉月 - 酉, 辰戌月 - 未, 巳亥月 - 巳, 子午月 - 子, 丑未月 - 巳

㉞ 뇌화(雷火)

이 뇌화살은 사주 추명에도 적용됩니다. 뇌화살이 발동하면 관청에 드나들 일이 연달아 생기며 송사도 일어날 수 있다 합니다.

寅午戌月 - 寅, 亥卯未月 - 亥, 申子辰月 - 申, 巳酉丑月 - 巳

㉟ 환과살(鰥寡殺)

혼인을 묻는 점에 환과살이 육효(六爻) 내에 있어 발동하면 혼인성립이 안 된다고 합니다. 신분을 묻는 점에도 세(世)에 환과살이 있으면 주인공은 배우자가 없는 독신남이라 추리할 수도 있습니다. 남녀 마찬가지로 생각하면 되겠습니다. 환과살의 정국은 아래와 같습니다.

寅卯辰月 - 丑, 巳午未月 - 辰, 申酉戌月 - 未, 亥子丑月 - 戌

이 환과살은 생년지 기준 남자 고신살과 동일합니다.

㊱ 상거살(喪車殺)

상거살은 중병이 든 환자의 경우 참고하는바, 세효(世爻)가 상거살이거나 타효에서 동해도 환자의 생명이 위태로움을 알려준다 하겠습니다.

寅午戌月 - 丑, 亥卯未月 - 子, 申子辰月 - 午, 巳酉丑月 - 卯

㉗ 퇴문관부(槌門官符)

가택점에 이 살이 발동하거나 택효(宅爻)에 있으면 가정에 좋지 않은 일이 자주 생긴다 합니다.

寅申月 - 寅, 卯酉月 - 子, 辰戌月 - 戌, 巳亥月 - 申,
子午月 - 午, 丑未月 - 辰

㉘ 천옥(天獄)

관재점(官災占)에 천옥살이 발동하거나 지세(持世)하면 풀려나오기가 어렵다 하겠습니다. 정국은 아래와 같습니다.

寅申月 - 亥, 卯酉月 - 申, 辰戌月 - 巳, 巳亥月 - 寅, 子午月 - 亥,
丑未月 - 申

또는,

寅卯辰月 - 巳丑, 巳午未月 - 申辰, 申酉戌月 - 亥未, 亥子丑月 - 寅戌

㉙ 구진(句陳)

구진이 발동하거나 세(世)에 붙거나 관귀(官鬼)와 같이 있으면 고령자나 환자인 경우 사망의 우려가 있습니다. 이 구진살은 甲乙日 청룡 등과 같은 정국이 아닙니다. 정국은 아래와 같습니다.

寅月 - 辰, 卯月 - 卯, 辰月 - 寅, 巳月 - 卯, 午月 - 寅, 未月 - 丑
申月 - 戌, 酉月 - 酉, 戌月 - 申, 亥月 - 酉, 子月 - 申, 丑月 - 未

예를 들어, 寅月에 점을 묻는다면 육효 가운데 辰이 있을 경우 해당됩니다.

6 신살 일람표

① 일간(日干)을 기준하는 신살 일람표

신살 \ 日干	甲	乙	丙	丁	戊	己	庚	辛	壬	癸
천을귀인(天乙貴人)	丑未	子申	亥酉	亥酉	丑未	子申	丑未	寅午	巳卯	巳卯
건 록(建 祿)	寅	卯	巳	午	巳	午	申	酉	亥	子
일 해(日 解)	巳	巳	申	申	寅	寅	酉	酉	卯未	卯未
천 사(天 赦)	卯	亥	酉	未	巳	卯	亥	酉	未	巳
천대살(天大殺)	亥	亥	未	未	戌	戌	寅	寅	巳	巳
양 인(羊 刃)	卯	辰	午	未	午	未	酉	戌	子	丑
일 해(日 解)2	亥	申	未	未	酉	亥	申	丑	未	酉
절 공(截 空)	申酉	午未	辰巳	寅卯	戌亥	申酉	午未	辰巳	寅卯	戌亥
육 수(六 秀)	청룡	青龍	주작	朱雀	구진	등사	백호	白虎	현무	玄武
묘 문(墓 門)	申酉	申酉	亥子	亥子	寅卯	寅卯	巳午	巳午	辰戌丑未	辰戌丑未

② 사시(四時)를 기준하는 신살 일람표

신살 \ 四時	春 寅卯辰月	夏 巳午未月	秋 申酉戌月	冬 亥子丑月
천 희(天 喜)	戌	丑	辰	未
장 군(將 軍)	子	卯	午	酉
생 기(生 氣)	子	卯	午	酉
갈 산(喝 山)	巳	申	亥	寅
삼 구(三 丘)	丑	辰	未	戌
오 묘(五 墓)	未	戌	丑	辰
욕분관(浴盆關)	辰	未	戌	丑

신살＼四時	春 寅卯辰月	夏 巳午未月	秋 申酉戌月	冬 亥子丑月
시 약(時 鑰)	巳	申	亥	寅
인 살(刃 殺)	未	辰	丑	戌
환 과(鰥 寡)	丑	辰	未	戌
상거살(喪車殺)	酉	子	午	卯
소 살(小 殺)	丑	辰	未	戌
정기살(旌旗殺)	卯	子	酉	午
월 관(月 關)	丑	辰	未	戌
천 옥(天 獄)	巳丑	申辰	亥未	寅戌
천 이(天 耳)	巳	申	亥	寅
천 목(天 目)	亥	寅	巳	申

③ 월건을 기준하는 신살

신살＼月	寅(正)	卯(二)	辰(三)	巳(四)	午(五)	未(六)	申(七)	酉(八)	戌(九)	亥(十)	子(十一)	丑(十二)
천월덕(天月德)	丁	坤	壬	辛	乾	甲	癸	艮	丙	乙	癸	庚
천 덕(天 德)	亥	子	丑	寅	卯	辰	巳	午	未	申	酉	戌
월 덕(月 德)	未	申	酉	戌	亥	子	丑	寅	卯	辰	巳	午
일 덕(日 德)	亥	戌	酉	申	未	午	巳	辰	卯	寅	丑	子
시 덕(時 德)	辰	亥	巳	丑	申	酉	戌	巳	亥	未	寅	卯
청 룡(靑 龍)	寅	卯	辰	巳	午	未	申	酉	戌	亥	子	丑
천 의(天 醫)	卯	亥	丑	未	巳	卯	亥	丑	未	巳	卯	亥
천 해(天 解)	申	戌	子	寅	辰	午	申	戌	子	寅	辰	午
생 기(生 氣)	子	丑	寅	卯	辰	巳	午	未	申	酉	戌	亥
천 마(天 馬)	午	申	戌	子	寅	辰	午	申	戌	子	寅	辰

月 신살	寅 (正)	卯 (二)	辰 (三)	巳 (四)	午 (五)	未 (六)	申 (七)	酉 (八)	戌 (九)	亥 (十)	子 (十一)	丑 (十二)
천 합(天 合)	子	丑	寅	卯	辰	巳	午	未	申	酉	戌	亥
천 시(天 時)	卯	子	酉	午	卯	子	酉	午	卯	子	酉	午
천 망(天 網)	寅	亥	申	巳	寅	亥	申	巳	寅	亥	申	巳
천 무(天 巫)	巳	申	亥	寅	巳	申	亥	寅	巳	申	亥	寅
소 음(小 陰)	辰	卯	寅	丑	子	亥	戌	酉	申	未	午	巳
역 마(驛 馬)	申	巳	寅	亥	申	巳	寅	亥	申	巳	寅	亥
천 희(天 喜)	戌	亥	子	丑	寅	卯	辰	巳	午	未	申	酉
외 해(外 解)	子	巳	辰	申	子	巳	辰	申	子	巳	辰	申
천사신(天赦神)	戌	丑	辰	未	戌	丑	辰	未	戌	丑	辰	未
사문성(赦文星)	戌	丑	辰	未	戌	丑	辰	未	戌	丑	辰	未
황은대사(皇恩大赦)	戌	丑	寅	巳	酉	卯	子	卯	亥	辰	申	未
세 살(歲 殺)	丑	戌	未	辰	丑	戌	未	辰	丑	戌	未	辰
비 살(飛 殺)	酉	子	午	卯	酉	子	午	卯	酉	子	午	卯
혈 기(血 忌)	丑	未	寅	申	卯	酉	辰	戌	巳	亥	午	子
양 살(陽 殺)	亥	寅	巳	申	亥	寅	巳	申	亥	寅	巳	申
소 살(小 殺)	辰	巳	子	丑	申	酉	戌	亥	午	未	寅	卯
천 살(天 殺)	未	辰	丑	戌	未	辰	丑	戌	未	辰	丑	戌
지 살(地 殺)	辰	戌	丑	未	辰	戌	丑	未	辰	戌	丑	未
경 살(炅 殺)	子	酉	午	卯	子	酉	午	卯	子	酉	午	卯
염 살(厭 殺)	戌	酉	申	未	午	巳	辰	卯	寅	丑	子	亥
천 상(天 喪)	卯	子	酉	午	卯	子	酉	午	卯	子	酉	午
조 객(弔 客)	辰	丑	戌	未	辰	丑	戌	未	辰	丑	戌	未
비 렴(飛 廉)	申	未	午	巳	辰	卯	寅	丑	子	亥	戌	酉
천 형(天 刑)	辰	卯	寅	丑	子	亥	戌	酉	申	未	午	巳
천 귀(天 鬼)	巳	子	午	午	酉	酉	申	酉	申	亥	午	巳

신살 \ 月	寅(正)	卯(二)	辰(三)	巳(四)	午(五)	未(六)	申(七)	酉(八)	戌(九)	亥(十)	子(十一)	丑(十二)
천 화(天 火)	子	午	卯	酉	子	午	卯	酉	子	午	卯	酉
천 옥(天 獄)	戌	酉	申	未	午	巳	辰	卯	寅	丑	子	亥
〃	亥	申	巳	寅	亥	申	巳	寅	亥	申	巳	寅
천 서(天 鼠)	子	亥	戌	酉	申	未	午	巳	辰	卯	寅	丑
지 곡(地 哭)	卯	辰	巳	午	未	申	酉	戌	亥	子	丑	寅
천 월(天 月)	巳	子	辰	寅	午	戌	寅	酉	未	亥	卯	申
천 도(天 盜)	亥	寅	巳	申	亥	寅	巳	申	亥	寅	巳	申
세 형(歲 刑)	巳	子	辰	申	午	丑	寅	酉	未	亥	卯	戌
천 뇌(天 牢)	丑	子	亥	戌	酉	申	未	午	巳	辰	卯	寅
대 살(大 殺)	戌	辰	卯	酉	寅	申	丑	未	子	午	亥	巳
천 저(天 猪)	亥	戌	酉	申	未	午	巳	辰	卯	寅	丑	子
천 견(天 犬)	戌	亥	子	丑	寅	卯	辰	巳	午	未	申	酉
월 형(月 刑)	巳	子	辰	申	午	戌	寅	酉	未	巳	卯	申
월 간(月 奸)	丑	辰	未	戌	丑	辰	未	戌	丑	辰	未	戌
사 간(私 奸)	寅	巳	申	亥	寅	巳	申	亥	寅	巳	申	亥
부 결(負 結)	亥	亥	丑	丑	卯	卯	巳	巳	未	未	酉	酉
상 상(上 喪)	午	未	申	酉	戌	亥	子	丑	寅	卯	辰	巳
월 귀(月 鬼)	未	午	巳	辰	卯	寅	丑	子	亥	戌	酉	申
태 음(太 陰)	子	丑	寅	卯	辰	巳	午	未	申	酉	戌	亥
곡 성(哭 聲)	寅	巳	申	亥	寅	巳	申	亥	寅	巳	申	亥
귀 기(歸 忌)	丑	寅	子	丑	寅	子	丑	寅	子	丑	寅	子
사 기(死 氣)	午	未	申	酉	戌	亥	子	丑	寅	卯	辰	巳
왕 망(往 亡)	寅	巳	申	亥	寅	巳	申	亥	寅	巳	申	亥
라 망(羅 網)	寅	亥	申	巳	寅	亥	申	巳	寅	亥	申	巳
벽 력(霹 靂)	寅	申	未	亥	卯	巳	午	戌	寅	申	未	亥

신살＼月	寅(正)	卯(二)	辰(三)	巳(四)	午(五)	未(六)	申(七)	酉(八)	戌(九)	亥(十)	子(十一)	丑(十二)
광 영(光 影)	戌	未	辰	丑	戌	未	辰	丑	戌	未	辰	丑
음 간(陰 奸)	未	午	巳	辰	卯	寅	丑	子	亥	戌	酉	申
천 살(天 殺)	戌	巳	午	未	寅	卯	辰	亥	子	丑	申	酉
천 곡(天 哭)	子	子	酉	酉	午	午	申	酉	戌	亥	子	丑
겁 살(劫 殺)	亥	申	巳	寅	亥	申	巳	寅	亥	申	巳	寅
천 적(天 賊)	辰	酉	寅	未	子	巳	戌	卯	申	丑	午	亥
격 신(隔 神)	亥	酉	未	巳	卯	午	亥	酉	未	巳	卯	午
뇌 화(雷 火)	寅	亥	申	巳	寅	亥	申	巳	寅	亥	申	巳
퇴문관부(槌門官符)	寅	巳	戌	申	午	辰	寅	子	戌	申	午	辰
천 옥(天 獄)	亥	申	巳	寅	亥	申	巳	寅	亥	申	巳	寅
구 진(句 陳)	辰	卯	寅	丑	子	亥	戌	酉	申	未	午	巳
백 호(白 虎)	申	酉	戌	亥	子	丑	寅	卯	辰	巳	午	未
음 살(陰 殺)	寅	辰	午	申	戌	子	寅	辰	午	申	戌	子
천 곡(天 哭)	未	申	酉	戌	未	申	酉	戌	未	申	酉	戌
대 살(大 殺)	戌	辰	卯	酉	寅	申	丑	未	子	午	亥	巳
월 해(月 解)	申	申	酉	酉	戌	戌	亥	亥	午	午	未	未

2 육효점(六爻占)에 적용되는 신살

3 택일에 적용되는 일진과 신살 길흉

 우리네 풍속상 대다수는 중대성이 있는 일을 치르고자 할 때는 길일양신(吉日良辰 : 좋은 날짜)을 가려 행사하게 됩니다. 중대성이 있는 행사는 혼인, 이사, 연회 등과 같이 생활상 불가피한 일이 있고 건축물을 짓거나 수리하는 데 적용하는 양택(陽宅)과 사망자의 유택(幽宅)을 위해 적용되는 음택(陰宅)의 세 가지로 들 수 있습니다. 신살(神殺)에 있어서도 모든 택일에 함께 적용되는 신살이 있고 행사의 종류에 따라 각각 적용되는 신살이 있습니다. 본 항목에서는 일반택일 공통으로 적용되는 신살, 음양택으로 분류 적용하는 신살 등 세 가지로 분류 수록하겠습니다.

1 생기팔신(生氣八神)

① 생기·복덕 짚는 요령

 장거리 여행, 이사, 새집들이, 약혼식, 결혼식, 연회(돌잔치, 생일잔치, 환갑, 칠순, 팔순잔치), 건축의 시작, 복을 빌기 위한 고사, 개업 등 중요성이 있는 행사는 반드시 본 항목에서 다루는 생기복덕법 원리에 의한 생기복덕법부터 적용해야 됩니다.
 생기팔신(生氣八神)의 명칭은 **생기**(生氣)·**천의**(天宜)·**절체**(絕體)·**유혼**(遊魂)·**화해**(禍害)·**복덕**(福德)·**절명**(絕命)·**귀혼**(歸魂)의 여덟 가지가 있는바, 생기·천

의·복덕일은 대길하고, **화해·절명**일은 흉신이므로 마땅히 피해야 하며, **절체·유혼**일은 부득이한 경우 사용이 가능하며, **귀혼**일은 소흉(小凶)이라 다른 길신이 많으면 사용해도 무방한 것입니다. 위에서 지적한 행사를 치르기 위하여 길일을 가릴 때 그 날의 일진이 아무리 좋아도 생기법으로 화해나 절명일에 해당하면 행사일로 정해서는 안 되는 것입니다.

◉ 팔괘상식

건(乾), 태(兌), 이(離), 진(震), 손(巽), 감(坎), 간(艮), 곤(坤)의 여덟 가지를 팔괘라 하는데 팔괘의 모양까지 합쳐서 외워두어야 생기법 따지는 요령을 알게 되는 것입니다.

- **건삼련**(乾三連) ☰ 세가닥 연결
- **태상절**(兌上絶) ☱ 상획이 끊김
- **이허중**(離虛中) ☲ 가운데만 끊김
- **진하련**(震下連) ☳ 아래획만 연결
- **손하절**(巽下絶) ☴ 아래획만 끊김
- **감중련**(坎中連) ☵ 중획만 연결
- **간상련**(艮上連) ☶ 위획만 연결
- **곤삼절**(坤三絶) ☷ 세가닥 다 끊김

【 八卦 배치도 】

손(巽) ☴ 辰巳	이(離) ☲ 午	곤(坤) ☷ 未申
진(震) ☳ 卯		태(兌) ☱ 酉
간(艮) ☶ 寅丑	감(坎) ☵ 子	건(乾) ☰ 戌亥

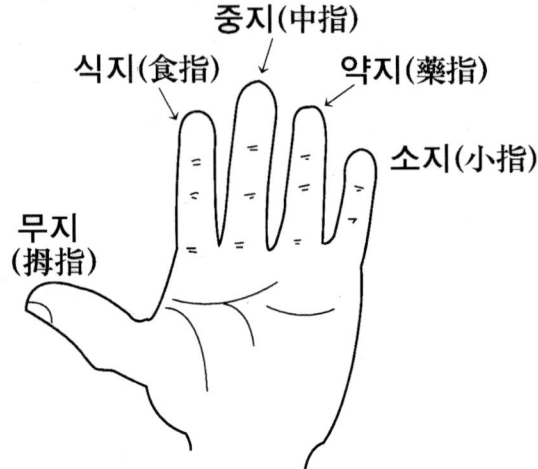

【 왼손가락으로 팔괘형 만들기 】

일상생기(一上生氣)
이중천의(二中天宜)
삼하절체(三下絕體)
사중유혼(四中遊魂)
오상화해(五上禍害)
육중복덕(六中福德)
칠하절명(七下絕命)
팔중귀혼(八中歸魂)

순서는 上中下中上中下中임 즉,

一上生氣(일상생기) 부르면서 무지를 식지에 붙이면 ☶의 艮上連(간상련)
二中天宜(이중천의) 부르면서 무지를 중지에 붙이면 ☴의 巽下絕(손하절)
三下絕體(삼하절체) 부르면서 무지를 약지에 붙이면 ☰의 乾三連(건삼련)
四中遊魂(사중유혼) 부르면서 중지를 떼면 ☲의 離虛中(이허중)
五上禍害(오상화해) 부르면서 상지도 떼면 ☳의 震下連(진하련)
六中福德(육중복덕) 부르면서 중지를 떼면 ☱의 兌上絕(태상절)
七下絕命(칠하절명) 부르면서 약지를 떼면 ☵의 坎中連(감중련)
八中歸魂(팔중귀혼) 부르면서 중지를 떼면 ☷의 坤三絕(곤삼절)

● 연령붙이는 요령과 생기팔신 아는 법

이상에서 팔괘명칭, 팔괘모양, 팔괘를 손가락으로 만드는 요령을 알았으면 다음에는 연령 붙이는 법으로 남녀 연령에 해당하는 본궁(本宮)을 알아야 합니다.

예를 들어, 남자 나이 36세라면 감궁(坎宮)이 본궁이고 여자 나이 53

세라면 손궁(巽宮)이 본궁입니다.

남자 36세면 子의 감궁이 본궁인바, 손가락으로 감중련(坎中連) 무지와 중지만 붙인 것)을 만들어 일상생기 하면서 식지에 무지를 붙이면 손하절(☴)이요. 손궁(巽宮)은 辰巳라 辰巳日이 생기가 되고, 이중천의 부르면서 중지를 떼면 간상련(艮上連)의 모양이 되니 丑寅日이 천의요, 삼하절체 부르면서 약지를 붙이면 午의 이허중(離虛中)이 되니 午日은 절체요. 사중유혼 부르면서 중지를 붙이면 건삼련이 되니 戌亥日은 유혼일이오, 오상화해 부르면서 식지를 떼면 酉의 태상절이 되니 酉日은 화해일이요, 육중복덕 부르면서 중지를 떼면 진하련이 되니 卯日은 복덕일이요, 칠하절명 부르면서 약지를 떼면 未申의 곤삼절이 되니 未申日은 화해요, 팔중귀혼 부르면서 중지를 붙이면 맨 먼저의 감중련이 되니 子日은 귀혼일(본궁)이 되는 것입니다.

【 남자 연령 배치도 】

7 15 23 31 79	辰巳	39 47 55 63 71	1→ 8 16 24 72	午	32 40 48 56 80 64	9 17 25 33	未申	41 49 57 65 73
6 14 22 30 78	卯	38 46 54 62 70	남자는 1세에서 2세를 붙일 때 坤을 넣는다			2 10 18 26	酉	34 42 50 58 66 74
5 13 21 29 77	丑寅	37 45 53 61 69	4 12 20 28	子	36 44 52 60 68 76	3 11 19 27	戌亥	35 43 51 59 63 75

【 여자 연령 배치도 】

6 13 21 29 37	辰巳	45 53 61 69 77	5 12 20 28 36	午	44 52 60 68 76	4 11 19 27 35	未申	43 51 59 67 75
7 14 22 30 38	卯	46 54 62 70 78	여자는 1세에 8세를 붙일 때 艮을 넘어 坎으로 간다			3 10 18 26 34	酉	42 50 58 66 74
15 23 31 39	丑寅	47 55 63 71 79	1 8 16 24 32	子	40 48 56 64 72 80	2 9 17 25 33	戌亥	41 49 57 65 73

● 생기법 따지는 본궁

여자 나이 53세라면 손궁이 본궁이라 왼손으로 손하절을 만들어(무지와 식지, 중지만 붙인 것) 일상생기(一上生氣) 부르면서 식지(食指)를 떼면 감중련(坎中連 : 가운데만 붙인 모습)이 되니 감은 子라 子日이 생기일이요, 이중천의(二中天宜) 부르면서 중지(中指)를 떼면 곤삼절(坤三絶)이 되니 곤(坤)의 위치는 未申궁이라 未申日은 천의일(天宜日)이요, 삼하절체(三下絶體) 부르면서 약지를 떼면 진하련(震下連)이 되니 진괘의 위치는 卯궁이라 卯日이 절체일이요, 사중유혼(四中遊魂) 부르면서 중지(中指)를 붙이면 태상절(兌上絶)이 되니 태(兌)는 酉궁이라 酉日은 유혼일이요, 오상화해(五上禍害) 부르면서 식지를 붙이면 건삼련(乾三連)의 모양이 되니 건은 戌亥궁이라 戌亥日은 화해일이 되는 것이요, 육중복덕(六中福德) 부르면서 중지(中指) 떼면 이허중(離虛中)의 모양이 되니 이화(離火)는 午궁이라 午日은 복덕일이요, 칠하절명(七下絶命) 부르면서 약지를 떼면 간상련(艮上連)의 모양이 되니 간궁 丑寅日은 절명일이요, 팔중귀혼 부르면서 중을 붙이면 손하절(巽下絶)이 되니 원래 본궁이 귀혼일이 되는 것입니다.

> **참고** 손에 남여 연령을 배치 본궁(本宮 : 기본 괘)을 찾는 법식과 또는, 본궁 괘(卦) 모양을 손가락을 폈다 굽혔다 하는 요령을 이해하기는 쉽지 않을 것입니다. 그래서 아래에 〈생기복덕 일람표〉를 수록하여 누구를 막론하고 택일력을 대조 화해·절명일을 피해서 좋은 날을 정할 수 있도록 하였습니다.

【 생기·복덕 일람표 】

구분 \ 남녀	남자 연령(당)							여자 연령(당)						
	1 8 16 24 32 40 48 56 64 72 80 88	- 9 17 25 33 41 49 57 65 73 81 89	2 10 18 26 34 42 50 58 66 74 82 90	3 11 19 27 35 43 51 59 67 75 83 91	4 12 20 28 36 44 52 60 68 76 84 92	5 13 21 29 37 45 53 61 69 77 85 93	6 14 22 30 38 46 54 62 70 78 86 94	7 15 23 31 39 47 55 63 71 79 87 95	1 8 16 24 32 40 48 56 64 72 80 88	2 9 17 25 33 41 49 57 65 73 81 89	3 10 18 26 34 42 50 58 66 74 82 90	4 11 19 27 35 43 51 59 67 75 83 91	5 12 20 28 36 44 52 60 68 76 84 92	6 13 21 29 37 45 53 61 69 77 85 93
생기(生氣)○	卯	丑寅	戌亥	酉	辰巳	未申	午	子	辰巳	酉	戌亥	丑寅	卯	子	午	未申
천의(天宜)○	酉	辰巳	午	卯	丑寅	子	戌亥	未申	丑寅	卯	午	辰巳	酉	未申	戌亥	子
절체(絶體)△	子	戌亥	丑寅	未申	午	酉	辰巳	卯	午	未申	丑寅	戌亥	子	卯	辰巳	酉
유혼(遊魂)△	未申	午	辰巳	子	戌亥	卯	丑寅	酉	戌亥	子	辰巳	午	未申	酉	丑寅	卯
화해(禍害)×	丑寅	卯	子	辰巳	酉	午	未申	戌亥	酉	辰巳	子	卯	戌亥	丑寅	未申	午
복덕(福德)○	辰巳	酉	未申	丑寅	卯	戌亥	子	午	卯	丑寅	未申	酉	辰巳	午	子	戌亥
절명(絶命)×	戌亥	子	卯	午	未申	辰巳	酉	丑寅	未申	午	卯	子	戌亥	丑寅	酉	辰巳
귀혼(歸魂)△	午	未申	酉	戌亥	子	丑寅	卯	辰巳	子	戌亥	酉	未申	午	辰巳	卯	丑寅

단, ×표 닿는 날은 화해·절명일이라 피하라.

◉ 백기일(百忌日)

　　甲不開倉(갑불개창) 甲日에는 창고문을 열어 물건을 첫 반출하지 않으며

　　乙不栽植(을불재식) 乙日에는 묘목이나 기타 나무를 옮겨 심지 아니하며

　　丙不修竈(병불수조) 丙日에는 부뚜막을 손질하지 아니하며

　　丁不剃頭(정불체두) 丁日에는 이발·미용을 아니하며

戊不受田(무불수전) 戊日에는 토지문서를 받지 아니하며
己不破券(기불파권) 己日에는 문서 따위를 망가뜨리지 아니하며
庚不經絡(경불경락) 庚日에는 침 맞고 뜸뜨지 아니하며
辛不造醬(신불조장) 辛日에는 장을 담그지 아니하며
壬不決水(임불결수) 壬日에는 물막이 둑을 쌓지 아니하며
癸不詞訟(계불사송) 癸日에는 고소장을 내지 않는다 하였습니다.

子不問卜(자불문복) 쥐날에는 점을 묻지 아니하며
丑不冠帶(축불관대) 소날에는 관례식을 거행하지 말며
寅不祭祀(인불제사) 범날에는 제사를 지내지 아니하며
卯不穿井(묘불천정) 토끼날에는 우물을 파지 아니하며
辰不哭泣(진불곡읍) 용날에는 초상 뒤에 수시곡을
巳不遠行(사불원행) 뱀날에는 먼 길 여행을 아니하며
午不苫盖(오불점개) 말날에는 지붕을 덮지 아니하며
未不服藥(미불복약) 양날에는 장기복용에 약을 먹기 시작 아니하며
申不安床(신불안상) 원숭이날에는 침상을 설치하지 않으며
酉不會客(유불회객) 닭날에는 손님을 모으지 아니하며
戌不乞狗(술불걸구) 개날에는 새로이 개를 들이지 아니하며
亥不嫁聚(해불가취) 돼지날에는 혼인식을 아니한다 하였습니다.

2 일반 행사를 위한 길흉일

① 오합일(五合日)

이 오합일은 화합신(和合神)으로 가족과의 화합(부모 형제 처자) 사주(使主 : 경

영인과 종업원) 간의 화합, 합의, 타협 등을 보는데 효과적인 바 특히, 약혼식·결혼식 등에 좋은 날입니다.

> 甲寅·乙卯日은 일월합(日月合) 해와 달이 합함
> 丙寅·丁卯日은 음양합(陰陽合) 음양 남여의 화합
> 戊寅·己卯日은 인민합(人民合) 백성들의 화합
> 庚寅·辛卯日은 금석합(金石合) 쇠와 돌 즉 귀한 물질의 합
> 壬寅·癸卯日은 강하합(江河合) 강하가 모여 대해를 이룸

이 오합일은 웬만한 흉신(凶神) 정도는 능히 해소시킬 수 있는 日辰이라 하겠습니다.

② 월기일(月忌日)

이 월기일은 여행·이사·결혼식·개업·면회 등에 크게 꺼리지만 五合日(寅卯日)과 함께 있으면 꺼리지 않습니다.

> 음력 初五日 · 十四日 · 二十三日

③ 대공망일(大空亡日)

이 날을 천상천하대공망일(天上天下大空亡日)이라 하는데 길신·흉신을 막론하고 하늘에 조회(朝會)하러 감으로서 어떤 일을 시작할지라도 탈(頉)이 생기지 않는다 하여 집을 짓거나 수리하거나 묘를 수리하거나 옮겨 쓰는 일에 시일이 급박하여 제대로 택일이 안 될 경우 사용하라 하였습니다.

乙丑 甲戌 乙亥 癸未 甲申 乙酉 壬辰 癸巳 甲午 壬寅 癸卯 壬子日

이상 공망일 중에 巳亥日은 중일(重日 : 거듭된다는 뜻)이 되어 장사지내는 일을 하는 게 불리하겠습니다.

④ 이십팔수(二十八宿)

◉ 이십팔수 정국

이십팔수의 명칭과 순서는 다음과 같습니다.

角亢氐房心尾箕, 斗牛女虛危室壁
각 항 저 방 심 미 기, 두 우 여 허 위 실 벽

奎婁胃昴畢觜參, 井鬼柳星張翼軫
규 루 위 묘 필 자 삼, 정 귀 류 성 장 익 진

이상이 이십팔수(二十八宿)의 순서인바(角星이 시작이고 軫星이 끝임), 반드시 寅午戌日에 木요일을 만나는 날이 각수(角宿)가 되는 것입니다. 이렇게 각(角)이 시작되어 亢氐房心尾箕 순서로 하루에 한자리씩 끊임없이 이어져 나가는 것은 日辰(甲子日, 乙丑日 등의 예)이 매일 매일 순서로 바뀌어 나가는 이치와 동일합니다.

현재 택일에 있어 이십팔수를 사용하는 예는 없으나 복단일(伏斷日)의 정국(定局)은 이십팔수에 의해 정해지는 것입니다. 그리고 천기대요(天機大要)에 이십팔수의 길흉작용이 수록된 것을 수록하는 바이니 참고하시기 바랍니다.

◉ 이십팔수 길흉

角日(각일) : 집 짓고 혼인식 올리는 데는 유리하나 묘를 옮겨 쓰거나 망가진 봉분 무너진 곳 등을 수리하는 데는 마땅치 않음.

亢日(항일) : 유리한 행사가 없으며 건축, 이장, 묘 수리 등의 일에는 불리하므로 범하면 여인 혼자서 공방(空房)을 지킨다 하였음.

氐日(저일) : 집 짓고, 혼인식 올리는 데는 유리하나 장사 지내고 무덤 손질 하는 데는 불리함.

房日(방일) : 다른 행사는 모두 길하고 오직 장사 지내는 일만 꺼립니다.

心日(심일) : 유리한 행사가 없음.

尾日(미일) : 집 짓고 수리하고 장사 지내고 혼인하고 개업 시작하고 방수(放水) 하는 일 등에 모두 유리함.

箕日(기일) : 집 짓고 장사 지내고, 사초(莎草)하고 개업하고, 방수(放水)하는 데 좋음.

斗日(두일) : 집 짓고 수리하고 장사 지내고 사초하는데 유리함.

牛日(우일) : 흉성이라 살상의 사건이 생기며 기타 모든 행사에 불리함.

女日(여일) : 음양택 행사와 개업 시작하고 방수(放水)에 꺼림.

虛日(허일) : 오직 장사 지내고 묘 수리하는 데만 불리하고 기타 행사는 좋음.

危日(위일) : 집 짓고, 수리하고 묘 옮겨 쓰고 사초하는 일 등에 꺼림.

室日(실일) : 집 짓고, 수리하고 이장·사초·때 입히는 일 등에 유리함.

壁日(벽일) : 혼인식 올리고 장사 지내고 집 짓고 개업하는데 모두 유리함.

奎日(규일) : 오직 집 짓고 물건 만드는 데만 유리하고 기타는 불리함.

婁日(루일) : 혼인하고 집 짓고 장사 지내고 사업 시작하는 일에 불리함.

胃日(위일) : 이사, 혼인, 건축, 장례 행사 등에 유리함.

昴日(묘일) : 오직 첫 상품 만들기 시작하는데 만 효과적이고 기타는 꺼림.

畢日(필일) : 집 짓고 수리하고 혼인하고 개업하고 묘일하고 개업하는데 좋음.

觜日(자일) : 오직 장사 지내고 묘 수리하고 때 입히는 일 하는데 만 무방함.

参日(삼일) : 오직 집 짓고 물건 만드는데 만 유리하고 산소일, 집 짓고 수리는 꺼림.

井日(정일) : 집짓고 수리하고 개업하고 방수(放水)하고 혼인하는 데는 좋지 않음.

鬼日(귀일) : 집짓고 이사·혼인하고 개업하는 일 등에 꺼리고 장사 지내는 일만 무방.

柳日(류일) : 집짓고 수리하고 장사 지내고 개업하고 방수(放水)하는 데 불리함.

星日(성일) : 오직 신혼살이를 위한 방(房)을 꾸미는데만 효과적임.

張日(장일) : 여행·혼인·이사와 집짓고 장사 지내는 일 등에 무방함.

翼日(익일) : 집짓고 장사지내고 개업하고 방수(放水) 납품시작에 유리함.

軫日(진일) : 새로운 물건 만들고 집짓고 수리하고 장사 지내는 일에 유리함.

⑤ 복단일(伏斷日)

복단이란, 엎어지고 단절된다는 뜻이므로 모든 행사에 불리합니다. 지금은 화장실이 본 건물 현관이나 침실 가까이 있어도 더럽지 않고 냄새도 아니 나지만 전날 재래식 건물에는 화장실이 본채에 있지 않고 멀찌감치 떨어져 있습니다. 이유는 대소변에서 나는 악취뿐 아니라 보기에도 좋지 않기 때문입니다. 그래서 양택법(陽宅法)에는 구궁방위(九宮方位) 중에 흉방에다 변소(용변하는 곳, 측간)를 지으라 한 것은 흉방의 잡귀까지 더러워 머물지 못하도록 하려는데 있었던 것입니다. 어쨌거나 복단일의 사용은 갓난아기 젖떼기 시작하는 데와 사귀기 싫은 사람과의 인연 끊는 일 등에 사용하면 효과적이고 기타 모든 행사에는 피해야 되겠습니다.

복단일의 정국(定局)은 다음과 같습니다.

> 子日 - 虛(허), 丑日 - 斗(두), 寅日 - 室(실), 卯日 - 女(여),
> 辰日 - 箕(기), 己日 - 房(방), 午日 - 角(각), 未日 - 張(장),
> 申日 - 鬼(귀), 酉日 - 觜(자), 戌日 - 胃(위), 亥日 - 壁(벽)

매일 돌아가는 일진이 子日과 허수(虛宿)가 함께 만나는 날을 복단일이라 하는 것입니다. 丑일과 두(斗) 寅日과 실(室)이 함께 만나면 바로 복단일입니다.

【 이십팔수 일람표 】

日 \ 요일	木	金	土	일	月	火	水
寅午戌日	각(角)	항(亢)	저(氐)	방(房)	심(心)	미(尾)	기(箕)
巳酉丑日	두(斗)	우(牛)	여(女)	허(虛)	위(危)	실(室)	벽(壁)
申子辰日	규(奎)	루(婁)	위(胃)	묘(昴)	필(畢)	자(觜)	삼(參)
亥卯未日	정(井)	귀(鬼)	류(柳)	성(星)	장(張)	익(翼)	진(軫)

* 예를 들어, 日辰이 申子辰이고 토요일이면 위수(胃宿)에 해당합니다.

【 복단일 일람표 】

日支	子	丑	寅	卯	辰	巳	午	未	申	酉	戌	亥
복단일	日	木	火	土	水	日	木	月	金	火	土	水

* 예를 들어, 日辰이 子日(甲子·丙子·戊子 등) 그 子日이 일요일에 해당하면 이 날이 복단일(伏斷日)에 해당하는 것입니다.

⑥ 십이직(十二直)

이를 십이직(十二直)이라고도 하는데 우선 건제십이신의 명칭과 순서부터 알아야 순서일 것입니다.

건	제	만	평	정	집	파	위	성	수	개	폐
(建)	(除)	(滿)	(平)	(定)	(執)	(破)	(危)	(成)	(收)	(開)	(閉)

건(建)은 바로 그 달의 월건입니다. 정국의 법식은 매월 해당되는 월건(月建 - 月支)에다 건(建)을 시작하여 제(除) 만(滿) 평(平) 정(定) 집(執) 파(破) 위(危) 성(成) 수(收) 개(開) 폐(閉)의 순서를 십이지순(十二支順)으로 붙여나가면 됩니다.

【 십이직 일람표 】

月 \ 십이신	建	除	滿	平	定	執	破	危	成	收	開	閉
寅月(입춘부터)	寅	卯	辰	巳	午	未	申	酉	戌	亥	子	丑
卯月(경칩부터)	卯	辰	巳	午	未	申	酉	戌	亥	子	丑	寅
辰月(청명부터)	辰	巳	午	未	申	酉	戌	亥	子	丑	寅	卯
巳月(입하부터)	巳	午	未	申	酉	戌	亥	子	丑	寅	卯	辰
午月(망종부터)	午	未	申	酉	戌	亥	子	丑	寅	卯	辰	巳
未月(소서부터)	未	申	酉	戌	亥	子	丑	寅	卯	辰	巳	午
申月(입추부터)	申	酉	戌	亥	子	丑	寅	卯	辰	巳	午	未
酉月(백로부터)	酉	戌	亥	子	丑	寅	卯	辰	巳	午	未	申
戌月(한로부터)	戌	亥	子	丑	寅	卯	辰	巳	午	未	申	酉
亥月(입동부터)	亥	子	丑	寅	卯	辰	巳	午	未	申	酉	戌
子月(대설부터)	子	丑	寅	卯	辰	巳	午	未	申	酉	戌	亥
丑月(소한부터)	丑	寅	卯	辰	巳	午	未	申	酉	戌	亥	子

예를 들어, 입춘 후(寅月) 寅日은 건(建)이요, 卯日은 제(除), 辰日은 만(滿)이 되는 것입니다. 또, 입하 후(巳月) 子日은 위(危), 丑日은 성(成)이 되는 것

입니다.

◉ 십이직 유리, 불리

건일(建日) : 여행, 약혼식, 민원서 제출, 입학, 대청소, 고귀한 신분 만나 보는 일 등에 유리하고, 흙 다루며 집고치는 일, 결혼식, 장례행사, 벌초(伐草) 등의 일에는 꺼리는 날입니다.

제일(除日) : '덜다'의 뜻인데 고사, 여행, 제사, 민원서 제출, 문서계약, 질병치료, 묘목이식과 씨뿌리기 등에 유리하고 이사, 구직, 출금(出金) 등에는 불리합니다.

만일(滿日) : '가득히 채우다'의 뜻. 제사, 옷 맞추기, 접목(接木 : 농작물 접붙이는 것), 제사 등에 무방하고 이사, 대(代) 이을 사람 구하는 일, 흙 다루는 일, 건축공사에 있어 기둥 세우는 일 등에는 마땅치 않습니다.

평일(平日) : 제사, 길 닦고 집터 닦으며 흙일하기, 담벽 쌓기 등에 좋으나 무덤 풀베기와 무덤 헐어내는 일은 좋지 않습니다.

정일(定日) : 제사, 결혼식, 집수리, 장례행사. 기도, 못 맞추기, 가축 들이기, 양자 세우기 등에 유리하고 여행, 고소장 제출, 묘목 옮겨심기 등에는 꺼립니다.

집일(執日) : 제사, 결혼식, 문서, 계약, 민원서 제출, 건축 및 장례 행사에 유리하고 출행, 이사, 새집들이 등에는 꺼리는 날입니다.

파일(破日) : 오직 건축물, 축조물 헐어내고 수술 받는 데만 효과적일 뿐 그 외의 행사는 불리합니다.

위일(危日) : 제사, 결혼식, 민원서 제출, 계약서 체결, 건축 및 집수리 등에 유리하고 입산하여 수렵하고 등반, 물 건너는 일, 고기잡이, 수술 등 위험성이 있는 일은 모두 삼가는 게 좋습니다.

성일(成日) : 제사, 결혼식, 민원서 제출, 고사, 구재(求財), 이사, 건축 및 집수리 등 모든 행사에 길하나 오직 고소장 내는 일은 불리합니다.

수일(收日) : 제사, 결혼식, 입학, 식목, 수렵, 납채, 물품반입, 가축사 들이는 일, 씨 뿌리기 등에 유리하고, 먼 길 여행과 무덤에 관련된 모든 일은 꺼리게 됩니다.

개일(開日) : 결혼식, 여행, 계약 체결, 묘목 재배, 건축 및 집수리 등에는 유리하고, 제사, 고사, 장례행사 등에는 꺼리게 됩니다.

폐일(閉日) : 제사, 장례행사, 화장실 내거나 수리에만 유리하고, 여행, 이사, 개업, 연회, 사람 들이는 일, 집짓고 수리하기 등은 불리합니다.

⑦ **사대길일**(四大吉日)

이 사대길일은 천은(天恩), 대명(大明), 천사(天赦), 모창(母倉) 등 네 가지 대길일입니다. 이 사대길일은 일반 행사(이사, 결혼식 등)는 물론이고 음택, 양택에 적용해도 좋은 날이 되겠습니다.

◉ 천은상길일(天恩上吉日)

甲子 乙丑 丙寅 丁卯 戊辰 己卯 庚辰 辛巳 壬午 癸未 己酉 庚戌 辛亥 壬子 癸丑日

◉ 대명상길일(大明上吉日)

辛未 壬申 癸酉 丁丑 己卯 壬午 甲申 丁亥 壬辰 乙未 壬寅 甲辰 乙巳 丙午 己酉 庚戌 辛亥日

◉ 천사상길일(天赦上吉日)
   寅卯辰月 - 戊寅日,   巳午未月 - 甲午日
   申酉戌月 - 戊申日,   亥子丑月 - 甲子日

◉ 모창상길일(母倉上吉日)
   寅卯辰月 - 亥子日,   巳午未月 - 寅卯日
   申酉戌月 - 辰戌丑未日, 亥子丑月 - 申酉日

⑧ 삼갑순(三甲旬)

삼갑순에 대하여 천기대요(天機大要)에는 다음과 같이 쓰여 있습니다.

황제(黃帝 - 中國 漢族의 시조로 칭하는 인물로 黃帝內經을 지었다 하며 복희씨 보다 2000년 뒤의 인물로 三皇의 하나)가 묻기를 "세상 사람들이 집을 짓고 나서 좋은 일도 생기고 망하기도 하는 것은 어떤 까닭인가"하니 구천현녀(九天玄女)가 대답하기를 "무릇 집을 짓거나 수리할 때 천지개통일(天地開通日)과 육합삼신(六合三神)과 그리고 삼갑순(三甲旬) 가운데 생갑순(生甲旬)을 취하고 현무, 구진, 주작, 백호 등의 흉신과 병갑(病甲), 사갑순(死甲旬)을 피하는 것입니다. 대개 사람들이 이사하고 새집으로 들어가고 혼인식을 올리는 등 중대한 행사를 치를 경우 생갑순(生甲旬)을 취하는 게 바람직합니다."

이상과 같은 일에 병갑순(病甲旬)에 행사하면 불리한 정도에 한 하지만 만약 사갑순(死甲旬)을 범한다면 질병과 사망의 액이 있습니다. 그러나 단, 죽은 사람을 위한 장례행사에는 반대로 사갑순이 유리하고 병갑순은 길도 흉도 아니며 생갑순을 이용하면 질병, 가족의 손실, 재물의 손해 등이 있다고 합니다.

【 생·병·사갑순 일정국표 】

年＼三甲	생갑순(生甲旬)	병갑순(病甲旬)	사갑순(死甲旬)
子午卯酉年	甲子·甲午旬	甲寅·甲申旬	甲戌·甲辰旬
辰戌丑未年	甲戌·甲辰旬	甲子·甲午旬	甲寅·甲申旬
寅申巳亥年	甲寅·甲申旬	甲戌·甲辰旬	甲子·甲午旬

예를 들어, 태세가 子午卯酉年 가운데 해당할 경우 甲子나 甲午旬中이 생갑순 甲寅·甲申旬中이 병갑순 甲戌·甲辰旬中이 사갑순에 속합니다.

⑨ 십악대패일(十惡大敗日)

이 날은 이사, 혼인, 개업, 건축 등 중요성이 있는 일을 매우 꺼리게 됩니다. 정국(定局)은 아래와 같습니다.

```
甲己年 : 三月戊戌日, 七月癸亥日, 十月丙申日, 十一月丁亥日
乙庚年 : 四月壬申日, 九月乙巳日
丙辛年 : 三月辛巳日, 九月庚辰日
丁壬年 : 없음,
戊癸年 : 六月丑日
```

⑩ 음양부장길일(陰陽不將吉日)

이 음양부장길일(陰陽不將吉日)은 백사에 다 길하나 그 중에도 결혼식 올리는 일에 가장 좋다 합니다. 다만 혼인 택일의 경우 부장길일에 해당하는 日辰 가운데서 천적(天賊)·수사(受死)·월파(月破)·홍사(紅紗)·피마(披麻)·복단일 등에만 해당하지 않으면 이날을 혼인식 올리는 날로 정해도 좋을 것입니다. (복단일은 앞에서 기록하였고 홍사·피마 등은 월가신(月家神)을 참고하시기 바랍니다.

음양부장길일은 다음과 같습니다.

> 正月 : 丙寅 丁卯 丙子 丁丑 戊子 己丑 戊寅 己卯 庚寅 辛卯 庚子 辛丑日
> 二月 : 乙丑 丙寅 丙子 丁丑 戊寅 丙戌 戊子 己丑 庚寅 戊戌 庚戌 庚子日
> 三月 : 甲子 乙丑 甲戌 丙子 丁丑 乙酉 丙戌 戊子 己丑 戊戌 丁酉 己酉日
> 四月 : 甲子 甲戌 丙子 甲申 乙酉 丙戌 戊子 丙申 丁酉 戊戌 戊申 己酉日
> 五月 : 癸酉 甲戌 癸未 甲申 乙酉 丙戌 己未 戊戌 戊申 丙申日
> 六月 : 壬申 癸酉 甲戌 壬午 癸未 甲申 乙酉 甲午 乙未 壬戌日
> 七月 : 壬申 癸酉 壬午 癸未 甲申 乙酉 癸巳 甲午 乙未 乙巳日
> 八月 : 辛未 壬申 辛巳 壬午 癸未 甲申 壬辰 癸巳 甲午 甲辰日
> 九月 : 庚午 辛未 庚辰 辛巳 癸未 壬午 辛卯 壬辰 癸巳 癸卯日
> 十月 : 庚午 庚辰 辛巳 壬午 庚寅 辛卯 壬辰 癸巳 壬寅 癸卯日
> 十一月 : 丁卯 己巳 丁丑 己卯 庚辰 辛巳 己丑 庚寅 辛卯 壬辰 辛丑
>   壬寅 丁巳日
> 十二月 : 丙寅 丁卯 戊辰 丙子 丁丑 戊寅 己卯 庚辰 庚寅 辛卯 戊子
>   己丑 辛丑 庚子 丙辰日

⑪ 십전대길일(十全大吉日)

이 십전대길일(十全大吉日)도 매사에 좋은 날인데 특히, 혼인식 올리는데 유리하므로 혼인총기일(婚姻總忌日)에만 해당하지 않으면 위 일진에 다른 길신 몇 가지를 겸하도록 해서 날짜를 정하면 좋은 택일이 되겠습니다.

> 乙丑 丁卯 丙子 丁丑 己丑 辛卯 癸卯 乙巳 壬子 癸丑日

⑫ 천롱(天聾)·지아일(地啞日)

천롱(天聾)·지아일(地啞日)은 인간이 어떤 일을 치르던 간에 하늘과 땅에 있는 신살(神殺)이 모두 귀 먹고 말을 못해서 택일법을 어기고 행사하더라도 탈이 생기지 않는다 합니다. 특히, 집짓고 수리하는 일에 더욱 길하다 합니다. 천롱·지아일은 다음과 같습니다.

> 천롱일(天聾日) : 丙寅 戊辰 丙子 丙申 庚子 壬子 丙辰日
> 지아일(地啞日) : 乙丑 丁卯 己卯 辛巳 乙未 己亥 辛丑 辛亥 癸丑 辛酉日

⑬ 칠살일(七殺日)

이 칠살은 음양과 오행 생극비화에 의해 정해지는 편관칠살(偏官七殺)이 아니고 이십팔수(二十八宿) 가운데 각(角) 항(亢) 규(奎) 루(婁) 위(胃) 우(牛) 성(星)의 7가지 별을 칠살이라 칭합니다. 단, 명칭은 매우 두려운 살(殺) 같이 생각되나 작용력이 미약한 것이므로 참고 정도로 알고 계시면 되겠습니다.

⑭ 황흑도(黃黑道)

황도는 길신이고 흑도는 흉신입니다. 결혼식, 이사 등 중요성이 있는 행사와 심지어는 집짓고 장사 지내는 일까지 황도일을 겸하면 유리합니다. 그리고 행사 시작에 좋은 시(時)를 잡는데도 황도시(黃道時)를 사용하면 제일 좋은 방법이 되겠습니다. 천강(天罡)과 하괴(河魁)는 백사불리한 큰 흉살이지만 황도 길신이 천강과 하괴의 흉포스런 작용을 능히 해소시키므로 비록 천강이나 하괴일에 해당하여도 황도일과 겸하면 사용해도 무방한 것입니다.

【 황흑도 정국 일람 】

月支로 日, 日支로 時	寅申	卯酉	辰戌	巳亥	子午	丑未
청룡황도(靑龍黃道)	子	寅	辰	午	申	戌
명당황도(明堂黃道)	丑	卯	巳	未	酉	亥
천형흑도(天刑黑道)	寅	辰	午	申	戌	子
주작흑도(朱雀黑道)	卯	巳	未	酉	亥	丑
금궤황도(金匱黃道)	辰	午	申	戌	子	寅
대덕황도(大德黃道)	巳	未	酉	亥	丑	卯
백호흑도(白虎黑道)	午	申	戌	子	寅	辰
옥당황도(玉堂黃道)	未	酉	亥	丑	卯	巳
천뢰흑도(天牢黑道)	申	戌	子	寅	辰	午
현무흑도(玄武黑道)	酉	亥	丑	卯	巳	未
사명황도(司命黃道)	戌	子	寅	辰	午	申
구진흑도(句陳黑道)	亥	丑	卯	巳	未	酉

예를 들어, 寅申月에는 子, 丑, 辰, 巳, 未, 戌日이 황도일이 되고, 寅, 卯, 午, 申, 酉, 亥日은 흑도일입니다. 또는, 寅申日은 子, 丑, 辰, 巳, 未, 戌時가 황도시이고, 寅, 卯, 午, 申, 酉, 亥時가 흑도시에 해당합니다.

⑮ 촉수룡일(觸水龍日)

이 날은 물속에 있는 용이 광폭해져서 풍랑(風浪)을 일으켜 사람을 해칠 수 있다는 날이므로 고기잡이 등 목적으로 배를 띄우거나 진수식(進水式 : 배를 만들어 맨 처음 바다 길을 떠나기 위한 의식) 등에 꺼리고, 또는, 깊은 강을 건너는 일 그리고 여름철 물놀이 등을 할지라도 아래 기록한 날짜만을 피하는 게 좋습니다.

丙子 · 癸未 · 癸丑日

⑯ 백호대살(白虎大殺)

이 날은 사고가 발생하기 쉽다는 일진으로 새집들이, 결혼식, 건축을 위한 기공식, 잔치 베푸는 일, 위험한 일 즉, 물놀이, 등반, 싸움, 과속운전 등을 피하는 게 좋습니다. 백호대살의 정국(定局)은 甲子를 감궁(坎宮)에 시작하여 구궁(九宮)을 순행(順行) 중궁에 드는 간지(干支)라 하겠습니다.

戊辰 · 丁丑 · 丙戌 · 乙未 · 甲辰 · 癸丑 · 壬戌日

⑰ 산명(山鳴)·수명(水鳴)·지명일(地鳴日)

산명일(山鳴日)은 입산(入山)을 꺼리는 날로 산에 들어가 등반 수렵 등을 하지 말며, 산신제(山神祭) 지내는 일도 피하라 하였습니다.

지명일(地鳴日)은 땅이 운다는 날로 땅을 파고 집터 고르고 묘목 옮겨 심는 일을 피하라 하였습니다.

수명일(水鳴日)은 물을 건너는 일, 용왕제 지내는 일을 꺼립니다.

◉ 산명일(山鳴日)은 아래와 같습니다.
  大月 : 2일, 8일, 21일, 23일, 26일
  小月 : 1일, 8일, 10일, 18일, 22일, 23일

◉ 수명일(水鳴日)은 아래와 같습니다.
  大月 : 1일, 7일, 11일, 17일, 23일, 30일
  小月 : 7일, 12일, 26일

◉ 지명일(地鳴日)은 다음과 같습니다.

　大月 : 13일, 25일, 28일

　小月 : 13일, 18일, 25일

참고 날짜는 음력이며 음력 30일까지 있는 달이 大月이고 29일까지 있는 달을 小月이라 합니다.

⑱ 오공일(五空日)

```
戊戌日 午時(諸神上天)
己亥·庚子·辛丑日(太歲 및 諸神上天)
```

모든 신(神)들이 조회(朝會)할 목적으로 하늘로 올라가 인간이 사는 땅에 없으므로 어떤 일을 치르던지 탈이 생기지 않는다 합니다.

⑲ 천지개공일(天地皆空日)

하늘과 땅을 막론하고 길신이건 흉신이건 아무런 트집 작용을 하지 않는다는 일진이지만 작용력은 미약합니다.

3 월별로 해당하는 길신

① 천덕(天德)

이 천덕일은 이사, 혼인, 연회, 개업 등 모든 행사에 유리한 길신입니다. 천덕일의 정국(定局)은 다음과 같습니다.

```
寅月 - 丁, 卯月 - 申, 辰月 - 壬, 巳月 - 辛, 午月 - 亥, 未月 - 甲,
申月 - 癸, 酉月 - 寅, 戌月 - 丙, 亥月 - 乙, 子月 - 巳, 丑月 - 庚
```

예를 들어, 寅月(正月)은 丁卯·丁丑·丁亥·丁酉·丁未·丁巳日 등이 천덕일이고, 卯月(二月)에는 壬申·甲申·丙申日 등이 천덕일이 되겠습니다.

② 천덕합(天德合)

천덕합은 천덕일과 육합(六甲) 간합 되는 일진으로 길한 작용력은 천덕일과 동일합니다. 정국은 아래와 같습니다.

寅月 - 壬(천덕 丁), 卯月 - 巳(천덕 申), 辰月 - 丁(천덕 壬), 巳月 - 丙(천덕 辛),
午月 - 寅(천덕 亥), 未月 - 甲(천덕 己), 申月 - 戊(천덕 癸), 酉月 - 亥(천덕 寅),
戌月 - 辛(천덕 丙), 亥月 - 庚(천덕 乙), 子月 - 申(천덕 巳), 丑月 - 乙(천덕 庚)

③ 월덕(月德)

이 월덕은 일진(日辰)으로도 작용되고 방위길신으로도 작용됩니다. 그러므로 월덕일은 행사길일이고 월덕방은 출행, 이사, 집수리, 방위 등에 적용됩니다.

寅月 - 丙, 卯月 - 甲, 辰月 - 壬, 巳月 - 庚, 午月 - 丙, 未月 - 甲,
申月 - 壬, 酉月 - 庚, 戌月 - 丙, 亥月 - 甲, 子月 - 壬, 丑月 - 庚

④ 월덕합(月德合)

월덕합은 월덕일과 干合(간합) 또는, 지합(支合 - 六合)이 되는 날입니다. 천덕과 마찬가지로 모든 일에 유리한 날이며 이 방위에 건물을 달아내거나 사업장을 차려도 좋을 것입니다. 월덕합의 정국(定局)은 아래와 같습니다.

寅月 - 辛(월덕 丙), 卯月 - 己(월덕 甲), 辰月 - 丁(월덕 壬), 巳月 - 乙(월덕 庚),
午月 - 辛(월덕 丙), 未月 - 己(월덕 甲), 申月 - 丁(월덕 壬), 酉月 - 乙(월덕 庚),
戌月 - 辛(월덕 丙), 亥月 - 己(월덕 甲), 子月 - 丁(월덕 壬), 丑月 - 乙(월덕 庚)

예를 들어, 寅月인 경우 丙日이 월덕일이고, 辛日이 월덕합일이 되는 것입니다.

⑤ **월공**(月空)

이 날은 인허가 신청, 논문 아이디어 등의 제출, 가계 문 여는 일, 여행, 흙 다루는 일 등에 유리합니다. 정국(定局)은 月支와 日干으로 이루어집니다.

寅午戌月 - 壬日, 亥卯未月 - 庚日, 申子辰月 - 丙日, 巳酉丑月 - 甲日

예를 들어, 寅·午·戌月 즉, 正·五·九月에는 壬申·壬午·壬辰·壬寅·壬子日 등이 월공이란 길일에 해당됩니다.

⑥ **월은**(月恩)

이 날(月恩日)도 매우 좋은 날이라서 매사 꺼리지 않는 날이며 특히, 이사하고, 새집들이 하는 일, 집짓고 무덤일 하는데 도움을 주는 길일입니다. 월은일은 아래와 같습니다.

寅月 - 丙, 卯月 - 丁, 辰月 - 庚, 巳月 - 己, 午月 - 戊, 未月 - 辛,
申月 - 壬, 酉月 - 癸, 戌月 - 庚, 亥月 - 乙, 子月 - 甲, 丑月 - 辛

예를 들어, 행사일이 寅月(正月)에 해당한다면 丙日 즉, 丙寅 丙子 丙戌日

등 日干 丙에 해당하는 날이 월은일(月恩日)에 해당하는 것입니다.

⑦ 월재(月財)

이 날은 재수가 좋다는 날이므로 출행하면 돈과 재물이 생기고 이사 날로 정하면 집안이 일어나며 장사 날로 정하면 자손이 창성한다 하였습니다.

正·七月 - 初九日,   二·八月 - 初三日,   三·九月 - 初四日,
四·十月 - 初二日,   五·十一月 - 初七日,   六·十二月 - 初六日

⑧ 생기일(生氣日)

이 날은 천희일(天喜日)도 되는바, 만사에 나쁜 것이 없고 모두 길신의 작용을 하게 됩니다. 정국(定局)은 아래와 같습니다.

寅月 - 戌, 卯月 - 亥, 辰月 - 子, 巳月 - 丑, 午月 - 寅, 未月 - 卯,
申月 - 辰, 酉月 - 巳, 戌月 - 午, 亥月 - 未, 子月 - 申, 丑月 - 酉

⑨ 천의일(天醫日)

천의일은 병에 대한 정확한 진단과 질병치료를 위해 병원을 정하고 주치의를 정하는데 효과 있는 날입니다. 정국은 다음과 같습니다.

寅月 - 丑, 卯月 - 寅, 辰月 - 卯, 巳月 - 辰, 午月 - 巳, 未月 - 午,
申月 - 未, 酉月 - 申, 戌月 - 酉, 亥月 - 戌, 子月 - 亥, 丑月 - 子

예를 들어, 寅月(正月)에는 丑日이 천의일이라는 뜻입니다.

⑩ 역마(驛馬)

역마의 정국은 세지(歲支)를 기준으로 보는(申子辰年 寅이 역마의 예) 역마(이를 歲馬라 합니다.)가 있고, 본 항과 같이 月支를 기준하는 역마, 두 가지가 있습니다. 이 역마는 장거리 여행, 이사, 유통업, 상거래, 무역업 등에 유리하며 기타 모든 일에 해가 없습니다. 정국(定局)은 다음과 같습니다.

寅午戌月 - 申, 亥卯未月 - 巳, 申子辰月 - 寅, 巳酉丑月 - 亥

예를 들어, 寅月(正月)에는 申日이 역마일이므로 다른 흉신만 없으면 이 날에 먼 길 여행을 떠나거나 상거래를 트면 타일에 비해 효과적이라 하겠습니다.

⑪ 오부일(五富日)

이 날은 건축과 집수리 시작, 장례행사(이장, 사초, 벌초, 비석 세우는 일 등) 그리고 창고를 짓는데 좋습니다. 정국은 아래와 같습니다.

寅午戌月 - 亥, 亥卯未月 - 寅, 申子辰月 - 巳, 巳酉丑月 - 申

예를 들어, 寅·午·戌月 즉, 正·五·九月에는 亥日이 오부(五富)에 해당합니다.

⑫ 해신(解神)

해신이란, 꽁꽁 얼었던 땅이 풀리고, 엉켰던 실타래가 풀리듯이 어려운 일을 당하여 해법이 연구되며 정신적 육체적 속박상태에서 풀려난다는 뜻입니다.

寅卯月 - 申, 辰巳月 - 戌, 午未月 - 子, 申酉月 - 寅,
戌亥月 - 辰, 子丑月 - 午

예를 들어, 寅月과 卯月(正·二月) 두 달 중에는 申日이 해신이라는 뜻입니다.

⑬ 요안일(要安日)

이 날은 질병치료를 위한 요양(療養)에 들어가는 일 또는, 남의 자식을 데려다가 기르는 일에 유리합니다. 요안일의 정국은 다음과 같습니다.

寅月 - 寅, 卯月 - 申, 辰月 - 卯, 巳月 - 酉, 午月 - 辰, 未月 - 戌, 申月 - 巳, 酉月 - 亥, 戌月 - 午, 亥月 - 子, 子月 - 未, 丑月 - 丑

⑭ 옥제사일(玉帝赦日)

옥제사일(玉帝赦日)이란, 하늘에 계신 옥황상제(玉皇上帝 : 하느님)가 인간의 허물을 용서한다는 의미의 길신으로 이 날에 어떤 일을 하던지 탈이 생기지 않는다 합니다. 정국은 다음과 같습니다.

寅月 - 丁巳日, 卯月 - 甲子日, 辰月 - 乙丑日, 巳月 - 丙寅日, 午月 - 辛卯日, 未月 - 壬辰日, 申月 - 丁亥日, 酉月 - 甲午日, 戌月 - 乙未日, 亥月 - 丙申日, 子月 - 辛酉日, 丑月 - 壬戌日

예를 들어, 寅月은 丁巳日, 卯月은 甲子日이 옥제사일이 되는 것입니다.

⑮ 황은대사(皇恩大赦)

황은대사일이란, 옥제사일과 마찬가지로 옥황상제의 은혜로 잘못이 있더라도 은혜를 입어 용서하게 되니 이 날에 행사하면 도리어 재앙이 사라지고 근심되는 일이 이르지 않는다 합니다. 정국(定局)은 다음과 같습니다.

寅月 - 戌, 卯月 - 丑, 辰月 - 寅, 巳月 - 巳, 午月 - 酉, 未月 - 卯,
申月 - 子, 酉月 - 午, 戌月 - 亥, 亥月 - 辰, 子月 - 申, 丑月 - 未

⑯ 만통사길(萬通四吉)

이 날에 무슨 일이거나 막론하고 사용하면 전화위복이라 하였습니다만 그 길신으로서의 작용력은 미약한 것으로 생각됩니다.

寅月 - 午, 卯月 - 亥, 辰月 - 申, 巳月 - 丑, 午月 - 戌, 未月 - 卯,
申月 - 子, 酉月 - 巳, 戌月 - 寅, 亥月 - 未, 子月 - 辰, 丑月 - 酉

⑰ 회가제성(回駕帝星)

이 날도 길신에 속하여 귀인의 도움이 있다 하였으나 역시 작용력은 미약하다 하겠습니다. 회가제성이 되는 날은 다음과 같습니다.

寅月 - 午, 卯月 - 子, 辰月 - 寅, 巳月 - 戌, 午月 - 子, 未月 - 寅,
申月 - 辰, 酉月 - 子, 戌月 - 寅, 亥月 - 子, 子月 - 寅, 丑月 - 辰

⑱ 익후일(益後日)

이 날은 호주, 사업, 재산 등의 승계(承繼)에 유리한 날이므로 슬하에 子女가 없어 양자녀(養子女)를 두고자 할 경우 익후일에 다른 길신을 겸한 날로 사용하면 대길이라 하겠습니다.

寅月 - 子, 卯月 - 午, 辰月 - 丑, 巳月 - 未, 午月 - 寅, 未月 - 申,
申月 - 卯, 酉月 - 酉, 戌月 - 辰, 亥月 - 戌, 子月 - 巳, 丑月 - 亥

⑲ 속세(續世)

속세일의 작용력(유리한 행사)은 ⑱항 익후일과 동일합니다.

寅月 - 丑, 卯月 - 未, 辰月 - 寅, 巳月 - 申, 午月 - 卯, 未月 - 酉,
申月 - 辰, 酉月 - 戌, 戌月 - 巳, 亥月 - 亥, 子月 - 午, 丑月 - 子

⑳ 천후일(天后日)

이 날은 특히, 출장·여행·이사·개업 등에 길하고 기타 모든 행사에도 해롭지 않습니다. 단, 힘이 약하므로 다른 길신과 겸하도록 하십시오.

寅午戌月 - 申, 亥卯未月 - 巳, 申子辰月 - 寅, 巳酉丑月 - 亥日

예를 들어, 寅午戌月 즉, 正·五·九月 중에는 壬申·甲申·丙申日 등이 역마일에 해당합니다.

㉑ 천무(天巫)

이 날은 길신에 속하나 천무일 하나만으로는 작용력(흉신 해소에 복을 불러옴)이 미약하므로 다른 길신을 많이 겸하도록 하면 좋을 것입니다.

寅月 - 辰, 卯月 - 巳, 辰月 - 午, 巳月 - 未, 午月 - 申, 未月 - 酉,
申月 - 戌, 酉月 - 亥, 戌月 - 子, 亥月 - 丑, 子月 - 寅, 丑月 - 卯日

㉒ 성심(聖心)

빈궁한 사람들에게 입을 것 먹을 것을 주어 구제하는 일, 나라에 상소문 올리는 일(현재는 관청에 민원서 제출)에 유리하나 역시 다른 길신과 겸하도록 해서 사용하는데 좋을 것입니다.

寅月 – 亥, 卯月 – 巳, 辰月 – 子, 巳月 – 午, 午月 – 丑, 未月 – 未,
申月 – 寅, 酉月 – 申, 戌月 – 卯, 亥月 – 酉, 子月 – 辰, 丑月 – 戌日

㉓ 경안일(敬安日)

이 날은 윗사람에게 문안인사를 하거나 나이 많은 노인들을 위해 경로행사(敬老行事)를 하는데 유리한데 천월덕(天月德)을 겸하면 이상적이 될 것입니다. 정국(定局)은 다음과 같습니다.

寅月 – 未, 卯月 – 丑, 辰月 – 申, 巳月 – 寅, 午月 – 酉, 未月 – 卯,
申月 – 戌, 酉月 – 辰, 戌月 – 亥, 亥月 – 巳, 子月 – 子, 丑月 – 午日

㉔ 육의(六儀)

이 날은 평소 고맙게 대해주던 윗 신분, 상사, 친구 등 덕을 입었거나 덕을 입을 목적이 아니라도 인사치례를 하기 위해 손님을 초대 음식 접대를 하는데 유리합니다. 단, 황도(黃道)나 천월덕(天月德) 천은일(天恩日) 등을 겸하도록 하는 게 좋습니다.

寅月 – 辰, 卯月 – 卯, 辰月 – 寅, 巳月 – 丑, 午月 – 子, 未月 – 亥,
申月 – 戌, 酉月 – 酉, 戌月 – 申, 亥月 – 未, 子月 – 午, 丑月 – 巳日

㉕ 보광(寶光)

이 보광일은 결혼식, 연회, 건축 및 집수리와 건물 리모델링 등에 효과적일 것이나 되도록 다른 길신을 겸하도록 하세요. 정국은 아래와 같습니다.

> 寅申月 - 巳, 卯酉月 - 未, 辰戌月 - 酉, 巳亥月 - 亥,
> 子午月 - 丑, 丑未月 - 卯日

㉖ 옥우(玉宇)

행사에 대한 것은 위 보광일과 동일합니다. 특히, 건축 리모델링에 좋은 날입니다. 정국은 아래와 같습니다.

> 寅月 - 卯, 卯月 - 酉, 辰月 - 辰, 巳月 - 戌, 午月 - 巳, 未月 - 亥,
> 申月 - 午, 酉月 - 子, 戌月 - 未, 亥月 - 丑, 子月 - 申, 丑月 - 寅日

㉗ 월해(月解)

힘든 일을 시작하는데 좋은 것은 어려운 일을 당해서도 우연히 일이 풀리거나 도와주는 귀인이 나타나게 된다는 날이지만 역시 다른 길신을 많이 겸하도록 하는 게 좋을 것입니다.

> 寅卯月 - 申, 辰巳月 - 酉, 午未月 - 戌, 申酉月 - 亥,
> 戌亥月 - 午, 子丑月 - 未日

㉘ 양덕(陽德)

어려운 일을 개척하기 위해 첫 손 대는 데와 유통업, 거래트기, 개업 등을 시작하는데 유리한 일진입니다. 역시 타 길신을 많이 겸하도록 하는 게 좋습니다.

> 寅申月 - 戌, 卯酉月 - 子, 辰戌月 - 寅, 巳亥月 - 辰,
> 子午月 - 午, 丑未月 - 申日

㉙ 음덕(陰德)

음덕은 위 양덕과 더불어 작용력이 거의 같습니다. 단, 음과 양의 구분이 있으므로 양덕은 표면상 보이는 덕이고 음덕은 누가 나타나지 않고 뒤에서 도와주는 형상으로 해석하면 맞는 말일 것 같습니다.

> 寅申月 - 酉, 卯酉月 - 未, 辰戌月 - 巳, 巳亥月 - 卯,
> 子午月 - 丑, 丑未月 - 亥日

㉚ 지덕(地德)

땅을 파고 흙을 운반하는데 좋은 날이므로 건축을 위한 기초공사 시작, 장례를 치르기 위한 광중작업 등에 유리한 것이다. 역시 타 길신을 겸하도록 택일하세요.

> 寅月 - 未, 卯月 - 申, 辰月 - 酉, 巳月 - 戌, 午月 - 亥, 未月 - 子,
> 申月 - 丑, 酉月 - 寅, 戌月 - 卯, 亥月 - 辰, 子月 - 巳, 丑月 - 午日

㉛ 복생(福生)

이 날은 재앙은 물리치고 복은 이르도록 기도에 들어가거나 제사, 고사를 지내는데 좋습니다. 다른 길신을 겸하여 지성으로 기도하면 누군가 주인공을 돕기 위해 나타날 것입니다. 복생일은 다음과 같습니다.

寅月 - 酉, 卯月 - 卯, 辰月 - 戌, 巳月 - 辰, 午月 - 亥, 未月 - 巳,
申月 - 子, 酉月 - 午, 戌月 - 丑, 亥月 - 未, 子月 - 寅, 丑月 - 申日

㉜ 보호(普護)

보호일은 천지신명(天地神明)의 도움이 있다는 날로서 위험한 곳을 가기 위한 출발, 질병치료와 수술받기, 물 건너고 등반을 위한 출발 등에 좋습니다. 그러나 역시 천월덕, 천은(天恩) 같은 길신이 함께 드는 날을 선택하세요.

寅月 - 申, 卯月 - 寅, 辰月 - 酉, 巳月 - 卯, 午月 - 戌, 未月 - 辰,
申月 - 亥, 酉月 - 巳, 戌月 - 子, 亥月 - 午, 子月 - 丑, 丑月 - 未日

㉝ 길기(吉期)

낯모르는 사람과의 첫 만남(배필감 고르기 위해 선 보는 일 등), 소식 전달, 초청(招請), 약혼식, 어떤 일의 약정 등에 효과적인 날입니다.

寅月 - 卯, 卯月 - 辰, 辰月 - 巳, 巳月 - 午, 午月 - 未, 未月 - 申,
申月 - 酉, 酉月 - 戌, 戌月 - 亥, 亥月 - 子, 子月 - 丑, 丑月 - 寅日

㉞ 병보(兵寶)

이 병보일도 정국(定局)과 작용력이 길기와 같으므로 생략합니다.

㉟ 병복(兵福)

병복일은 군사훈련, 사열식, 군·병영(兵營)에서의 중대한 행사 등을 치르는 데 좋은 날입니다. 병복일은 아래와 같습니다.

寅月 - 寅, 卯月 - 卯, 辰月 - 辰, 巳月 - 巳, 午月 - 午, 未月 - 未, 申月 - 申, 酉月 - 酉, 戌月 - 戌, 亥月 - 亥, 子月 - 子, 丑月 - 丑日

즉, 月支와 동일한 日辰이 되겠습니다.

㊱ 시양(時陽)

시양은 길신이 분명하나 좋은 일을 거들어주는 조신(助神)이므로 다른 길신을 겸해야 행사가 가능합니다.

寅月 - 子, 卯月 - 丑, 辰月 - 寅, 巳月 - 卯, 午月 - 辰, 未月 - 巳, 申月 - 午, 酉月 - 未, 戌月 - 申, 亥月 - 酉, 子月 - 戌, 丑月 - 亥日

㊲ 시음(時陰)

이 날에 행사하면 표면적으로 알지 못하는 덕이 있어 어느 행사를 막론하고 유리합니다. 그러나 길신으로서의 작용력이 약하므로 다른 길신과 함께 있어야만 효력이 있다 하겠습니다. 정국은 시양(時陽)의 대충궁(對沖宮)이라 아래와 같습니다.

寅月 - 午, 卯月 - 未, 辰月 - 申, 巳月 - 酉, 午月 - 戌, 未月 - 亥, 申月 - 子, 酉月 - 丑, 戌月 - 寅, 亥月 - 卯, 子月 - 辰, 丑月 - 巳日

㊳ **삼합**(三合)

月支와 日支가 三合되는 날인바, 회의개최, 손님초대, 타협하는 일, 계약 또는, 약정(約定) 등에 효과적인 날이지만 역시 다른 길신과 같이 만나야 작용력이 발휘 될 것입니다.

寅月 - 午戌日, 卯月 - 亥未日, 辰月 - 申子日, 巳月 - 酉丑日,
午月 - 寅戌日, 未月 - 亥卯日, 申月 - 辰子日, 酉月 - 巳丑日,
戌月 - 寅午日, 亥月 - 卯未日, 子月 - 申辰日, 丑月 - 巳酉日

㊴ **육합**(六合)

육합은 삼합일보다 작용력이 더 강하나 역시 다른 길신이 있어야 행사에 유리할 것입니다. 육합(六合)을 지합(支合)이라고도 하는바, 다음과 같습니다.

寅月 - 亥, 卯月 - 戌, 辰月 - 酉, 巳月 - 申, 午月 - 未, 未月 - 午,
申月 - 巳, 酉月 - 辰, 戌月 - 卯, 亥月 - 巳, 子月 - 午, 丑月 - 未日

예를 들어, 巳月인 경우 申日이 六合日이 되는 것입니다.

㊵ **금당일**(金堂日)

금당일에는 복을 비는 안택고사와 집을 짓기 위해 기초공사의 시작에 매우 좋은 날입니다. 그러나 천월덕이나 월은(月恩) 같은 길신이 겸하도록 해서 행사하면 효력이 배가(倍加)될 것입니다. 금당일은 다음과 같습니다.

寅月 - 辰, 卯月 - 戌, 辰月 - 巳, 巳月 - 亥, 午月 - 午, 未月 - 未,
申月 - 未, 酉月 - 丑, 戌月 - 申, 亥月 - 寅, 子月 - 酉, 丑月 - 卯日

㊶ 천원(天願)

이 날은 결혼식, 귀빈 초대, 사업의 시작, 남한테 청탁하는 일 등에 좋은 날입니다. 그러나 이 날에도 다른 길신을 겸해서 사용하면 금상첨화라 하겠습니다.

> 寅月 - 乙亥,   卯月 - 甲戌,   辰月 - 乙酉,   巳月 - 丙申,
> 午月 - 丁未,   未月 - 戊午,   申月 - 己巳,   酉月 - 庚辰,
> 戌月 - 辛卯,   亥月 - 壬寅,   子月 - 癸丑,   丑月 - 甲子日

㊷ 천사신(天赦神)

이 날은 죄인(罪人)이 진정서·탄원서를 올리거나 재판 결과에 불복 항소(抗訴) 하는데 효과적이라 하겠습니다.

> 寅午戌月 - 戌,   亥卯未月 - 丑,   申子辰月 - 辰,   巳酉丑月 - 未日

예를 들어, 寅月(正月)이나 午月(五月)이나 戌月(九月) 중에는 甲戌 丙戌 戊戌 등 戌日이 천사신일에 해당됩니다.

㊸ 청룡(靑龍)

이 청룡일은 청룡황도나 甲乙 청룡하는 정국과 다릅니다. 장거리 여행의 계획을 세웠거나 뱃길여행(고기잡이, 무역을 위해 뱃길 떠남)을 하게 될 경우 이 날을 선택하되 천은, 보호 등 길신을 겸하도록 하는 게 좋습니다.

> 寅月 - 壬子,   卯月 - 癸丑,   辰月 - 艮寅,   巳月 - 甲卯,
> 午月 - 乙辰,   未月 - 巽巳,   申月 - 丙午,   酉月 - 丁未,
> 戌月 - 坤申,   亥月 - 庚酉,   子月 - 辛戌,   丑月 - 乾亥

예를 들어, 辰日인 경우 간방(艮方)과 寅方이 청룡이고 또, 丙寅 戊寅 등 寅日이 청룡일이라 생각하면 되겠습니다.

㊹ 음양대회일(陰陽大會日)

이 음양대회일(陰陽大會日)은 글자의 뜻처럼 모임 화합하는데 효과적인 날로 삼합·육합·천월덕합 등 합일(合日)을 겸하면 더욱 좋을 것입니다. 단, 매월 음 15일 이 후의 日辰을 선택하는 게 좋다 하겠습니다.

> 寅月 : 甲子 乙丑 丙寅 丁卯 戊辰 己巳 庚午 辛未 壬申 癸酉 甲戌日
> 卯月 : 庚辰 辛巳 壬午 癸未 甲申 乙酉日
> 辰月 : 없음
> 巳月 : 없음
> 午月 : 辛卯 壬辰 癸巳 甲午 乙未 丙申 丁酉 戊戌 己亥 庚子 辛丑
> 　　　 壬寅 癸卯 甲辰 乙巳 丙午日
> 未月 : 壬子 癸丑 甲寅 乙卯 丙辰 丁巳日
> 申月 : 乙亥 丙子 丁丑 戊寅 己卯 庚辰日
> 酉月 : 乙酉 丙戌 丁亥 戊子 己丑 庚寅 辛卯日
> 戌月 : 없음
> 亥月 : 없음
> 子月 : 丙午 丁未 戊申 己酉 庚戌 辛亥 壬子日
> 丑月 : 丁巳 戊午 己未 庚申 辛酉 壬戌 癸亥日

㊺ 음양소회일(陰陽小會日)

음양소회일(陰陽小會日)도 음양대회일과 작용력이 동일합니다. 정국(定局)은 다음과 같습니다.

寅月 : 없음
卯月 : 丙午 丁未 戊申 己酉日
辰月 : 甲子 乙丑 丙寅 丁卯 戊辰日
巳月 : 戊辰 己巳日
午月 : 丁巳 戊午日
未月 : 없음
申月 : 없음
酉月 : 甲戌 乙亥 丙子 丁丑 戊寅 己卯日
戌月 : 辛卯 壬辰 癸巳 甲午 乙未 丙申 丁酉 戊戌日
亥月 : 戊戌 己亥日
子月 : 乙酉 丙戌 丁亥 戊子日
丑月 : 없음

4 월별로 해당하는 흉신

① 천강(天罡)

이 천강일은 대흉신(大凶神)이므로 백사불리라 하였으나 단, 황도일과 같은 날이 되면 꺼리지 않고 사용할 수 있다 하였습니다.

寅月 - 巳, 卯月 - 子, 辰月 - 未, 巳月 - 寅, 午月 - 酉, 未月 - 辰,
申月 - 亥, 酉月 - 午, 戌月 - 丑, 亥月 - 申, 子月 - 卯, 丑月 - 戌日

이상 천강일 가운데 子, 卯, 巳, 午, 酉, 戌日은 황도일에 해당되므로 다른 길신만 좋으면 사용이 가능합니다.

② 하괴(河魁)

작용은 천강일과 동일하며 정국(定局)은 천강과 충(沖)되는 지지라 하겠습니다.

> 寅月 - 亥, 卯月 - 午, 辰月 - 丑, 巳月 - 申, 午月 - 卯, 未月 - 戌,
> 申月 - 巳, 酉月 - 子, 戌月 - 未, 亥月 - 寅, 子月 - 酉, 丑月 - 辰日

하괴살(河魁殺)도 子, 卯, 巳, 午, 酉, 戌日은 황도일에 해당하므로 천적(天賊)·수사(受死)·월파(月破)·복단일(伏斷日)에만 만나지 않으면 사용해도 무방합니다.

③ 지파일(地破日)

이 날은 흙 다루는 일 즉, 집터 닦고, 수리하고 산역(山役 - 묘 쓰고 수리하는 일) 하는 일, 또는, 흙을 운반하는 일에도 꺼리게 됩니다.

> 寅月 - 亥, 卯月 - 午, 辰月 - 丑, 巳月 - 寅, 午月 - 卯, 未月 - 辰,
> 申月 - 巳, 酉月 - 子, 戌月 - 未, 亥月 - 申, 子月 - 酉, 丑月 - 戌日

④ 라망일(羅網日)

라망이란, 천라지망(天羅地網)의 합칭인데, 뜻 보다는 흉작용(凶作用)이 그다지 크지 아니합니다. 그러나 출행·혼인·고소장 제출에 불리하며 피의자 입장 등에는 꺼리는 일진이 되겠습니다.

> 寅月 - 子, 卯月 - 申, 辰日 - 巳, 巳月 - 辰, 午月 - 戌, 未月 - 亥,
> 申月 - 丑, 酉月 - 申, 戌月 - 未, 亥月 - 子, 子月 - 巳, 丑月 - 申日

⑤ 멸몰일(滅沒日)

이 날은 여행, 혼인, 취임 등에 불리라 하였으나 큰 흉살(凶殺)만 같이 만나지 않고 다른 길신과 같이 만나면 사용해도 무방합니다.

寅月 – 丑, 卯月 – 子, 辰月 – 亥, 巳月 – 戌, 午月 – 酉, 未月 – 申, 申月 – 未, 酉月 – 午, 戌月 – 巳, 亥月 – 辰, 子月 – 卯, 丑月 – 寅

⑥ 복일(復日)

복일(復日)의 뜻은 좋은 일도 거듭 이르고 나쁜 일도 거듭 이른다 하므로 길신도 흉신도 아닌 것 같으나 이장, 흉장(凶葬)을 막론하고 이 날은 장사지내는 일을 꺼리게 됩니다. 복일은 다음과 같습니다.

寅月 – 甲庚日, 卯月 – 乙辛日, 辰月 – 戊己日, 巳月 – 丙壬日, 午月 – 丁癸日, 未月 – 戊己日, 申月 – 甲庚日, 酉月 – 乙辛日, 戌月 – 戊己日, 亥月 – 丙壬日, 子月 – 丁癸日, 丑月 – 戊己日

참고 중상일(重喪日)은 위 정국(復日)에 포함되었으며 매월 巳日을 중일(重日)이라 하며 이 날(重日)도 장례행사에 꺼립니다.

⑦ 천적일(天賊日)

이 천적일은 흉살 중에서도 가장 꺼리는 흉살이므로 아무리 길신이 많이 드는 날이라도 천적일에 해당하면 버리고 취하지 못합니다.

寅月 – 辰, 卯月 – 酉, 辰月 – 寅, 巳月 – 未, 午月 – 子, 未月 – 巳, 申月 – 戌, 酉月 – 卯, 戌月 – 申, 亥月 – 丑, 子月 – 午, 丑月 – 亥日

⑧ 수사일(受死日)

수사(受死)란, 죽음을 뜻하는 글자로서 고기잡이 수렵, 도살, 살충제 살포 등에만 효과적이고 기타 모든 일에 불리한 날입니다.

```
寅月 - 戌, 卯月 - 辰, 辰月 - 亥, 巳月 - 巳, 午月 - 子, 未月 - 午,
申月 - 丑, 酉月 - 未, 戌月 - 寅, 亥月 - 申, 子月 - 卯, 丑月 - 酉
```

⑨ 지격일(地隔日)

이 날은 씨 뿌리고 묘목 이식하는 산일(山事)이나, 장례행사에 꺼립니다. 정국(定局)은 아래와 같습니다.

```
寅申月 - 辰, 卯酉月 - 寅, 辰戌月 - 子, 巳亥月 - 戌,
子午月 - 申, 丑未月 - 午日
```

⑩ 지낭일(地囊日)

이 날은 건물을 짓기 위한 기초공사의 시작, 집수리 시작, 우물·못·방축 등을 파는데 불리합니다.

```
寅月 - 庚午 庚子,   卯月 - 癸未 癸丑,   辰月 - 甲子 甲寅,
巳月 - 己卯 己丑,   午月 - 戊辰 戊午,   未月 - 癸未 癸巳,
申月 - 丙寅 丙申,   酉月 - 丁卯 丁巳,   戌月 - 戊辰 戊子,
亥月 - 庚戌 庚子,   子月 - 辛未 辛酉,   丑月 - 乙酉 乙未日
```

⑪ 토부일(土符日)

이 날은 땅 파고 흙 운반하고 묘를 옮겨 쓰는 등의 일에 꺼립니다. 정국(定局)은 아래와 같습니다.

> 寅月 - 丑, 卯月 - 巳, 辰月 - 酉, 巳月 - 寅, 午月 - 午, 未月 - 戌,
> 申月 - 卯, 酉月 - 未, 戌月 - 亥, 亥月 - 辰, 子月 - 申, 丑月 - 子

⑫ 토금일(土禁日)

꺼리는 행사는 ⑪항 토부일(土符日)과 동일합니다.

> 寅卯辰月 - 亥, 巳午未月 - 寅, 申酉戌月 - 巳, 亥子丑月 - 申

⑬ 토기일(土忌日)

> 寅月 - 寅, 卯月 - 巳, 辰月 - 申, 巳月 - 亥, 午月 - 卯, 未月 - 酉,
> 申月 - 酉, 酉月 - 子, 戌月 - 辰, 亥月 - 未, 子月 - 戌, 丑月 - 丑

예를 들어, 辰月에는 申日이 토기일(土忌日)인바, 꺼리는 일은 ⑪항 토부일(土符日)과 동일합니다.

⑭ 토온일(土瘟日)

이 날도 집을 새로 짓거나 고치기 위해 흙을 다루거나, 묘를 옮겨 쓰기 위해 광중작업을 하는 일에 꺼리게 됩니다. 토온일의 정국(定局)은 다음과 같습니다.

寅月 - 辰, 卯月 - 巳, 辰月 - 午, 巳月 - 未, 午月 - 申, 未月 - 酉,
申月 - 戌, 酉月 - 亥, 戌月 - 子, 亥月 - 丑, 子月 - 寅, 丑月 - 卯日

⑮ 혈기일(血忌日)

인체(人體)에서 피를 내는 일 즉, 수술 받거나 수혈, 채혈에는 혈기일을 피해야 되겠습니다.

寅月 - 丑, 卯月 - 未, 辰月 - 寅, 巳月 - 申, 午月 - 卯, 未月 - 酉,
申月 - 辰, 酉月 - 戌, 戌月 - 巳, 亥月 - 亥, 子月 - 午, 丑月 - 子日

⑯ 혈지일(血支日)

이 날도 혈기일과 같이 피를 뽑고 수술 받기 위해 피 흘리고 수혈하거나 채혈하는 일 등에 꺼립니다.

寅月 - 丑, 卯月 - 寅, 辰月 - 卯, 巳月 - 辰, 午月 - 巳, 未月 - 午,
申月 - 未, 酉月 - 申, 戌月 - 酉, 亥月 - 戌, 子月 - 亥, 丑月 - 子日

⑰ 산격일(山隔日)

이 날은 입산(入山)하여 땅을 파거나, 사냥하거나, 큰 나무를 베거나, 위험한 코스를 등반하는 일을 하지 않는 게 안전하겠습니다.

寅申月 - 未日, 卯酉月 - 巳日, 辰戌月 - 卯日, 巳亥月 - 丑日,
子午月 - 寅日, 丑未月 - 子日

⑱ 수격일(水隔日)

이 날은 깊은 물을 건너거나, 강이나 바다에서 수영하거나, 고기잡이에 정신이 팔리거나, 물놀이 등을 삼가는 게 안전하겠습니다.

寅申月 - 戌日, 卯酉月 - 申日, 辰戌月 - 午日, 巳亥月 - 辰日, 子午月 - 寅日, 丑未日 - 子日

⑲ 천격일(天隔日)

寅申月 - 寅日, 卯酉月 - 子日, 辰戌月 - 戌日, 巳亥月 - 申日, 子午月 - 午日, 丑未月 - 辰日

위에 해당하는 일진은 먼 길 여행 떠나는 일, 직장 구하러 다니는 일 등에 효과가 없다 합니다.

⑳ 천화일(天火日)

이 날(天火日)을 범하면 화재(火災)를 당할 우려가 있으므로 불단속을 잘 해야 무사하겠습니다.

寅午戌月 - 子, 亥卯未月 - 卯, 申子辰月 - 午, 巳酉丑月 - 酉日

㉑ 지화일(地火日)

지화일도 위 천화일(天火日)과 동일하나 화재가 발생할 확률은 천화일 보다는 적다하겠습니다.

寅月 - 戌, 卯月 - 酉, 辰月 - 申, 巳月 - 未, 午月 - 午, 未月 - 巳,
申月 - 亥, 酉月 - 戌, 戌月 - 酉, 亥月 - 申, 子月 - 未, 丑月 - 午日

㉒ 독화일(獨火日)

寅月 - 巳, 卯月 - 辰, 辰月 - 卯, 巳月 - 寅, 午月 - 丑, 未月 - 子,
申月 - 亥, 酉月 - 戌, 戌月 - 酉, 亥月 - 申, 子月 - 未, 丑月 - 午

㉓ 유화일(遊火日)

장기 복용을 위한 첫날이 이 유화일에 해당하면 보류했다가 未日이나 유화일이 아닌 날로 정하는 게 유리하겠습니다. 유화일의 정국(定局)은 다음과 같습니다.

寅午戌月 - 巳, 亥卯未月 - 寅, 申子辰月 - 亥, 巳酉丑月 - 申

㉔ 온황살(瘟瘟殺)

이 날은 돌림병(전염성이 있는) 환자의 문병 가는 일, 이사, 집짓고 수리하는 일 등을 피해야 안전하겠습니다. 온황살은 다음과 같은 경우에 해당합니다.

寅月 - 未, 卯月 - 戌, 辰月 - 辰, 巳月 - 寅, 午月 - 午, 未月 - 子,
申月 - 酉, 酉月 - 申, 戌月 - 巳, 亥月 - 亥, 子月 - 丑, 丑月 - 卯

㉕ 귀기일(歸忌日)

이 날은 위험한 코스의 여행, 이사와 새집들이, 객지에 오래 있었던 경우의 귀가 등을 꺼리게 됩니다.

子午卯酉月 – 寅日,　辰戌丑未月 – 子日,　寅申巳亥月 – 丑日

㉖ 왕망일(往亡日)

이 날은 여행(첫 출발), 이사, 취임, 입산(入山), 입수(入水), 행선(行先) 등에 매우 꺼리게 됩니다. 정국은 아래와 같습니다.

寅午戌月 – 寅日, 巳酉丑月 – 亥日, 申子辰月 – 申日, 亥卯未月 – 巳日

㉗ 홍사(紅紗)

홍사살을 일명(一名) 파쇄살(破碎殺)이라고도 하는바, 결혼식 올리는데 매우 꺼리지만 다른 행사는 무방합니다.

寅申巳亥月 – 酉日,　子午卯酉月 – 巳日,　辰戌丑未月 – 丑日

㉘ 피마살(披麻殺)

피마살은 혼인식 올리는 일에 크게 꺼리고 이사와 새집들이에도 좋지 않습니다. 피마살은 아래와 같습니다.

寅午戌月 – 子日, 巳酉丑月 – 卯日, 申子辰月 – 午日, 亥卯未月 – 酉日

㉙ 빙소와해(氷消瓦解)

새 집(건축물) 짓기 시작 하는 일, 집수리의 시작 즉, 기공식(起工式) 등에 꺼리고 새집들이도 피하는 게 좋습니다.

> 寅月 - 巳, 卯月 - 子, 辰月 - 丑, 巳月 - 申, 午月 - 卯, 未月 - 戌,
> 申月 - 亥, 酉月 - 午, 戌月 - 未, 亥月 - 寅, 子月 - 酉, 丑月 - 辰

㉚ 음차(陰差)

이 날은 혼인식 거행, 건축의 기초공사 시작, 장례행사 등에 꺼립니다. 정국은 아래와 같습니다.

> 寅月 - 庚戌日, 卯月 - 辛酉日, 辰月 - 庚申日, 巳月 - 丁未日,
> 午月 - 丙午日, 未月 - 丁巳日, 申月 - 甲辰日, 酉月 - 己卯日,
> 戌月 - 甲寅日, 亥月 - 癸丑日, 子月 - 壬子日, 丑月 - 癸亥日

㉛ 양착(陽錯)

양착일의 작용은 위 ㉚항 음차와 동일합니다.

> 寅月 - 甲寅日, 卯月 - 乙卯日, 辰月 - 甲辰日, 巳月 - 丁巳日,
> 午月 - 丙午日, 未月 - 丁未日, 申月 - 庚申日, 酉月 - 辛酉日,
> 戌月 - 庚戌日, 亥月 - 癸亥日, 子月 - 壬子日, 丑月 - 癸丑日

㉜ 장성(長星)

이 날은 흉신에 속하므로 모든 행사에 이롭지 못하나 다른 흉신이 없는 가운데 길신을 만나면 사용해도 무방하겠습니다.

正月 – 初七日, 二月 – 初四日, 三月 – 初六日, 四月 – 初九日,
五月 – 十五日, 六月 – 初十日, 七月 – 初八日, 八月 – 初二日,
九月 – 初四日, 十月 – 初三日, 十一月 – 十七日, 十二月 – 初九日

㉝ 단성(短星)

단성일의 작용력은 꺼리는 바가 위 장성과 거의 같은데 특별히, 더 꺼리는 것은 혼인식과 취임하는 일이 되겠습니다.

寅月 – 二十一日, 卯月 – 十九日, 辰月 – 十六日, 巳月 – 十五日,
五月 – 二十五日, 六月 – 二十一日, 七月 – 二十二日,
八月 – 十八·十九日, 九月 – 十六·十七日, 十月 – 十四日,
十一月 – 二十三日, 十二月 – 二十五日

예를 들어, 八月에는 18일과 19일, 2일이 단성이 되는 것입니다.

㉞ 천구일(天狗日)

천구란, 가축용으로 기르는 개가 아니고 신구(神狗 : 즉, 귀신개)로 보는 게 당연할 것입니다.

이 날에 제사 및 고사를 지내는데 꺼리는 까닭은 신명(神明 : 善神)께 제사하기 위해 차려놓은 음식을 신구가 먼저 와서 제사음식을 다 먹어 치우므로 제사나 고사를 지내도 아무런 효과가 없기 때문입니다.

寅月 – 子, 卯月 – 丑, 辰月 – 寅, 巳月 – 卯, 午月 – 辰, 未月 – 巳,
申月 – 午, 酉月 – 未, 戌月 – 申, 亥月 – 酉, 子月 – 戌, 丑月 – 亥日

㉟ 천옥(天獄)

천옥일은 천화일(天火日)과 정국이 동일하므로 불조심이 요구되고 옥살이 가능성이 있어 법에 저촉될 가능성이 있는 일에는 절대 손대지 않아야 옥살이 신세를 겪지 않는다 합니다.

寅午戌月 - 子, 巳酉丑月 - 卯, 申子辰月 - 午, 亥卯未月 - 酉日

㊱ 고초일(枯焦日)

이 날은 정국이 구감(九坎)과 동일합니다. 말라 불타버린다는 의미가 있어 나무(묘목)나 곡식, 채소, 청과 등의 묘목을 옮겨 심는 일에만 불리합니다.

寅月 - 辰, 卯月 - 丑, 辰月 - 戌, 巳月 - 未, 午月 - 卯, 未月 - 子,
申月 - 酉, 酉月 - 午, 戌月 - 寅, 亥月 - 亥, 子月 - 申, 丑月 - 巳日

㊲ 월파일(月破日)

月支와 日支가 상충되는 地支를 월파라 합니다. 백사불리인데 오직 파괴하는 일, 축조물 헐기, TNT 폭파작업, 원치 않는 약정, 만남의 취소, 몸을 째고 수술 받는 일 등에는 도리어 효과적이라 하겠습니다.

寅月 - 申, 卯月 - 酉, 辰月 - 戌, 巳月 - 亥, 午月 - 子, 未月 - 丑,
申月 - 寅, 酉月 - 卯, 戌月 - 辰, 亥月 - 巳, 子月 - 午, 丑月 - 未日

㊳ 월살(月殺)

십이살(十二殺)의 하나이므로 정국과 작용에 대해서는 앞에서 수록하였으므로 설명을 생략합니다.

㊴ 월염(月厭)

이 날(月厭)은 혼인식과 이사에 특히, 불리하나 다른 길신이 많고 흉신이 미약하면 사용해도 무방할 것 같습니다.

寅月 - 戌, 卯月 - 酉, 辰月 - 申, 巳月 - 未, 午月 - 午, 未月 - 巳,
申月 - 辰, 酉月 - 卯, 戌月 - 寅, 亥月 - 丑, 子月 - 子, 丑月 - 亥日

㊵ 염대(厭對)

월염의 충궁(沖宮)이 염대입니다. 이 흉신이 꺼리는 행사도 염대와 동일합니다.

寅月 - 辰, 卯月 - 卯, 辰月 - 寅, 巳月 - 丑, 午月 - 子, 未月 - 亥,
申月 - 戌, 酉月 - 酉, 戌月 - 申, 亥月 - 未, 子月 - 午, 丑月 - 巳

㊶ 월형(月刑)

月支와 日支가 형(刑 : 三刑·相刑·自刑) 되는 것을 칭합니다. 이 살이 닿는 날은 계약체결, 논문구상, 취임, 혼인식 올리는 일 등을 꺼립니다.

寅 - 巳, 卯 - 子, 辰 - 辰, 巳 - 申, 午 - 午, 未 - 丑,
申 - 寅, 酉 - 酉, 戌 - 未, 亥 - 亥, 子 - 卯, 丑 - 戌

㊷ 월해(月害)

月支와 日支가 해(害) 관계로 이루어지는 지는 것이 월해(月害)입니다. 이 살은 모든 행사에 해로운 작용이 한다는 뜻이지만 길신이 이르고 큰 흉살을 만나지 않으면 어떤 행사를 치르더라도 탈이 생기지 않습니다.

寅月 - 巳, 卯月 - 辰, 辰月 - 卯, 巳月 - 寅, 午月 - 丑, 未月 - 子,
申月 - 亥, 酉月 - 戌, 戌月 - 酉, 亥月 - 申, 子月 - 未, 丑月 - 午日

㊸ 월허(月虛)

이 날은 공망(空亡)의 작용과 비슷하므로 행사에 좋은 것은 하나도 없습니다. 단, 월허일이 행사에 미치는 영향은 미세합니다.

寅午戌月 - 丑,   巳酉丑月 - 戌,   申子辰月 - 未,   亥卯未月 - 辰

㊹ 오허(五虛)

오허일은, 작용력이 미약한 흉신에 속하지만 모든 행사에 지장을 받지는 않을 것입니다. 정국은 아래와 같습니다.

寅卯辰月 - 巳酉丑日,   巳午未月 - 申子辰日
申酉戌月 - 亥卯未日,   亥子丑月 - 寅午戌日

예를 들어, 寅卯辰(正·二·三月)月 석달 중에는 巳日이나 酉日이나 丑日이 오허일(五虛日)에 해당하는 것입니다.

㊺ 비염살(飛廉殺)

이 날은 가축(家畜)을 사 들이거나 축사(畜舍)를 짓기 위해 기초공사에 착수하는데 꺼리고 다른 행사는 무방합니다.

寅月 - 戌, 卯月 - 巳, 辰月 - 午, 巳月 - 未, 午月 - 寅, 未月 - 卯,
申月 - 辰, 酉月 - 亥, 戌月 - 子, 亥月 - 丑, 子月 - 申, 丑月 - 酉日

㊻ 구공(九空)

이 날은 재물 상품 등의 첫 출고 또는, 창고를 짓거나 수리하는데 꺼립니다. 다른 행사는 해롭지 않습니다.

寅午戌月 - 辰,   巳酉丑月 - 丑,   申子辰月 - 戌,   亥卯未月 - 未日

㊼ 구감(九坎)

이 날은 진수식(進水式), 여행, 행선(行船), 건축을 위한 기초공사의 착수 등에 좋지 않으나 다른 길신이 함께 임하면 사용해도 무방합니다.

寅月 - 辰, 卯月 - 丑, 辰月 - 戌, 巳月 - 未, 午月 - 卯, 未月 - 子,
申月 - 酉, 酉月 - 午, 戌月 - 寅, 亥月 - 亥, 子月 - 申, 丑月 - 巳日

㊽ 천리(天吏)

천리일(天吏日)은 작용이 미약하므로 어떤 행사이거나 큰 방해가 없습니다. 단, 어떤 행사를 치르고자 할 때 길신이 아닌 흉신이라는 점을 참작할 필요가 있습니다.

寅午戌月 - 酉, 巳酉丑月 - 午, 申子辰月 - 卯, 亥卯未月 - 子日

㊾ **치사일**(致死日)

천리일(天吏日)과 동일합니다.

㊿ **초요일**(招搖日)

이 날은 연회, 회의개최 등의 목적으로 사람들을 초청하는데 불리한 일진인 것 같습니다. 정국은 다음과 같습니다.

寅月 - 辰, 卯月 - 卯, 辰月 - 寅, 巳月 - 丑, 午月 - 子, 未月 - 亥,
申月 - 戌, 酉月 - 酉, 戌月 - 申, 亥月 - 未, 子月 - 午, 丑月 - 巳日

(51) **오묘**(五墓)

절기(節氣)의 오행이 묘고(墓庫)에 앉은 것인데 여행 떠나는 일, 결혼식, 경영의 시작, 건축을 위한 기초공사 시작 등을 꺼리게 됩니다.

寅卯月 - 乙未日, 辰月 - 戊辰日, 巳午月 - 丙戌日, 未月 - 戊辰日,
申酉月 - 辛丑日, 戌月 - 戊辰日, 亥子月 - 壬辰日, 丑月 - 戊辰日

(52) **인격일**(人隔日)

이 날은 남의 식구를 맨 처음 가정이나 회사에 들이는 일을 하지 않는 일진으로 가정부, 정원사, 운전기사, 가정교사, 세입자, 양자, 직장사원 채용 등에 꺼리게 됩니다.

寅申月 - 酉, 卯酉月 - 未, 辰戌月 - 巳, 巳亥月 - 卯,
子午月 - 丑, 丑未月 - 亥日

⑤ 대살(大殺)

이 대살은 여러 가지 행사에 도움이 없어 기신(忌神)에 속하지만 다른 길신과 만나게 될 경우 해(害)되지 않을 것입니다.

寅月 - 戌, 卯月 - 巳, 辰月 - 午, 巳月 - 未, 午月 - 寅, 未月 - 卯,
申月 - 辰, 酉月 - 亥, 戌月 - 子, 亥月 - 丑, 子月 - 申, 丑月 - 酉

⑤ 태허일(太虛日)

명칭은 텅 비었다는 뜻이지만 우려할 만한 흉작용이 없으므로 다른 조건만 나쁘지 않으면 어느 행사를 막론하고 사용해도 무방합니다.

寅卯辰月 - 戌亥子日,   巳午未月 - 丑寅卯日,
申酉戌月 - 辰巳午日,   亥子丑月 - 未申酉日

예를 들어, 寅·卯·辰月 즉, 正·二·三月 중에는 戌日이나 亥日이나 子日이 태허일이 되는 것입니다.

⑤ 신호일(神號日)

이 신호일은 귀신이 울부짖는다는 날이므로 신상(神像)을 조각하거나 그림으로 그리거나 또는, 이미 모셔 놓은 신상을 파괴하거나 해당 신상에 기도를 드리는 등의 일을 하지 않는다 경고하였습니다.

寅月 - 戌, 卯月 - 亥, 辰月 - 子, 巳月 - 丑, 午月 - 寅, 未月 - 卯,
申月 - 辰, 酉月 - 巳, 戌月 - 午, 亥月 - 未, 子月 - 申, 丑月 - 酉日

㊏ 귀곡일(鬼哭日)

이 귀곡일의 작용도 신호일과 동일하므로 신을 새로이 모시거나 철수하는 일을 해서는 안 되는 살입니다. 귀곡일의 정국은 아래와 같습니다.

寅月 - 未, 卯月 - 戌, 辰月 - 辰, 巳月 - 寅, 午月 - 午, 未月 - 子,
申月 - 酉, 酉月 - 申, 戌月 - 巳, 亥月 - 亥, 子月 - 丑, 丑月 - 卯日

㊐ 반지(反支)

반지도 살(殺)인바, 작용력은 약하지만 물품, 편지, 민원서류, 논문, 문학 작품 등을 제출하거나 발송하면 되돌아 올 가능성이 있다는 신살입니다. 그런데 이 반지는 2 가지 법식이 있습니다.

寅月 - 未, 卯月 - 戌, 辰月 - 辰, 巳月 - 寅, 午月 - 午, 未月 - 子,
申月 - 酉, 酉月 - 申 戌月 - 巳, 亥月 - 亥, 子月 - 丑, 丑月 - 卯日

또는,

正·二月 - 初五日, 三·四月 - 初四日, 五·六月 - 初三日,
七·八月 - 初二日, 九·十月 - 初一日, 十一·十二月 - 初六日

㊽ 멸망일(滅亡日)

이 멸망일도 뜻은 매우 두려운 살성 같으나 보조 흉신으로 작용력이 미약한 것으로 추리됩니다. 타의 흉신, 길신 등이 어떻게 함께 닿는 가로 日辰의 선악을 판단해서 행사하는 게 좋을 것 같습니다.

寅午戌月 - 丑, 巳酉丑月 - 辰, 申子辰月 - 未, 亥卯未月 - 戌日

5 사시길흉신(四時吉凶神)

사시(四時)란, 봄·여름·가을·겨울의 사절(四節)입니다.

① 천귀일(天貴日)

이 날은 구직에 유리하고, 권세 있는 신분에게 어떤 일을 청탁하는 데도 유리합니다. 정국(定局)은 아래와 같습니다.

寅卯辰月(春) - 甲乙日,　巳午未月(夏) - 丙丁日,
申酉戌月(秋) - 庚辛日,　亥子丑月(冬) - 壬癸日

② 사상일(四相日)

이 정국은 절기오행과 日干오행이 같은 날입니다. 모든 것이 봄을 맞이한 초목처럼 생기발랄한 길일이 되겠습니다.

寅卯辰月(春) - 丙丁日,　巳午未月(夏) - 戊己日,
申酉戌月(秋) - 壬癸日,　亥子丑月(冬) - 甲乙日

③ 시덕일(時德日)

이 시덕일은 고사, 여행, 이사, 결혼식, 연회, 개업, 건축의 시작 등에 좋은 날인데 단, 다른 길신을 많이 갖추어야 길한 작용을 하게 됩니다. 정국(定局)은 다음과 같습니다.

> 寅卯辰月(春) - 午日,   巳午未月(夏) - 辰日,
> 申酉戌月(秋) - 子日,   亥子丑月(冬) - 寅日

④ 왕일(旺日)

왕일은 봄에 木, 여름에 火, 가을에 金, 겨울에 水가 득령하여 기(氣)가 왕한 날이므로 남과 겨루는데 유리하고 모든 행사에도 좋은 작용을 하게 됩니다. 왕일은 또, 흙 다루는 일에는 꺼리는데 아래와 같습니다.

> 寅卯辰月(春) - 寅日,   巳午未月(夏) - 巳日,
> 申酉戌月(秋) - 申日,   亥子丑月(冬) - 亥日

⑤ 상일(相日)

상일도 길신에 속하지만 큰 흉신과 같이 있거나 아니면 길신이 없이 홀로 있으면 좋은 작용하기가 어렵습니다. 그러나 길신에 속하는 것은 분명하오니 같은 날의 신살 상태를 참고하십시오.

> 寅卯辰月(春) - 巳日,   巳午未月(夏) - 申日,
> 申酉戌月(秋) - 亥日,   亥子丑月(冬) - 寅日

⑥ 수일(守日)

이 날은 수비(守備)하는데 유리하다는 뜻입니다. 현 시대로 말하면 경호원, 건물 관리인 채용 등에 길신이 많은데다 이 수일(守日)을 겸하도록 하면 좋을 것 같습니다.

> 寅卯辰月(春) - 辰日,　　巳午未月(夏) - 未日,
> 申酉戌月(秋) - 丑日,　　亥子丑月(冬) - 戌日

⑦ 관일(官日)

이 날은 관청행사에 좋은 날이며 관직에 있는 사람의 국민들에게 정책 발표 등을 한다면 효과적일 것 같습니다. 단, 천적, 수사, 월파, 복단일 등과 겸하지 않아야 쓸 수 있습니다.

> 寅卯辰月(春) - 卯日,　　巳午未月(夏) - 午日,
> 申酉戌月(秋) - 酉日,　　亥子丑月(冬) - 子日

⑧ 민일(民日)

민일은 글자와 같이 국민의 날이라 민원서 제출하여 허가·인가 등을 신청하거나 관직 구하는 일에도 효과적인 것입니다. 단, 작용력이 미약하므로 천월덕 월은 같은 길신을 겸해야 효과적이라 하겠습니다.

> 春三月 - 午日, 夏三月 - 酉日, 秋三月 - 子日, 冬三月 - 卯日

가령, 입춘일(立春日)부터 입하(立夏) 전날까지 춘삼월(春三月)에 속하는데, 춘삼월에는 庚午 壬午 甲午 丙午 戊午 등 午日이 민일(民日)이다.

⑨ 정사폐(正四廢)

이 날은 건축을 위한 기초공사 시작, 또는, 생분(生墳 - 나이 많은 사람이 죽기 전에 자신이 들어갈 무덤을 만드는 일) 등을 꺼립니다. 정국은 다음과 같습니다.

> 寅卯辰月(春) - 庚申·辛酉日,　巳午未月(夏) - 壬子·癸亥日,
> 申酉戌月(秋) - 甲寅·乙卯日,　亥子丑月(冬) - 丙午·丁巳日

⑩ 방사폐(傍四廢)

흉신으로 꺼리는 일은 정사폐와 동일합니다.

> 寅卯辰月(春) - 庚辛申酉日,　巳午未月(夏) - 壬癸亥子日,
> 申酉戌月(秋) - 甲乙寅卯日,　亥子丑月(冬) - 丙丁巳午日

방사폐에 있어 예를 들어, 巳午未月 壬癸亥子라 함은 여름철(4月, 5月, 6月)에는 壬癸日과 亥子日이 모두 해당된다는 뜻입니다.

⑪ 천지전살(天地轉殺)

아래 정국에 해당하는 날에는 땅 파고, 흙 나르고, 흙 붙이고 하는 일 등을 하지 말아야 동토탈이 생기지 않을 것입니다.

> 寅卯辰月(春) - 卯日,　巳午未月(夏) - 午日,
> 申酉戌月(秋) - 酉日,　亥子丑月(冬) - 子日

⑫ 천전지전(天轉地轉)

집을 짓거나, 묘를 쓰거나, 둑을 쌓기 위해 땅을 파고 흙을 운반하는 일 등을 꺼리는 날입니다.

> 寅卯辰月(春) - 癸卯·辛卯日,　　巳午未月(夏) - 丙午·戊午日,
> 申酉戌月(秋) - 辛酉·癸酉日,　　亥子丑月(冬) - 壬子·丙子日

⑬ 천지황무일(天地荒蕪日)

이 날은 생기(生氣)가 없어 어떤 일이거나 천지황무일에 해당하면 성공이 어렵다 합니다. 단, 같은 날짜에 드는 길신 및 흉신의 상태를 살펴 본 뒤에 쓰던지 버리던지 하십시오.

> 寅卯辰月(春) - 巳酉丑日,　　巳午未月(夏) - 申子辰日,
> 申酉戌月(秋) - 亥卯未日,　　亥子丑月(冬) - 寅午戌日

⑭ 사허패(四虛敗)

이 날은 가족이 함께 살다가 따로 분가(分家)해 살거나, 새 집으로 이사해 살거나, 창작품 조립하는 일 등에 해롭습니다. 정국은 아래와 같습니다.

> 寅卯辰月(春) - 己酉日,　　巳午未月(夏) - 甲子日,
> 申酉戌月(秋) - 辛卯日,　　亥子丑月(冬) - 庚午日

⑮ 사시대모(四時大耗)

이 날은 집수리와 흙 붙이고 흙 나르는 일, 목재(木材) 부착하는 일 등을 꺼립니다. 다음과 같습니다.

> 寅卯辰月(春) － 乙未日,   巳午未月(夏) － 丙戌日,
> 申酉戌月(秋) － 辛丑日,   亥子丑月(冬) － 壬辰日

⑯ 사시소모(四時小耗)

흉살의 작용은 사시대모와 동일합니다.

> 寅卯辰月(春) － 壬子日,   巳午未月(夏) － 乙卯日,
> 申酉戌月(秋) － 戊午日,   亥子丑月(冬) － 辛酉日

⑰ 태허일(太虛日)

이 날은 모든 행사에 실속이 없다는 뜻으로는 풀이 되겠으나 작용력이 미세할 것입니다.

> 寅卯辰月(春) － 戌亥子日,   巳午未月(夏) － 丑寅卯日,
> 申酉戌月(秋) － 辰巳午日,   亥子丑月(冬) － 未申酉日

⑱ 검봉살(劍鋒殺)

이 날은 목재(木材) 다루고 흙 일 하는데 꺼립니다.

> 寅卯辰月(春) － 酉日,   巳午未月(夏) － 子日,
> 申酉戌月(秋) － 卯日,   亥子丑月(冬) － 午日

◉ 길흉신 정국 일람

◉ 월지(月支)를 기준하는 신살(神殺)

신살 \ 월별	寅(正)	卯(2)	辰(3)	巳(4)	午(5)	未(6)	申(7)	酉(8)	戌(9)	亥(10)	子(11)	丑(12)
천 덕(天德)	丁	申	壬	辛	亥	甲	癸	寅	丙	乙	巳	庚
천덕합(天德合)	壬	巳	丁	丙	寅	己	戊	亥	辛	庚	申	乙
월 덕(月德)	丙	甲	壬	庚	丙	甲	壬	庚	丙	甲	壬	庚
월덕합(月德合)	辛	己	丁	乙	辛	己	丁	乙	辛	己	丁	乙
월 공(月空)	壬	庚	丙	甲	壬	庚	丙	甲	壬	庚	丙	甲
월 은(月恩)	丙	丁	庚	己	戊	辛	壬	癸	庚	乙	甲	辛
월 재(月財)	九	三	四	二	七	六	九	三	四	二	七	六
생 기(生氣)	戌	亥	子	丑	寅	卯	辰	巳	午	未	申	酉
천 의(天宜)	丑	寅	卯	辰	巳	午	未	申	酉	戌	亥	子
역 마(驛馬)	申	巳	寅	亥	申	巳	寅	亥	申	巳	寅	亥
오 부(五富)	亥	寅	巳	申	亥	寅	巳	申	亥	寅	巳	申
해 신(解神)	申	申	戌	戌	子	子	寅	寅	辰	辰	午	午
요 안(要安)	寅	申	卯	酉	辰	戌	巳	亥	午	子	未	丑
옥제사일(玉帝赦日)	丁巳	甲子	乙丑	丙寅	辛卯	壬辰	丁亥	甲午	乙未	丙申	辛酉	壬戌
만통사길(萬通四吉)	午	亥	申	丑	戌	卯	子	巳	寅	未	辰	酉
회가제성(回駕帝星)	午	子	寅	戌	子	寅	辰	子	寅	子	寅	辰
익 후(翼後)	子	午	丑	未	寅	申	卯	酉	辰	戌	巳	亥
속 세(續世)	丑	未	寅	申	卯	酉	辰	戌	巳	亥	午	子
천 후(天后)	申	巳	寅	亥	申	巳	寅	亥	申	巳	寅	亥
천 무(天巫)	辰	巳	午	未	申	酉	戌	亥	子	丑	寅	卯
성 심(聖心)	亥	巳	子	午	丑	未	寅	申	卯	酉	辰	戌
경 안(敬安)	未	丑	申	寅	酉	卯	戌	辰	亥	巳	子	午
황은대사(皇恩大赦)	戌	丑	寅	巳	酉	卯	子	午	亥	辰	申	未

신살\월별	寅(正)	卯(2)	辰(3)	巳(4)	午(5)	未(6)	申(7)	酉(8)	戌(9)	亥(10)	子(11)	丑(12)
육 의(六儀)	辰	卯	寅	丑	子	亥	戌	酉	申	未	午	巳
보 광(寶光)	巳	未	酉	亥	丑	卯	巳	未	酉	亥	丑	卯
옥 우(玉宇)	卯	酉	辰	戌	巳	亥	午	子	未	丑	申	寅
월 해(月害)	申	申	酉	酉	戌	戌	亥	亥	午	午	未	未
양 덕(陽德)	戌	子	寅	辰	午	申	戌	子	寅	辰	午	申
음 덕(陰德)	酉	未	巳	卯	丑	亥	酉	未	巳	卯	丑	亥
지 덕(地德)	未	申	酉	戌	亥	子	丑	寅	卯	辰	巳	午
복 생(福生)	酉	卯	戌	辰	亥	巳	子	午	丑	未	寅	申
보 호(普護)	申	寅	酉	卯	戌	辰	亥	巳	子	午	丑	未
길 기(吉期)	卯	辰	巳	午	未	申	酉	戌	亥	子	丑	寅
병 보(兵寶)	卯	辰	巳	午	未	申	酉	戌	亥	子	丑	寅
병 복(兵福)	寅	卯	辰	巳	午	未	申	酉	戌	亥	子	丑
시 양(時陽)	子	丑	寅	卯	辰	巳	午	未	申	酉	戌	亥
시 음(時陰)	午	未	申	酉	戌	亥	子	丑	寅	卯	辰	巳
시 덕(時德)	午	午	午	辰	辰	辰	子	子	子	寅	寅	寅
삼 합(三合)	午戌	亥未	申子	酉丑	寅戌	亥卯	子辰	巳丑	寅午	卯未	申辰	巳酉
육 합(六合)	亥	戌	酉	申	未	午	巳	辰	卯	寅	丑	子
금 당(金堂)	辰	戌	巳	亥	午	子	未	丑	申	寅	酉	卯
천 원(天願)	乙亥	甲戌	乙酉	丙申	丁未	戊午	己巳	庚辰	辛卯	壬寅	癸丑	甲子
수 일(守日)	辰	辰	辰	未	未	未	戌	戌	戌	丑	丑	丑
임 일(臨日)	午	亥	申	丑	戌	卯	子	巳	寅	未	辰	酉
왕 일(旺日)	寅	寅	寅	巳	巳	巳	申	申	申	亥	亥	亥
상 일(相日)	巳	巳	巳	申	申	申	亥	亥	亥	寅	寅	寅
관 일(官日)	卯	卯	卯	午	午	午	酉	酉	酉	子	子	子

신살 \ 월별	寅(正)	卯(2)	辰(3)	巳(4)	午(5)	未(6)	申(7)	酉(8)	戌(9)	亥(10)	子(11)	丑(12)
민 일(民日)	午	午	午	酉	酉	酉	子	子	子	卯	卯	卯
천 귀(天貴)	甲乙	甲乙	甲乙	丙丁	丙丁	丙丁	庚辛	庚辛	庚辛	壬癸	壬癸	壬癸
사 상(四相)	丙丁	丙丁	丙丁	戊己	戊己	戊己	壬癸	壬癸	壬癸	甲乙	甲乙	甲乙
천사신(天赦神)	戌	丑	辰	未	戌	丑	辰	未	戌	丑	辰	未
청 룡(青龍)	子	寅	辰	午	申	戌	子	寅	辰	午	申	戌
천 강(天罡)	巳	子	未	寅	酉	辰	亥	午	丑	申	卯	戌
하 괴(河魁)	亥	午	丑	申	卯	戌	巳	子	未	寅	酉	辰
지 파(地破)	亥	子	丑	寅	卯	辰	巳	午	未	申	酉	戌
라 망(羅網)	子	申	巳	辰	戌	亥	丑	申	未	子	巳	辰
멸 몰(滅沒)	丑	子	亥	戌	酉	申	未	午	巳	辰	卯	寅
중 상(重喪)	甲	乙	己	丙	丁	己	庚	辛	己	壬	癸	己
복 일(復日)	甲庚	乙辛	戊己	丙壬	丁癸	己	甲庚	乙辛	戊己	丙壬	丁癸	戊己
중 일(重日)	巳亥	巳亥	巳亥	巳亥	巳亥	巳亥	巳亥	巳亥	巳亥	巳亥	巳亥	巳亥
천 적(天賊)	辰	酉	寅	未	子	巳	戌	卯	申	丑	午	亥
수 사(受死)	戌	辰	亥	巳	子	午	丑	未	寅	申	卯	酉
지 격(地隔)	辰	寅	子	戌	申	午	辰	寅	子	戌	申	午
지 낭(地囊)	庚子	癸未	甲子	己卯	戊辰	癸未	丙寅	丁卯	戊辰	庚子	辛未	乙酉
〃	庚午	癸丑	甲寅	己丑	戊午	癸巳	丙申	丁巳	戊子	庚戌	辛酉	乙未
토 부(土符)	丑	巳	酉	寅	午	戌	卯	未	亥	辰	申	子
토 금(土禁)	亥	亥	亥	寅	寅	寅	巳	巳	巳	申	申	申
토 기(土忌)	寅	巳	申	亥	卯	午	酉	子	辰	未	戌	丑
토 온(土瘟)	辰	巳	午	未	申	酉	戌	亥	子	丑	寅	卯
혈 지(血支)	丑	寅	卯	辰	巳	午	未	申	酉	戌	亥	子
혈 기(血忌)	丑	未	寅	申	卯	酉	辰	戌	巳	亥	午	子
산 격(山隔)	未	巳	卯	丑	亥	酉	未	巳	卯	丑	亥	酉

월별 신살	寅 (正)	卯 (2)	辰 (3)	巳 (4)	午 (5)	未 (6)	申 (7)	酉 (8)	戌 (9)	亥 (10)	子 (11)	丑 (12)
수 격(水隔)	戌	申	午	辰	寅	子	戌	申	午	辰	寅	子
천 격(天隔)	寅	子	戌	申	午	辰	寅	子	戌	申	午	辰
지 화(地火)	戌	酉	申	未	午	巳	辰	卯	寅	丑	子	亥
독 화(獨火)	巳	辰	卯	寅	丑	子	亥	戌	酉	申	未	午
유 화(遊火)	巳	寅	亥	申	巳	寅	亥	申	巳	寅	亥	申
온황살(瘟瘟殺)	未	戌	辰	寅	午	子	酉	申	巳	亥	丑	卯
귀 기(歸忌)	丑	寅	子	丑	寅	子	丑	寅	子	丑	寅	子
왕 망(往亡)	寅	巳	申	亥	丑	午	酉	子	辰	未	戌	丑
빙소와해(氷消瓦解)	巳	子	丑	申	卯	戌	亥	午	未	寅	酉	辰
소 시(小時)	寅	卯	辰	巳	午	未	申	酉	戌	亥	子	丑
대 시(大時)	卯	子	酉	午	卯	子	酉	午	卯	子	酉	午
홍 사(紅絲)	酉	巳	丑	酉	巳	丑	酉	巳	丑	酉	巳	丑
피 마(披麻)	子	酉	午	卯	子	酉	午	卯	子	酉	午	卯
음 차(陰差)	庚戌	辛酉	庚申	丁未	丙午	丁巳	甲辰	己卯	甲寅	癸丑	壬子	癸亥
양 착(陽錯)	甲寅	乙卯	甲辰	丁巳	丙午	丁未	庚申	辛酉	庚戌	癸亥	壬子	癸丑
장 성(長星)	7	4	6	9	15	10	8	2	4	3	17	9
단 성(短星)	21	19	16	25	25	21	22	18 19	16 17	14	13	25
천 구(天狗)	子	丑	寅	卯	辰	巳	午	未	申	酉	戌	亥
천 옥(天獄)	子	卯	午	酉	子	卯	午	酉	子	卯	午	酉
고 초(枯焦)	辰	丑	戌	未	卯	子	酉	午	寅	亥	申	巳
월 살(月殺)	丑	戌	未	辰	丑	戌	未	辰	丑	戌	未	辰
월 파(月破)	申	酉	戌	亥	子	丑	寅	卯	辰	巳	午	未
월 형(月刑)	巳	子	辰	申	午	丑	寅	酉	未	亥	卯	戌
월 해(月害)	巳	辰	卯	寅	丑	子	亥	戌	酉	申	未	午

신살 \ 월별	寅(正)	卯(2)	辰(3)	巳(4)	午(5)	未(6)	申(7)	酉(8)	戌(9)	亥(10)	子(11)	丑(12)
월 허(月虛)	丑	戌	未	辰	丑	戌	未	辰	丑	戌	未	辰
오 허(五虛)	酉巳丑	酉巳丑	酉巳丑	申子辰	申子辰	申子辰	亥卯未	亥卯未	亥卯未	寅午戌	寅午戌	寅午戌
월 염(月厭)	戌	酉	申	未	午	巳	辰	卯	寅	丑	子	亥
염 대(厭對)	辰	卯	寅	丑	子	亥	戌	酉	申	未	午	巳
비 염(飛廉)	戌	巳	午	未	寅	卯	辰	亥	子	丑	申	酉
구 공(九空)	辰	丑	戌	未	辰	丑	戌	未	辰	丑	戌	未
초 요(招搖)	辰	卯	寅	丑	子	亥	戌	酉	申	未	午	巳
천 리(天吏)	酉	午	卯	子	酉	午	卯	子	酉	午	卯	子
치 사(致死)	酉	午	卯	子	酉	午	卯	子	酉	午	卯	子
구 감(九坎)	辰	丑	戌	未	卯	子	酉	午	寅	亥	申	巳
오 묘(五墓)	乙未	乙未	戊辰	丙戌	丙戌	戊辰	辛丑	辛丑	戊辰	壬辰	壬辰	戊辰
인 격(人隔)	酉	未	巳	卯	丑	亥	酉	未	巳	卯	丑	亥
대 살(大殺)	戌	巳	午	未	寅	卯	辰	亥	子	丑	申	酉
태 허(太虛)	戌亥子	戌亥子	戌亥子	丑寅卯	丑寅卯	丑寅卯	辰巳午	辰巳午	辰巳午	未申酉	未申酉	未申酉
신 호(神號)	戌	亥	子	丑	寅	卯	辰	巳	午	未	申	酉
귀 곡(鬼哭)	未	戌	辰	寅	午	子	酉	申	巳	亥	丑	卯
반 지(反支)	5	5	4	4	3	3	2	2	1	1	6	6
사 격(四隔)	戌	戌	戌	丑	丑	丑	辰	辰	辰	未	未	未
양공기일(楊公忌日)	13	11	9	7	5	3	1	27	25	23	21	19
검봉살(劍鋒殺)	酉	酉	酉	子	子	子	卯	卯	卯	午	午	午
멸망일(滅亡日)	丑	辰	未	戌	丑	辰	未	戌	丑	辰	未	戌

◉ 사시(四時) 길흉신(吉凶神) 정국(定局)

神殺 \ 四時	寅卯辰月 (봄)	巳午未月 (여름)	申酉戌月 (가을)	亥子丑月 (겨울)
천 귀(天貴)	甲乙日	丙丁日	庚申日	壬癸日
사 상(四相)	丙丁日	戊己日	壬癸日	甲乙日
시 덕(時德)	午	辰	子	寅
왕 일(旺日)	寅	巳	申	亥
상 일(相日)	巳	申	亥	寅
수 일(守日)	寅	未	丑	戌
관 일(官日)	卯	午	酉	子
민 일(民日)	午	酉	子	卯
정 사 폐(正四廢)	庚申·辛酉	壬子·癸亥	甲寅·乙卯	丙午·丁巳
방 사 폐(傍四廢)	庚辛·申酉	壬癸·亥子	甲乙·寅卯	丙丁·巳午
천지전살(天地轉殺)	卯	午	酉	子
천전지전(川轉地轉)	癸卯·辛卯	丙午·戊午	辛酉·癸酉	壬子·丙子
천지황무(天地荒蕪)	巳酉丑	申子辰	亥卯未	寅午戌
사 허 패(四虛敗)	己酉	甲子	辛卯	庚午
사시대모(四時大耗)	乙未	丙戌	辛丑	壬辰
사시소모(四時小耗)	壬子	乙卯	戊午	辛酉
태 허 일(太虛日)	戌亥子	丑寅卯	辰巳午	未申酉
검 봉 살(劍鋒殺)	酉	子	卯	午

4 성조(成造)와 장매(葬埋)

조(造)는 양택(陽宅)을 뜻함이라 양계(陽界 : 살아 있는 사람이 살고 있는 세상)의 모든 건축 시설물을 짓거나 수리하는 일이며, 장(葬)은 음택(陰宅)에 속하는지라 죽은 사람이 들어가는 유택(幽宅), 죽은 사람을 위해 묘를 쓰고 망가진 묘를 손질하고, 이미 쓴 묘를 옮겨 모시는 일 등을 모두 합칭 조장(造葬)이라 합니다.

음양택에 따라 신살(神殺)의 길흉이 다른 것도 있고 함께 사용하는 것도 있으므로 신살의 작용력을 구분해야 올바른 신살 적용이 될 것입니다.

예를 들어, 정방음부(正傍陰符)는 음택이나 양택에만 살의 작용을 하고 일반 생활행사인 이사, 결혼식 등은 정음·방음부는 전혀 고려하지 않는 때문입니다. 또 같은 음부살(陰府殺)에 있어서도 정음부(正陰符)는 양택에만 꺼리고 음택에는 꺼리지 않으며, 방음부(傍陰符)는 음택에만 꺼리고 양택에는 범(犯)해도 무방한 까닭입니다.

본장에서는 방위신과 택일신으로 나누어 적용에 편리하도록 하는데 중점을 두었습니다.

1 세간(歲干) 기준 방위신(方位神)

방위는 여러 가지로 나누어 적용하게 됩니다. 즉, 동·서·남·북 사방(四方)으로 크게 나눌 수 있고, 동서남북 사정방(四正方) 사이에 있는 방위(동남, 서남, 동북, 서북) 간방(間方)까지 나누면 八方이 되는데 이 八方이 즉, 건(乾)·태(兌)·이(離)·진(震)·손(巽)·감(坎)·간(艮)·곤(坤)의 팔괘방(八卦方)으로 팔괘의 기본방(基本方)이 되는 것입니다.

뿐만 아니라, 十二支에 매인 방위도 있어 십이지를 기준하면 십이방이 되고 甲乙·丙丁·庚辛·壬癸(戊己方은 제외)의 天干八方에 地支 십이방, 그리고 간(艮)·손(巽)·곤(坤)·건(乾)의 네 방위와 子(坎)·午(離)·卯(震)·酉(兌)까지 합쳐 二十四方이 되는 것입니다. 이 방위에는 태세(太歲)가 교체될 때마다 위치가 바뀌고 고정적으로 한 자리에 머물러 있는 신살은 없습니다.

【 이 표에서 八卦方을 익혀 두세요 】

◉ 방위분류 현황(방위상식)

四方 : 東　　西　　南　　北
　　　 卯　　酉　　午　　子
　　　 震　　兌　　離　　坎

八方 : 東　　東南　　南　　西南　　西　　西北　　北　　東北
　　　 卯　　辰巳　　午　　未申　　酉　　戌亥　　子　　丑寅
　　　 震　　巽　　　離　　坤　　　兌　　乾　　　坎　　艮

十二方 : 子·丑·寅·卯·辰·巳·午·未·申·酉·戌·亥

二十四方 : 壬 子 癸 丑 艮 寅 甲 卯 乙 辰 巽 巳
　　　　　 丙 午 丁 未 坤 申 庚 酉 辛 戌 乾 亥

◉ 同宮法 1 - 壬子同,　癸丑同,　艮寅同,　甲卯同,　乙辰同,　巽巳同,
　　　　　　 丙午同,　丁未同,　坤申同,　庚酉同,　辛戌同,　乾亥同
　　　　　　 三合 필요시 적용함.

◉ 同宮法 2 - 壬子癸同,　丑艮寅同,　甲卯乙同,　辰巽巳同,
　　　　　　 丙午丁同,　未坤申同,　庚酉辛同,　戌乾亥同

① 세덕(歲德)

세덕방은 음양이 교회하는 곳으로 이 방위에 집을 짓거나 사업장을 내면 만 가지 일이 잘 풀려나간다 합니다. 세덕방은 아래와 같습니다.

甲年 - 甲方, 乙年 - 乙方, 丙年 - 丙方, 丁年 - 丁方, 戊年 - 戊方,
己年 - 己方, 庚年 - 庚方, 辛年 - 辛方, 壬年 - 壬方, 癸年 - 癸方

태세(太歲)의 天干과 同一한 방위가 세덕방입니다. 그러므로 태세가 甲이면 甲, 乙年이면 乙方이 세덕이란 길방입니다.

② 세덕합(歲德合)

세덕방의 天干과 干合되는 방위가 세덕합방이 되는 것입니다. 이 길방의 작용력은 세덕방과 동일합니다.

③ 문창귀인(文昌貴人)

이 문창귀인은 글을 맡은 길신으로 이 방위에 집을 짓거나 집을 수리하거나 이 방위에 거하면서 학업을 닦으면 실력이 배가 된다고 합니다. 정국은 아래와 같습니다.

甲年 - 巳方, 乙年 - 午方, 丙年 - 申方, 丁年 - 酉方, 戊年 - 申方,
己年 - 酉方, 庚年 - 亥方, 辛年 - 子方, 壬年 - 寅方, 癸年 - 卯方

④ 문곡귀인(文曲貴人)

문창과 문곡성은 태세(天干)를 기준 방위로 보고, 주인공의 生年干으로 사주도 참작해 보는 것입니다. 어쨌거나 이 문창·문곡방에서 어떤 일을 경영하거나 사주 내에 있으면 풍류남아(風流男兒)로 인품이 수려하고 문장이 탁월하다 하였습니다.

甲年 - 巳亥, 乙年 - 子午, 丙年 - 寅申, 丁年 - 卯酉, 戊年 - 寅申
己年 - 卯酉, 庚年 - 巳亥, 辛年 - 子午, 壬年 - 寅申, 癸年 - 卯酉

⑤ 천관귀인(天官貴人)

이 귀인성을 문무겸전하여 부귀쌍전에 사용하면 많은 영화를 누리게 된다 하였습니다. 천관귀인은 다음과 같습니다.

甲年 - 未, 乙年 - 辰, 丙年 - 巳, 丁年 - 寅, 戊年 - 卯
己年 - 酉, 庚年 - 亥, 辛年 - 申, 壬年 - 戌, 癸年 - 午

⑥ 천복귀인(天福貴人)

아래와 같은 방위로 여행을 가거나 방위에 집수리를 하거나 기타 물품을 만들거나 이익을 위한 어떤 일을 경영하면 만사형통이라 하였습니다.

> 甲年 - 酉, 乙年 - 申, 丙年 - 子, 丁年 - 亥, 戊年 - 卯
> 己年 - 寅, 庚年 - 午, 辛年 - 巳, 壬年 - 午, 癸年 - 巳

⑦ 태극귀인(太極貴人)

이 태극귀인은 사주 내에 있어도 좋은데 방위를 선택하거나 행사 날짜로 사용하면 경영인은 재산이 늘고 선비는 벼슬에 오르거나 지위가 높아진다 하였습니다.

> 甲年 - 子, 乙年 - 午, 丙年 - 酉, 丁年 - 卯, 戊年 - 巳
> 己年 - 午, 庚年 - 寅, 辛年 - 亥, 壬年 - 巳, 癸年 - 申

⑧ 천을귀인(天乙貴人)

이 귀인성은 길신 중에서도 가장 좋은 선신(善神)이라 이 천을귀인 방위에서 어떤 일을 하거나 천을귀인 방위로 출장을 가면 스스로 도와주는 이가 있어 계획한 뜻을 이루게 될 것입니다. 천을귀인은 양귀(陽貴)와 음귀(陰貴)로 구분하면 아래와 같습니다.

> ● 양귀(陽貴日) : 甲年:丑, 乙年:申, 丙年:酉, 丁年:亥, 戊年:丑
> 　　　　　　　　己年:子, 庚年:丑, 辛年:寅, 壬年:卯, 癸年:巳
> ● 음귀(陰貴日) : 甲年:丑, 乙年:子, 丙年:亥, 丁年:酉, 戊年:未
> 　　　　　　　　己年:申, 庚年:未, 辛年:午, 壬年:巳, 癸年:卯

⑨ 세록(歲祿)

세간록(歲干祿)이라고도 하는바, 이 방위에서 행사하면 좋은 벼슬을 얻거나 이미 관직에 다니는 분은 직위가 오른다 합니다.

甲年 - 寅, 乙年 - 卯, 丙年 - 巳, 丁年 - 午, 戊年 - 巳,
己年 - 午, 庚年 - 申, 辛年 - 酉, 壬年 - 亥, 癸年 - 子

⑩ 천재(天財)

주인공이 거처하는 집을 기준하여 천재방(天財方)으로 가서 어떤 일을 하거나 천재방으로 출장을 가면 재물이 생기거나 아니면 더 좋은 일이 생긴다 합니다.

甲乙年: 亥子方, 丙丁年: 寅卯方, 戊己年: 巳午方,
庚辛年: 辰戌丑未方, 壬癸年: 申酉方

다음은 세간(歲干)을 기준한 흉신정국(凶神定局)입니다. 음양택 구분 없이 함께 수록한바, 길흉 날짜가 아니라 묘나 건물의 좌향과 일(行事)하는 곳의 방위 등을 알아보는 세간신(歲干神) 정국입니다.

⑪ 산가곤룡(山家困龍)

사람이 사는 집을 짓고 죽은 이가 永眠하는 묘를 쓰거나 집수리, 묘수리에 방위와 좌향을 범하면 불리인데 단, 통천규(通天竅 : 조장택일 항목에 있음)의 합국(合局)법에 따르면 되겠습니다.

甲己 - 건(乾), 乙庚 - 庚, 丙辛 - 丁, 丁壬 - 손(巽), 戊癸 - 甲

예를 들어, 甲年이나 己年 태세라면 건방(乾方)이 산가곤룡이란 흉살인바, 건물의 좌향, 무덤의 좌향 놓는 것을 꺼린다 하였습니다.

⑫ 좌산관부(座山官符)

양택(陽宅)에 건물의 좌향이나 무덤의 좌에 관부살에 해당하면 가족들에게 질병이 따르고 남과 시비가 잘 이루어진다 합니다.

> 甲己年 - 戌, 乙庚年 - 申, 丙辛年 - 午, 丁壬年 - 辰, 戊癸年 - 寅方

⑬ 산가관부(山家官符)

음양택을 막론하고 이 살을 범하면 관재 시비가 자주 발생하고 사내 가족이 사고를 당하는 수가 있다 합니다.

> 甲己年 - 亥, 乙庚年 - 酉, 丙辛年 - 未, 丁壬年 - 巳, 戊癸年 - 卯

⑭ 라천대퇴(羅天大退)

아래와 같은 살(殺)을 범하면 재물이 줄어가고 심한 경우 살인자까지 생긴다 하였습니다. 많은 과장이 있는 것 같습니다.

> 甲年·감(坎 - 子北), 乙年·진(震 - 卯東), 丙丁年·간(艮 - 동북)
> 戊己年·곤(坤 - 서남), 庚辛年·손(巽 - 동남), 壬癸年·태(兌 - 서쪽)

예를 들어, 태세간이 乙年인 경우 정동인 진방(震方)을 범하면 위와 같은 나쁜 일이 생기는 수가 있다는 뜻입니다.

⑮ 부천공망(浮天空亡)

부천공망은 세간(歲干·甲乙丙丁의 예)을 기준 좌향 방위 등을 대조해 보는바 건물의 향(向 - 앞)만 피하면 다른 일은 무해무익이라 합니다.

甲年 - 壬, 乙年 - 癸, 丙年 - 辛, 丁年 - 庚, 戊年 - 坤,
己年 - 乾, 庚年 - 丁, 辛年 - 丙, 壬年 - 甲, 癸年 - 乙

※ 乾은 서북 坤은 서남방입니다.

⑯ 장군전(將軍箭)

장군전이 닿는 방위에 건축물을 세우거나 장군전에 해당하는 무덤의 좌(坐) 놓으면 가정에 우환이 생긴다 합니다.

甲年 - 卯, 乙年 - 辰, 丙年 - 午, 丁年 - 未, 戊年 - 午,
己年 - 未, 庚年 - 酉, 辛年 - 戌, 壬年 - 子, 癸年 - 丑

⑰ 산가혈인(山家血刃)

양택(陽宅 : 집짓고 수리하는 일)에 혈인방(血刃方)을 범하면 다른 일은 무해무익 하나 가축이 자주 죽어나간다 합니다.

甲年 - 6·7일, 乙年 - 1·4일, 丙年 - 2·8일, 丁年 - 3일, 戊年 - 9일,
己年 - 6·7일, 庚年 - 1·4일, 辛年 - 2·8일, 壬年 - 3일, 癸年 - 9일

⑱ 양인방(羊刃方)

이 양인방을 범하면 건축물의 한 곳을 수리하거나 흙을 운반 하거나 땅을 팔 때 살고 있는 집을 기준하여 양인방을 범하면 손재·부상·소송 등의

반갑지 못한 일들이 연달아 생긴다고 합니다.
양인방은 건록 다음 지지로서 아래와 같습니다.

甲年 - 卯方, 乙年 - 辰方, 丙年 - 午方, 丁年 - 未方, 戊年 - 午方,
己年 - 未方, 庚年 - 酉方, 辛年 - 戌方, 壬年 - 子方, 癸年 - 丑方

단, 乙·丁·己·辛·癸 陰干年에는 양인(羊刃)의 작용력이 양년(陽年)에 비해 훨씬 미약한 것입니다.

⑲ 파패오귀(破敗五鬼)

이 파패오귀의 흉방에서는 양택(陽宅)의 땅을 파고 흙을 운반하고 집 한 곳을 수선하는 일 등을 꺼리게 됩니다.

甲年 - **동남방**, 乙年 - **동북방**, 丙年 - **서남방**, 丁年 - **동방**, 戊年 - **남방**,
己年 - **북방**, 庚年 - **서방**, 辛年 - **서북방**, 壬年 - **동남방**, 癸年 - **동북방**

⑳ 정음부(正陰符)

이 정음부는 음택(陰宅 : 무덤에 관계되는 일)에는 꺼리지 않으나 집짓고(좌향의 방향) 수리하는데 꺼립니다. 정음부의 정국은 아래와 같습니다.

甲年 - **간손방**(艮巽方), 乙年 - **건유방**(乾酉方)
丙年 - **곤자방**(坤子方), 丁年 - **오방**(午方)
戊年 - **묘방**(卯方),   己年 - **간손방**(艮巽方)
庚年 - **건유방**(乾酉方), 辛年 - **곤자방**(坤子方)
壬年 - **오방**(午方),   癸年 - **묘방**(卯方)

㉑ 방음부(傍陰符)

방음부는 건축을 위한 기초공사 시작과 집수리에는 꺼리지 않으나 묘에 해당하는 일은 꺼립니다.

> 甲年 - 丙辛坐, 乙年 - 甲丁巳丑坐, 丙年 - 乙癸申辰坐, 丁年 - 壬寅戌坐,
> 戊年 - 庚亥未坐, 己年 - 丙辛坐, 庚年 - 甲丁巳丑坐, 辛年 - 乙癸申辰坐,
> 壬年 - 壬寅戌坐, 癸年 - 庚亥未坐

예를 들어, 태세가 甲子 甲戌 甲申 등 甲年이라면 새로 쓰는 (초상) 이장을 막론하고 丙坐와 辛坐를 놓는데 꺼립니다. 부득이 방음부에 해당하는 좌(坐)를 놓고 묘를 쓸려면 제살법(制殺法)의 원칙에 의해 살을 누르고 묘를 쓰는 수가 있습니다.

금년(서기 2009년 기준)에는 己丑年이라 己土가 살입니다. 寅卯二月과 秋冬月(申酉 亥子月)에는 土殺(己土)이 무력해서 큰 근심이 없으나 辰巳午未 戌丑 土月에는 己殺이 왕하여 제살이 요구됩니다. 효살(梟殺)로 제하는 방법이 있는바, 망인(亡人 : 묘의 주인공)의 명(命)이나 제주(祭主)의 生年干이 己土의 효살인 丁火에 해당하면 제살되어 방음부에 해당하는 좌(坐)를 놓아도 무방합니다.

㉒ 상삭(上朔)

세간(歲干 : 1년에 十干 한 자리씩 돌아가는 天干태세)을 기준 日辰을 대조하는바, 결혼식·연회 등 잔치를 베푸는 일과 벼슬(혹은, 어떤 출마에 당선된 것)을 얻어 첫 날 취임하는데 피하는 게 좋겠습니다.

> 甲年 - 癸亥日, 乙年 - 己巳日, 丙年 - 乙亥日, 丁年 - 辛巳日, 戊年 - 丁亥日,
> 己年 - 癸巳日, 庚年 - 己亥日, 辛年 - 乙巳日, 壬年 - 辛亥日, 癸年 - 丁巳日

이 상삭이 닿는 日辰은 모두 巳亥 중일(重日)이 되므로 무조건 장례행사를 치르는데 꺼립니다.

㉓ 금신(金神)

금신도 살(殺)이므로 음양택을 막론하고 유리함이 없으나 단 살로서의 작용력이 미약해서 다른 걸림돌 되는 흉신만 없으면 사용해도 무방합니다.

2 세지기준 방위신(길신)

앞에서는 태세의 天干을 기준 24방에 나열된 방위신의 정국(定局)과 적용의 길흉에 대해 수록하였습니다. 이제부터는 세간신(歲干神)이 아니라 세지(歲支)에 해당하는 방위신에 대해 설명합니다.

① 세천덕(歲天德)

이 방위신은 음양택과 일반 행사에 모두 유리합니다. 천덕은 여러 방면의 정국(定局)이 있는바, 태세의 天干기준과 태세의 地支기준, 月支기준 천덕 있어 태세 천간과 태세 지지는 방위신이 되고 月支기준 천덕은 혼인·이사·연회 등에 적용됩니다.

> 子年 - 巽方, 丑年 - 庚方, 寅年 - 丁方, 卯年 - 坤方, 辰年 - 壬方,
> 巳年 - 辛方, 午年 - 乾方, 未年 - 甲方, 申年 - 癸方, 酉年 - 艮方,
> 戌年 - 丙方, 亥年 - 乙方

예를 들어, 甲子·丙子·戊子 등 子年에는 천덕길신(天德吉神)이 손방(巽方) 즉, 동남방에 거한다 생각하면 되겠습니다.

② 천덕합(天德合)

천덕합은 ①항 세천덕합과 干合 支合이 되는 것이며 길신으로서의 작용은 세천덕방과 동일합니다.

> 子年·巽方(巳申合),　丑年·庚方(乙庚合),　寅年·壬方(丁壬合)
> 卯年·巳方(巳申合),　辰年·丁方(丁壬合),　巳年·丙方(丙辛合)
> 午年·寅方(寅亥合),　未年·己方(甲己合),　申年·戊方(戊癸合)
> 酉年·亥方(寅亥合),　戌年·辛方(丙辛合),　亥年·庚方(乙庚合)

※ 巽은 巳, 坤은 申, 乾은 亥, 艮은 寅을 取用하였음.

③ 세월덕(歲月德)

세월덕이란 태세의 地支로 이루어지는 길방인데 건축과 집수리, 특히, 창고 짓는 일, 장례행사 등에 대리한 방위입니다. 정국은 아래와 같습니다.

> 申子辰年·壬方,　巳酉丑年·庚方,　寅午戌年·丙方,　亥卯未年·甲方

④ 월덕합(月德合)

월덕방과 干合되는 방위로서 음·양택과 일반 생활의 중요성이 있는 행사에 모두 좋은 방위라 하겠습니다.

> 申子辰年·丁方,　巳酉丑年·乙方,　寅午戌年·辛方,　亥卯未年·己方

④ 세마(歲馬)

세마는 十二支로 역마성(驛馬星)이 위치하는 방위로서 무역업·상거래 트기·여행·이사·매매 등에 유리한 방위가 되겠습니다.

申子辰年·寅,　巳酉丑年·亥,　寅午戌年·申方,　亥卯未年·巳方

⑥ 천창(天倉)

천창일은 창고 짓기와 수리 등에 유리한 방위입니다.

子年 - 酉方,　丑年 - 戌方,　寅年 - 亥方,　卯年 - 子方,　辰年 - 子方,
巳年 - 寅方,　午年 - 卯方,　未年 - 辰方,　申年 - 巳方,　酉年 - 午方,
戌年 - 未方,　亥年 - 申方

⑦ 지창(地倉)

행사에 유리한 것은 바로 앞 천창과 동일한데 창고 짓기, 창고수리, 창고에 물건 적재 등에 좋은 날이라 하겠습니다.

子年 - 辰戌方,　丑年 - 寅申方,　寅年 - 子午方,　卯年 - 巳亥方,
辰年 - 卯酉方,　巳年 - 寅申方,　午年 - 卯酉方,　未年 - 丑未方,
申年 - 子酉方,　酉年 - 辰戌方,　戌年 - 卯酉方,　亥年 - 寅申方

⑧ 수천(守天)

이 수천방은 비록 길방에 속하나 작용력이 미약하므로 수천신(守天神)이 홀로 있거나 다른 길신이 함께 하지 않으면 취용(取用)이 어렵다 하겠습니다.

子年 - 申方, 丑年 - 辰方, 寅年 - 子方, 卯年 - 亥方, 辰年 - 申方,
巳年 - 乙方, 午年 - 坤方, 未年 - 卯方, 申年 - 丙方, 酉年 - 卯方,
戌年 - 辰方, 亥年 - 亥方

⑨ 수전(守殿)

신살의 임무를 비교해서 말한다면 관공서(官公署 - 中央廳)의 정문(正門)을 지키는 수위(守衛)와 같이 잡인이나 수상한 사람의 출입을 제한하는 임무와 같을 것입니다.

단, 중앙청이 비어 있는 수위는 필요가 없는 것 같이 다른 길신이 임하지 않으면 어떤 행사라도 불리한 것으로 추리됩니다.

子年 - 丙壬方, 丑年 - 丑未方, 寅年 - 子午方, 卯年 - 巳亥方,
辰年 - 甲寅方, 巳年 - 丁癸方, 午年 - 艮坤方, 未年 - 卯酉方,
申年 - 壬丙方, 酉年 - 卯酉方, 戌年 - 辰戌方, 亥年 - 巳亥方

⑩ 박사(博士)

길신으로 모든 방면에 해박한 지식을 갖춘 인물이 타생하거나 아니면 박사방에서 그러한 사람을 만나 큰 도움을 받게 된다 하겠습니다.

亥子丑年 巽方(손방 : 동남방)   寅卯辰年 坤方(곤방 : 동북방)
巳午未年 乾方(건방 : 서북방)   申酉戌年 艮方(간방 : 동북방)

⑪ 역사(力士)

역사도 길신에 속하는바 힘세고 무예가 출중한 사람에 비유되는 장군별입니다. 정국(定局)은 아래와 같습니다.

亥子丑年·艮方(간방 : 동북방)	寅卯辰年·巽方(손방 : 동남방)
巳午未年·坤方(곤방 : 서남방)	申酉戌年·乾方(건방 : 서북방)

⑫ 지덕(枝德)

지덕은 그 해 태세에 따른 길방이라 하겠습니다. 단, 작용력은 미약하므로 큰 흉신은 피하고 다른 길신과 합국(合局)해서 사용하시면 이상적인 길방 이용이 되겠습니다.

寅年 - 巳, 卯年 - 午, 辰年 - 未, 巳年 - 申, 午年 - 酉, 未年 - 戌
申年 - 亥, 酉年 - 子, 戌年 - 丑, 亥年 - 寅, 子年 - 卯, 丑年 - 辰方

⑬ 주서(奏書)

이 주서는 문서(文書)를 맡은 길신으로 비유하건대 옛날 왕조시대(王朝時代)에 왕명(王名)을 기록하는 벼슬과 같고 현시대에는 사무행적직(事務行政職)과 같은 벼슬입니다. 정국(定局)은 아래와 같습니다.

亥子丑年·乾方(건방 : 서북)	寅卯辰年·艮方(간방 : 동북)
巳午未年·艮方(간방 : 동남)	申酉戌年·巽方(손방 : 서남)

⑭ 용덕(龍德)

용덕도 연신길방(年神吉方)으로서 이 방위에서 행사(行事)하면 관직의 기쁜 일이 생긴다 하나 단, 길신의 보조성신이므로 작용력은 미약합니다.

정국(定局)은 다음과 같습니다.

> 子年 - 未方, 丑年 - 申方, 寅年 - 酉方, 卯年 - 戌方, 辰年 - 亥方,
> 巳年 - 子方, 午年 - 丑方, 未年 - 寅方, 申年 - 卯方, 酉年 - 辰方,
> 戌年 - 巳方, 亥年 - 午方

⑮ 공조(功曹)

이 공조방(功曹方)은 모든 행사에 유리하며 특히, 사업장을 내거나 기계설치, 생산공장 등을 설치하면 좋습니다. 단, 이 길신도 작용력이 미약하므로 큰 흉신을 만나지 않아야 하며 천월덕 같은 길신과 함께 있는 것을 기뻐합니다. 정국은 아래와 같습니다.

> 子年 - 寅方, 丑年 - 丑方, 寅年 - 子方, 卯年 - 亥方, 辰年 - 戌方,
> 巳年 - 酉方, 午年 - 申方, 未年 - 未方, 申年 - 午方, 酉年 - 巳方,
> 戌年 - 辰方, 亥年 - 卯方

⑯ 신후(神后)

이 신후신도 길방의 하나이므로 이 방위에서 행사하면 신명(神明)의 도움을 받게 된다 합니다. 단, 보조신이 되어 반드시 다른 길신 2·3위를 겸해야 좋은 작용을 하게 될 것입니다.

> 子年 - 子方, 丑年 - 亥方, 寅年 - 戌方, 卯年 - 酉方, 辰年 - 申方,
> 巳年 - 未方, 午年 - 午方, 未年 - 巳方, 申年 - 辰方, 酉年 - 卯方,
> 戌年 - 寅方, 亥年 - 丑方

⑰ 태양(太陽)

이 방위에서 행사하면 근심이 사라지고 기쁜 일이 생긴다 합니다. 단, 작용력이 주신(主神 : 천월덕·천을귀인 등)만 못하므로 겁살이나 세파 같은 흉신을 만나지 않아야 합니다.

子年 - 丑方, 丑年 - 寅方, 寅年 - 卯方, 卯年 - 辰方, 辰年 - 巳方,
巳年 - 午方, 午年 - 未方, 未年 - 申方, 申年 - 酉方, 酉年 - 戌方,
戌年 - 亥方, 亥年 - 子方

⑱ 태음(太陰)

태음도 길신으로서의 작용은 태양과 거의 동일한데 흉신의 작용을 달래는 지혜는 태양보다 유리합니다.

子年 - 卯方, 丑年 - 辰方, 寅年 - 巳方, 卯年 - 午方, 辰年 - 未方,
巳年 - 申方, 午年 - 酉方, 未年 - 戌方, 申年 - 亥方, 酉年 - 子方,
戌年 - 丑方, 亥年 - 寅方

⑲ 홍란성(紅鸞星)

이 홍란성은 사주·육효 등에도 길신으로서의 좋은 일을 맡아 주인공을 복되게 하는바 크다 하겠습니다. 하늘에서 옥황상제를 보좌하는 여선(女仙)에 비유하므로 만사에 다 유리합니다. 단, 큰 흉신을 많이 만나면 길 작용을 못하게 됩니다. 아래와 같습니다.

子年 - 卯方, 丑年 - 辰方, 寅年 - 巳方, 卯年 - 午方, 辰年 - 未方,
巳年 - 申方, 午年 - 酉方, 未年 - 戌方, 申年 - 亥方, 酉年 - 子方,
戌年 - 丑方, 亥年 - 寅方

⑳ 연해성(年解星)

이 방위(연해성)에다 건물을 짓거나 사업장을 내면 흉살이 범하더라도 나쁜 짓을 못하도록 해소시킨다 합니다. 정국은 아래와 같습니다.

子年 - 戌方,　丑年 - 酉方,　寅年 - 申方,　卯年 - 未方,　辰年 - 午方,
巳年 - 巳方,　午年 - 辰方,　未年 - 卯方,　申年 - 寅方,　酉年 - 丑方,
戌年 - 子方,　亥年 - 亥方

㉑ 옥토성(玉兎星)

이 방위(옥토성)으로 출행하거나 옮겨 살면 좋은 사람과 인연을 맺는 기쁨이 있겠습니다. 단, 큰 흉신이 같은 자리에 없어야 되겠습니다.

子年 - 亥方,　丑年 - 戌方,　寅年 - 酉方,　卯年 - 申方,　辰年 - 未方,
巳年 - 午方,　午年 - 巳方,　未年 - 辰方,　申年 - 亥方,　酉年 - 寅方,
戌年 - 丑方,　亥年 - 子方

㉒ 복덕(福德)

이 방위(복덕)도 길신이므로 경영에 유리한 작용을 하게 되는 것은 분명합니다. 단, 큰 흉신을 만나지 않아야 복록이 자연 이르게 될 것입니다.

子年 - 酉方,　丑年 - 戌方,　寅年 - 亥方,　卯年 - 子方,　辰年 - 丑方,
巳年 - 寅方,　午年 - 卯方,　未年 - 辰方,　申年 - 巳方,　酉年 - 午方,
戌年 - 未方,　亥年 - 申方

㉓ 전송(傳送)

전송은 길신에 해당되는 것 같으나(필자도 길흉신 어느 것에 속하는지 분명히는 모르겠음) 작용력이 미약한 것으로 생각됩니다. 길신에 속한다고 생각된 것은 그 정국(定局)이 十二支 순서로 연결되었기 때문입니다.

> 子年 – 申方, 丑年 – 未方, 寅年 – 午方, 卯年 – 巳方, 辰年 – 辰方, 巳年 – 卯方,
> 午年 – 寅方, 未年 – 申方, 申年 – 子方, 酉年 – 亥方, 戌年 – 午方, 亥年 – 酉方

㉔ 승광(勝光)

이 승광도 연신길방(年神吉方)에 속하므로 이 방위에서의 행사는 유리합니다. 단, 작용력이 천월덕·귀인 등에 비하여 미약할 뿐입니다.

> 子年 – 辰方, 丑年 – 卯方, 寅年 – 寅方, 卯年 – 丑方, 辰年 – 子方, 巳年 – 亥方,
> 午年 – 戌方, 未年 – 酉方, 申年 – 申方, 酉年 – 未方, 戌年 – 午方, 亥年 – 巳方

3 세지기준 방위신(흉신)

① 좌산라후(坐山羅候)

이 날짜를 범하면 관재(官災 - 법정사건)가 발생하고 의식주의 근심이 생긴다 하는데 음양택 모두 해당합니다.

> 子年 – 6日, 丑年 – 8日, 寅年 – 3日, 卯年 – 9日, 辰年 – 7日, 巳年 – 2日,
> 午年 – 2日, 未年 – 8日, 申年 – 1日, 酉年 – 1日, 戌年 – 1日, 亥年 – 6日

② 순산라후(巡山羅候)

이 방위에 집을 짓거나 묘 쓰는 일을 하면 법정사건이 발생하고 갑작스런 액도 이른다 하는데 음양택을 막론하고 작용력은 미약한 것으로 보겠습니다.

> 子年 - 乙方, 丑年 - 壬方, 寅年 - 艮方(간방-동북방),
> 卯年 - 甲方, 辰年 - 巽方(손방-동남방), 巳年 - 丙方,
> 午年 - 丁方, 未年 - 坤方(곤방-서남방), 申年 - 辛方,
> 酉年 - 乾方(건방-서북방), 戌年 - 癸方, 亥年 - 庚方

③ 황천구퇴(皇天灸退)

이 흉신은 태세로 방위를 대조하는바, 음택(陰宅 : 장사지내고 묘 작업하는 일)에는 상관이 없고 양택에 있어 아래에 해당하는 방위로 향(向 : 건물의 앞)을 놓으면 재물이 흩어지고 기타 좋지 않은 일이 발생한다 하였습니다.

> 申子辰年 - 卯方, 巳酉丑年 - 子方, 寅午戌年 - 酉方, 亥卯未年 - 午方

④ 라천대퇴(羅天大退)

이 흉신은 집을 새로 짓고 수리하기 시작하는데 꺼리므로 이 날에 행사하면 사람에게 액이 있고 재산이 줄어든다 하나 좋은 길신과 같이 있으면 이러한 일이 해소될 것입니다.

> 子年 - 4日, 丑年 - 7日, 寅·卯·辰·巳年 - 初 1日,
> 午·未年 - 初 6日, 申·酉年 - 初 2日, 戌·亥年 - 初 9日

⑤ 구천주작(九天朱雀)

이 흉신은 오직 양택(陽宅)에만 꺼리는바 아래와 같은 방위에 집수리를 하거나 건물의 향(向)을 놓으면 좋지 않은 일이 생긴다고 합니다. 단, 천월덕 같은 길신이 함께 임하면 이 살을 해소시킬 수 있을 것입니다.

子年 - 卯, 丑年 - 戌, 寅年 - 巳, 卯年 - 子, 辰年 - 未, 巳年 - 寅,
午年 - 酉, 未年 - 辰, 申年 - 亥, 酉年 - 午, 戌年 - 丑, 亥年 - 申

예를 들어, 甲子·丙子·戊子 등 子年에는 건물의 卯方(정동쪽)에 건물의 수리를 못하고 또는, 卯方쪽으로 향(向)을 놓는 것을 꺼린다는 뜻입니다.

⑥ 타겁혈인(打劫血刃)

이 타겁혈인은 음력 날짜로 보는데 이에 해당하는 날짜에 땅을 파거나 흙을 운반하거나 흙을 붙이는 일 등을 하지 말아야 탈이 없겠습니다.

子午年 - 2日, 丑未年 - 8日, 寅申年 - 6日, 卯酉年 - 2日,
辰戌年 - 9日, 巳亥年 - 4日

⑦ 태음살(太陰殺)

태음살은 양택(陽宅)에는 꺼리지만 음택(陰宅) 즉, 이장을 하거나 허물어진 묘를 손질하는 데는 꺼리지 않습니다. 날짜가 아닌 방위를 보는 것으로 건물을 새로 짓거나 건물 한 쪽을 수리하거나 건물의 향(向 - 앞쪽)을 놓는데 불리하겠습니다.

子年 - 亥方, 丑年 - 子方, 寅年 - 丑方, 卯年 - 寅方, 辰年 - 卯方, 巳年 - 辰方,
午年 - 巳方, 未年 - 午方, 申年 - 未方, 酉年 - 申方, 戌年 - 酉方, 亥年 - 戌方

⑧ 천관부(天官符)

음택(陰宅)에는 아무런 탈이 없고 건물 짓고 수리하는데만 꺼립니다. 태세 오행을 건물주나 월·일·시 중 납음으로 제살(制殺)하면 탈이 없습니다. 예를 들어, 己丑年은 申方이 천관부인데 申金을 극하는 자 火라(戊子 己丑 벽력화) 火克金으로 제살되는 것입니다.

子年 - 亥方, 丑年 - 申方, 寅年 - 巳方, 卯年 - 寅方, 辰年 - 亥方, 巳年 - 申方, 午年 - 巳方, 未年 - 寅方, 申年 - 亥方, 酉年 - 申方, 戌年 - 巳方, 亥年 - 寅方

⑨ 지관부(地官符)

지관부(地官符)는 천관부와 반대로 음택에는 꺼리지만 양택에는 꺼리지 않습니다. 단, 작용력이 미약하므로 길신 2·3위를 겸하면 이 방위를 범해도 무방합니다.

子年 - 辰方, 丑年 - 巳方, 寅年 - 午方, 卯年 - 未方, 辰年 - 申方, 巳年 - 酉方, 午年 - 戌方, 未年 - 亥方, 申年 - 子方, 酉年 - 丑方, 戌年 - 寅方, 亥年 - 卯方

⑩ 태세(太歲)

태세란 子年에 子方, 丑年에 丑方 식으로 행년태세(行年太歲)와 지지가 같은 방위를 칭하는 것입니다. 이 태세방은 음양택을 막론하고 크게 꺼리는 살성이라 하겠습니다.

子年 - 子方, 丑年 - 丑方, 寅年 - 寅方, 卯年 - 卯方, 辰年 - 辰方, 巳年 - 巳方, 午年 - 午方, 未年 - 未方, 申年 - 申方, 酉年 - 酉方, 戌年 - 戌方, 亥年 - 亥方

⑪ 세파(歲破)

태세와 상충되는 방위를 세파방(歲破方)입니다. 세파는 크게 꺼리는 살로 양택에 있어서는 좌향을 놓거나 수리하는데 꺼리며 음택에 있어서는 묘의 좌향을 놓지 못하며 또는, 세파방에 합장을 하거나 다른 묘를 쓰거나 상돌·비석을 안치하지 못합니다. 세파방은 아래와 같습니다.

子年 – 午方, 丑年 – 未方, 寅年 – 申方, 卯年 – 酉方, 辰年 – 戌方, 巳年 – 亥方,
午年 – 子方, 未年 – 丑方, 申年 – 寅方, 酉年 – 卯方, 戌年 – 辰方, 亥年 – 巳方

⑫ 세형(歲刑)

행년태세(行年太歲)와 형(刑 : 三形·相刑·自刑의 구분이 있음)이 되는 방위인데 양택에만 약간 꺼리고 음택에는 형살을 범해도 크게 꺼리지 않는다 하겠습니다.

子年 – 卯方, 丑年 – 戌方, 寅年 – 巳方, 卯年 – 子方, 辰年 – 辰方, 巳年 – 申方,
午年 – 午方, 未年 – 丑方, 申年 – 寅方, 酉年 – 酉方, 戌年 – 未方, 亥年 – 亥方

⑬ 세렴(歲厭)

세렴은 흉신에 속하지만 음양택을 막론하고 나쁜 작용이 미약하므로 세렴 홀로만 있거나 길신이 없이 다른 흉신과 같이 있을 때만 꺼리게 됩니다.

子年 – 子方, 丑年 – 亥方, 寅年 – 戌方, 卯年 – 酉方, 辰年 – 申方, 巳年 – 未方,
午年 – 午方, 未年 – 巳方, 申年 – 辰方, 酉年 – 卯方, 戌年 – 寅方, 亥年 – 丑方

⑭ 대장군(大將軍)

대장군방(大將軍方)은 양택에 있어 기존 건물의 대장군방을 손질하거나 대장군방에 다른 건축물을 달아내면 큰 재앙이 발생하는 것을 필자는 여러 번 보았습니다. 대장군방은 다음과 같습니다.

亥子丑年 - 酉方, 寅卯辰年 - 子方, 巳午未年 - 卯方, 申酉戌年 - 午方

⑮ 겁살(劫殺)

삼살(三殺 : 겁살, 재살, 세살)의 하나로 음양택을 막론하고 매우 꺼리는 살방(殺方)입니다. 음택에 있어 무덤 한 가운데를 기준하여 삼살이 닿는 방위에 남의 묘를 쓰지 못하도록 할 것이며 비록 가족이나 배우자가 될지라도 삼살방에는 시신을 모시지 못합니다.

뿐만 아니라 이장, 신묘를 막론하고 삼살방에 머리를 가도록(三殺坐) 해서는 안 됩니다. 세간에서 삼살방은 막혔다 하여 이사도 못하고 있으나 그런 게 아니고 비록 삼살방쪽 이사라도 일백보 이상 떨어져 있으면 이사를 꺼리지 않는다 하였습니다.

申子辰年 - 巳方, 巳酉丑年 - 寅方, 寅午戌年 - 亥方, 亥卯未年 - 申方

⑯ 재살(災殺)

겁살·천살과 더불어 삼살에 속하는바, 작용은 겁살과 동일합니다.

申子辰年 - 午方, 巳酉丑年 - 卯方, 寅午戌年 - 子方, 亥卯未年 - 酉方

⑰ 천살(天殺)

이 천살도 작용력이 겁살·재살과 동일합니다. 정국은 다음과 같습니다.

> 寅午戌年 - 丑方, 巳酉丑年 - 辰方, 申子辰年 - 未方, 亥卯未年 - 戌方

⑱ 좌살(坐殺)

지지삼살(地支三殺) 사이에 끼어 있는 天干글자가 좌살입니다. 음양택을 막론하고 건물이나 시신(屍身)의 좌(坐)를 놓지 못합니다.

> 申子辰年 - 丙丁坐, 巳酉丑年 - 甲乙坐,
> 寅午戌年 - 壬癸坐, 亥卯未年 - 庚辛坐

⑲ 향살(向殺)

좌살(坐殺)의 대충궁(對沖宮)이 향살입니다. 향기좌불기(向忌坐不忌 - 향은 꺼려도 坐는 꺼리지 않음)라 하는데 정국(定局)을 보면 좌살(坐殺)에 해당되면 자연 향살이 되고 향살에 해당하면 자연 좌살이 되도록 되어 있기 때문입니다.

> 申子辰年 - 丙丁向(壬癸坐),　　巳酉丑年 - 庚辛向(甲乙坐),
> 寅午戌年 - 壬癸向(丙丁坐),　　亥卯未年 - 甲乙向(庚辛坐)

⑳ 상문(喪門)

상문방(喪門方)을 범하면(이사, 묘 쓰는 일, 집수리, 여행, 영안설치 등) 손재, 질병 등이 따른다 합니다. 택일, 방위 보는데도 참고 하거니와 육효점의 가택·신수·질병·분실점 등에 참고하도록 되었습니다. 상문은 태세로 방위를 대조하는바, 세지(歲支) 한 칸 걸러가 상문에 해당합니다.

子年 – 寅方, 丑年 – 卯方, 寅年 – 辰方, 卯年 – 巳方, 辰年 – 午方, 巳年 – 未方,
午年 – 申方, 未年 – 酉方, 申年 – 戌方, 酉年 – 亥方, 戌年 – 子方, 亥年 – 丑方

㉑ 조객(弔客)

조객방에 대한 작용력(흉신의 작용)은 상문과 동일합니다. 조객이 머무는 곳은 다음과 같습니다.

子年 – 戌方, 丑年 – 亥方, 寅年 – 子方, 卯年 – 丑方, 辰年 – 寅方, 巳年 – 卯方,
午年 – 辰方, 未年 – 巳方, 申年 – 午方, 酉年 – 未方, 戌年 – 申方, 亥年 – 酉方

㉒ 백호(白虎)

상문의 대충방(對沖方)이 백호방입니다. 음택은 크게 꺼리지 않으나 양택에 있어 백호방에 건축물을 이어 짓거나 수리. 또는 백호방에서 사람이 들어오면 우환이 발생한다 하나 작용은 약하겠습니다.

子年 – 申方, 丑年 – 酉方, 寅年 – 戌方, 卯年 – 亥方, 辰年 – 子方, 巳年 – 丑方,
午年 – 寅方, 未年 – 卯方, 申年 – 辰方, 酉年 – 巳方, 戌年 – 午方, 亥年 – 未方

㉓ 유재(流財)

유재살(流財殺)은 음택에는 아무런 탈이 없으나 양택에 있어 유재방을 범하면 어린이에게 해롭고 또는, 토지가 남의 손에 흘러 들어간다 합니다. 유재방의 정국은 다음과 같습니다.

子年 - 乾戌方, 丑年 - 未申方, 寅年 - 子丑方, 卯年 - 子丑方, 辰年 - 子丑方,
巳年 - 乾戌方, 午年 - 乾戌方, 未年 - 乾戌方, 申年 - 子丑方, 酉年 - 子丑方,
戌年 - 未申方, 亥年 - 未申方

㉔ 금신살(金神殺)

이 살은 음양택을 막론하고 흙 다루는 일에 불리합니다. 금신살의 정국은 다음과 같습니다.

子午卯酉年 - 巳方,　　辰戌丑未年 - 酉方,　　寅申巳亥年 - 丑方

㉕ 대모(大耗)

대모방은 특히, 창고를 짓거나 창고의 대모방을 수리하거나 대모방에서 땅을 파거나 운반해서 수리하는 것 등을 꺼립니다. 대모방은 아래와 같습니다.

子年 - 午, 丑年 - 未, 寅年 - 申, 卯年 - 酉, 辰年 - 戌, 巳年 - 亥,
午年 - 子, 未年 - 丑, 申年 - 寅, 酉年 - 卯, 戌年 - 辰, 亥年 - 巳方

즉, 태세와 상충되는 방위가 대모살방(大耗殺方)이 되겠습니다.

㉖ 소모(小耗)

소모살의 작용(창고 짓기와 수리, 흙 다루는 일 등)은 위 대모살과 동일합니다. 소모살의 정국은 다음과 같습니다.

子年 - 巳方, 丑年 - 午方, 寅年 - 未方, 卯年 - 申方, 辰年 - 酉方, 巳年 - 戌方,
午年 - 亥方, 未年 - 子方, 申年 - 丑方, 酉年 - 寅方, 戌年 - 卯方, 亥年 - 辰方

㉗ 비렴(飛廉)

비렴방은 축사(畜舍)를 짓는데 불리합니다. 비렴방을 범하면 개, 닭, 양, 말, 소 등 가축이 잘 안 된다 하겠습니다.

子年 - 申方, 丑年 - 酉方, 寅年 - 戌方, 卯年 - 巳方, 辰年 - 午方, 巳年 - 未方,
午年 - 寅方, 未年 - 卯方, 申年 - 辰方, 酉年 - 亥方, 戌年 - 子方, 亥年 - 丑方

㉘ 복병(伏兵)

세지흉신방(歲支凶神方)의 하나로 뜻밖의 해를 입는다 하나 그 작용력은 미약합니다.

申子辰年 - 丙方,　巳酉丑年 - 甲方,　寅午戌年 - 壬方,　亥卯未年 - 庚方

㉙ 천해(天害)

양택방위(陽宅方位)에 불리하나 보조정도의 흉신이므로 길신과 함께 하면 이 방위의 작업도 해가 없을 것입니다.

子年 - 未方, 丑年 - 午方, 寅年 - 巳方, 卯年 - 辰方, 辰年 - 卯方, 巳年 - 寅方,
午年 - 丑方, 未年 - 子方, 申年 - 亥方, 酉年 - 戌方, 戌年 - 酉方, 亥年 - 申方

㉚ 오귀(五鬼)

양택(陽宅)에 오귀방을 범하면 가정에 우환(憂患)이 발생한다 합니다. 오귀방의 정국은 다음과 같습니다.

子年 - 辰方, 丑年 - 卯方, 寅年 - 寅方, 卯年 - 丑方, 辰年 - 子方, 巳年 - 亥方,
午年 - 戌方, 未年 - 酉方, 申年 - 申方, 酉年 - 未方, 戌年 - 午方, 亥年 - 巳方

㉛ 천강(天罡)

음양택에 모두 꺼리지만 다른 길신과 함께 있으면 탈이 없겠습니다. 천강살의 정국(定局)은 위 ㉚항 오귀방과 동일합니다.

㉜ 하괴(河魁)

하괴도 작용력이 천강과 동일한데 천강과 상충방이 하괴방입니다.

子年 - 戌方, 丑年 - 酉方, 寅年 - 申方, 卯年 - 未方, 辰年 - 午方, 巳年 - 巳方,
午年 - 辰方, 未年 - 卯方, 申年 - 寅方, 酉年 - 丑方, 戌年 - 子方, 亥年 - 亥方

㉝ 독화(獨火)

연신방(年神方)의 흉신에 속하는데 이 방위에서 집수리를 하거나 새로이 집을 지으면 화재(火災)를 당할 우려가 있다 합니다.

子年 - 艮方(간방-동북), 丑·寅年 - 震方(진방-정동),
卯年 - 坎方(감방-정북), 辰·巳年 - 巽方(손방-동남),
午年 - 兌方(태방-정서), 未·申年 - 離方(이방-정남),
酉年 - 坤方(곤방-서남), 戌·亥年 - 乾方(건방-서북)

㉞ 대화(大火)

연신방(年神方)의 흉살이지만 살로서의 작용은 미약합니다. 그러나 타 흉살과 합세한 경우 이 방위에 양택을 범하면 화재의 우려가 있습니다.

申子辰年 - 丁方,　巳酉丑年 - 乙方,　寅午戌年 - 癸方,　亥卯未年 - 辛方

㉟ 황번(黃幡)

방위에 거하는 흉신으로 집짓고 수리하는데 꺼리지만 다른 길신이 같이 임하면 탈이 생기지 않을 것입니다. 아래와 같습니다.

申子辰年 - 辰方,　巳酉丑年 - 丑方,　寅午戌年 - 戌方,　亥卯未年 - 未方

㊱ 표미(豹尾)

표미란 호랑이 꼬리라는 뜻인데 양택에 이 방위를 범하면 마치 호랑이 꼬리를 밟은 것 같이 위태롭다는 것입니다. 하지만 표미도 보조흉신인 만큼 다른 길신과 함께 있으면 흉작용을 못할 것입니다.

申子辰年 - 戌方,　巳酉丑年 - 未方,　寅午戌年 - 辰方,　亥卯未年 - 丑方

㊲ 잠실(蠶室)

잠실방에 잠사(蠶舍)를 짓거나 수리하면 잠업에 실패한다고 합니다. 정국은 아래와 같습니다.

亥子丑年 - 坤方(곤방-서남방),　寅卯辰年 - 乾方(건방-서북)
巳午未年 - 艮方(간방-동북방),　申酉戌年 - 巽方(손방-동남방)

㊳ 잠관(蠶官)

잠관의 작용력은 잠실과 동일합니다. 옛적에는 잠업이 농업 다음가는 중요한 사업으로써 국익에 큰 영향을 미쳐 왔기 때문입니다.

정국은 다음과 같습니다.

蠶官　亥子丑年 - 未,　寅卯辰年 - 戌,　巳午未年 - 丑,　申酉戌年 - 辰
蠶命　亥子丑年 - 申,　寅卯辰年 - 亥,　巳午未年 - 寅,　申酉戌年 - 巳

㊴ 잠명(蠶命)

잠명도 잠업의 흉신으로 작용은 잠실과 동일합니다. 잠명에 해당하는 방위는 아래와 같습니다.

亥子丑年 - 申方, 寅卯辰年 - 亥方, 巳午未年 - 寅方, 申酉戌年 - 巳方

㊵ 병부(病符)

양택(陽宅 : 집짓고 수리하는 일의 길흉을 가리는 일)에 병부법을 범하면 질병이 따른다 하지만 길신을 많이 만나면 해롭지 않습니다.

子年 - 亥方, 丑年 - 子方, 寅年 - 丑方, 卯年 - 寅方, 辰年 - 卯方, 巳年 - 辰方,
午年 - 巳方, 未年 - 午方, 申年 - 未方, 酉年 - 申方, 戌年 - 酉方, 亥年 - 戌方

㊶ 사부(死符)

이 사부도 연신의 흉신으로 이 방위를 범하면 사망의 액이 있다 하나(死符의 뜻대로 한다면) 작용력이 세지 않으므로 길신만 함께 있으면 큰 탈이 생기지 않을 것입니다. 사부살은 아래와 같습니다.

子年 - 巳方, 丑年 - 午方, 寅年 - 未方, 卯年 - 申方, 辰年 - 酉方, 巳年 - 戌方,
午年 - 亥方, 未年 - 子方, 申年 - 丑方, 酉年 - 寅方, 戌年 - 卯方, 亥年 - 辰方

㊷ 관부(官符)

양택에서 관부방(官符方)을 범하면 관재가 자주 이른다 합니다. 단, 길신을 많이 만나면 관재가 이를 듯 하다가 해소될 것입니다.

子年 - 辰方, 丑年 - 巳方, 寅年 - 午方, 卯年 - 未方, 辰年 - 申方, 巳年 - 酉方, 午年 - 戌方, 未年 - 亥方, 申年 - 子方, 酉年 - 丑方, 戌年 - 寅方, 亥年 - 卯方

㊸ 신격(神隔)

아래 해당되는 방위에 신당(神堂)을 짓거나 신상(神像)을 모시거나 탱화 등을 모시는데 피하는 방위가 되겠습니다.

子午年 - 巳方, 丑未年 - 卯方, 寅申年 - 丑方, 卯酉年 - 亥方, 辰戌年 - 酉方, 巳亥年 - 未方

㊹ 귀격(鬼隔)

귀격방위에 양택에 관계되는 일(건축 및 수리)을 하면 잡귀의 작란으로 우환이 발생한다 하였으나 좋은 길신과 함께 있으면 흉조가 사라지게 될 것입니다.

子年 - 未方, 丑年 - 戌方, 寅年 - 辰方, 卯年 - 寅方, 辰年 - 午方, 巳年 - 子方, 午年 - 酉方, 未年 - 申方, 申年 - 巳方, 酉年 - 亥方, 戌年 - 丑方, 亥年 - 卯方

㊺ 인격(人隔)

이 신살은 인격(人隔)에 해당하는 방위에서 오는 사람을 받아들이지(양자 세우기, 필요한 사람 채용 등) 않아야 손재와 구설 등을 면하게 될 것입니다. 단, 작용력이 미약하므로 방위에서 길신만 만나면 이런 일이 해소될 것입니다.

> 子午年 - 未方, 丑未年 - 巳方, 寅申年 - 卯方, 巳亥年 - 丑方,
> 辰戌年 - 亥方, 卯酉年 - 丑方

㊻ 풍파(風波) · 하백(河伯)

이 살은 깊은 물에 드는 일, 배 떠나는 일, 강 건너기 등에 꺼립니다.

> 子年 - 亥子, 丑年 - 丑子, 寅年 - 丑寅, 卯年 - 卯辰, 辰年 - 辰卯, 巳年 - 辰巳,
> 午年 - 巳午, 未年 - 午未, 申年 - 未申, 酉年 - 申酉, 戌年 - 酉戌, 亥年 - 戌亥方

◉ 연신방(年神方) 일람표(一覽表)

① 세간길신표(歲干吉神表)

신살＼年干	甲	乙	丙	丁	戊	己	庚	辛	壬	癸
세 덕(歲 德)	甲	庚	丙	壬	戊	甲	庚	丙	壬	戊
세덕합(歲德合)	己	乙	辛	丁	癸	己	乙	辛	丁	癸
문창귀인(文昌貴人)	巳	午	申	酉	申	酉	亥	子	寅	卯
문곡귀인(文曲貴人)	巳亥	子午	寅申	卯酉	寅申	卯酉	巳亥	子午	寅申	卯酉
천복귀인(天福貴人)	酉	申	子	亥	卯	寅	午	巳	午	巳
천관귀인(天官貴人)	未	辰	巳	寅	卯	酉	亥	申	戌	午
양귀인(陽貴人)	未	申	酉	亥	丑	子	丑	寅	卯	巳
음귀인(陰貴人)	丑	子	亥	酉	未	申	未	午	巳	卯
천재방(天財方)	亥子	亥子	寅卯	寅卯	巳午	巳午	辰戌丑未	辰戌丑未	申酉	申酉
세 록(歲 祿)	寅	卯	巳	午	巳	午	申	酉	亥	子

② 세간흉신방(歲干凶神方)

신살＼年干	甲	乙	丙	丁	戊	己	庚	辛	壬	癸
산가곤룡(山家困龍)	乾	庚	丁	巽	甲	乾	庚	丁	巽	甲
좌산관부(坐山官符)	戌	申	午	辰	寅	戌	申	午	辰	寅
라천대퇴(羅天大退)	坎	震	艮	艮	坤	坤	巽	巽	兌	兌
부천공망(浮天空亡)	壬	癸	辛	庚	坤	乾	丁	丙	甲	乙
산가혈인(山家血刃)	六七	一四	二八	三	九	六七	一四	二八	三	九
파패오귀(破敗五鬼)	巽	艮	坤	震	離	坎	兌	乾	巽	艮
장군전(將軍箭)	卯	辰	午	未	午	未	酉	戌	子	丑
양인방(羊刃方)	卯	辰	午	未	午	未	酉	戌	子	丑
산가관부(山家官符)	亥	酉	未	巳	卯	亥	酉	未	巳	卯
정음부(正陰符)(양택만 꺼림)	艮巽	乾酉	坤子	午	卯	艮巽	乾酉	坤子	午	卯
방음부(傍陰符)(음택만 꺼림)	丙辛	甲丁巳丑	乙癸申辰	壬寅戌	庚亥未	丙辛	甲丁巳丑	乙癸申辰	壬寅戌	庚亥未
상　삭(上朔)	癸亥	己巳	乙亥	辛巳	丁亥	癸巳	己亥	乙巳	辛亥	丁巳
금　신(金神)	午未申酉	辰巳	子寅卯午未	寅卯戌亥	子丑辛酉	午未申酉	辰巳	子丑寅卯午未	寅卯戌亥	子丑申酉

③ 세지길신방(歲支吉神方)

신살＼年支	子	丑	寅	卯	辰	巳	午	未	申	酉	戌	亥
세천덕(歲天德)	巽	庚	丁	坤	壬	辛	乾	甲	癸	艮	丙	乙
천덕합(天德合)	申	乙	壬	巳	丁	丙	寅	己	戊	亥	辛	庚
세월덕(歲月德)	壬	庚	丙	甲	壬	庚	丙	甲	壬	庚	丙	甲
월덕합(月德合)	丁	乙	辛	己	丁	乙	辛	己	丁	乙	辛	己
세　마(歲馬)	寅	亥	申	巳	寅	亥	申	巳	寅	亥	申	巳
천　창(天倉)	酉	戌	亥	子	丑	寅	卯	辰	巳	午	未	申
지　창(地倉)	辰戌	寅申	子午	巳亥	卯酉	寅申	卯酉	丑未	子午	辰戌	卯酉	寅申
수　천(守天)	申	辰	子	亥	申	乙	坤	卯	丙	卯	辰	亥
수　전(守殿)	丙壬	丑未	子午	巳亥	甲庚	丁癸	艮坤	卯酉	壬丙	卯酉	辰戌	巳亥

신살 \ 年支	子	丑	寅	卯	辰	巳	午	未	申	酉	戌	亥
박 사(博 士)	巽	巽	坤	坤	坤	乾	乾	乾	艮	艮	艮	巽
역 사(力 士)	艮	艮	巽	巽	巽	坤	坤	坤	乾	乾	乾	艮
지 덕(枝 德)	巳	午	未	申	酉	戌	亥	子	丑	寅	卯	辰
주 서(奏 書)	乾	乾	艮	艮	艮	巽	巽	巽	坤	坤	坤	乾
용 덕(龍 德)	未	申	酉	戌	亥	子	丑	寅	卯	辰	巳	午
공 조(功 曹)	寅	丑	子	亥	戌	酉	申	未	午	巳	辰	卯
신 후(神 后)	子	亥	戌	酉	申	未	午	巳	辰	卯	寅	丑
태 양(太 陽)	丑	寅	卯	辰	巳	午	未	申	酉	戌	亥	子
태 음(太 陰)	卯	辰	巳	午	未	申	酉	戌	亥	子	丑	寅
홍 란(紅 鸞)	卯	寅	丑	子	亥	戌	酉	申	未	午	巳	辰
연해성(年解星)	戌	酉	申	未	午	巳	辰	卯	寅	丑	子	亥
옥토성(玉兔星)	亥	戌	酉	申	未	午	巳	辰	卯	寅	丑	子
복 덕(福 德)	酉	戌	亥	子	丑	寅	卯	辰	巳	午	未	申
전 송(傳 送)	申	未	午	巳	辰	卯	寅	丑	子	亥	戌	酉
승 광(勝 光)	巳	辰	卯	寅	丑	子	亥	戌	酉	申	未	午

④ 세지흉신방(歲支凶神方)

신살 \ 태세	子	丑	寅	卯	辰	巳	午	未	申	酉	戌	亥
좌산라후(坐山羅候)	六	八	三	九	七	二	二	八	一	一	四	六
순산라후(巡山羅候)	乙	壬	艮	甲	巽	丙	丁	坤	辛	乾	癸	庚
황천구퇴(皇天灸退)	卯	子	酉	午	卯	子	酉	午	卯	子	酉	午
라천대퇴(羅天大退)	四	七	一	一	一	一	六	六	二	二	九	九
구천주작(九天朱雀)	卯	戌	巳	子	未	寅	酉	辰	亥	午	丑	申
타겁혈인(打劫血刃)	二	八	六	二	九	四	二	八	六	二	九	四
태음살(太陰殺)	亥	子	丑	寅	卯	辰	巳	午	未	申	酉	戌
천관부(天官符)	亥	申	巳	寅	亥	申	巳	寅	亥	申	巳	寅

신살 \ 태세	子	丑	寅	卯	辰	巳	午	未	申	酉	戌	亥
지관부(地官符)	辰	巳	午	未	申	酉	戌	亥	子	丑	寅	卯
태 세(太 歲)	子	丑	寅	卯	辰	巳	午	未	申	酉	戌	亥
세 파(歲 破)	午	未	申	酉	戌	亥	子	丑	寅	卯	辰	巳
세 형(歲 刑)	卯	戌	巳	子	辰	申	午	丑	寅	酉	未	亥
세 렴(歲 厭)	子	亥	戌	酉	申	未	午	巳	辰	卯	寅	丑
대장군(大將軍)	酉	酉	子	子	子	卯	卯	卯	午	午	午	酉
겁 살(劫 殺)	巳	寅	亥	申	巳	寅	亥	申	巳	寅	亥	申
재 살(災 殺)	午	卯	子	酉	午	卯	子	酉	午	卯	子	酉
세 살(歲 殺)	未	辰	丑	戌	未	辰	丑	戌	未	辰	丑	戌
좌 살(坐 殺)	丙丁	甲乙	壬癸	庚辛	丙丁	甲乙	壬癸	庚辛	丙丁	甲乙	壬癸	庚辛
향 살(向 殺)	壬癸	庚辛	丙丁	甲乙	壬癸	庚辛	丙丁	甲乙	壬癸	庚辛	丙丁	甲乙
상 문(喪 門)	寅	卯	辰	巳	午	未	申	酉	戌	亥	子	丑
조 객(弔 客)	戌	亥	子	丑	寅	丑	辰	巳	午	未	申	酉
백 호(白 虎)	申	酉	戌	亥	子	丑	寅	丑	辰	巳	午	未
유 재(流 財)	乾戌	未申	子丑	子丑	子丑	乾戌	乾戌	乾戌	子丑	子丑	未申	未申
금신살(金神殺)	巳	酉	丑	巳	酉	丑	巳	酉	丑	巳	酉	丑
대 모(大 耗)	午	未	申	酉	戌	亥	子	丑	寅	卯	辰	巳
소 모(小 耗)	巳	午	未	申	酉	戌	亥	子	丑	寅	卯	辰
비 염(飛 廉)	申	酉	戌	巳	午	未	寅	卯	辰	亥	子	丑
복 병(伏 兵)	丙	甲	壬	庚	丙	甲	壬	庚	丙	甲	壬	庚
천 해(天 害)	未	午	巳	辰	卯	寅	丑	子	亥	戌	酉	申
오 귀(五 鬼)	辰	卯	寅	丑	子	亥	戌	酉	申	未	午	巳
천 강(天 罡)	辰	卯	寅	丑	子	亥	戌	酉	申	未	午	巳
하 괴(河 魁)	戌	酉	申	未	午	巳	辰	卯	寅	丑	子	亥
독 화(獨 火)	艮	震	震	坎	巽	巽	兌	離	離	坤	乾	乾
대 화(大 火)	丁	乙	癸	辛	丁	乙	癸	辛	丁	乙	癸	辛

신살 \ 태세	子	丑	寅	卯	辰	巳	午	未	申	酉	戌	亥
황 번(黃 幡)	辰	丑	戌	未	辰	丑	戌	未	辰	丑	戌	未
표 미(豹 尾)	戌	未	辰	丑	戌	未	辰	丑	戌	未	辰	丑
잠 실(蠶 室)	坤	坤	乾	乾	乾	艮	艮	艮	巽	巽	巽	坤
잠 관(蠶 官)	未	未	戌	戌	戌	丑	丑	丑	辰	辰	辰	未
잠 명(蠶 命)	申	申	亥	亥	亥	寅	寅	寅	巳	巳	巳	申
풍 파(風 波)	子	丑	寅	卯	辰	巳	午	未	申	酉	戌	亥
하 백(河 伯)	亥	子	丑	寅	卯	辰	巳	午	未	申	酉	戌
신 격(神 隔)	巳	卯	丑	亥	酉	未	巳	卯	丑	亥	酉	未
귀 격(鬼 隔)	未	戌	辰	寅	午	子	酉	申	巳	亥	丑	卯
인 격(人 隔)	未	巳	卯	丑	亥	酉	未	巳	卯	丑	亥	酉

◉ 연신방위도

아래에 수록한 연신방위(年神方位)는 작용력이 미세한 신살(神殺)은 제외하고 중요성이 있는 신살만 기재하였습니다. 활용하는 요령은 길신(吉神)을 취하기 보다 작용력이 강한 흉신을 피해서 건축 및 장례행사(葬禮行事)를 치르는데 원칙이라 하겠습니다.

① 길신(吉神)

세귀(歲貴)·**세록**(歲祿)·**세덕**(歲德)·**세덕합**(歲德合)·**세천덕**(歲天德)·**천덕합**(天德合)·**천복**(天福)·**문창**(文昌)·**문곡**(文曲)·**천관**(天官)·**태극귀인**(太極貴人)·**자백성**(紫白星 : 一白, 六白, 八白, 九紫) 등이 가택 및 분묘(墳墓)의 좌향(坐向)에 비치면 백사유리하나 아무리 위와 같은 길신이 임하였다 할지라도 작용력이 강한 흉살이 같이 있으면 길성의 작용이 상실되므로 소용이 없다 하겠습니다.

② 흉살(凶殺)

대장군(大將軍) : 건축물 달아내어 짓고 건축물 수리에 대흉, 삼살(三殺)

좌살(坐殺) : 건축 및 분묘의 좌를 놓는데 불리함 또는, 삼살방 집수리와 먼저 쓴 묘의 삼살방에 새 묘를 쓰지 못함.

태세(太歲)**와 세파**(歲破) : 음양택에 방위나 좌(坐)를 범하지 말 것

정음부(正陰符) : 음택에는 꺼리지 않으나 양택에는 꺼림

방음부(傍陰符) : 양택은 꺼리지 않으나 음택의 좌(坐) 놓는데 꺼림

천관부(天官符)와 태세는 양택에만 불리

구퇴(灸退) : 양택에만 꺼림. **부천공망**(浮天空亡) **구퇴**(灸退) **상문**(喪門) **조객**(弔客) **백호**(白虎) 등은 양택에 꺼림

※ 아래 연신방위도는 2009년 ~2027년분(19년)까지만 수록함

【 서기 2009년 己丑年 年神方位圖 】

【 서기 2010년 庚寅年 年神方位圖 】

【 서기 2011년 辛卯年 年神方位圖 】

4 성조(成造)와 장매(葬埋)

【 서기 2012년 壬辰年 年神方位圖 】

【 서기 2013년 癸巳年 年神方位圖 】

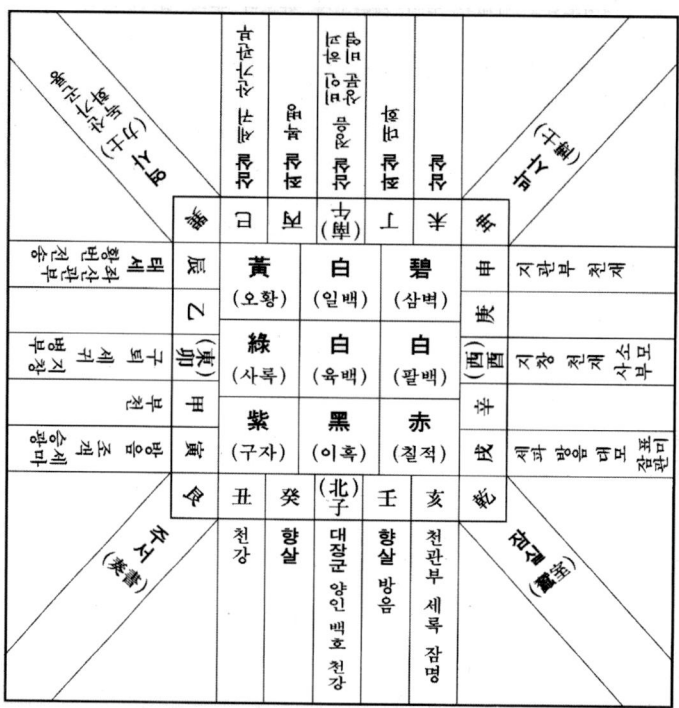

【 서기 2014년 甲午年 年神方位圖 】

【 서기 2015년 乙未年 年神方位圖 】

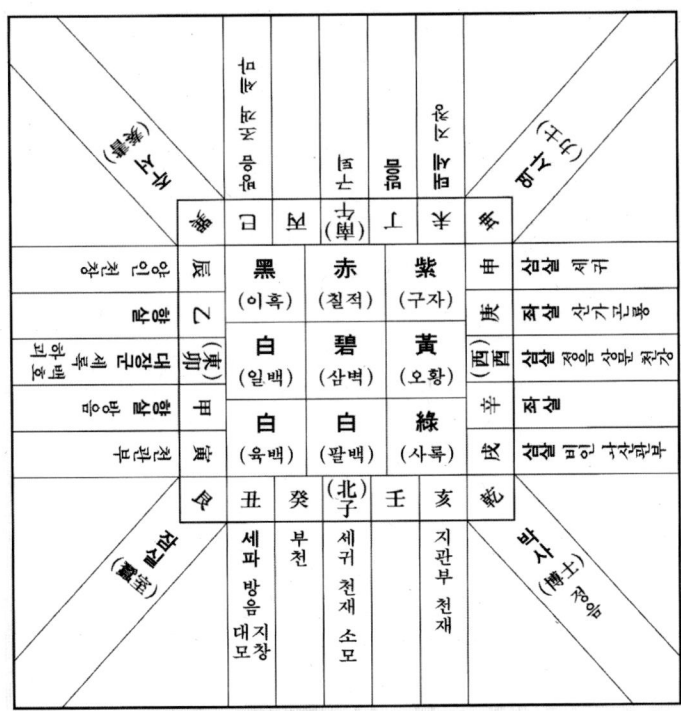

【 서기 2016년 丙申年 年神方位圖 】

【 서기 2017년 丁酉年 年神方位圖 】

【 서기 2018년 戊戌年 年神方位圖 】

【 서기 2019년 己亥年 年神方位圖 】

4 성조(成造)와 장매(葬埋)

【 서기 2020년 庚子年 年神方位圖 】

【 서기 2021년 辛丑年 年神方位圖 】

【 서기 2022년 壬寅年 年神方位圖 】

【 서기 2023년 癸卯年 年神方位圖 】

4 성조(成造)와 장매(葬埋)

【 서기 2024년 甲辰年 年神方位圖 】

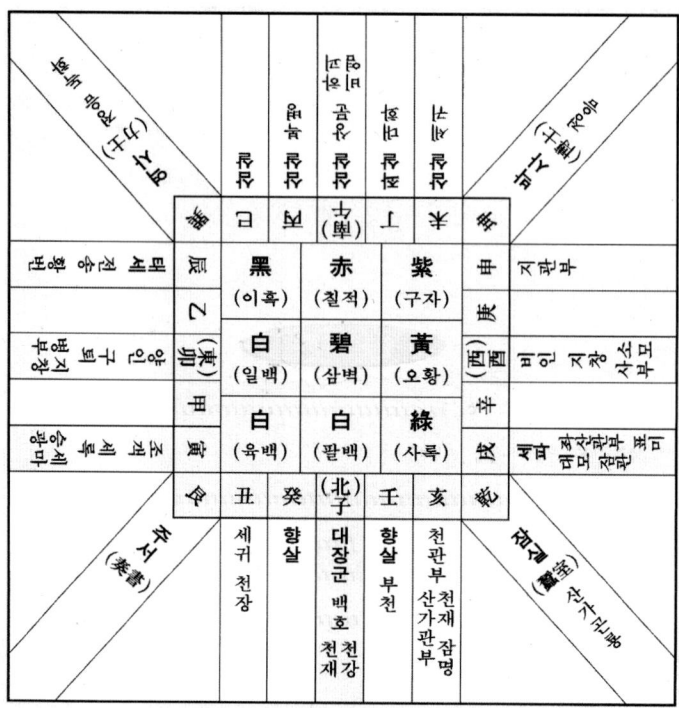

【 서기 2025년 乙巳年 年神方位圖 】

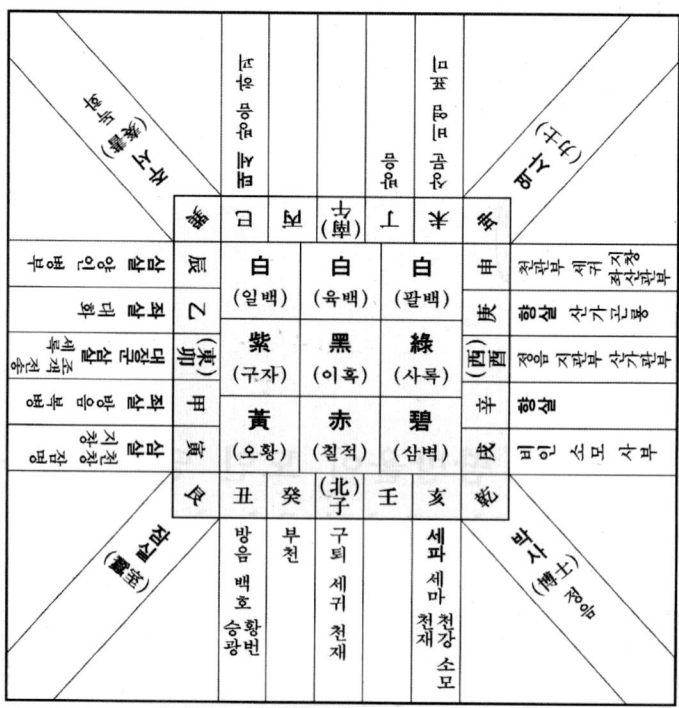

【 서기 2026년 丙午年 年神方位圖 】

【 서기 2027년 丁未年 年神方位圖 】

361

4 성조(成造)와 장매(葬埋)

5 행사별 신살의 길흉

1 일반행사

① 제사일(祭祀日)

단, 여기에서의 제사란 기일제(忌日祭)가 아니고 특별히 날을 받아 지내는 제사를 일컫는데 제사길일에 고사(告祀)나 기도에 들어가는 것도 좋습니다.

- 유리한 일진 및 신살 : 천월덕(天月德) 및 천월덕합(天月德合)·천사(天赦)·천은(天恩)·천원(天願)·월은(月恩)·천무(天巫)·보호(普護)·복생(福生)·익후(益後)·속세(續世)의 길신에 甲子, 乙丑, 丁卯, 戊辰, 辛未, 壬申, 癸酉, 甲戌, 丁丑, 己卯, 庚辰, 壬午, 甲申, 乙酉, 丙戌, 丁亥, 己丑, 辛卯, 甲午, 乙未, 丙申, 丁酉, 乙巳, 丙午, 丁未, 戊申, 己酉, 庚戌, 乙卯, 丙辰, 丁巳, 戊午, 己未, 辛酉, 癸亥日

- 불리한 신살 : 寅日 천구(天狗) 월파(月破) 유리한 날짜라도 천구하식시(天狗下食時) 만은 피해야 제사의 효력이 있습니다.

② 고사(告祀)

제사와 거의 비슷하나 부모·조상의 기일제(忌日祭), 용왕제, 칠성제, 산신제 등을 뜻함이고 고사는 개업식, 기공식, 안택 등 집안의 행복을 위하여 지내는 의식(儀式)으로 제사와 거의 같으나 그 지내는 목적이 약간 다르다 하겠습니다.

- 유리한 신살: 천월덕(天月德)·천월덕합일(天月德合日)·천사(天赦)·천은(天恩)·월은(月恩)·황도(黃道)·모창(母倉)·보호(普護)·복생(福生)·성심(聖心)·익후(益後)·속세(續世)·정(定)·성(成)·개일(開日).

  일진으로는 壬申, 乙亥, 丙子, 丁丑, 壬午, 癸未, 丁亥, 己丑, 辛卯, 壬辰, 甲午, 乙未, 丁酉, 壬子, 甲辰, 戊申, 乙卯, 丙辰, 戊午, 壬戌, 癸亥日

- 불리한 신살 : 수사(受死)·寅日·월해(月害)·월염(月厭)·사폐(四廢)·천적(天賊)·월파(月破)·중일(重日)·천구일(天狗日) 및 천구하식시·건·파·평·수일

【 천구하식시(天狗下食時) 】

일 진	子	丑	寅	卯	辰	巳	午	未	申	酉	戌	亥
천구하식시(天狗下食時)	亥時	子時	丑時	寅時	卯時	辰時	巳時	午時	未時	申時	酉時	戌時

하늘에서 천구가 내려와 신명께 바치는 음식을 다 먹어치우므로 고사 제사의 효력이 없다하여 꺼립니다.

③ 불공일(佛供日)

불공드리는데 좋은 날은 다음과 같습니다.

- 유리한 일진 : 甲子 乙丑 丙寅 庚午 甲戌 戊寅 乙酉 戊子 己丑 辛卯 甲午 丙申 丁未 庚子 癸卯 甲寅 丙辰 癸丑 辛酉日
- 불리한 날 : 월파(月破) 폐일(閉日) 복단일(伏斷日)

④ 산제일(山祭日)

여기에서의 산제는 조상의 묘제를 지내기 전에 산신(山神 - 토지지신)께 간

단한 주과포만 진설하고 지내는 산신제가 아니고 복을 부르기 위해 특별히 날을 받아 산에서 지내는 제사를 말하는 것입니다.

- 산제(山祭)에 유리한 날 : 甲子 壬申 辛卯 甲申日 乙亥 丙子 己卯 丙戌에 산신하강일(山神下降日) 丁卯 戊辰 己巳 甲戌 己卯 庚辰 丁亥 辛卯 乙未 壬寅 癸卯 己酉 庚戌 辛亥 乙卯日
- 산제에 불리한 날 : 산격일(山隔日) 산명일(山鳴日) 천구일(天狗日) 공망일

⑤ 조왕제(竈王祭)

조왕이란 음식을 만들기 위한 부엌의 솥을 거는 부뚜막으로 현재는 거의 없어지고 싱크대로 대신한다고 보겠습니다. 사람은 대개 조석 두세끼 먹는 것도 조왕신이 도와주어 탈이 생기지 않는다 하여(아니면 조왕에 불결한 것이 있어 탈이 생긴다고 믿어왔으므로) 조왕신을 위해 고사 형식으로 지내온 풍습이 있다고 보겠습니다. 어쨌거나 농촌이나 산촌에서는 아직도 고사나 제사를 지내어 가정에 탈이 없기를 기원하는 마음이라 하겠습니다.

- 유리한 날 : 조왕하강일(竈王下降日 - 甲子 乙丑 丁卯 癸酉 乙亥 乙酉 丙戌 戊子 壬辰 甲午 丙申 壬寅 癸卯 甲辰 乙卯日)
- 불리한 날 : 월기일(매 음력 初五, 十四, 二十三日) 천적일(天賊日) 천구일(天狗日) 복단일(伏斷日)

⑥ 용왕제(龍王祭)

용왕제는 주로 바닷가에서 고기잡이하는 어부나 마도로스 등을 위하여 지내는 제사이지만 내륙에 사는 사람들은 우물에다 떡시루를 놓고 제사 겸 기도를 하는 행사입니다.

- 유리한 길신과 일진 : 제(制) 만(滿) 성(成) 개일(開日) 또는 庚牛

⑦ 지신제(地神祭)

하늘에 있는 신(神)은 천신(天神)이고 땅에 있는 신(神)은 지신이 되겠습니다. 이 지신께 제사를 지내고 가정의 평화를 기원하였던 것입니다.

- 유리한 날 : 매월 초3일, 초7일, 15일, 23일, 26일에 지신이 하강(下降)한다는 말이 있으므로 지신이 하강해야 제사 지내며 기도드리는 효험이 있다 합니다.
- 불리한 날 : 천구일(天狗日) 월파(月破) 인일(寅日) 천적일(天賊日)

⑧ 칠성제일(七星祭日)

칠성은 인간의 명(命)을 비는데 다른 길신에 비해 효험이 있다 해서 견우직녀가 오작교를 건너가 만난다는 음 칠월칠석일에 제사를 지내며 명을 비는 풍속이 있어 왔습니다. 제사를 지내려면 칠성님이 내려와야 되므로 칠성하강일을 가려 제사를 지내온 것으로 생각됩니다.

- 유리한 날 : 칠성하강일(七星下降日 - 매월 음력 3일 7일 8일 15일 23일 26일 27일)
- 불리한 날 : 복단일(福斷日) 천적(天賊) 수사(受死) 월파(月破) 그리고 寅日(寅不祭祀)이 되겠습니다.

⑨ 출행일(出行日)

출행이란 나들이하는 일을 일컫습니다. 가까운 거리, 직장의 출퇴근, 영업장의 출퇴근 등에는 제외되고 어딘가 가깝지 않은 곳을 중요한 일이 있어 집을 나서는 일, 해외 나들이 등에 있어 사고 없이 출행한 목적을 완수하고 돌아오기 위해 참작하는 택일법입니다.

- 유리한 신살 : 역마(驛馬) 청룡(靑龍) 월재(月財) 천월덕(天月德) 생기(生氣) 보호(普護) 사상(四相) 건(建) 만(滿) 성(成) 개일(開日)과 日辰으로는 甲子, 乙丑,

丙寅, 丁卯, 戊辰, 庚午, 辛未, 甲戌, 乙亥, 丁丑, 己卯, 甲申, 丙戌, 己丑, 庚寅, 辛卯, 甲午, 乙未, 庚子, 辛丑, 癸卯, 丙午, 丁未, 己酉, 壬子, 癸丑, 甲寅, 乙卯, 庚申, 辛酉, 壬戌, 癸亥日 등입니다.

- 불리한 신살 : 巳日 왕망(往亡) 천적(天賊) 수사(受死) 월파(月破) 사리(四離) 사절(四絶) 사일(赦日) 평(平) 수(囚) 폐일(閉日) 위일(危日)

⑩ 이사일(移徙日)

- 유리한 경우 : 황도(黃道) 모창(母倉) 역마(驛馬) 사상(四相) 정(定) 만(滿) 성(成) 개일(開日) 甲子 乙丑 丙寅 庚午 丁丑 乙酉 庚寅 壬辰 癸巳 乙未 壬寅 癸卯 丙午 庚戌 癸丑 乙卯 丙辰 丁巳 己未 庚申日

- 불리한 흉신 : 천적(天賊) 수사(受死) 월파(月破) 귀기(歸忌) 월염(月厭) 왕망(往亡) 월형(月刑) 월해(月害) 대시(大時) 오묘(五墓) 평(平) 수(收) 폐일(閉日) 세대주 호주의 본명일

⑪ 입택일(入宅日)

입택(入宅)도 이사와 마찬가지로 먼저 살던 곳에서 다른 곳으로 옮겨 사는 일인데 입택은 건축물을 지어 맨 처음 들어가 사는 것이라 하겠습니다.

- 유리한 경우 : 천월덕(天月德) 천월덕합일(天月德合日) 황도(黃道) 모창(母倉) 역마(驛馬) 정(定) 성(成) 개일(開日) 그리고 일진으로는 甲子 乙丑 丙寅, 丁卯 己巳 庚午 辛未 甲戌 乙亥 丁丑 癸未 甲申 庚寅 壬辰 乙未 庚子 壬寅 丙午 丁未 庚戌 癸丑 甲寅 乙卯 己未 庚申 辛酉日 이상 길신과 기록된 日辰은 이사일과 共用합니다.

- 불리한 신살 : 천적(天賊) 수사(受死) 복단(伏斷) 귀기(歸忌) 건(建) 파(破) 평(平) 수(收日) 세대주 본명일(本命日 - 예 : 甲子生이 甲子日, 乙丑生이 乙丑日) 본명과

상충일(相沖日 - 예 : 甲子生이 甲午日) 그리고 이사일과 함께 음력 1·2·11·12·21·22日은 동쪽, 3·4·13·14·23·24日은 남쪽, 5·6·18日은 서쪽, 7·8·18·27·28日은 북쪽방으로 이사하는데 불리합니다. 9·10·19·20·29·30일은 손(太白殺)이 상천(上天)하므로 방위신은 꺼리지 아니합니다.

2 약혼과 결혼

① 약혼일(約婚日)

- 유리한 길신과 일진 : 황도(黃道) 삼합(三合) 천월덕합(天月德合) 오합(五合) 육합(六合) 양덕(陽德) 옥당(玉堂) 속세(續世) 육의(六儀) 월은(月恩) 천희(天喜) 정(定) 성(成) 개일(開日) 乙丑 丙寅 丁卯 辛未 戊寅 己卯 庚辰 丙戌 戊子 己丑 壬辰 癸巳 乙未 戊戌 辛丑 壬寅 甲辰 丙午 丁未 庚戌 壬子 癸丑 甲寅 乙卯 丙辰 丁巳 戊午 己未(이 날은 양가 상견례도 좋음)

- 불리한 흉살 : 丑日 천적(天賊) 수사(受死) 복단(伏斷) 천강(天罡 - 황도일이면 무방) 하괴(河魁 - 황도일이면 꺼리지 않음) 월염(月厭) 사폐(四廢) 월해(月害) 오리(五離) 팔존(八尊) 월살(月殺) 월형(月刑) 건(建) 파(破) 평(平) 수(收) 폐일(閉日)

② 결혼일(結婚日)

- 유리한 날 : 천월덕(天月德) 천월덕합(天月德合) 천사일(天赦日) 천은(天恩) 삼합(三合) 육합(六合) 천희(天喜) 부장길일(不將吉日) 십전대길일(十全大吉日) 대명(大名) 모창(母倉) 오합(五合) 시덕(時德) 천롱(天聾) 지아(地啞) 乙丑 丁卯 丙子 丁丑 辛卯 癸卯 乙巳 壬子 己丑 癸丑(이상은 十全日) 癸巳 壬午 乙未 庚寅 丙辰 辛酉 생갑순(生甲旬)

◉ 생·병·사갑표

年＼三甲	생갑(生甲)	병갑(病甲)	사갑(死甲)
子午卯酉年	甲子·甲午旬	甲申·甲寅旬	甲戌·甲辰旬
辰戌丑未年	甲辰·甲戌旬	甲子·甲午旬	甲寅·甲申旬
寅申巳亥年	甲申·甲寅旬	甲辰·甲戌旬	甲子·甲午旬

◉ 음양부장길일(陰陽不將吉日)

寅月 : 丙寅 丁卯 丙子 丁丑 戊寅 己卯 戊子 己丑 庚寅 辛卯 庚子 辛丑日

卯月 : 乙丑 丙寅 丙子 丁丑 戊寅 丙戌 戊子 己丑 庚寅 戊戌 庚子 庚戌日

辰月 : 甲子 乙丑 甲戌 丙子 丁丑 乙酉 丙戌 戊子 己丑 丁酉 戊戌 己酉日

巳月 : 甲子 甲戌 丙子 甲申 乙酉 丙戌 戊子 丙申 丁酉 戊戌 戊申 己酉日

午月 : 癸酉 甲戌 甲申 乙酉 丙戌 丙申 乙未 癸未 戊戌 戊申日

未月 : 壬申 癸酉 甲戌 癸未 甲申 乙酉 甲午 乙未 壬午 壬戌日

申月 : 壬申 癸酉 壬午 癸未 甲申 乙酉 癸巳 甲午 乙未 乙巳日

酉月 : 辛未 壬申 辛巳 壬午 癸未 甲申 壬辰 癸巳 甲午 甲辰日

戌月 : 庚午 辛未 辛巳 壬午 癸未 辛卯 壬辰 癸巳 庚辰 癸卯日

亥月 : 庚辰 辛巳 壬午 辛卯 庚寅 壬辰 癸巳 庚午 壬寅 癸卯日

子月 : 丁卯 己巳 丁丑 己卯 庚辰 辛巳 己丑 庚寅 辛卯 壬辰 辛丑 壬寅 丁巳日

丑月 : 丙寅 丁卯 戊辰 丙子 丁丑 戊寅 庚辰 己卯 戊子 己丑 庚辛 辛卯 庚子 辛丑 丙辰日

寅卯辰月(春) : 乙丑 丙子 丁丑 壬午 己丑 乙未 壬子 癸丑日

巳午未月(夏) : 乙丑 丁卯 己丑 癸巳 乙未 癸卯 乙巳 乙卯日

申酉戌月(秋) : 辛卯 癸巳 癸卯 乙丑 乙未 丙子 丁丑 壬寅 己丑 壬子 癸丑日

亥子丑月(冬) : 丁卯 辛卯 癸巳 癸卯 乙巳日

- 혼인에 불리한 일진과 신살 : 천적(天賊) 亥日 수사(受死) 월파(月破) 십악(十惡) 복단(伏斷) 동지(冬至) 하지(夏至) 단오(端午) 四月初八日 월살(月殺) 월기(月忌 - 5·14·23일) 사갑순(四甲旬) 천강(天罡) 하괴(河魁) 寅卯辰月(春) 丙午 丁未日(喪夫) 亥子丑月(冬) 壬子 癸亥日 또는 寅卯辰月(春) 甲子 乙丑日 巳午未月(夏) 丙子 丁丑日 申酉戌月 庚子 辛丑日 亥子丑月(冬) 壬子·癸丑日

※ 단, 천강 하괴는 五合日이면 무방함

또는, 正·五·九月 : 庚日,　　二·六·十月 : 乙日,
　　　三·七·十一月 : 丙日,　四·八·十二月 : 癸日

주당법(周堂法)으로 1일, 7일, 9일, 15일, 17일, 23일, 25일

3 상장·입학·소송

① 상장(上章)

상장(上章)이란, 옛날 신하와 백성이 임금에게 글을 올리는 일이나 아래 신분이 윗 신분에게 글을 올리는 일. 자식이 부모님께 글을 올리는 일. 또는, 억울한 백성이 고을 사또에게 송사장 올리는 일 등을 일컫는바,

현재는 인허가 신청, 진정서, 탄원서, 고소장, 창작품 등을 해당 관청에 제출하는 일에 이 상장길일(上章吉日)을 사용하는 게 옳을 것 같습니다.

- 유리한 길신과 일진 : 황도(黃道) 복덕(福德) 월공(月空) 성심(聖心) 민일(民日) 복생(福生) 해신(解神) 주인공 생년으로 녹마(祿馬 - 즉 財官)일과 甲子 乙丑 丙寅 丁卯 壬申 丙子 丁丑 己卯 壬午 丙戌 己丑 庚寅 辛卯 壬辰 甲午 丙申 丁酉 戊戌 庚子 壬寅 甲辰 丙午 戊申 己酉 庚戌 壬子 甲寅 丙辰 戊午 辛酉 壬戌日

- 불리한 신살 : 천적(天賊) 수사(受死) 천강(天罡) 하괴(河魁) 파(破) 제(除) 수(收) 폐일(閉日)

② 입학(入學)

입학은 옛날 서당(書堂)에 들어가 훈장(訓長)과 인사드리고 글을 배우기 시작하는데 주인공 학생에게 좋은 날로 가려 입학했던 것 같습니다. 지금은 서당이 있으나 학교나 학원의 방침(開學日)에 따라야 하므로 택일이 필요치 않으나 일대일로 배우는 개인지도 같은 일에는 피교육자 형편에 따라 마땅한 날을 가려 교육에 들어가고자 할 경우에 입학길일을 가려 첫 학습에 들어가게 될 것입니다.

- 입학에 유리한 길신과 일진 : 천월덕(天月德) 천월덕합(天月德合) 육합(六合) 寅申巳亥日 정관(正官) 정인(正印) 주인공의 건록 재성 천을귀인과 丙寅 己巳 甲戌 乙亥 丙子 戊寅 辛巳 癸未 甲申 丁亥 己丑 庚寅 辛卯 壬辰 癸巳 乙未 丙申 己亥 壬寅 癸卯 甲辰 乙巳 丙午 丁未 戊申 庚戌 辛亥 甲寅 乙卯 丙辰 庚申 辛酉 癸亥日이 되겠습니다.

- 불리한 신살과 일진 : 정사폐(正四廢) 음차(陰差) 양착(陽錯) 복단(伏斷) 창힐사장일(倉頡死葬) 공자기일(孔子忌日) 건(建) 파(破) 평(平) 수(守) 위(危) 폐일(閉日)

③ 소송(訴訟)

소송이란 어떤 사람(국가도 포함)으로 인해 명예훼손, 손재, 부상 등을 당하여 개인으로서는 손실이 크다고 생각되었을 때 국가가 피해를 입은 주인공에게 훼손당한 명예, 재물, 육체 등을 재판에 의해 공정한 심판을 해서 주인공이 원하는 것을 이루어 달라는 목적으로 고소장을 관할 경찰서나 법원에 제출하는 일입니다.

- 소송을 제기하는데 유리한 길신과 일진 : 천은(天恩) 월은(月恩) 황도(黃道) 천월덕합(天月德合) 역마(驛馬) 왕일(旺日) 상일(相日) 관일(官日) 민일(民日)
- 불리한 신살 : 라망(羅網) 옥일(獄日) 천적(天賊) 수사(受死) 복단(伏斷) 왕망(往亡) 파(破) 평(平) 수(收) 폐일(閉日) 정5

4 연락, 진인구, 구사, 납노일

① 연락일(宴樂)

연락일이란 잔칫날입니다. 시대적 조류(潮流)에 의해 돌잔치, 회갑(回甲), 칠순(七旬), 팔순(八旬), 회혼례(回婚禮), 축하파티, 집들이 잔치와 회의소집 등에 있어 주인공이나 주최자를 위해 좋은 날을 가릴 때 아래와 같은 길일 중에 선택하고 불리한 날은 피하는 게 좋을 것입니다.

- 연회 손님 초대에 유리한 길신과 일진 : 천월덕(天月德) 천은(天恩) 금당(金堂) 오합(五合) 정(定) 성(成) 만(滿) 개(開) 집(執) 주인공의 생기(生氣) 복덕(福德) 천의일(天宜日)
- 불리한 신살과 일진 : 상삭(上朔) 酉日 월기일(月忌日: 매 음력 初五日, 十四日, 二十三日), 건(建) 파(破) 평(平) 수(收) 폐일(閉日)

② 진인구(進人口)

진인구란 상주(常住)하는 가족이 아닌 사람을 처음 들이는 일로 양자(養子)를 세워 들이거나 경영인의 경우 새로이 임원을 채우는데 유리 불리를 알아서 유리한 날을 선택해서 사용하면 나쁘지 낳을 것입니다.

- 새사람 들이는데 유리한 길신과 신살 : 천덕(天德) 월덕(月德) 천월덕합(天月德合) 삼합(三合) 육합(六合) 오합(五合) 속세일(續世日)
- 불리한 신살 : 사신(死神 - 受死) 월해(月解) 귀기(歸忌) 건(建) 파(破) 수(收) 폐일(閉日) 음력 初一·初三·初八·十三·十八·二十三日

③ 구사일(求嗣日)

자신의 대(代)를 이을 자식이 없거나 있더라도 특별히 남의 자식을 데려다 키우기 위해 좋은 날을 가리려면 다음과 같습니다.

- 양자를 들이는데 유리한 길신과 일진 : 명당(明堂) 옥당황도(玉堂黃道) 천월덕(天月德)과 그 合日 주인공의 건록 역마 천을귀인일(天乙貴人日) 주인공의 천간장생(天干長生) 납음오행장생일(納音五行長生日)
- 양자 세우는데 꺼리는 신살과 일진 : 천적(天賊) 수사(受死) 월해(月害) 천강·하괴(天罡·河魁 - 황도일이면 꺼리지 않음) 오리(五離) 인동(人動) 인격(人隔) 폐일(閉日)

④ 납노(納奴)

남자 종을 노(奴), 여자 종을 비(婢)라 합니다. 옛날 반상(班常)을 가릴 때 사용하던 명칭입니다. 지금은 노예라는 신분이 없고 다만 가정이나 회사 등에서 필요한 (정원사, 운전기사, 사원) 등을 채용하는 날로 바꾸어 생각하면 되겠습니다.

- 길한 길신과 일진 : 명당(明堂) 옥당(玉堂) 천월덕과 천월덕합 수(收) 만(滿)

제(制) 집일(執日) 그리고 甲子 乙丑 丙寅 丁卯 戊辰 壬申 乙亥 戊寅 己卯 甲申 丙戌 辛卯 壬辰 癸巳 甲午 乙未 己亥 庚子 癸卯 丙午 丁未 辛亥 壬子 甲寅 乙卯 己未 辛酉日

- 불리한 일진 : 수사(受死), 천적(天賊) 월파(月破) 월해(月害) 오귀(五鬼) 천강(天罡) 하괴(河魁)일 등 흉신이 많으면 불리합니다.

5 입권·교역·개점

① 입권·교역

입권(入券)이란 특수한 물품을 경매장에 내 놓는 일, 유통거래를 위한 계약체결, 거래의 시작 등에 합의 본 것을 문서로 계약하는 일입니다.

- 유리한 길신 : 삼합(三合) 오합(五合) 육합(六合) 천월덕합(天月德合) 집(執) 개(開) 성일(成日) 甲子 辛未 甲戌 丙子 丁丑 庚辰 辛巳 壬午 癸未 甲申 辛卯 壬辰 癸巳 乙未 庚子 癸卯 戊申 丁未 壬子 甲寅 乙卯 己未 辛酉日
- 불리한 흉신 : 천적(天賊) 공망(空亡) 복단(伏斷) 대소모(大小耗), 월허(月虛) 건(建) 파(破) 평(平) 수일(守日)

② 개점(開店)

개점(開店)이란 점포를 열고 장사를 시작한다는 뜻입니다. 그러나 길일의 적용은 구멍가게에서 백화점 여는 일까지 대형 건축물의 영업시작 등 돈과 재물을 목적으로 하는 개업 전부를 포함한 것입니다.

- 개업에 유리한 길신과 일진 : 천덕(天德) 월덕(月德) 천월덕합(天月德合) 천은(天恩) 월은(月恩) 월재(月財) 역마(驛馬) 성(成) 만(滿) 개일(開日) 그리고 日辰으로는 甲子 乙丑 丙寅 己巳 庚午 辛未 甲戌 乙亥 丙子 己卯 壬午 癸未 甲申 庚寅 辛卯 乙未 己亥 庚子 癸卯 丙午 壬子 甲寅 乙卯 庚申 辛酉日

- 불리한 신살 : 위 ①의 입권 교역과 동일합니다.

③ 상고흥판일(商賈興販日)

이 날은 장사가 잘 된다는 날입니다.

- 유리한 길신과 일진 : 천덕합(天德合) 월덕합(月德合) 육합(六合) 만(滿) 성(成) 개일(開日)
- 장사에 불리한 신살 : 대소공망(大小空亡) 육임공망(六壬空亡) 대소모(大小耗) 적일(的日) 허일(虛日) 월해(月害) 월파(月破)

6 언무교병·조주

① 언무교병(偃武教兵日)

옛날 나라에서 군사훈련을 시키거나 사열식을 할 때 아래와 같은 날(신살)을 사용했다 합니다.

- 유리한 길신 : 천덕(天德) 월덕(月德) 병보(兵寶) 병복(兵福) 황도(黃道) 성(成) 개일(開日)
- 불리한 신살 : 수사(受死) 월파(月破) 복단(伏斷) 폐일(閉日)

② 조주(造酒)

조주란 술빚기 시작하는 것으로 길일은 다음과 같습니다.

- 유리한 길신 : 성(成) 개일(開日) 寅卯辰月에 저(氐) 기수(箕宿) 巳午未月 : 항(亢) 申酉戌月 : 규(奎) 亥子丑月 : 위(危)
- 불리한 흉신 : 멸몰일(滅沒日)

③ 조장일(造醬日)

조장이란 장(醬) 담는 일입니다.

- 유리한 길신과 일진 : 천덕합(天德合) 월덕합(月德合) 만(滿) 성(成) 개일(開日) 丙寅 丁卯 戊子 丙申 乙未 丙午日
- 불리한 흉살 : 辛日 (辛不造醬)

7 생활에 관계 된 것

① 취임일(就任日)

책자에서의 명칭은 상관부임(上官赴任)이라 하였으나 취임이나 부임이나 그 뜻은 같다고 생각됩니다. 지금은 관청이나 회사 등에서 첫 출근하는 데 있어서는 국가 기관이나 회사 방침에 의해 출근해야 되지만 혹, 자의(自意)로 2·3일 늦게 취임할 수 있는 경우 길일을 택한다면 다음과 같습니다.

- 취임에 유리한 길신과 일진 : 천월덕(天月德) 천월덕합일(天月德合日) 천사(天赦) 천은(天恩) 월은(月恩) 황도(黃道) 역마(驛馬) 왕일(旺日) 상일(相日) 수일(守日) 生年干의 건록·정재·정관일·민일(民日) 관일(官日) 甲子 丙寅 丁卯 戊辰 己巳 乙亥 庚午 丙子 己卯 壬午 甲申 乙酉 丙戌 戊子 癸巳 己亥 庚子 壬寅 丙午 戊申 庚戌 辛亥 壬子 癸丑 庚申 辛酉日
- 불리한 흉신 : 천적(天賊) 수사(受死) 왕망(往亡) 옥일(獄日) 파(破) 평(平) 수(收) 폐일(閉日) 복단(伏斷) 왕망(往亡) 본명일(本命日 - 예 : 甲子生이 甲子日) 및 본명대충일(本命對沖日)

② 구의요병(求醫療病)

옛날에는 병·의원이 없으므로 유명한 의원을 찾아가 치료를 청하거나 주치의를 불러 치료했으나 지금은 환자나 환자 측에서 치료받을 병원을 선택하고 아울러 명성 있는 주치의를 접하여 치료받고 있는 것입니다.

- 치료에 유리한 길신 및 일진 : 천의일(天醫日) 제일(制日) 파일(破日) 개일(開日) 己酉 丙辰 壬戌日
- 불리한 흉신 : 수사(受死) 온황살(瘟黃殺) 망일(望日) 회일(晦日) 수술에 혈기(血忌) 혈지(血支) 음력 초하루 건(建) 평(平) 수(收) 만일(滿日) 庚日

③ 복약(服藥)

여기에서의 복약(服藥)은 매일 매일 복용하는 약, 상습적인 복약 등을 말하는 게 아니고 보약(補藥)의 첫 번째 및 장기적인 치료를 위한 첫 번째 복용하는 약을 칭하는 것입니다.

- 유리한 길신과 일진 : 제(除) 파(破) 개일(開日) : 이상은 종기 째고 침 맞고 수술하는데 유리. 乙丑 壬申 癸酉 乙亥 丙子 丁丑 壬午 甲申 丙戌 己丑 壬辰 癸巳 甲午 丙申 丁酉 戊戌 己亥 庚子 辛丑 戊申 己酉 辛酉日
- 불리한 흉신 : 未日·만일(滿日) 남자는 제일(除日) 여자는 수일(收日)

④ 재의(裁衣)

재의(裁衣)란 옷을 깁는 일인데 지나간 날에 수의(壽衣), 예복(禮服) 관복(官服) 등을 지을 경우 먼저 재의의 길일을 가려 옷 깁기를 시작했던 것 같습니다. 현재는 이와 같은 일이 없고 단, 나들이를 위한 고급의복을 양복점, 양장점, 한복점 등에 맡길 경우 본 책자에서 소개하는 재의길일을 선택해서 옷을 만들어 입는 것도 좋지 않을까 생각됩니다.

- 재의에 유리한 길신과 일진 : 천월덕(天月德) 천월덕합(天月德合) 육합(六合)

왕일(旺日) 제(除) 만(滿) 정(定) 성일(成日) 매월 1일 2일 4일 5일 19일 22일 27일 28일 甲子 乙丑 丙寅 丁卯 戊辰 己巳 癸酉 甲戌 乙亥 丙子 丁丑 己卯 庚辰 辛巳 癸未 甲申 乙酉 丙戌 丁亥 戊子 己丑 庚寅 壬辰 癸巳 甲午 乙未 丙申 戊戌 庚子 辛丑 癸卯 甲辰 乙巳 戊申 己酉 癸丑 甲寅 乙卯 丙辰 辛酉 壬戌日

- 불리한 흉살 : 장성(長星) 단성(短星) 천적(天賊) 천화(天火) 건(建) 파(破) 평(平) 수일(守日)

⑤ 벌목(伐木)

몇 백년을 자라 오래된 나무는 아무 때나 함부로 베지 못한다 합니다. 그래서 오래된 나무를 베려면 이에 합당하는 길일을 택하고 흉한 일진을 피해야 탈이 생기지 않는다 합니다.

- 벌목에 좋은 날 : 천덕(天德) 월덕(月德) 정(定) 성(成) 개일(開日) 입동(立冬)부터 입춘 전 午·申日 그리고, 己巳 庚午 辛未 壬申 甲戌 乙亥 戊寅 己卯 壬午 甲申 乙酉 戊子 甲午 乙未 丙申 壬寅 丙午 丁未 戊申 己酉 甲寅 乙卯 己未 庚申 辛酉日

- 불리한 흉살 : 천적(天賊) 수사(受死) 산격(山隔) 산명(山鳴) 건(建) 파(破) 평(平) 수(收) 위(危) 폐일(閉日)

⑥ 식목일(植木日)

식목이란 나무를 심는 일인데 절기로는 양력 3월 말에서 4월 중순까지가 제일 좋은 시기입니다. 대개 어린 묘목은 웬만하면 잘 살지만 (단, 소나무는 가장 살리기 어려움) 한두 그루를 옮겨 심는 경우 묘목 시기가 지나면 잘 살지 않습니다. 그래서 아래와 같은 일진을 가려 나무를 심으면 좋다 하였습니다.

- 식목에 유리한 날 : 모창(母倉) 사상(四相) 육의(六儀) 제(除) 만(滿) 성(成) 수(收) 개일(開日) 그리고 甲子 丙子 丁丑 己卯 癸未 壬辰日
- 불리한 신살 : 乙日 수사(受死) 고초(枯焦) 건(建) 파일(破日)

⑦ 파종일(播種日)

씨를 뿌려 가꾸는 모든 농작물의 씨를 뿌리는 일에도 마땅한 날과 마땅치 못한 날이 있습니다.

- 파종에 유리한 일진 : 甲子 乙丑 丁卯 己巳 庚午 辛未 癸酉 乙亥 丙子 丁丑 戊寅 己卯 辛巳 壬午 癸未 甲申 乙酉 丙戌 己丑 辛卯 壬辰 癸巳 甲午 乙未 丙申 戊戌 己亥 庚子 辛丑 壬寅 癸卯 甲辰 丙午 戊申 己酉 癸丑 甲寅 乙卯 戊午 己未 癸亥日. 그리고 볍씨 뿌리고 모내기 하고 곡식을 물에 담글 때(씨를 물에 담갓다가 뿌리는 수도 있습니다.) 모내기에 좋은 날은 辛未 癸酉 壬午 庚寅 甲午 甲辰 乙巳 丙午 丁未 戊申 己酉 乙卯 辛酉日
- 이상의 일에 불리한 흉신 : 수사일(受死日), 고초일(故焦日), 사부(死符), 수일(收日)이 되겠습니다.

⑧ 고양이·개 들이는 날

개·고양이는 집에서 기르는 애완동물입니다. 누구에겐가 거저 주었거나 돈을 주고 사 들이거나를 막론하고 집안에 들였다가 좋지 않은 일이 생기는 수가 있다 합니다. 그래서 가급적 일진이 좋은 날과 좋지 않은 날을 가리는 것도 나쁘지 않을 것입니다.

- 유리한 길신과 일진 : 천덕(天德) 월덕(月德) 생기(生氣) 천월덕방(天月德方) 甲子 乙丑 庚午 丙子 壬午 庚子 丙午 壬子 丙辰日
- 꺼리는 날 : 비염살(飛廉殺) 수사(受死) 戌日(戌不乞狗)

⑨ 소 코 뚫는 날

소는 비교적 순한 동물입니다. 단, 지방에 따라 사납기도 하고 순하기도 합니다. 송아지 적에는 코를 뚫지 않아도 되지만 중소(中牛) 정도 되면 미리(더 사납기 전) 코를 뚫어 두어야 힘 센 소를 제어할 수 있습니다.

- 유리한 일진 : 戊辰 己巳 辛未 甲戌 乙亥 辛巳 乙酉 戊子 乙巳 己酉 乙卯 戊午 己未日
- 불리한 신살 : 비염살(飛廉殺) 도침(刀砧) 혈기(血忌) 혈지(血支) 丑日 수사(受死) 위일(危日)

⑩ 단유일(斷乳日)

30년 전만해도 갓 낳아서는 거의가 모유(母乳)를 먹고 자랐는데 세월이 지나면서 모유를 먹이는 일이 점차 사라지고 이제는 모유를 물려 아기를 먹이는 일이 눈에 잘 띄지 않습니다. 그런데 모유이건 우유이건을 막론하고 어린이가 클 만큼 크면 젖(우유)을 떼고 밥을 먹여야 하는데 젖(우유)을 떼기가 쉽지 않습니다. 반 강제로 젖을 떼려면 아기는 울고, 부모는 힘이 들겠지요. 택일법에 젖떼기에 효과적인 날이 있어 이를 수록하겠습니다.

- 갓난 아기 젖 떼는데 효과적인 날 : 복단일(伏斷日)·卯日
- 꺼리는 날 : 수사(受死)·위일(危日) 初五日·初七日

⑪ 이발·미용

남자는 이발, 여자는 미용에 좋은 날과 꺼리는 날이 있습니다.

- 유리한 일진과 길신 : 황도(黃道) 천덕(天德) 월덕(月德) 익후, 속세(續世) 寅申巳亥月 가운데 午日. 乙丑 壬申 丙子 己卯 壬午 丙戌 甲寅日
- 불리한 일진과 날짜 : 丁日 망일(望日 - 달이 한껏 둥근 날) 건(建) 파(破) 매월 15일

⑫ 목욕(沐浴)

오늘날의 주택문화는 집집마다 탕이 있어 매일이라도 몸을 씻는 이가 많지만 전날에는 탕이 없어 자주 몸을 씻을 수 없었습니다. 그래서 몸을 깨끗이 씻는 제사나 고사 계획을 세워 놓으면 아무리 목욕하기가 어려워도 목욕을 아니 할 수가 없었습니다. 그래서 이 항목을 기재하지 않으려다가 책자에 수록되어 있으므로 참고삼아 목욕길일과 불리한 날을 구분하였으니 관심이 있으신 분은 참고하시기 바랍니다.

- 목욕에 좋은 날 : 甲子 丁卯 辛未 壬申 癸酉 乙亥 丙子 丁丑 戊子 己丑 辛卯 丁酉 癸丑 丁巳 戊午 癸亥日과 날짜로, 初三·初四·初八·初九·初十·十一·十二·十三·十四·十五·二十二·二十三·二十六日입니다.

⑬ 제방일(堤防日)

제방이란 바다와 육지를 막론하고 물길을 막기 위해 공사하는 것입니다.

- 유리한 날 : 복단일(伏斷日) 폐일(閉日) 위일(危日) 수사일(受死日) 단, 장기적 시일이 걸리는 공사는 맨 처음 삽질하는 날(즉, 기공식)을 사입니다.
- 꺼리는 날 : 辰日 촉수룡일(觸水龍日) 파일(破日) 수명일(水鳴日) 수격일(水隔日)이 되겠습니다.

⑭ 재산 분배일

부모님이 남기고 간 재산을 나누는 일에도 좋고 나쁜 일진이 있는바, 아래와 같습니다.

- 유리한 날 :

  정월 - 己卯 壬午 癸卯 丙午日

  2월 - 辛未 癸未 乙未 己亥 己酉 己未日

  3월 - 초1일, 9일, 4월 초8일

5월 - 초5, 초6, 초7, 15, 16, 17, 25, 26일, 매월 28일

10월 - 초10일, 11월 25일, 12월 초7, 20일

大月(음력 날짜가 30일까지 있는 달) - 17일

小月(음력 날짜가 29일까지 있는 달) - 16일

  정월 : 己卯 壬午 癸卯 丙午日

  2월 : 辛未 癸未 乙未 己亥 己酉 己未日

  3월 : 甲子 己卯 辛卯 庚子 癸卯日

  4월 : 무

  5월 : 戊辰 辛未 甲辰 丙辰 己未日

  6월 : 乙亥 己卯 己亥 癸卯日

  7월 : 戊辰 庚辰 壬辰 丙辰

  8월 : 乙丑 甲戌 乙亥 己亥 乙巳 庚申日

  9월 : 庚午 壬午 丙午 辛酉

  10월 : 甲子 丙子 戊子 庚子

  11월 : 乙丑 乙亥 丁丑 己丑 癸丑

  12월 : 壬申 辛卯 癸卯 乙卯 庚申日

- 불리한 날 : 월파(月破) 초요(招搖) 천적(天賊) 현무흑도(玄武黑道日)

⑮ 방사(房事) 금하는 날

방사(房事)란, 부부가 합방(合房)하는 일입니다. 방사에 유리한 날은 기록이 없어 기재를 아니 하거니와 글에는 금방(禁房)의 원칙과 그 이유에 대하여 설명하고 있습니다.

- **방사에 불리한 날** : 음력 정월 3일, 14일, 16일, 2월 초2일, 3월 초1일, 초9일, 4월 초8일, 5월 초5, 초6, 초7, 15, 16, 17, 25, 27일, 11월 25일, 12월 7일, 20일, 大月(음력 30일까지 있는 달 17일), 小月(음력 29일까지 있는

달 16일), 매월 28일, 그리고 춘분(春分), 추분(秋分), 동지(冬至), 하지(夏至), 입춘(立春), 입하(立夏), 입추(立秋), 입동(立冬), 초복, 중복, 말복, 상현(上弦), 하현(下弦), 삭(朔 - 음력 초하루), 망(望), 그믐날, 삼원(三元 - 즉, 上元 中元 下元인데 즉, 甲子日), 춘사(春祀), 추사(秋祀), 몹시 춥거나 몹시 더운 날, 폭우 쏟아질 때, 번개치고 천둥할 때, 일식 월식이 있는 때, 무지개가 선명할 때, 땅울림(지진), 온 천하가 캄캄할 때

이상의 날짜와 때를 어기고 부부가 방사를 치러 임신이 된다면 기형아, 바보, 포악자 등이 생겨날 우려가 있기 때문이라 하였습니다.

8 성조(成造)에 관계되는 신살(神殺)

성조(成造)란, 새로이 집을 짓는 것을 뜻하는 말입니다. 현재는 집의 크기에 관계없이 건축이라 하는바, 집을 짓는데 불리하지 않은가와 어느 방위를 개수(改修)해도 무방한가를 보는 일입니다.

① 성조운(成造運)

성조운(成造運 : 집짓는 운)을 보는 방법은 여러 가지가 있습니다. 즉, 당년 나이로만 보는 법, 출생한 해의 干支로 좌향을 맞추는 법, 또는, 생년간지(生年干支)로 태세, 또는, 태세와 집의 좌향을 맞추어 보는 법 등이 있으므로 집을 지어도 좋겠는가? 하는 것을 살펴보게 되는 것입니다.

◉ 사각법(四角法)

사각(四角)이란 나이가 건(建) 곤(坤) 간(艮) 손(巽)에 든 것을 칭하는데 사각법에는 금루사각(金樓四角)과 성조사각 등 2가지가 있으나 대개는 성조사각을 취하고 있습니다.

- **금루사각**(金樓四角)의 정국(定局)은 당년나이(집지으려는 주인공의 연령) 1세를 태(兌)에 붙여 八方을 순행(巡行)하되 나이가 子·午·卯·酉 사정방(四正方)에 드는 해는 성조에 유리하나 건·곤·간·손·궁과 중궁에 들면 불리라 하였습니다.

- **성조사각**(成造四角)은 당년나이 1세를 곤궁(坤宮)에서 시작하여 八方을 순행하되 나이가 감(坎) 이(離) 진(震) 태(兌)의

【 금루사각 연령 배치도 】

8 18 28 38 48 58	흉 巽	68 78 88 98	9 19 29 39 49 59	길 離	69 79 89 99	10 20 30 40 50	흉 坤	60 70 80 90 100
7 17 27 37 47 57	길 震	67 77 87 97	4 5 14 15 24 25 34 35 44 45	中	50 54 55 64 65 74 75 84 85	1 11 21 31 41 51	길 兌	61 71 81 91 101
6 16 26 36 46 56	흉 艮	66 76 86 96	3 13 23 33 43 53	길 坎	63 73 83 93	2 12 22 32 42 52	흉 乾	62 72 82 92 102

【 성조사각 연령 배치도 】

8 17 24 33 42 51	牛馬四角 巽	60 69 78	9 18 26 34 43 52	吉 離	61 70 79 87	1 10 19 27 36	강子四角 坤	44 53 62 71 80 88
7 16 23 32 41 50	吉 震	59 68 77 86	5 15 25 35 45	蠶四角	55 65 75 85 95	2 11 20 28 37	吉 兌	46 54 63 72 81 89
6 14 22 31 40	蠶四角 艮	49 58 67 76 84	4 13 21 30 39	吉中 坎	48 57 66 74 83 91	3 12 29 38 47	父母四角 乾	56 64 73 82 91

四正方에 드는 해는 성조에 유리하나 건·곤·간·손·방(이를 사각방이라 함)에 들면 사각이라 하여 불길이라 합니다. 왜냐하면, 곤궁(坤宮)은 처자사각(妻子四角)이 되어 처자가 있는 분은 곤궁에 드는 나이는 이해 성조를 보류해야 되며 건궁에 드는 해는 부모만 안 계시면 건궁 나이에도 집을 지을 수 있습니다. 손궁에 든 나이는 축

사건축만 못하고 기타 상황이 법에 맞으면 집을 지어도 무방하였습니다. 성조사각 정국은 금루사각과 다릅니다.

성조사각은 당년나이 1세를 곤궁(坤宮)에 붙여 八方을 순행(巡行)하되 단, 5세(15세, 25세, 35세, 45세, 50세, 55세, 65세, 75세, 85세) 만은 중궁에 넣고 주인공의 나이 닿는 곳까지 붙여 동서남북 사정방(子午卯酉 : 정사방)에 들면 성조대길이며, 중궁에 들면 잠사각(蠶四角)이오, 간궁(艮宮)에 드는 해는 자사각(自四角)이라 우선 사각법에 나이가 잠사각(蠶四角)이나 자사각(自四角)에 드는 해는 집(건축)을 짓지 말라 하였습니다.

● 연월길흉(성조운)

生年 \ 구분	예전년(例田年)	육임생운 (六壬生運)	육임사운 (六壬死運)
申子辰生	亥子丑寅卯	申酉戌亥子	丑寅卯辰巳午未
巳酉丑生	申酉戌亥子	巳午未申酉	戌亥子丑寅卯
寅午戌生	巳午未申酉	寅卯辰巳午	未申酉戌亥子丑
亥卯未生	寅卯辰巳午	亥子丑寅卯	辰巳午未申酉戌

성조에 있어 삼재년(三災年)은 건축에 불리합니다.

예를 들어, 巳酉丑生은 亥子丑年이 삼재(三災)라 삼재운에는 집 짓는 일을 꺼리게 됩니다. 그래도 부득이하여 집을 짓고자 하면 육임생운(六壬生運)인 巳·午·未·申·酉月 가운데 날을 가리되 다른 길신이나 길격을 맞추어 건축 공사에 임하시면 되겠습니다.

이를 간단히 정리한다면 성조사각에 잠사각(蠶四角)과 자사각(自四角)에 해당되지 않을 경우 삼재에만 해당한다면 반드시 육임생운에 해당하는 달에 건축을 시작해야 무방합니다.

> **참고** 옛날에는 집을 지을 때의 주(主)된 재료로는 나무와 흙 2가지가 대부분입니다. 즉, 땅을 파서 흙을 나르고, 집터 닦고, 주춧돌 놓고, 기둥세우고, 대들보 올리고(上梁) 지붕 덮고, 문 만들고, 우물 파는 일 등등의 여러 가지 일을 하게 되므로 각각 날을 가려 좋다는 날에 일을 하였으나 현재는 벽돌을 쌓고 시멘트 작업하고 상량식 하는 정도로 날을 가려(이와 같이도 하지 않는 이가 많음) 행사하고 있으므로 본 책자에서도 필요 없는 절차는 제외하고 집짓고 수리하는 것 정도로 소개하겠으니 이해하시기 바랍니다.

② 전길일(全吉日)

건축공사의 시작, 나무·흙·쇠 다루기와 집수리·흙 다루기 등 모든 건축공사에 좋은 일진과 신살은 다음과 같습니다.

- 유리한 길신과 일진 : 금당(金堂) 옥우(玉宇) 천덕(天德) 월덕(月德) 천은(天恩) 대명(大明) 모창(母倉) 生甲旬 황도(黃道) 월은(月恩) 월재(月財) 생기(生氣) 오부(五富) 통천규(通天竅) 주마육임(走馬六壬) 성마귀인(星馬貴人) 진태양(眞太陽) 자백(紫白) 상일(相日) 오부(五富) 甲子 乙丑 丙寅 己巳 庚午 辛未 癸酉 甲戌 乙亥 丙子 丁丑 癸酉 癸未 甲申 丙戌 庚寅 壬寅 壬辰 乙未 丁酉 庚子 癸卯 丙午 丁未 癸丑 甲寅 丙辰 己未 천롱(天聾) 지아(地啞) 투수일(偸修日) 금궤(金櫃) 정일(定日)

- 꺼리는 흉살 : 흑도(黑道) 사갑순(死甲旬) 천적(天賊) 수사(受死) 천강(天罡 : 황도일이면 제살로 무방) 하괴(河魁 : 황도일이면 무방) 대장군(大將軍) 관부(官符) 정음부(正陰符) 백호대살(白虎大殺) 구퇴(灸退) 신황(身皇) 정명(定明) 산가혈인(山家血刃) 순산나후(巡山羅候) 산가곤룡(山家困龍) 천관부(天官符) 지관부(地官符) 구천주작(九天朱雀) 좌살(坐殺) 향살(向殺) 세파(歲破) 빙소와해(氷消瓦解) 토온(土瘟) 토기(土忌) 지격일(地隔日)

③ 동토일(動土日)

동토(動土)란, 땅을 파고 흙을 운반하고, 흙 바르는 일 즉, 흙일을 하는 것입니다. 이런 일에 좋고 나쁜 신살과 일진이 있으니 아래와 같습니다.

- 유리한 길신과 일진 : 황도(黃道) 월공(月空) 천월덕(天月德) 천은(天恩) 사상(四相) 생기(生氣) 옥우(玉宇) 금당(金堂) 익후(益後) 공망(空亡) 월은(月恩) 천롱(天聾) 지아(地啞) 집(執) 위(危) 성(成) 개일(開日)과 추가로 甲子 癸酉 戊寅 己卯 庚辰 辛巳 甲申 丙戌 甲午 丙申 戊戌 己亥 庚子 甲辰 丙午 丁未 癸丑 庚午 辛未 丙辰 丁巳 상일(相日) 辛酉

- 불리한 흉살 : 현무(玄武) 흑도(黑道) 천적(天賊) 수사(受死) 토온(土瘟) 토부(土符) 토기(土忌) 월건(月建) 전살(轉殺) 토왕용사(土王用事)

④ 기지일(基地日)

기지(基地)란, 건물(집)을 짓기 위해 땅을 판판하게 다지거나 건축을 위해 기초공사를 하는 일(시작)입니다. 길일은 아래와 같습니다.

- 유리한 길신과 일진 : 천월덕(天月德) 월공(月空) 천은(天恩) 월은(月恩) 황도(黃道) 생기(生氣) 금당(金堂) 옥우(玉宇) 제(除) 정(定) 집(執) 성(成) 개일(開日)과 甲子 乙丑 丁卯 戊辰 庚午 辛未 己卯 辛巳 甲申 乙未 丁酉 己亥 丙午 丁未 壬子 癸丑 甲寅 乙卯 庚申 辛酉日

- 불리한 흉살 : 천적(天賊) 수사(受死) 월파(月破) 지낭(地囊) 현무흑도(玄武黑道) 사폐(四廢) 전살(轉殺) 건(建) 수일(收日)

⑤ 상량일(上樑日)

상량(上樑)이란, 재래식 목재건물을 지을 경우 건축물 한복판에 가장 굵고 쓸만한 건물에다 글씨를 써서 지붕이 붕괴되지 않도록 하는 일로서 민가(民家)에서는 떡을 해 놓고 고사를 지내는 일입니다. 현재는 모두 빌

딩형식의 건물이라 상량보를 안치할 수가 없으므로 조그마한 널판지나 종이에 써서 건물 중심 천정에 끼어두거나 붙여두고 재 작업을 하면 상량글씨가 보이지 않습니다.

【 상량글씨 】

龘 西紀二〇〇九年(己丑 五月十七日 未時上樑) 成造○○生 應天上之三光 備人間之五福 龜

- 유리한 길신과 일진 : 황도(黃道) 천덕(天德) 월덕(月德) 성(成) 개일(開日)과 甲子 乙丑 丁卯 戊辰 己巳 庚午 辛未 壬申 甲戌 丙子 戊寅 庚辰 壬午 甲申 丙戌 戊子 庚寅 甲午 丙申 丁酉 戊戌 己亥 庚子 辛丑 壬寅 癸卯 乙巳 丁未 己酉 辛亥 癸丑 乙卯 丁巳 己未日

- 불리한 흉신과 일진 : 주작흑도(朱雀黑道) 천뇌(天牢) 독화(獨火) 천화(天火) 빙소와해(氷消瓦解) 천적(天賊) 수사(受死) 월파(月破) 천강(天罡) 하괴(河魁) 음차(陰差) 양착(陽錯) 대모(大耗) 사폐(四廢) 월건(月建) 전살(轉殺) 복단일(伏斷日)

⑥ 수문일(修門日 : 문고치는 날)

수문(修門)이란, 고장난 문을 고치는 일이지만 새로 만들어 다는 일도 포함 됩니다. 수문일은 다음과 같습니다.

大月 : 初1, 初2, 初3, 初7, 初8, 12, 13, 14, 18, 19, 20, 24, 25일
小月 : 初1, 初2, 初6, 初7, 11, 12, 13, 17, 18, 19, 23, 24, 28, 29일

⑦ 폐문(閉門) · 색로(塞路)

불필요한 문을 봉쇄하거나 길을 차단하여 남이 다니지 못하도록 하는데도 마땅한 일진이라야 효과적이고 탈이 생기지 않습니다.

- 유리한 날 : 복단일(伏斷日) 폐일(閉日)
- 불리한 날 : 사폐(四廢) 개일(開日) 丙寅 己巳 庚午 丁巳日

⑧ 파옥(破屋)·괴원(壞垣)

오래되어 쓸모없거나 해서 건옥을 헐어내거나 필요상 담장을 헐어내는 데도 효과적인 날을 선택할 수 있습니다. 다음과 같습니다.

- 유리한 날 : 파일(破日) 대공망일(大空亡日)
- 불리한 것 : 삼살방(三殺方) 대장군방(大將軍方) 위일(危日)

⑨ 천정일(穿井日)

현재는 재래식 가옥은 거의 볼 수가 없는 시대입니다. 거의가 현대적인 주방, 씽크대를 설치하고 수도(水道)를 설치하여 수도꼭지를 틀고 있지만 전국에 골고루 보급한다는 것은 아직 이른 것 같습니다. 그래서 수돗물이 보급되지 않는 산골이거나 수도가 없는 곳에서는 땅을 파고 물을 얻어 생활에 필요한 물을 얻어 쓰고 있습니다. 어쨌거나 농업용수를 얻거나 식수를 얻기 위해 우물을 파게 될 경우 효과적이면서 탈이 생기지 않는 날은 다음와 같습니다.

- 유리한 날 : 천월덕(天月德) 황도(黃道) 천월덕합(天月德合) 생기(生氣) 성(成) 개일(開日) 寅·卯·辰·巳方 그리고, 日의 干支로는 甲子 乙丑 癸酉 丙子 壬午 癸未 甲申 乙酉 丁亥 戊子 癸巳 甲午 乙未 戊戌 庚子 辛丑 壬寅 乙巳 己酉 辛亥 癸丑 丁巳 戊午 己未 庚申 辛酉 癸亥日
- 불리한 날 : 삼살방(三殺方) 대장군방(大將軍方) 수명(水鳴) 수격(受隔) 대소모(大小耗) 흑도(黑道) 토온(土瘟) 토기(土忌) 토부(土符) 비염(飛廉) 혈기(血忌) 지낭(地囊) 구공(九空) 사폐(四廢) 도침(刀砧) 전살(轉殺) 복단일(伏斷日) 음칠월묘일(陰7월 卯日) 건(建) 파(破) 평(平) 수(收) 폐일(閉日) 천갈일(泉喝日 : 샘물이 마른다

는 날 즉, 辛巳 己丑 庚寅 壬辰 戊申日) **천폐일**(天閉日 : 戊辰 辛巳 己丑 庚寅 甲寅日)

⑩ 소아살(小兒殺)

소아란, 13세 이전의 어린이를 칭합니다. 실제로 경험해 보면 새로 집을 짓는 것보다 낡은 집을 고치거나 새 집이라도 필요상 집수리를 해야 되는데 아래에 수록하는 소아살 일람표에 지적한 방위를 범하면 소아에게 불행한 일이 생긴다 합니다.

우선 삼살이나 대장군방을 피하더라도 어린이가 있는 경우에는 소아살 방위를 범하지 않는 게 안심이 되겠습니다.

◉ 신황(身皇)·정명살(正命殺)

신황살과 정명살이 소아살입니다.

신황(身皇)·정명(正命)

【 소아살 일람표 】

남녀 나이								三元 명칭구분 남여	上元 신황 남	上元 신황 여	上元 정명 남	上元 정명 여	中元 신황 남	中元 신황 여	中元 정명 남	中元 정명 여	下元 신황 남	下元 신황 여	下元 정명 남	下元 정명 여
1	10	19	28	37	46	55	64	73	서남	中	동북	中	中	동북	서남	서남	서남	동북	동북
2	11	20	29	38	47	56	65	74	북	서북	남	서북	서북	서	동남	동	동	북	서	남
3	12	21	30	39	48	57	66	75	남	서	북	서	서	서북	동	동남	동남	남	서북	북
4	13	22	31	40	49	58	67	76	동북	동북	서남	동북	동남	서남	中	中	동북	中	서남
5	14	23	32	41	50	59	68	77	서	남	동	남	남	동남	북	서북	서	동남	동
6	15	24	33	42	51	60	69	78	서북	북	동남	북	북	동	남	서	서북	동	동남
7	16	25	34	43	52	61	70	79	中	서남	中	서남	서남	동북	동북	동북	中	서남	中
8	17	26	35	44	53	62	71	80	동남	동	서북	동	동	북	서	남	동남	북	북서
9	18	27	36	45	54	63	72	81	동	동남	서	동남	동남	남	서북	북	북	동	남	서

※ 신황은 身皇이고 정명은 定命임. 또는, 中은 건축물 중앙을 뜻함.

• 법식(法式)

上元甲子 { 남자는 艮에 10세를 붙여 구궁(九宮)을 순행(巡行)하고
여자는 中에 10세를 붙여 구궁(九宮)을 역행(逆行)

中元甲子 { 남자는 中에 10세를 붙여 구궁(九宮)을 순행(巡行)하고
여자는 艮에 10세를 붙여 구궁(九宮)을 역행(逆行)

下元甲子 { 남자는 坤에 10세를 붙여 구궁(九宮)을 순행(巡行)하고
여자는 坤에 10세를 붙여 구궁(九宮)을 역행(逆行)

서기 1864 ~ 1923년 上元甲子

서기 1924 ~ 1983년 中元甲子

서기 1984 ~ 2043년 下元甲子 (현재는 下元甲子에 해당)

⑪ **양택삼요**(陽宅三要)

양택(집·건축물)에 있어 가장 중요한 것은 건물의 좌(坐 : 뒷면 방위)와 출입문, 출입문과 부엌, 세대주 명(命)과 출입문의 방위입니다.

【 東西二宅 분리도 】

東 (巽)	東 (離)	西 (坤)
東 (震)		西 (兌)
西 (艮)	東 (坎)	西 (乾)

출입문과 건물의 좌

출입문과 세대주의 침실

출입문과 주방(싱크대 가스렌지 위치)

출입문과 각 가족의 명(命)

위와 같은 관계가 동사택(東四宅)은 동사택끼리, 서사택은 서사택끼리 관련되어야 생기(生氣) 연년(延年) 천을(天乙)의 길국으로 구성되지만 東과 서가 만나면 오귀(五鬼) 육살(六殺) 화해(禍害) 절명(絶命)의 흉국5을 이루어 불리한 것입니다. 단, 복음(伏陰)은 길흉의 중간관계라 하겠습니다.

一上生氣	二中五鬼	三下延年	四中六殺
(일상생기)	(이중오귀)	(삼하연년)	(사중육살)
五上禍害	六中天乙	七下絶命	八中位伏
(오상화해)	(육중천을)	(칠하절명)	(팔중복음-伏吟 이라고도 함)

◉ 출입문과의 관계

方位 \ 八神	生氣 생기	五鬼 오귀	延年 연년	六殺 육살	禍害 화해	天乙 천을	絶命 절명	歸魂 귀혼
壬子癸(坎·東)	巽 손	艮 간	離 이	乾 건	兌 태	震 진	坤 곤	坎 감
丑艮寅(艮·西)	坤 곤	坎 감	兌 태	震 진	離 이	乾 건	巽 손	艮 간
甲卯乙(震·東)	離 이	乾 건	巽 손	艮 간	坤 곤	坎 감	兌 태	震 진
辰巽巳(巽·東)	坎 감	坤 곤	震 진	兌 태	乾 건	離 이	艮 간	巽 손
丙午丁(離·東)	震 진	兌 태	坎 감	坤 곤	艮 간	巽 손	乾 건	離 이
未坤申(坤·西)	艮 간	巽 손	乾 건	離 이	震 진	兌 태	坎 감	坤 곤
庚酉辛(兌·西)	乾 건	離 이	艮 간	巽 손	坎 감	坤 곤	震 진	兌 태
戌乾亥(乾·西)	兌 태	震 진	坤 곤	坎 감	巽 손	艮 간	離 이	乾 건

◉ 동서명(東西命)

東四宅命은 출입문·주방·좌향 등이 침실 동사택이 되어야 길하고, 서사택명(西四宅命)은 출입문·주방·좌향·침실 등이 서사택끼리 만나야 생기(生氣) 연년(延年) 천을(天乙) 등에 해당하므로 발복되지만 동과 서가 만나면 오귀, 육살, 화해, 절명 등으로 구성되어 불리합니다. 단, 복음(伏吟)은 길도 흉도 아니므로 건물 구조에 따라 사용하셔도 무방합니다.

上元甲子生 (1864 ~ 1923) 남자는 감궁(坎宮)에
여자는 중궁(中宮)에
中元甲子生 (1924 ~ 1983) 남자는 손궁(巽宮)에
여자는 곤궁(坤宮)에
下元甲子生 (1984 ~ 2043) 남자는 태궁(兌宮)에
여자는 간궁(艮宮)에

각각 甲子를 붙여 九宮순서를 남자는 시계반대방향으로 역행(거꾸로)하고 여자는 순행(巡行 : 시계방향)하여 주인공의 生年干支에 이르는 곳이 감(坎) 진(震) 손(巽) 이(離)에 해당하면 동명(東命)이 되고 건(乾) 곤(坤) 간(艮) 태(兌)에 이르면 서명(西命)이라 합니다. 만약 남자가 中宮에 들면 곤궁(坤宮)과 동일하고 여자가 중궁에 들면 간궁(艮宮)과 동일한 것으로 보면 되겠습니다.

◉ 東西命 早見表(동서명 조견표)

【 1916년 】

生年	男	女	生年	男	女	生年	男	女	生年	男	女
上元 丙辰	震	진	壬午	巽	손	戊申	中	감	甲戌	乾	이
丁巳	坤	손	癸未	震	중	己酉	巽	곤	乙亥	中	감
戊午	坎	중	甲申	坤	건	庚戌	震	진	丙子	巽	곤
己未	離	건	乙酉	坎	태	辛亥	坤	손	丁丑	震	진
庚申	艮	태	丙戌	離	간	壬子	坎	중	戊寅	坤	손
辛酉	兌	간	丁亥	艮	이	癸丑	離	건	己卯	坎	중
壬戌	乾	이	戊子	兌	감	甲寅	艮	태	庚辰	離	건
癸亥	中	감	己丑	乾	곤	乙卯	兌	간	辛巳	艮	태
中元 甲子	巽	곤	庚寅	中	진	丙辰	乾	이	壬午	兌	간
乙丑	震	진	辛卯	巽	손	丁巳	中	감	癸未	乾	이
丙寅	坤	손	壬辰	震	중	戊午	巽	곤	甲申	中	감
丁卯	坎	중	癸巳	坤	건	己未	震	진	乙酉	巽	곤
戊辰	離	건	甲午	坎	태	庚申	坤	손	丙戌	震	진
己巳	艮	태	乙未	離	간	辛酉	坎	중	丁亥	坤	손
庚午	兌	간	丙申	艮	이	壬戌	離	건	戊子	坎	중
辛未	乾	이	丁酉	兌	감	癸亥	艮	태	己丑	離	건
壬申	中	감	戊戌	乾	곤	甲子	兌	간	庚寅	艮	태
癸酉	巽	곤	己亥	中	진	乙丑	乾	이	辛卯	兌	간

生年	男	女	生年	男	女	生年	男	女	生年	男	女
甲戌	震	진	庚子	巽	손	丙寅	中	감	壬辰	乾	이
乙亥	坤	손	辛丑	震	중	丁卯	巽	건	癸巳	中	감
丙子	坎	중	壬寅	坤	건	戊辰	震	태	甲午	巽	곤
丁丑	離	건	癸卯	坎	태	己巳	坤	간	乙未	震	진
戊寅	艮	태	甲辰	離	간	庚午	坎	이	丙申	坤	손
己卯	兌	간	乙巳	艮	이	辛未	離	감	丁酉	坎	중
庚辰	乾	이	丙午	兌	감	壬申	艮	곤	戊戌	離	건
辛巳	中	감	丁未	乾	곤	癸酉	兌	진	己亥	艮	태

○ 출생년이 감(坎) 이(離) 진(震) 손궁(巽宮)이면 東四宅命
○ 출생년이 건(乾) 곤(坤) 간(艮) 태궁(兌宮)이면 西四宅命

9 육십갑자별 유리·불리(택일 항목의 흉살 피할 것)

미리 일러두기

甲子·乙丑日 등 六十甲子 행사에 유리한 행사와 불리한 행사라 기록한 것은 六十甲子日 개별적으로 유리·불리로 지적할 뿐이고 위 5항 〈행사별 신살의 길흉〉과 신살정국(神殺定局)에 의해 그 날 그 날의 日辰에 어떤 흉신이 들었는 가로 길일 흉일을 알아야 합니다.

예를 들어, 庚寅日의 경우 길한(유리한) 행사에 결혼식에 유리라 하였으나 신살표에 천적, 수사, 월파, 복단, 홍사, 피마 등의 흉살이 庚寅日에 함께 들면 이상의 행사는 못하는 것입니다.

① 甲子日 - 해중금(海中金) 의일(義日) 六十甲子 1 번째

- 유리한 행사 : 제사(祭祀) 고사, 여행, 이사, 새집들이, 청원서 제출, 새 사람 들이는 일, 건축을 위한 기초공사 시작, 상량식, 우물파기, 계약, 매매, 개업, 상거래 시작, 옷 맞추기, 목욕, 양 4월이면 식목, 파종 3·

4월이면 부장길일(不將吉日)

★ 신살 : 천은(天恩) 겨울은 천사, 봄은 모창길일

• 불리한 행사 : 신상품 첫 출고

② 乙丑日 - 해중금(海中金) 제일(制日) 六十甲子 2 번째

• 유리한 일 : 제사, 불공, 여행, 이사, 새집들이, 약혼식, 결혼식, 인·허가 신청, 문서제출, 행선(行船), 복약, 새사람 들이는 일, 건축의 착수, 집터다지기, 상량식, 우물파기, 개업, 옷 맞추기, 파종

• 불리한 일 : 묘목재배, 약혼식

★ 신살(神殺) : 음력 2·3월이면 부장(不將) 대공망일, 천은, 지아일, 申酉月이면 모창일(母倉日)

③ 丙寅日 - 노중화(爐中火), 의일(義日) 六十甲子 중 3번째

• 유리한 일 : 불공, 출행, 이사, 새집들이, 약혼·결혼식, 인허가 신청, 윗 신분에게 편지, 진정서 보내는 일, 뱃길 여행, 고용인 들이는 일, 건축을 위한 기초공사

★ 신살 : 正 2·3월 중이면 부장길일(천은, 모창) 4·5·6월 중이면 천농일

• 불리한 일 : 제사, 고사, 주방수리

④ 丁卯日 : 노중화(爐中火) 의일(義日) 六十甲子 중 4번째

• 유리한 일 : 제사, 출행, 새집들이, 아랫사람 채용, 약혼식, 결혼식, 인허가 신청, 윗 신분에게 글 올리는 일, 상량식, 장담그기, 옷 맞추기, 목욕, 어린이 젖떼기, 씨 뿌리기

★ 길신 : 부장(正, 11, 12월) 천은(天恩) 모창(母倉 - 巳午未月) 지아(地啞日)

• 불리한 일 : 우물파기, 수도설치, 머리 만지기(미용)

⑤ 戊辰日 : 대림목(大林木) 전일(專日) 六十甲子 중 5번째
- 유리한 일 : 새집들이, 취임, 행선(行船) 고용인 채용, 건축을 위한 기초공사 시작, 상량식
- ★길신 : 부장(12월) 천은(天恩) 모창(母倉 - 巳午未月) 지아(地啞)
- 불리한 일 : 결혼식, 토지매입
- ★흉신 : 大殺白虎

⑥ 己巳日 : 대림목(大林木) 의일(義日) 육십갑자 중 6번째
- 유리한 일 : 새집들이, 이사, 입학, 취임, 건축을 위한 기초공사 시작, 상량식, 개업, 옷 맞추기, 벌목, 파종
- ★11월이면 부장길일
- 불리한 일 : 출행, 문서 종류는 다시 살피고 버릴 것, 장례행사

⑦ 庚午日 : 노방토(路傍土) 벌일(伐日) 六十甲子 중 7번째
- 유리한 일 : 불공, 출행, 새집들이, 이사, 취임, 건축의 착수(집터 닦기) 상량식, 장·술 담그기, 벌목, 파종.
- ★9·10월은 부장길일
- 불리한 일 : 침 맞고 뜸뜨고 수술 받는 일

⑧ 辛未日 : 노방토(路傍土) 의일(義日) 六十甲子의 8번째
- 유리한 일 : 제사, 출행, 새집들이, 약혼식, 건축의 착수, 흙 다루는 일, 상량식, 상거래 트기, 벌목, 목욕, 파종.
- ★8·9월은 부장길일, 대명(大明), 모창(8월)
- 불리한 일 : 장기적인 복약에는 복약시작, 장 담그기

⑨ 壬申日 : 검봉금(劍鋒金) 의일(義日) 六十甲子의 9번째
- 유리한 일 : 제사, 고사, 민원서 제출, 복약(시작), 고용인 채용, 상량식, 목욕.
- ★부장길일(不將吉日 - 6, 7, 8월에 한하여) 대명(大明) 겨울이면 모창(母倉)
- 불리한 일 : 물길을 막기 위해 제방 쌓는 일, 침상을 들여 놓는 일

⑩ 癸酉日 : 검봉금(劍鋒金) 의일(義日) 六十甲子의 10번째
- 유리한 일 : 제사, 복약, 건축 및 집수리, 우물파기, 목욕, 파종.
- ★5·6·7월은 부장길일(不將吉日) 대명일(大明日) 亥子丑月은 모창(母倉)

⑪ 甲戌日 : 산두화(山頭火) 제일(除日) 六十甲子의 11번째
- 유리한 일 : 제사, 불공, 출행, 새집들이, 입학, 건축의 기초공사 시작, 계약체결, 상거래 트기, 옷 맞추기, 벌목.
- ★길신 : 대공망일, 3·4·5·6월에는 부장길일(不將吉日) 申酉戌月은 모창(母倉) 대공망일
- 불리한 일 : 물품(상품, 곡물 등)의 첫 출고, 개를 들이는 일

⑫ 乙亥日 : 산두화(山頭火) 의일(義日) 六十甲子 중 12번째
- 유리한 일 : 고사, 기도, 출행, 새집들이, 입학, 취임, 고용인 채용, 복약의 시작, 건축을 위한 기초공사 첫 착수, 옷 맞추기, 벌목, 목욕, 파종.
- ★대공망일, 申酉戌月이면 부장길일(不將吉日)
- 불리한 일 : 묘목 옮겨심기, 결혼식, 장례행사

⑬ 丙子日 : 간하수(澗下水) 벌일(伐日) 六十甲子 중 13번째
- 유리한 일 : 고사와 기도, 결혼식, 작품, 논문, 민원서 등의 제출, 입

학, 취임, 복약, 건축을 위한 기초공사 시작, 우물파기, 계약체결, 상거래 시작, 옷 맞추기.

★모창(母倉 : 寅卯辰月) 대명(大明) 정·2·3·11·12월은 부장(不將), 천롱(天聾)

• 불리한 일 : 주방수리, 행선(行船) 촉수룡일(觸水龍日)

⑭ 丁丑日 : 간하수(澗下水) 보일(宝日) 六十甲子 중 14번째

• 유리한 일 : 제사, 기도, 고사, 출행, 이사, 새집들이, 약혼·결혼식, 민원서 제출, 복약(服藥), 건축을 위한 기초공사 시작, 상거래 트기, 옷 맞추기, 목욕, 파종.

★정·2·3·11·12월은 부장길일(不將吉日) 대명(大明), 申酉戌月은 모창(母倉)

• 불리한 일 : 이발, 미용, 행선, 입수(入水)

★흉신 - 대살백호(大殺白虎)

⑮ 戊寅日 - 성두토(城頭土) 벌일(伐日) 六十甲子 중 15번째

• 유리한 일 : 제사, 출행, 약혼식, 결혼식, 민원서 제출, 취임, 필요한 사람 채용, 흙 다루기, 건축을 위한 기초공사 시작, 개업, 벌목, 옷 맞추기, 파종.

★정·2·12월이면 부장(不將) 寅卯辰月은 천사(天赦) 巳午未月은 모창(母倉)

• 불리한 일 : 제사(산신제, 용왕제, 칠성제)

⑯ 己卯日 : 성두토(城頭土) 벌일(伐日) 六十甲子 중 16번째

• 유리한 일 : 제사, 출행, 약혼식, 결혼식, 입학, 행선, 사람 들이는 일, 취임, 흙 다루며 집터 고르기, 개업, 벌목, 옷 맞추기, 식목, 파종.

★정·11·12월이면 부장(不將) 천은(天恩) 지아(地啞) 대명(大明) 巳午未月은 모창(母倉)

- 불리한 일 : 출행, 결혼식, 우물파기

⑰ 庚辰日 : 백납금(白鑞金) 의일(義日) 六十甲子 중 17번째
- 유리한 일 : 제사, 약혼식, 흙 다루기, 상량식, 화장실 내거나 수리, 계약체결, 상거래 시작, 옷 맞추기.
- ★천은(天恩) 申酉戌月은 모창(母倉)
- 불리한 일 : 수술 받고, 침 맞고, 뜸뜨기

⑱ 辛巳日 : 백랍금(白鑞金) 벌일(伐日) 六十甲子 중 18번째
- 유리한 행사 : 입학, 건축을 위한 기초공사 시작과 집수리, 계약체결, 상거래 트기, 옷 맞추기, 씨 뿌리기
- ★천은(天恩) 지아(地啞) 8·9·10·11월이면 부장(不將)
- 불리한 일 : 장 담그기, 출행, 우물파기, 수도 수리, 장례행사
- ★천갈일

⑲ 壬午日 : 양류목(楊柳木) 제일(制日) 六十甲子 中 19번째
- 유리한 행사 : 제사, 고사, 기도, 결혼식, 인·허가 신청, 행선, 복약, 상량식, 화장실 내는 일, 우물파기, 장 담그기
- ★천은(天恩) 대명(大明) 6·7·8·9·10월이면 부장길일(不將吉日) 대명일(大明日)
- 불리한 일 : 제방(堤防) 쌓기공사 시작

⑳ 癸未日 : 양류목(楊柳木) 제일(制日) 六十甲子 中 20번째
- 유리한 일 : 고사, 기도, 새집들이, 건축의 시작, 계약체결, 상거래 트기, 옷 맞추기, 씨 뿌리기
- ★천은(天恩) 대명(大明) 대공망일, 7·8·9월은 모창

- 불리한 일 : 고소장 제출, 복약의 시작

★촉수룡일(觸水龍日)

㉑ 甲申日 : 천중수(泉中水) 벌일(伐日) 六十甲子 중 21번째
- 유리한 일 : 출행, 이사, 입학, 취임, 복약, 필요한 인원 채용, 건축의 기초와 흙 다루며 집수리 하는 일, 상량식, 상거래 시작, 옷 맞추기, 씨 뿌리기

★대공망일 亥子丑月은 모창(母倉) 4·5·6·7·8월은 부장길일(不將吉日)
- 불리한 일 : 생산품의 첫 출고, 침대 구입

㉒ 乙酉日 : 천중수(泉中水) 벌일(伐日) 六十甲子 중 22번째
- 유리한 일 : 제사, 불공, 이사, 새집들이, 취임, 행선, 우물파기, 옷 맞추기, 벌목, 씨뿌리기

★대공망일 亥子丑月은 모창(母倉) 3·4·5·6·7월은 부장(不將)
- 불리한 일 : 묘목이식, 손님초대, 회의개최

㉓ 丙戌日 : 옥상토(屋上土) 보일(宝日) 六十甲子 中 23번째
- 유리한 일 : 제사, 출행, 약혼식, 민원서 제출, 취임, 필요한 인원 채용, 건축을 위한 기초공사 시작과 집수리, 화장실 손질, 옷 맞추기, 씨뿌리기

★亥子申酉戌月은 모창(母倉) 2·3·4·5월은 부장길일(不將吉日)
- 불리한 일 : 주방수리, 개 들이는 일

★백호대살(白虎大殺)

㉔ 丁亥日 : 옥상토(屋上土) 벌일(伐日) 六十甲子 中 24번째

- 유리한 일 : 제사, 고사, 기도, 입학, 옷 맞추기

★대명(大明) 寅卯辰日 모창(母倉)

- 불리한 일 : 이발, 미용, 혼인식, 장례행사

㉕ 戊子日 : 벽력화(霹靂火) 제일(制日) 六十甲子 중 25번째

- 유리한 일 : 불공, 약혼식, 취임, 상량식, 우물파기, 옷 맞추기, 목욕, 벌목,

★모창, 정·2·3·4·11월은 부장(不將)

- 불리한 일 : 토지 매입 및 상속 받는 일

㉖ 己丑日 : 벽력화(霹靂火) 전일(專日) 六十甲子 순서로 26번째

- 유리한 일 : 제사, 고사, 불공, 출행, 약혼식, 민원서 제출, 복약의 시작, 목욕, 파종

★申酉戌月은 모창(母倉) 정·2·3·11·12월이면 부장길일(不將吉日)

- 불리한 일 : 결혼식, 우물 파거나 수리, 성인식, 문서파기

★천갈일(泉渴日)

㉗ 庚寅日 : 송백목(松栢木) 제일(制日) 六十甲子 순서로 27번째

- 유리한 일 : 출행, 이사, 새집들이, 약혼식, 결혼식, 입학, 민원서 제출, 건축과 집수리 착수, 상량식, 옷 맞추기

★巳午未月은 모창(母倉) 정·2·10·11·12월은 부장(不將)

- 불리한 일 : 제사, 고사, 침 맞고 뜸뜨기, 천갈일(泉渴日)

㉘ 辛卯日 : 송백목(松栢木) 제일(制日) 六十甲子 순서로 28번째

- 유리한 일 : 제사, 고사, 출행, 약혼식, 결혼식, 민원서 제출. 입학, 고용

인 채용, 행선, 계약체결, 상거래 시작, 목욕, 어린이 젖떼기

★巳午未月이면 모창(母倉) 정·9·10·11·12월이면 부장길일(不將吉日)

• 불리한 일 : 우물, 연못 파기와 장 담그기

㉙ 壬辰日 : 장류수(長流水) 벌일(伐日) 六十甲子 중 29번째

• 유리한 일 : 고사, 기도, 이사, 새집들이, 약혼식, 민원서 제출, 입학, 장기 복약의 시작, 고용인 채용, 건축의 시작, 계약체결, 상거래 트기, 옷 맞추기, 씨뿌리기

★대공망일, 대명(大明) 申酉戌月이면 모창(母倉) 8·9·10·11월은 부장길일(不將吉日)

• 불리한 일 : 제방(堤防) 쌓는 일, 우물파기와 수도고장 수리, 설치, 천갈일(泉渴日)

㉚ 癸巳日 : 장류수(長流水) 제일(制日) 六十甲子 순서로 30번째

• 유리한 일 : 이사, 새집들이, 약혼, 결혼식, 입학, 취임, 복약, 고용인 채용, 화장실 내기, 우물 파기, 계약체결, 상거래 시작, 옷 맞추기, 씨뿌리기

★대공망일, 7·8·9·10월은 부장(不將)

• 불리한 일 : 고소장 제출, 출행, 장례행사

㉛ 甲午日 : 사중금(沙中金) 보일(宝日) 六十甲子 순서로 31번째

• 유리한 행사 : 제사, 고사, 기도, 출행, 민원서 제출, 행선(行船) 장기복약의 시작, 고용인 채용, 집수리, 상량식, 술 빚고 장 담그기, 옷 맞추기, 벌목, 씨뿌리기

★대공망일(大空亡日) 巳午未月은 천사(天赦) 6·7·8월이면 부장길일(不將吉日)

• 불리한 행사 : 생산품의 첫 출고

㉜ 乙未日 : 사중금(沙中金) 제일(制日) 六十甲子 순서로 32번째
- 유리한 일 : 제사, 고사, 기도, 출행, 이사, 새집들이, 약혼식, 결혼식, 입학, 행선(行船) 고용인 채용, 건축을 위한 기초공사와 집수리의 시작, 우물파기, 계약체결, 상거래 트기, 옷 맞추기, 벌목, 씨뿌리기
- ★대명(大明) 7·8·9월이면 모창(母倉) 지아일(地啞日) 5·6·7월이면 부장길일(不將吉日)
- 불리한 일 : 묘목이식, 자기 복약일 경우 첫 번째 복용
- ★백호대살(白虎大殺)

㉝ 丙申日 : 산하화(山下火) 제일(制日) 六十甲子 순서로 33번째
- 유리한 일 : 제사, 불공, 민원서 제출, 장기 복약의 시작, 건축 및 집수리 시작, 상량식, 옷 맞추기, 벌목, 씨뿌리기
- ★천롱일(天聾日) 4·5월이면 부장길일(不將吉日)
- 불리한 일 : 주방수리, 새로이 침대 들여 놓는 일

㉞ 丁酉日 : 산하화(山下火) 제일(制日) 六十甲子 순서로 34번째
- 유리한 일 : 제사, 고사, 민원서 제출, 복약, 흙 다루며 건물 수리, 상량식, 목욕
- ★10·11·12월이면 모창(母倉) 3·4월에는 부장길일(不將吉日)
- 불리한 일 : 이발, 미용, 연회, 회의개최(酉不會客)

㉟ 戊戌日 : 평지목(平地木) 전일(專日) 六十甲子 중 35번째
- 유리한 일 : 약혼식, 민원서 제출, 복약, 흙 다루며 집수리, 상량식, 우물파기, 옷 맞추기
- ★申酉戌月이면 모창(母倉) 2·3·4·5월은 부장길일(不將吉日)

• 불리한 일 : 토지 매입 혹은 상속 받기, 개를 얻거나 사들이는 일(戌不乞狗)

㊱ 己亥日 : 평지목(平地木) 제일(制日) 六十甲子 중 36번째
• 유리한 일 : 약혼식, 입학, 복약, 고용인 채용, 건축을 위한 기초공사와 건물수리 착수, 상량식, 씨뿌리기
★지아일(地啞日) 정·2·3월에는 모창(母倉)
• 불리한 일 : 결혼식, 장례행사

㊲ 庚子日 : 벽상토(壁上土) 보일(宝日) 六十甲子 순서로 37번째
• 유리한 일 : 출행, 새집들이, 민원서 제출, 건축을 위한 기초공사 착수와 집수리, 상량식, 씨뿌리기, 행선, 복약, 고용인 채용, 상거래 시작, 옷 맞추기
★지아일(地啞日) 정·2·3월에는 모창(母倉) 정·2·12월은 부장(不將)
• 불리한 일 : 침 맞고 뜸뜨고 수술 받기

㊳ 辛丑日 : 벽상토(壁上土) 의일(義日) 六十甲子 순서로 38번째
• 유리한 일 : 출행, 약혼식, 행선, 복약, 상량식, 옷 맞추기, 씨뿌리기
★7·8·9월 모창(母倉) 정·11·12월은 부장(不將) 지아일(地啞日)
• 불리한 일 : 장 담그기

㊴ 壬寅日 : 금박금(金箔金) 보일(宝日) 六十甲子 순서는 39번째
• 유리한 일 : 출행, 새집들이, 이사, 약혼식, 결혼식, 민원서 제출, 입학, 취임, 행선, 건축 및 집수리 시작, 상량식, 우물파기, 벌목, 씨뿌리기
★대공망일(大空亡日) 대명, 4·5·6월 중이면 모창(母倉) 지아일(地啞日) 10·11월은 부장길일(不將吉日)

- 불리한 일 : 물막이 제방 쌓는 일, 제사, 고사

㊵ 癸卯日 : 금박금(金箔金) 보일(寶日) 六十甲子 순서는 40번째
- 유리한 일 : 불공, 출행, 새집들이, 이사, 약혼식, 결혼식, 입학, 고용인 채용, 건축 및 집수리의 시작, 취임, 행선(行船), 상량식, 계약체결, 상거래 트기, 옷 맞추기, 젖떼기, 파종
- ★대공망일, 4·5·6월은 모창
- 불리한 일 : 소송, 우물, 연못 방죽 파기

㊶ 甲辰日 : 복등화(覆燈火) 제일(制日) 六十甲子 순서로 41번째
- 유리한 일 : 기도, 고사, 약혼식, 민원서 제출, 입학, 흙 다루기, 옷 맞추기, 씨뿌리기
- ★대명(大明) 7·8·9월은 모창(母倉) 8월은 부장길일(不將吉日)
- 불리한 일 : 생산품의 첫 출고
- ★백호대살(白虎大殺)

㊷ 乙巳日 : 복등화(覆燈火) 보일(宝日) 六十甲子 순서로 42번째
- 유리한 일 : 제사, 결혼식, 입학, 상량식, 우물파기
- ★대명(大明) 7월은 부장(不將)
- 불리한 일 : 묘목 옮겨심기, 출행, 장례행사

㊸ 丙午日 : 천하수(天河水) 전일(專日) 六十甲子 순서로 43번째
- 유리한 일 : 제사, 출행, 이사, 새집들이, 약혼식, 민원서 제출, 입학, 취임, 고용인 채용, 건축과 집수리의 착수, 땅 다지기, 장 담그기, 벌목, 씨뿌리기

★ 대명일(大明日)
• 불리한 일 : 주방(부엌) 수리, 결혼식, 건축의 착수

㊹ 丁未日 : 천하수(天河水) 보일(寶日) 六十甲子 순서로 44번째
• 유리한 일 : 제사, 불공, 출행, 이사, 새집들이, 약혼식, 입학, 고용인 채용, 건축을 위한 기초공사와 집수리 착수, 상량식, 술 빚기, 계약체결, 상거래 시작, 벌목
★ 7·8·9월은 모창(母倉)
• 불리한 일 : 이발, 미용, 복약(장기 복약의 시작)

㊺ 戊申日 : 대역토(大驛土) 보일(宝日) 六十甲子 순서로 45번째
• 유리한 일 : 제사, 고사, 기도, 민원서 제출, 입학, 취임, 복약의 시작, 계약 체결, 상거래 시작, 옷 맞추기, 벌목
★ 7·8·9월이면 천사상길일(天赦上吉日) 10·11·12월은 모창(母倉) 4·5월은 부장길일(不將吉日)
• 불리한 일 : 회의소집, 연회(잔치) 토지 매입, 토지 상속받기
★ 천갈일(泉渴日)

㊻ 己酉日 : 대역토(大驛土) 보일(宝日) 六十甲子 순서는 46번째
• 유리한 일 : 제사, 출행, 민원서 제출, 질병치료를 위한 복약, 치료 상량식, 옷 맞추기
★ 천은(天恩) 대명(大明) 3·4월이면 부장길일(不將吉日)
• 불리한 일 : 우물파기(상수도 설치) 회의개최, 연회
★ 천갈일(泉渴日)

㊼ 庚戌日 : 차천금(釵釧金) 의일(義日) 六十甲子 순서는 47번째

- 유리한 일 : 제사, 새집들이, 이사, 약혼식, 민원서 제출, 상량식

★천은(天恩) 대명(大明) 7·8·9월은 모창(母倉) 2월은 부장(不將)

- 불리한 일 : 수술받기, 침 맞고 뜸뜨기, 개를 얻거나 사서 들여오기

㊽ 辛亥日 : 차천금(釵釧金) 보일(宝日) 六十甲子 순서는 48번째

- 유리한 일 : 입학, 취임, 행선, 고용인 채용, 상량식, 우물파기

★천은(天恩) 대명(大明) 지아(地啞) 정·2·3월이면 모창(母倉)

- 불리한 일 : 술 빚기, 장 담그기, 결혼식, 중일(重日)이므로 장례행사

㊾ 壬子日 : 상자목(桑柘木) 전일(專日) 六十甲子 순서로 49번째

- 유리한 일 : 고사, 기도, 출행, 약혼식, 결혼식, 취임, 민원서 제출, 고용인 채용, 건축을 위한 기초공사 시작, 화장실 손질, 계약체결, 상거래 시작
- 불리한 일 : 천은(天恩) 지아(地啞日) 대공망일(大空亡日) 제방 쌓기

㊿ 癸丑日 : 상자목(桑柘木) 벌일(伐日) 六十甲子 순서로 50번째

- 유리한 일 : 불공, 출행, 약혼식, 결혼식, 새집들이, 취임, 건축을 위한 기초공사와 집수리의 시작, 상량식, 우물파기, 옷 맞추기, 씨뿌리기

★대투수일(大偸修日) 천은(天恩) 지아(地啞) 7·8·9월은 모창길일(母倉吉日)

- 불리한 일 : 고소장 제출, 행선, 용왕제, 진수식(進水式)

★촉수룡일(觸水龍日), 백호대살(白虎大殺)

(51) 甲寅日 : 대계수(大溪水) 전일(專日) 六十甲子 순서로 51번째

- 유리한 일 : 불공, 출행, 새집들이, 약혼식, 결혼식, 취임, 입학, 민원서

제출, 고용인 채용, 집수리와 건축을 위한 기초공사 착수, 계약체결, 상거래 트기, 옷 맞추기, 씨뿌리기

★4·5·6월은 모창일(母倉日)

• 불리한 일 : 생산품, 농작물, 기타 상품 등의 첫 출고, 제사, 고사

(52) 乙卯日 : 대계수(大溪水) 전일(專日) 六十甲子 순서로 52번째

• 유리한 일 : 제사, 기도, 고사, 출행, 이사, 새집들이, 약혼식, 결혼식, 고용인 채용, 건축을 위한 기초공사와 집수리 시작, 화장실 수리, 계약, 상거래 시작, 옷 맞추기, 씨뿌리기

★4·5·6월은 모창(母倉)

• 불리한 일 : 묘목 옮겨심기, 우물 및 구덩이 파는 일,

★천폐일(泉閉日)

(53) 丙辰日 : 사중토(沙中土) 보일(宝日) 六十甲子 순으로 53번째

• 유리한 일 : 제사, 고사, 기도, 불공, 이사, 새집들이, 약혼식, 결혼식, 민원서 제출, 건축을 위한 기초공사, 집수리 시작, 입학, 행선, 질병치료 시작, 흙 다루기, 옷 맞추기

★대투수일(大偸修日 - 집수리에 유익) 천롱일(天聾日) 모창(母倉) 11월 부장

• 불리한 일 : 주방수리(부엌 부뚜막 손질)

(54) 丁巳日 : 사중토(沙中土) 전일(專日) 六十甲子 순으로 54번째

• 유리한 일 : 제사, 이사, 새집들이, 흙 다루는 일, 상량식, 목욕, 수도수리

★11월은 부장(不將) 장 담그기, 목욕, 씨뿌리기

• 불리한 일 : 이발, 무용, 출행, 장례행사

(55) 戊午日 : 천상화(天上火) 의일(義日) 六十甲子 순서로 55번째

- 유리한 일 : 제사, 고사, 기도, 민원서 제출, 행선, 흙 다루며 집수리, 화장실 수리, 우물파기, 장 담그기, 목욕, 씨뿌리기

★대투수일(大偸修日)

- 불리한 일 : 토지매입, 또는, 토지를 상속 받는 일

(56) 己未日 : 천상화(天上火) 전일(專日) 六十甲子 순서로 56번째

- 유리한 일 : 제사, 이사, 새집들이, 약혼식, 행선, 고용인 채용, 건축을 위한 기초공사 착수와 집수리 시작, 술 빚기, 계약체결, 상거래 시작

★대투수일(大偸修日) 천롱(天聾) 亥子丑月은 모창(母倉)

- 불리한 일 : 장기 복약일 경우 첫날 복약, 결혼식

(57) 庚申日 : 석류목(石榴木) 전일(專日) 六十甲子 순서로 57번째

- 유리한 일 : 출행, 이사, 새집들이, 민원서 제출, 입학, 취임, 집터 닦기, 개업, 벌목

★대투수일(大偸修日) 10·11·12월은 모창일(母倉日)

- 불리한 일 : 침 맞고 뜸뜨기와 수술받기, 새로이 침대 들여오는 일

(58) 辛酉日 : 석류목(石榴木) 전일(專日) 六十甲子 순서로 58번째

- 유리한 일 : 제사, 고사, 불공, 새집들이, 결혼식, 민원서 제출, 입학, 취임, 행선, 복약의 시작, 고용인 채용, 건축을 위한 집터 닦기, 상량식, 계약체결, 상거래 시작, 옷 맞추기, 벌목(伐木)

★대투수일(大偸修日) 지아일(地啞日)

- 불리한 일 : 장·술 담그기, 손님초대, 회의개최

㉙ 壬戌日 : 대해수(大海水) 벌일(伐日) 六十甲子 순으로 59번째
- 유리한 일 : 고사, 출행, 민원서 제출, 입학, 질병치료 시작하는 날, 옷 맞추기
- ★6월이면 부장길일(不將吉日) 7·8·9월은 모창(母倉)
- 불리한 일 : 둑 쌓아 물길 막는 일, 개를 구해 들이는 일, 백호대살 (白虎大殺)

㉚ 癸亥日 : 대해수(大海水) 전일(專日) 六十甲子 순으로 60번째
- 유리한 일 : 제사, 고사, 기도, 출행, 입학, 상량식, 목욕, 파종
- ★정·2·3월은 모창(母倉)
- 불리한 일 : 소송장 제출, 결혼식, 장례행사

6 음택(陰宅)

　음택이란, 망인(亡人 : 죽은 사람)의 영혼과 시신(屍身)을 편안하게 모심으로서 아울러 그 망인의 자손도 묘탈(墓頉)로 인한 재앙이 이르지 않도록 최선을 다하는 법식이라 하겠습니다.

1 초상(初喪)

　초상이란, 산 사람이 바로 사망하여 치르게 되는 장례행사입니다. 아무리 늦어도 5일장 이내로 장례를 치르게 되는 것이므로 먼저 쓴 묘를 다른 데로 옮겨 모시는 일과 달리 음택법에 준하는 날을 가릴 수가 없습니다. 그래서 초상 시에는 날을 가리지 아니하나 다만 중상(重喪)과 중복일(重復日)만 피하면 되겠습니다.

　요즈음에는 거의가 병원의 영안실을 빌려 장례를 치르는바 3일장이 대부분이며, 형세에 따라 2일장(사망 다음날)을 치르는 수도 있고, 3일장이 가장 많으며, 4일장이나 5일장은 중상·중복일에 해당하여 그러하거나 밤늦게 사망하여 시간이 모자라서 치르는 수가 있고, 중상·중복일이 아닌 날로 치르기 위해 장사 일을 연기하여 치르는 경우 등 상가(喪家)의 사정에 따라 장례 날짜를 정합니다.

① 장례날짜

◉ 중상·중일·복일이란?
- 중상(重喪)은 거듭 상사(喪事)가 이를 수 있다.
- 복일(復日)은 어떤 일(좋고 나쁜 일을 막론하고)이 거듭 발생한다.
- 중일(重日)도 重자가 '거듭 중'자의 의미가 있으므로 같은 일이 거듭 일어난다.

위와 같이 뜻이 있으므로 중상과 중·복일은 피하는 것입니다.

【 중상·복·중일 】

구분 \ 月	寅	卯	辰	巳	午	未	申	酉	戌	亥	子	丑
중상(重喪)	甲	乙	己	丙	丁	己	庚	辛	己	壬	癸	巳
복일(復日)	甲庚	乙辛	戊己	丙壬	丁癸	戊己	庚甲	辛乙	戊己	壬丙	午子	戊己
중일(重日)	巳亥	巳亥	巳亥	巳亥	巳亥	巳亥	巳亥	巳亥	巳亥	巳亥	巳亥	巳亥

예를 들어, 寅月 중 초상이라면 甲庚巳亥日을 피하여 장례를 치르라는 뜻입니다.

② 합장(合葬) 여부

이 경우 사망인 부부 가운데 남자나 여자가 먼저 사망하여 이미 쓴 묘가 있을 때만 참작하는 것이지 부부 중 먼저 사망한 분이 없을 때는 합장 여부가 필요치 않습니다. 남녀 중 먼저 사망한 분이 있을 경우

첫째, 다음에 기록한 동총운표(動塚運表)에 의해서 구묘의 좌향으로 중상운(重喪運)에 해당되지 않아야(大利나 小利운은 길)합니다.

【 동총운법(動塚運法) 】

年＼구분	大 利 ○	小 利 △	중상(重喪)흉×
壬子癸丑丙午丁未坐	辰戌丑未年	子午卯酉年	寅申巳亥年
艮寅甲卯坤申庚酉坐	子午卯酉年	寅申巳亥年	辰戌丑未年
乙辰巽巳辛戌乾亥坐	寅申巳亥年	辰戌丑未年	子午卯酉年

예를 들어, 己丑年 태세라면 먼저 쓴 묘가 壬子癸丑丙午丁未 좌향 가운데 해당한다면 대리운이라 합장에 大利(吉)하고, 乙辰巽巳辛戌乾亥坐에 해당하면 소리운(小利運)이라 다른 조건만 맞으면 합장이 무방하나 만약 艮寅甲卯坤申庚酉 좌향인 묘는 건드릴(파헤칠) 수가 없으므로 합장이 불가합니다.

둘째, 위 사항에 중상운이 아니어서 묘를 건드릴(動塚) 수 있더라도 먼저 쓴 묘의 (조상묘도 해당) 왼편이나 오른편이 생왕방(生旺方)에 해당하거나 삼살·세파방에 해당하면 생방·왕방·삼살방에 초상이 난 시신을 안장하지 못합니다.

셋째, 먼저 쓴 묘가 행사당년(己丑年의 예)의 삼살방(三殺方)이나 세파방(歲破方)으로 머리를 두었으면 새로 쓰는 묘도 삼살 혹은 세파방(歲破方)으로 시신의 머리(坐)를 두게 되므로 합장이 불가합니다.

◉ 구묘 생왕방(生旺方)

아래에 해당하는 방위에 새 시신을 모시지 못합니다.

구묘의 좌	생 방 (生方)	왕 방 (旺方)
乾甲丁巽庚癸坐(金)	巽巳方	庚酉方
亥卯未巳酉丑坐(水)	坤申方	壬子方
艮丙辛坤壬乙坐(木)	乾亥方	甲卯方
申子辰寅午戌坐(火)	艮寅方	丙午方

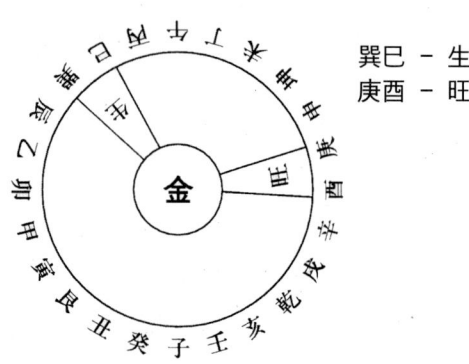
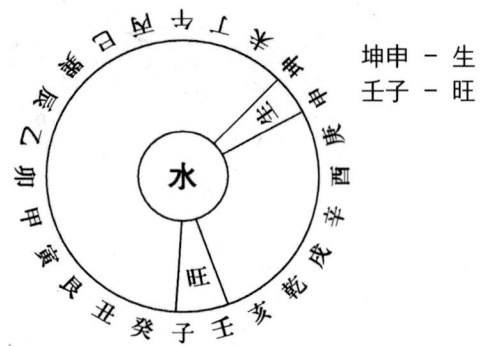

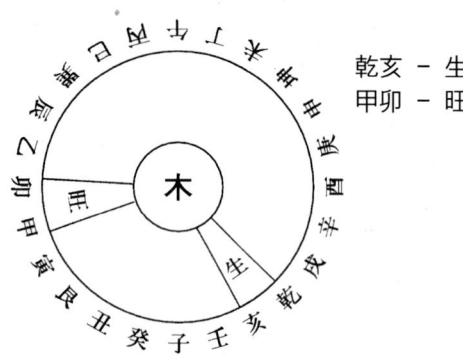
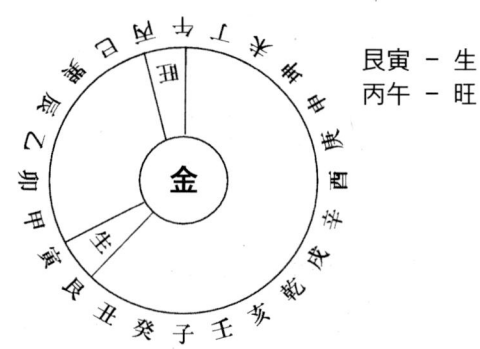

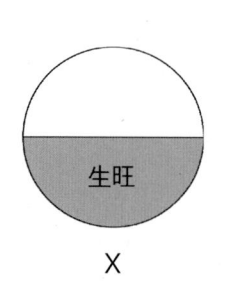
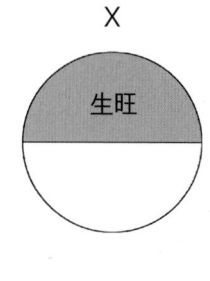
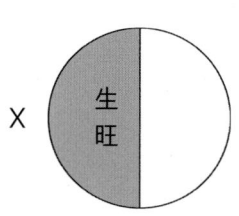
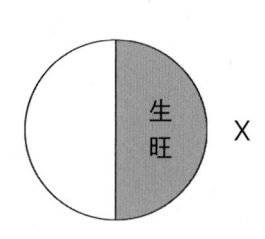

◎ 조상(祖上) 혈족(血族)은 물론이고 남의 묘의 生旺方에다 새로이 묘를 쓰지 않는 것이 지사의 덕망이라 하겠습니다.

【 삼살(三殺) 좌살(坐殺) 세파(歲破) 중상운(重喪運) 】

行年太歲	세파(歲破)	중 상 운 (重喪運)	연 극 (年克)	삼살(三殺)
己丑	未坐	艮寅甲卯坤申庚酉坐	兌(酉)丁乾亥坐	寅甲卯乙辰坐
庚寅	申坐	壬子癸丑丙午丁未坐	離壬丙乙坐	亥壬子癸丑坐
辛卯	酉坐	乙辰巽巳辛戌乾亥坐		申庚酉辛戌坐
壬辰	戌坐	艮寅甲卯坤申庚酉坐	癸丑甲寅辰巽戌坎辛申坤庚未	巳丙午丁未坐
癸巳	亥坐	壬子癸丑丙午丁未坐	卯艮巳	寅甲卯乙辰坐
甲午	子坐	乙辰巽巳辛戌乾亥坐	甲寅辰巽戌坎辛申癸丑坤庚未	亥壬子癸丑坐
乙未	丑坐	艮寅甲卯坤申庚酉坐	卯艮巳	申庚酉辛戌坐
丙申	寅坐	壬子癸丑丙午丁未坐	卯艮巳	巳丙午丁未坐
丁酉	卯坐	乙辰巽巳辛戌乾亥坐	離(午)壬丙乙坐	寅甲卯乙辰坐
戊戌	辰坐	艮寅甲卯坤申庚酉坐	甲寅辰巽戌坎辛申癸丑坤庚未	亥壬子癸丑坐
己亥	巳坐	壬子癸丑丙午丁未坐	卯艮巳坐	申庚酉辛戌坐
庚子	午坐	乙辰巽巳辛戌乾亥坐	兌(酉)丁乾亥坐	巳丙午丁未坐
辛丑	未坐	艮寅甲卯坤申庚酉坐	甲寅辰巽戌坎辛申癸丑庚未坐	寅甲卯乙辰坐
壬寅	申坐	壬子癸丑丙午丁未坐		亥壬子癸丑坐
癸卯	酉坐	乙辰巽巳辛戌乾亥坐	酉丁乾亥坐	申庚酉辛戌坐
甲辰	戌坐	艮寅甲卯坤申庚酉坐	兌(酉)丁乾亥坐	巳丙午丁未坐
乙巳	亥坐	壬子癸丑丙午丁未坐	甲寅辰巽戌坎辛申癸丑坤庚未	寅甲卯乙辰坐
丙午	子坐	乙辰巽巳辛戌乾亥坐	兌(酉)丁乾亥坐	亥壬子癸丑坐
丁未	丑坐	艮寅甲卯坤申庚酉坐	甲寅辰巽戌坎辛申癸丑坤庚未	申庚酉辛戌坐

편의상 己丑年부터 丁未年까지 21년분만 수록하였습니다.

※ 연극(年克)과 삼살(三殺)은 행년납음 혹은 망인(사망주인공)이나 月日時의 납음(甲子 乙丑 해중금의 예)으로 제살함.

③ 염(殮)하는 시각

아래 ④입관길시(入棺吉時) 1시간 전에 염을 시작하면 염이 끝난 뒤 시간을 맞추어 입관(入官)하면 되겠습니다.

④ 입관길시(入棺吉時)

子日 - 甲庚時, 丑日 - 乙辛時, 寅日 - 乙癸時, 卯日 - 丙壬時,
辰日 - 甲丁時, 巳日 - 乙庚時, 午日 - 丁癸時, 未日 - 乙辛時,
申日 - 甲癸時, 酉日 - 丁壬時, 戌日 - 庚壬時, 亥日 - 乙辛時

● 위 시간을 알기 쉽게 기록하면 아래와 같습니다.

甲子日 - 午戌時　乙丑日 - 巳酉時　丙寅日 - 巳未時　丁卯日 - 寅午時
戊辰日 - 寅巳時　己巳日 - 午亥時　庚午日 - 未亥時　辛未日 - 卯未時
壬申日 - 辰卯時　癸酉日 - 巳戌時　甲戌日 - 午申時　乙亥日 - 巳酉時
丙子日 - 寅午時　丁丑日 - 巳亥時　戊寅日 - 卯亥時　己卯日 - 寅申時
庚辰日 - 申亥時　辛巳日 - 寅未時　壬午日 - 卯未時　癸未日 - 卯酉時
甲申日 - 酉戌時　乙酉日 - 午亥時　丙戌日 - 寅辰時　丁亥日 - 巳亥時
戊子日 - 寅申時　己丑日 - 未亥時　庚寅日 - 未酉時　辛卯日 - 辰申時
壬辰日 - 辰未時　癸巳日 - 卯申時　甲午日 - 卯酉時　乙未日 - 巳酉時
丙申日 - 巳午時　丁酉日 - 寅未時　戊戌日 - 申戌時　己亥日 - 未亥時
庚子日 - 辰申時　辛丑日 - 卯未時　壬寅日 - 卯巳時　癸卯日 - 辰戌時
甲辰日 - 卯戌時　乙巳日 - 辰酉時　丙午日 - 巳酉時　丁未日 - 巳亥時
戊申日 - 寅亥時　己酉日 - 卯申時　庚戌日 - 辰午時　辛亥日 - 卯未時
壬子日 - 辰戌時　癸丑日 - 卯酉時　甲寅日 - 酉亥時　乙卯日 - 午戌時
丙辰日 - 午酉時　丁巳日 - 巳戌時　戊午日 - 巳亥時　己未日 - 未亥時
庚申日 - 未申時　辛酉日 - 辰酉時　壬戌日 - 寅戌時　癸亥日 - 卯酉時

⑤ 하관길시(下棺吉時)

하관시간은 황도시(黃道時)로 정하는 게 좋습니다.

子午日 : 子丑卯午申酉時　　丑未日 : 寅卯巳申戌亥時
寅申日 : 子丑辰巳未戌時　　卯酉日 : 子寅卯午未酉時
辰戌日 : 寅辰巳申酉亥時　　巳亥日 : 丑辰午未戌亥時

즉, 초상의 하관시간은 子午日에 午時, 丑未日에 巳時, 寅申日도 巳時, 卯酉日에 午時, 辰戌日에 巳時, 巳亥日에 午時 하관이 편리할 것입니다.

⑥ 정상기방(停喪忌方)

묘(墓)를 쓰는 장례식에 상여, 영구차, 관(棺) 등을 안치할 경우 광중을 기준 피하는 방위입니다.

申子辰日 - 巽方(동남방)　　巳酉丑日 - 艮方(동북방)
寅午戌日 - 乾方(서북방)　　亥卯未日 - 坤方(서남방)

⑦ 하관(下棺)할 때 피해야 될 사람

- 정충(正沖) : 장사날(日辰)의 日干은 같고 地支가 沖하는 사람
  - 예 : 甲子日에 甲午生, 乙丑日에 乙未生, 丙寅日에 丙申生
- 순충(旬沖) : 같은 순중(旬中)에 干支가 沖하는 사람
  - 예 : 甲子日에 庚午生, 乙丑日에 辛未生, 丙寅日에 壬申生
- 태세압본명(太歲壓本命) : 유년태세(서기 2009년은 己丑이 유년태세)를 중궁(中宮)에 넣고 九宮을 순행(巡行)하여 출생년의 干支가 중궁에 든 사람(己丑年生은 己丑·戊戌·丁未·丙辰·乙丑·甲戌·癸未生)

동순충에 해당하는 사람은 하관하는 것을 보지 말아야 하니 관(棺)이 광중 밑바닥에 닿는 순간(3분 정도) 잠시 피해야 좋습니다. 단, 태세 압 본명에 해당하면 1년간 하관하는 순간을 보지 말고 피해야 좋겠습니다.

⑧ 제주불복방(祭主不伏方)

제주(祭主)란 맞 상주로서 영좌(靈座)를 향하여 곡을 하며 절을 하지 않는 방위를 뜻합니다.

◉ 삼살방(三殺方)

申子辰年 : **남방**(南方 - 巳午未方), 巳酉丑年 : **동방**(東方 - 寅卯辰方)
寅午戌年 : **북방**(北方 - 亥子丑方), 亥卯未年 : **서방**(西方 - 申酉戌方)

◉ 양인방(羊刃方)

甲年日 - 卯方, 乙年日 - 辰方, 丙年日 - 午方, 丁年日 - 未方
戊年日 - 午方, 己年日 - 未方, 庚年日 - 酉方, 辛年日 - 戌方
壬年日 - 子方, 癸年日 - 丑方

⑨ 영좌(靈座) 설치를 피하는 방위

◉ 상문(喪門)·조객방(弔客方)

子年 - 寅戌方, 丑年 - 卯亥方, 寅年 - 辰子方, 卯年 - 巳丑方
辰年 - 午寅方, 巳年 - 未卯方, 午年 - 申辰方, 未年 - 酉巳方
申年 - 戌午方, 酉年 - 亥未方, 戌年 - 子申方, 亥年 - 丑酉方

예를 들어, 申子辰年이나 申子辰日에는 남방(巳午未方)이 삼살방이므로 상주가 삼살방을 향하여 엎드려 곡(哭)하거나 절하지 않도록 삼살방과 양인방에 영좌를 설치하지 말라는 뜻입니다.

상문방이나 조객방은 집 안방(혹은, 응접실) 한복판에다 라경(羅經)을 놓고 방위를 맞추되 상문방이나 조객방에다 영좌를 설치하지 말라는 뜻입니다.

이상(**1**항)은 모두 초상시(初喪時)에 적용하는 법식입니다.

2 이장(移葬)

이장(移葬)이란, 이미 쓴 묘를 다른 곳에 옮겨 모시는 장법(葬法)입니다. 초상 시에는 오직 중상·중일·복일만 피하여 장례를 모시되, 그 날의 日辰에 맞추어 하관 시간을 정하고, 동순충(同旬沖)과 정충(正沖)에 해당되는 사람이 피하는 법, 상청설치 등 몇 가지 적용하는 법이 있으나 그다지 까다롭지는 아니합니다.

그러나 먼저 쓴 묘에 초상의 주인공을 함께 모시는 법식(합장법)에 먼저 쓴 묘의 중상운(예 : 壬子·癸丑·丙午·丁未坐는 寅申巳亥年이 중상운에 해당)에 해당하면 먼저 쓴 묘를 옮겨 모실 수도 없고, 초상이 난 시신을 먼저 쓴 묘와 합장을 못하고, 또는 먼저 쓴 묘의 坐가 초상 시 난 해(태세)의 삼살(三殺)을 위 글에서 상세히 설명한바 있습니다.

① 이장법(移葬法)

이장법에는 다음과 같은 참고 절차가 필요합니다.

첫째 : 구묘(舊墓)의 좌(坐 - 신신의 머리 둔 곳)로 중상운(重喪運)에 해당되지 않아야 합니다.(초상 항목에 동총법이 수록 되어 있음)

둘째 : 이장하여 새로 모시는 신묘(新墓)의 좌(坐)가 행년태세(옮겨 쓰는 구묘를 해(태세))를 기준 삼살(三殺) 좌살(坐殺) 세파(歲破)에 해당되지 않아야 합니다. 예를 들어, 태세가 申子辰年 중에 해당한다면 巳丙午丁未坐가 되는 묘는 쓰지 못합니다. 巳午未는 삼살이고 丙丁坐는

좌살(坐殺)이 되기 때문입니다.

또, 子年 장사(葬事 즉, 이장)에 午坐 丑年에 未坐 등 태세와 상충되는 좌가 세파좌라 합니다.

셋째 : 좌운(坐運 : 태세를 기준 대리(大利) 소리(小利)에 해당하는 해(장사지내는 해))를 택하되 맞지 않을 경우 삼살, 좌살, 방음부, 연극, 세파좌에 해당하면 마땅치 않으나 부득이한 경우 제살법을 사용하면 무방하다 하였습니다.

◉ 제살법(制殺法)

- 삼살·좌살(三殺·坐殺) : 망인(亡人 - 무덤속의 시신)이나 제주(祭主)의 생년납음(生年納音)으로 제살하거나 행사 년·월·일·시의 납음으로 제살이 가능합니다. 예를 들어, 申子辰年은 巳午未가 삼살인바 남방, 丁未가 모두 火에 속하므로 화살(火殺)인바 水克火로 망인, 제주, 月·日·時 가운데 납음 水가 있으면 水克火로 제살이 가능하다 하였습니다. 그러나 이는 부득이한 경우이고, 가능하면 삼살·좌살·세파좌는 범하지 않는 것이 바람직합니다.

- 연극(年克) : 태세의 납음오행이 산운(山運 - 坐運)을 극하는 것을 칭합니다.

坐\年	兌丁乾亥 (金山)	卯艮巳 (木山)	離壬丙乙 (火山)	甲寅辰巽戌坎辛申(이상 水) 癸丑坤庚未(이상 土) 水土山
甲己年	乙丑金運	辛未土運	甲戌火運	戊辰木運
乙庚年	丁丑水運	癸未木運	丙戌土運	庚辰金運
丙辛年	己丑火運	乙未金運	戊戌木運	壬辰水運
丁壬年	辛丑土運	丁未水運	庚戌金運	甲辰火運
戊癸年	癸丑木運	巳未火運	壬戌水運	丙辰土運

예를 들어, 己丑年의 경우 兌丁乾亥坐는 乙丑金運이라 戊子己丑 벽력화(霹靂火)라 火克金으로 태세납음의 克을 받아 年克이 됩니다.

火가 살이므로 亡人이나 제주, 혹은 月·日·時 가운데 납음 水가 있으면 水克火하여 火살을 제거하므로 제살이 되는 것입니다.

- **정·방음부(正傍陰符)** : 己丑年에는 丙坐와 辛坐가 방음부 즉, 己土(己丑年)가 방음부로 효신살(梟神殺)로 제하라 하였으므로 망인·제주·年月日時가운데 丁火가 있으면 제살되고 또는, 토기(土氣)가 쇠하는 亥子寅卯申酉月 장례행사는 무방이라 하였습니다.

◉ 신살(神殺)의 의기(宜忌)

삼살(三殺) : 음·양택 모두 꺼림. 제살(制殺法 사용 바람)

좌살(坐殺) : 상동

연극(年克) : 음양택 모두 꺼림.(제살법 사용이면 무방)

세파(歲破) : 음양택 모두 불리

소리(小利) : 대길

대리(大利) : 대길

정음부(正陰符) : 양택에만 꺼림

방음부(傍陰符) : 음택에만 꺼림

천관부(天官符) : 양택에 불리

지관부(地官符) : 음택에 불리

향살(向殺) : 음양택 모두 불리

구퇴(灸退) : 양택에 불리

부천공망(浮天空亡) : 음택에 不利(양택도 약간 불리)

◉ 신산좌운(新山坐運)

여기에서의 신산(新山)이란 초상·이장을 막론하고 새로 쓰는 묘의 좌향에 대한 길흉을 보는 것입니다.(天機 大要의 萬年圖)

年坐	甲子	乙丑	丙寅	丁卯	戊辰	己巳	庚午	辛未	壬申	癸酉
壬坐	浮天向殺	大利	坐殺	年克傍陰	向殺	大利	坐殺	大利	向殺方陰	大利
子坐	年克	灸退	三殺陰府	小利	年克	灸退	三殺歲破	陰府年克	地官	灸退
癸坐	年克向殺	浮天	坐殺傍陰	大利	年克向殺	大利	坐殺	年克傍陰	向殺	大利
丑坐	年克	傍陰	三殺	小利	年克	大利	三殺傍陰	年克歲破	小利	地官
艮坐	陰符	年克	年克	大利	大利	年克陰府	大利	大利	大利	小利
寅坐	年克	三殺	小利	天官傍陰	年克	陰府	大利	年克天官	傍陰歲破	三殺
甲坐	年克	坐殺傍陰	大利	向殺	年克	坐殺	傍陰	年克向殺	浮天	坐殺
卯坐	灸退	三殺年克	年克	小利	灸退陰符	年克三殺	小利	小利	灸退	三殺歲破陰符
乙坐	大利	坐殺	傍陰	年克向殺	大利	坐殺	大利	向殺傍陰	大利	坐殺浮天
辰坐	年克地官	三殺	傍陰	小利	年克	三殺	小利	年克傍陰	小利	三殺
巽坐	年克陰府	大利	大利	大利	年克	陰府	大利	年克	小利	大利
巳坐	三殺	年克傍陰地官	年克天官	大利	三殺	年克	傍陰天官	大利	三殺	大利
丙坐	坐殺傍陰	大利	向殺	年克	坐殺	傍陰	向殺	浮天	坐殺	大利
午坐	三殺歲破	小利	地官	灸退年克陰府	三殺	小利	大利	灸退	三殺陰府	小利

坐＼年	甲子	乙丑	丙寅	丁卯	戊辰	己巳	庚午	辛未	壬申	癸酉
丁坐	坐殺	傍陰	向殺	大利	坐殺	大利	年克浮天傍陰	大利	坐殺	年克
未坐	三殺年克	歲破	小利	地官	年克浮天傍陰	小利	大利	年克	三殺	傍陰
坤坐	年克	大利	陰府	大利	年克浮天	大利	大利	年克陰府	大利	小利
申坐	年克	天官	歲破傍陰	三殺	年克地官	天官	小利	年克三殺傍陰	大利	天官
庚坐	年克	向殺	大利	坐殺浮天	年克傍陰	向殺	小利	年克坐殺	大利	向殺傍陰
酉坐	小利	陰府	灸退	三殺歲破	小利	地官	灸退年克陰府	三殺	小利冬至後不利	年克
辛坐	年克傍陰	向殺	浮天	坐殺	年克	向殺傍陰	大利	年克坐殺	大利	向殺
戌坐	年克	小利	大利	三殺傍陰	年克歲破	小利	地官	年克三殺	傍陰	大利
乾坐	小利	陰府	大利	小利	大利	浮天	年克陰府	小利	大利	年克
亥坐	天官	大利	三殺	小利	傍陰天官	歲破	年克三殺	地官	天官	年克傍陰

坐＼年	甲戌	乙亥	丙子	丁丑	戊寅	己卯	庚辰	辛巳	壬午	癸未
壬坐	三殺浮天	小利	向殺	傍陰	年克坐殺	大利	向殺	年克	坐殺傍陰	大利
子坐	三殺	年克	陰府	灸退年克	三殺	小利	小利	灸退陰府	三殺歲破	年克
癸坐	歲破	浮天年克	向殺傍陰	年克	坐殺	大利	向殺	傍陰	坐殺	年克
丑坐	三殺	年克傍陰	小利	年克	三殺	小利	傍陰	小利	三殺	年克歲破
艮坐	陰府	小利	大利	大利	大利	陰府	年克	大利	大利	小利
寅坐	地官	天官年克	小利	三殺年克傍陰	小利	天官	大利	三殺	傍陰	天官年克
甲坐	大利	向殺年克傍陰	大利	坐殺年克	大利	向殺	傍陰	坐殺	浮天	向殺年克
卯坐	小利	地官	灸退	三殺	陰符	大利	年克灸退	三殺	小利	陰符
乙坐	大利	向殺	傍陰	坐殺	年克	向殺	大利	坐殺年克傍陰	大利	向殺浮天
辰坐	歲破	年克	傍陰地官	三殺年克	大利	大利	小利	三殺傍陰	小利	年克
巽坐	陰府	年克	大利	年克	大利	陰府	大利	大利	小利	年克
巳坐	天官	傍陰歲破	三殺	地官	天官	大利	三殺年克傍陰	三殺大利傍陰	天官	大利
丙坐	傍陰向殺	大利	坐殺	大利	向殺年克	傍陰	坐殺	年克浮天	向殺	大利

坐＼年	甲戌	乙亥	丙子	丁丑	戊寅	己卯	庚辰	辛巳	壬午	癸未
午坐	小利	灸退	三殺歲破	陰府	地官年克	灸退	三殺	年克	陰府	灸退
丁坐	年克向殺	傍陰	坐殺年克	大利	向殺	大利冬至後不利	浮天傍陰坐殺	大利	向殺年克	大利
未坐	小利	年克	三殺	年克歲破	傍陰	地官	三殺	大利	大利	傍陰年克
坤坐	大利	年克	陰府	年克	浮天	大利	大利	陰府	大利	年克
申坐	小利	三殺年克	傍陰	天官年克	歲破	三殺	地官	傍陰天官	大利	三殺年克
庚坐	大利	坐殺年克	大利	年克向殺浮天	傍陰	坐殺	大利	向殺	小利	坐殺傍陰年克
酉坐	灸退年克	三殺陰府	年克	大利	灸退	三殺歲破	陰府	地官	年克灸退	三殺
辛坐	傍陰	坐殺年克	浮天	向殺年克	小利	坐殺傍陰	大利	向殺	大利	坐殺年克
戌坐	小利	三殺年克	大利	年克傍陰	大利	三殺	歲破	小利	傍陰地官	三殺年克
乾坐	年克	陰府	年克	大利	大利	浮天	陰府	小利	年克	大利
亥坐	三殺年克	大利	年克天官	小利	三殺傍陰	小利冬至後不利	天官	歲破	三殺年克	傍陰地官

年\坐	甲申	乙酉	丙戌	丁亥	戊子	己丑	庚寅	辛卯	壬辰	癸巳
壬坐	向殺浮天年克	大利	坐殺	傍陰	向殺	大利	坐殺年克	大利	向殺傍陰	大利
子坐	地官	灸退	三殺陰府年克	大利	小利	灸退	三殺	陰府	年克	灸退
癸坐	向殺	浮天	坐殺傍陰年克	大利	向殺	大利	坐殺	傍陰	向殺年克	大利
丑坐	小利	傍陰地官	三殺年克	大利	大利	大利	三殺傍陰	小利	年克	小利
艮坐	陰府	小利	大利	年克	大利	陰府	大利	大利	大利	年克
寅坐	歲破	三殺	地官年克	傍陰天官	小利	三殺	大利	天官	傍陰年克	三殺
甲坐	大利	三殺傍陰	年克	向殺	大利	坐殺	傍陰	向殺	浮天年克	坐殺
卯坐	灸退	三殺歲破	小利	年克地官	陰府灸退	三殺	小利	小利	灸退	三殺陰府年克
乙坐	年克	坐殺	傍陰	向殺	大利	坐殺	年克	向殺傍陰	大利	坐殺浮天
辰坐	大利	三殺	歲破傍陰年克	小利	地官	三殺	小利	傍陰	年克	三殺
巽坐	陰府	大利	年克	大利	大利	陰府	大利	大利	年克	大利
巳坐	三殺	傍陰	天官	年克歲破	三殺	地官	傍陰天官	大利	三殺	年克
丙坐	坐殺傍陰年克	大利	向殺	大利	坐殺	傍陰	向殺年克	浮天	坐殺	大利
午坐	三殺年克	小利	小利	灸退陰府	三殺歲破	小利	年克地官	灸退	三殺陰府	大利

坐＼年	甲申	乙酉	丙戌	丁亥	戊子	己丑	庚寅	辛卯	壬辰	癸巳
丁坐	坐殺	傍陰	向殺	大利	坐殺	年克	向殺傍陰浮天	大利冬至後不利	坐殺	大利
未坐	三殺	小利	年克	小利	三殺傍陰	歲破	小利	地官	三殺年克	傍陰
坤坐	大利	大利	陰府年克	大利	浮天	大利	大利	陰府	年克	小利
申坐	大利	天官	傍陰年克	三殺	小利	天官	歲破	三殺傍陰	地官年克	天官
庚坐	大利	向殺	年克	坐殺浮天	傍陰	向殺	大利	坐殺	年克	向殺傍陰
酉坐	小利	陰府	灸退	三殺	小利冬至後不利	年克	灸退陰府	三殺歲破	小利	地官
辛坐	傍陰	向殺	浮天年克	坐殺	大利	向殺傍陰	小利	坐殺	年克	向殺
戌坐	小利	大利	年克	三殺傍陰	大利	小利	大利	三殺	傍陰歲破年克	小利
乾坐	大利	陰府	大利	大利	小利冬至後不利	浮天年克	陰府	小利冬至後不利	小利	小利
亥坐	天官	大利冬至後不利	三殺	小利	傍陰天官	年克	三殺	小利冬至後不利	天官	傍陰歲破

坐\年	甲午	乙未	丙申	丁酉	戊戌	己亥	庚子	辛丑	壬寅	癸卯
壬坐	坐殺浮天	小利	向殺	年克傍陰	坐殺	大利	向殺	大利	坐殺傍陰	大利
子坐	三殺歲破年克	小利	陰府地官	灸退	三年克	小利	大利	年克灸退陰府	三殺	小利
癸坐	坐殺年克	浮天	向殺傍陰	大利	坐殺年克	大利	向殺	傍陰年克	坐殺	大利
丑坐	三殺年克	傍陰歲破	小利	地官	三殺年克	大利	傍陰	年克	三殺	小利
艮坐	陰府	年克	年克	大利	大利	陰府年克	大利	大利	大利	小利
寅坐	年克	天官	歲破	三殺傍陰	地官年克	天官	大利	三殺年克	傍陰	天官
甲坐	年克	向殺傍陰	大利	坐殺	年克	向殺	傍陰	坐殺年克	浮天	向殺
卯坐	小利	年克	灸退年克	三殺歲破	陰符	地官年克	灸退	三殺	小利	陰符
乙坐	大利	向殺	傍陰	坐殺年克	大利	向殺	大利	坐殺傍陰	大利	向殺浮天
辰坐	年克	小利	傍陰	三殺	年克歲破	小利	地官	三殺傍陰年克	小利	大利
巽坐	陰府年克	大利	大利	大利	年克	陰府	大利	年克	小利	大利
巳坐	天官	傍陰年克	三殺年克	大利	天官	年克歲破	三殺傍陰	地官	天官	大利
丙坐	向殺傍陰	大利	坐殺	年克	向殺	傍陰	坐殺	浮天	向殺	大利
午坐	小利	灸退	三殺	陰府年克	小利	灸退	三殺歲破	小利	陰府地官	灸退
丁坐	向殺	傍陰	坐殺	小利	向殺	大利	坐殺浮天陰傍年	大利	向殺	年克

坐＼年	甲午	乙未	丙申	丁酉	戊戌	己亥	庚子	辛丑	壬寅	癸卯
未坐	年克	小利	三殺	小利	年克傍陰	小利	三殺	年克歲破	小利	傍陰地官
坤坐	年克	大利	陰府	大利	年克浮天	大利	小利	年克陰府	大利	小利
申坐	年克	三殺	傍陰	天官	年克	三殺	小利	傍陰天官年克	歲破	三殺
庚坐	年克	坐殺	大利	向殺浮天	傍陰年克	坐殺	大利	向殺年克	大利	坐殺傍陰
酉坐	灸退	三殺陰府	小利	小利	灸退	三殺	陰府年克	大利	灸退	三殺歲破年克
辛坐	傍陰年克	坐殺	浮天	向殺	年克	坐殺傍陰	大利	向殺年克	小利	坐殺
戌坐	地官年克	三殺	大利	傍陰	年克	三殺	大利	年克	傍陰	三殺
乾坐	小利	陰府	大利	大利	小利	浮天	陰府年克	小利	小利	年克
亥坐	三殺	地官	天官	小利	三殺傍陰	大利	天官年克	大利	三殺	傍陰年克

坐＼年	甲辰	乙巳	丙午	丁未	戊申	己酉	庚戌	辛亥	壬子	癸丑
壬坐	向殺浮天	小利	坐殺	傍陰	向殺年克	大利	坐殺	年克	向殺傍陰	大利
子坐	小利	灸退年克	三殺歲破陰府	年克	地官	灸退	三殺	陰府	小利	年克灸退
癸坐	向殺	浮天年克	坐殺傍陰	年克	向殺	大利	坐殺	傍陰	向殺	年克
丑坐	小利	傍陰年克	三殺	年克歲破	小利	地官	三殺傍陰	小利	大利	年克
艮坐	陰府	小利	大利	大利	大利	陰府	年克	大利	大利	小利
寅坐	大利	三殺年克	小利	傍陰年克天官	歲破	三殺	地官	天官	傍陰	三殺年克
甲坐	大利	坐殺年克傍陰	大利	向殺年克	大利	坐殺	傍陰	向殺	浮天	坐殺年克
卯坐	灸退	三殺	小利	小利	灸退陰府	三殺歲破	年克	地官	灸退	三殺陰府
乙坐	大利	坐殺	傍陰	向殺	年克	坐殺	大利	向殺年克傍陰	大利	坐殺浮天
辰坐	大利	三殺年克	傍陰	年克	大利	三殺	歲破	傍陰	地官	三殺年克
巽坐	陰府	年克	大利	年克	大利	陰府	大利	大利	小利	年克
巳坐	三殺	傍陰	天官	大利	三殺	大利	傍陰天官年克	歲破	三殺	地官
丙坐	坐殺傍陰	大利	向殺	大利	坐殺年克	傍陰	向殺	年克浮天	坐殺	大利
午坐	三殺	小利	小利	灸退陰府	三殺年克	小利	大利	灸退年克	三殺歲破陰府	小利

坐＼年	甲辰	乙巳	丙午	丁未	戊申	己酉	庚戌	辛亥	壬子	癸丑
丁坐	坐殺年克	傍陰	向殺年克	大利	坐殺	小利冬至後不利	向殺傍陰浮天	大利	坐殺年克	大利
未坐	三殺	年克	大利	年克	三殺傍陰	小利	小利	小利	三殺	傍陰歲破年克
坤坐	大利	年克	陰符	年克	浮天	大利	大利	陰符	小利	年克
申坐	地官	天官年克	傍陰	三殺年克	小利	天官	小利	三殺傍陰	大利	天官年克
庚坐	大利	向殺年克	小利	坐殺年克浮天	傍陰	向殺	大利	坐殺	大利	向殺傍陰年克
酉坐	年克	陰府地官	灸退年克	三殺	小利	小利冬至後不利	灸退陰府	三殺	年克	小利
辛坐	傍陰	向殺年克	浮天	坐殺年克	大利	向殺傍陰	大利	坐殺	大利	向殺年克
戌坐	歲破	年克	地官	三殺年克傍陰	大利	小利	大利	三殺	傍陰	年克
乾坐	年克	陰府	年克	小利	小利	浮天	陰府	小利	年克	小利
亥坐	天官年克	歲破	三殺年克	地官	天官傍陰	大利冬至後不利	三殺	大利	天官年克	傍陰

6 음택(陰宅)

坐＼年	甲寅	乙卯	丙辰	丁巳	戊午	己未	庚申	辛酉	壬戌	癸亥
壬坐	坐殺年克浮天	小利	向殺	傍陰	坐殺	大利	向殺年克	大利	坐殺傍陰	大利
子坐	三殺	小利	陰府年克	灸退	三殺歲破	小利	地官	灸退陰府	三殺年克	小利
癸坐	坐殺	浮天	向殺傍陰年克	大利	坐殺	大利	向殺	傍陰	坐殺年克	大利
丑坐	三殺	傍陰	年克	大利	三殺	歲破	傍陰	地官	三殺年克	小利
艮坐	陰府	小利	大利	年克	大利	陰府	大利	大利	大利	年克
寅坐	大利	天官	年克	三殺傍陰	小吏	天官	歲破	三殺	傍陰地官年克	天官
甲坐	大利	向殺傍陰	年克	坐殺	大利	向殺	傍陰	坐殺	浮天年克	向殺
卯坐	小利	大利	灸退	三殺年克	陰府	大利	灸退	三殺歲破	小利	陰府地官年克
乙坐	年克	向殺	傍陰	坐殺	小利	向殺	年克	坐殺傍陰	大利	向殺浮天
辰坐	大利	小利	傍陰年克	三殺	大利	小利	小利	三殺傍陰	年克歲破	小利
巽坐	陰府	大利	年克	大利	大利	陰府	大利	大利	年克	大利
巳坐	天官	傍陰	三殺	年克	天官	大利	三殺傍陰	大利	天官	年克歲破
丙坐	向殺傍陰年克	大利	坐殺	大利	向殺	傍陰	坐殺年克	浮天	向殺	大利
午坐	地官年克	灸退	三殺	陰府	小利	灸退	三殺年克	小利	陰府	灸退
丁坐	向殺	傍陰	坐殺	大利	向殺	年克	坐殺傍陰浮天	小利冬至後不利	向殺	大利

坐＼年	甲寅	乙卯	丙辰	丁巳	戊午	己未	庚申	辛酉	壬戌	癸亥
未坐	小利	地官	三殺年克	小利	傍陰	小利	三殺	小利	年克	傍陰
坤坐	大利	大利	陰府年克	大利	浮天	大利	大利	陰府	年克	大利
申坐	歲破	三殺	傍陰年克地官	天官	小利	三殺	小利	傍陰天官	年克	三殺
庚坐	大利	坐殺	年克	向殺浮天	傍陰	坐殺	大利	向殺	年克	坐殺傍陰
酉坐	灸退	三殺歲破陰府	小利	地官	灸退	三殺年克	陰府	小利冬至後不利	灸退	三殺
辛坐	傍陰	坐殺	浮天年克	向殺	大利	坐殺傍陰	大利	向殺	年克	坐殺
戌坐	小利	三殺	年克歲破	傍陰	地官	三殺	大利	小利	年克傍陰	三殺
乾坐	大利	陰府	大利	小利	小利冬至後不利	年克浮天	陰府	小利冬至後不利	大利	大利
亥坐	三殺	小利冬至後不利	天官	歲破	三殺傍陰	年克地官	天官	大利冬至後不利	三殺	傍陰

3 이장길국(移葬吉局)

흉장(凶葬 : 初喪을 칭함)이 아닌 이장(移葬)은 日辰 또는, 坐에 해당하는 흉살이 많아 매우 까다롭습니다. 그리고 좋은 택일을 하려면 단순히 흉살(凶殺)만 피하는 게 아니라 최소한으로 길국(吉局) 3·4개가 합국(合局)되는 날을 가려야만 발복이 장구한 장법(葬法)이라 하겠습니다.

① **합국법**(合局法)

택일에 있어 길신을 합국(合局)해서 사용하는 법은 다음과 같습니다.

첫째 : 주마육임(走馬六壬)과 통천규(通天竅)를 합국(合局 : 함께 드는 날) 한 뒤 자미제성(紫微帝星), 개산황도(盖山黃道), 도천전운(都天轉運) 진태양(眞太陽), 진태음(眞太陰) 중에서 1이나 2개를 추가해서 날을 가리면 최상의 택일이 되는 것입니다.

둘째 : 선천영기(先天靈氣)를 주로하여 주마육임, 통천규, 자미제성, 개산황도, 도천전운, 진태양, 진태음 등 7개의 길국 가운데서 1이나 2국을 추가해도 좋은 택일이 됩니다.

셋째 : 주마육임과 통천규를 합국한 뒤 진태양, 진태음을 추가하거나 구궁(九宮)의 자백성(紫白星 – 一白, 六白, 八白, 九紫)을 겸하도록 합니다.

넷째 : 선천영기(先天靈氣)를 위주 하여 진태양, 진태음, 자백성 가운데서 그 하나를 더해서 사용해도 좋은 택일이 됩니다.

다섯째 : 주마육임과 통천규 두 가지 길국 만 합국해도 좋습니다.

여섯째 : 자백을 위주 하여 다른 길국 하나 만 더해서 사용해도 좋은 택일이 되는 것입니다.

[1법] 주마육임(走馬六壬) + 통천규(通天竅) + 자미제성, 개산황도, 도천전운, 진태양, 진태음 중에 그 하나나 둘을 합친다.

[2법] 선천영기(先天靈氣) + 주마육임 + 통천규, 자미제성, 진태양, 진태음 중 그 하나나 둘을 합국

[3법] 주마육임(走馬六壬) + 통천규 + 진태양, 진태음, 자백 중 그 하나

[4법] 주마육임(走馬六壬) + 통천규(通天竅)

[5법] 선천영기(先天靈氣) + 진태양, 진태음, 자백 중 그 하나

[6법] 자백(紫白) + 기타 길국 중 1, 2개

② 축월안장길일(丑月安葬吉日)

正月 : 癸酉, 丁酉, 乙酉, 辛酉, 己酉, 丙寅, 壬午, 丙午日

二月 : 丙寅, 壬申, 甲申, 庚寅, 丙申, 壬寅, 己未, 庚申日

三月 : 壬申, 甲申, 丙申, 癸酉, 乙酉, 丁酉, 丙午, 壬午, 庚午, 庚申, 辛酉日

四月 : 乙酉, 己酉, 丁酉, 癸酉, 辛酉, 壬午, 乙丑, 庚午, 丁丑, 己丑, 甲午日

五月 : 甲申, 丙申, 庚申, 壬寅, 甲寅, 庚寅, 壬寅, 辛未, 甲戌, 庚辰, 甲辰日

六月 : 癸酉, 乙酉, 辛酉, 壬申, 庚申, 甲申, 丙申, 乙亥, 壬寅, 甲寅, 庚寅, 辛卯, 乙未, 丙午, 戊申, 癸未日

七月 : 癸酉, 乙酉, 丁酉, 己酉, 壬申, 丙子, 壬午, 甲申, 丙午, 丙辰, 壬子, 壬辰, 丙申日

八月 : 壬申, 甲申, 丙申, 庚申, 壬寅, 庚寅, 壬辰, 乙巳, 丙辰, 丁巳, 癸酉, 辛酉, 己酉, 己巳日

九月 : 壬午, 丙午, 丙寅, 庚寅, 壬寅, 庚午, 甲戌, 戊午, 辛亥日

十月 : 丙子, 甲辰, 丙辰, 丙午, 壬午, 庚午, 壬辰, 甲子, 庚子, 辛未, 癸酉, 甲午, 乙未日

十一月 : 庚寅, 壬寅, 甲寅, 壬申, 甲申, 甲辰, 丙申, 庚申, 壬子, 壬辰日

十二月 : 壬申, 壬寅, 甲寅, 癸酉, 甲申, 丙申, 庚申, 乙酉, 丙寅, 戊寅, 庚寅日

장례행사(葬禮行事)에 이상의 日辰을 사용하되 다만, 중상일(重喪日)과 중일

(重日) 복일(復日) 팔좌전살(八座轉殺) 지낭일(地囊日) 등을 피하며 사용하면 길하다 하였습니다.

③ 주마육임(走馬六壬)

주마육임의 정국(定局)은 양산(陽山)에 陽年月日時를 쓰고, 음산(陰山)에는 陰年月日時를 쓰라 하였습니다.

陽山 : 壬子, 艮寅, 乙辰, 丙午, 坤申, 辛戌坐는 子寅辰午申戌 年月日時
陰山 : 癸丑, 甲卯, 巽巳, 丁未, 庚酉, 乾亥坐는 丑卯巳未酉亥 年月日時

- **합국(合局)해서 사용하는 법** : 통천규(通天竅)와 같이 닿도록 하고 개산황도(盖山黃道)·도천전운(都天轉運)·자미제성(紫微帝星)·진태양(眞太陽)·진태음(眞太陰) 가운데서 한두 가지를 겸하도록 해서 날짜를 정하면 대길이라 하겠습니다.

④ 통천규(通天竅)

年月日時 \ 길신	대길(大吉)	진전(進田)	청룡(靑龍)	영재(迎財)	진보(進宝)	고주(庫珠)
申子辰 年月日時	艮寅	甲卯	乙辰	坤申	庚酉	辛戌
巳酉丑 年月日時	乾亥	壬子	癸丑	巽巳	丙午	丁未
寅午戌 年月日時	坤申	庚酉	辛戌	艮寅	甲卯	乙辰
亥卯未 年月日時	巽巳	丙午	丁未	乾亥	壬子	癸丑

예를 들어, 행사년도(行事年度)가 申子辰(陽) 年月日時라면 艮寅 甲卯 乙辰 坤申 庚酉 辛戌坐가 모두 길일인바, 쓰려는 묘의 좌(坐)가 陽이면(艮寅 坤申 辛戌坐가 陽坐) 申子辰 寅午戌 年月日時 중에서 사용하실 경우 주마육임과 통천규가 합국(合局) 되는 것입니다.

- **합국법** : 주마육임(走馬六壬)에 해당되도록 맞추고 아울러 개산황도, 도천

전운, 자미제성, 진태양, 진태음 가운데서 하나나 둘을 더 첨가하면 이상적인 장택(葬宅)이 되는 것입니다.

⑤ 명암기(明暗氣)

명기(明氣)를 선천영기(先天盈氣)라 하고 암기(暗氣)를 후천산기(後天散氣)라 합니다. 이 명암기는 월국(月局)과 일국(日局) 두 가지로 성립됩니다. 또, 乙·庚·丁의 세 가지 干을 명기(明氣)라 하고 甲·辛·丙을 암기(暗氣)라 합니다.

◉ 선후천영기(先後天盈氣) 연국(年局)

구분 행년태세	명 기 (明氣) 길			암 기 (暗氣) 흉		
	乙明 (을명)	庚明 (경명)	丁明 (정명)	甲暗 (갑암)	辛暗 (신암)	丙暗 (병암)
子午年	卯巽坤 庚坐	辛亥壬 艮坐	癸巳丙 申戌坐	寅甲辰丁 未酉坐	子丑乙坐	午乾坐
丑未年	午乾坐	卯巽坤 庚坐	辛亥壬 艮坐	癸巳丙 申戌坐	寅甲辰丁 未酉坐	子丑乙坐
寅申年	子丑乙坐	午乾坐	卯巽坤 庚坐	辛亥壬 艮坐	癸巳丙 申戌坐	寅甲辰丁 未酉坐
卯酉年	寅甲辰丁 未酉坐	子丑乙坐	午乾坐	卯巽坤 庚坐	辛亥壬 艮坐	癸巳丙 申戌坐
辰戌年	癸巳丙 申戌坐	寅甲辰丁 未酉坐	子丑乙坐	午乾坐	卯巽坤 庚坐	辛亥壬 艮坐
巳亥年	辛亥壬 艮坐	癸巳丙 申戌坐	寅甲辰丁 未酉坐	子丑乙坐	午乾坐	卯巽坤 庚坐

예를 들어, 己丑年에 이장(移葬)할 계획을 세웠다면 신묘의 坐가 午·乾·巽·庚·辛·亥·壬·艮坐(卯坐는 三殺이라 제외) 등이 모두 乙庚丁인 선천영기(先天盈氣)가 되어 대길이라 하겠습니다.

- **합국법** : 선천영기(先天盈氣) 年·日局을 다 맞춘 뒤 진태양이나 진태음 중에서 한 가지만 더 합치면 좋은 선택이 되는 것입니다.

● 일국(日局)

※ 乙庚丁만 선택하세요.

新坐\日	年	1~5일	6~10일	11~15일	16~20일	21~25일	26~30일
寅甲辰丁 未酉坐	子午年	庚明	丁明	甲暗	辛暗	丙暗	乙明
	丑未年	乙明	庚明	丁明	甲暗	辛暗	丙暗
	寅申年	丙暗	乙明	庚明	丁明	甲暗	辛暗
	卯酉年	辛暗	丙暗	乙明	庚明	丁明	甲暗
	辰戌年	甲暗	辛暗	丙暗	乙明	庚明	丁明
	巳亥年	丁明	甲暗	辛暗	丙暗	乙明	庚明
癸巳丙 申戌座	子午年	丁明	甲暗	辛暗	丙暗	乙明	庚明
	丑未年	庚明	丁明	甲暗	辛暗	丙暗	乙明
	寅申年	乙明	庚明	丁明	甲暗	辛暗	丙暗
	卯酉年	丙暗	乙明	庚明	丁明	甲暗	辛暗
	辰戌年	辛暗	丙暗	乙明	庚明	丁明	甲暗
	巳亥年	甲暗	辛暗	丙暗	乙明	庚明	丁明
辛亥壬 艮坐	子午年	甲暗	辛暗	丙暗	乙明	庚明	丁明
	丑未年	丁明	甲暗	辛暗	丙暗	乙明	庚明
	寅申年	庚明	丁明	甲暗	辛暗	丙暗	乙明
	卯酉年	乙明	庚明	丁明	甲暗	辛暗	丙暗
	辰戌年	丙暗	乙明	庚明	丁明	甲暗	辛暗
	巳亥年	辛暗	丙暗	乙明	庚明	丁明	甲暗
卯巽坤 庚坐	子午年	辛暗	丙暗	乙明	庚明	丁明	甲暗
	丑未年	甲暗	辛暗	丙暗	乙明	庚明	丁明
	寅申年	丁明	甲暗	辛暗	丙暗	乙明	庚明
	卯酉年	庚明	丁明	甲暗	辛暗	丙暗	乙明
	辰戌年	乙明	庚明	丁明	甲暗	辛暗	丙暗
	巳亥年	丙暗	乙明	庚明	丁明	甲暗	辛暗

新坐 \ 日	年	1~5일	6~10일	11~15일	16~20일	21~25일	26~30일
午乾坐	子午年	丙暗	乙明	庚明	丁明	甲暗	辛暗
	丑未年	辛暗	丙暗	乙明	庚明	丁明	甲暗
	寅申年	甲暗	辛暗	丙暗	乙明	庚明	丁明
	卯酉年	丁明	甲暗	辛暗	丙暗	乙明	庚明
	辰戌年	庚明	丁明	甲暗	辛暗	丙暗	乙明
	巳亥年	乙明	庚明	丁明	甲暗	辛暗	丙暗
子丑乙坐	子午年	乙明	庚明	丁明	甲暗	辛暗	丙暗
	丑未年	丙暗	乙明	庚明	丁明	甲暗	辛暗
	寅申年	辛暗	丙暗	乙明	庚明	丁明	甲暗
	卯酉年	甲暗	辛暗	丙暗	乙明	庚明	丁暗
	辰戌年	丁明	甲暗	辛暗	丙暗	乙明	庚明
	巳亥年	庚明	丁明	甲暗	辛暗	丙暗	乙明

예를 들어, 己丑年에 寅·甲·辰·丁·未酉 등의 坐로 개장(改葬)할 경우 음력 1일~5일, 6일~10일 사이는 乙明·庚明의 선천영기(先天盈氣)에 해당하므로 길국(吉局) 하나를 더 얻게 되는 셈입니다.

- **합국법** : 선천영기(先天盈氣) 年·일국(日局) 사용이 가능하다면 진태양, 진태음, 자백성 가운데 1만 겹쳐도 좋습니다.

⑥ 자미제성(紫微帝星)

자미제성을 북신대제(北辰大帝)라고도 하는바, 능히 모든 흉성(凶星)을 제압하는 힘이 있다는 길신입니다. 정국은 다음과 같습니다.

年月日時 구분	子 年月日時	丑 年月日時	寅 年月日時	卯 年月日時	辰 年月日時	巳 年月日時	午 年月日時	未 年月日時	申 年月日時	酉 年月日時	戌 年月日時	亥 年月日時
평(平)	甲卯	乙辰	巽巳	丙午	丁未	坤申	庚酉	辛戌	乾亥	壬子	癸丑	艮寅
정(定)	乙辰	巽巳	丙午	丁未	坤申	庚酉	辛戌	乾亥	壬子	癸丑	艮寅	甲卯
수(收)	庚酉	辛戌	乾亥	壬子	癸丑	艮寅	甲卯	乙辰	巽巳	丙午	丁未	坤申
개(開)	辛戌	乾亥	壬子	癸丑	艮寅	甲卯	乙辰	巽巳	丙午	丁未	坤申	庚酉

예를 들어, 己丑年 卯月에 안장(安葬) 한다면 丙午, 丁未, 壬子, 癸丑坐에 평정수개(平定收開)의 길국이 이루어진다 하겠습니다.

- **합국법** : 통천규나 주마육임 정국과 맞추고 개산황도, 도천전운, 진태양, 진태음 중에서 1이나 2개의 길국과 일치되면 좋습니다.

⑦ 개산황도(盖山黃道)

개산황도의 정국은 다음과 같습니다.

年月日時 길신	子 年月日時	丑寅 年月日時	卯 年月日時	辰巳 年月日時	午 年月日時	未申 年月日時	酉 年月日時	戌亥 年月日時
천황황도(天皇)	兌	巽	離	震	艮	坎	乾	坤
자단황도(紫檀)	坤	離	巽	坎	乾	震	艮	兌
지황황도(地皇)	巽	兌	坤	艮	震	乾	坎	離
황라황도(黃羅)	震	艮	乾	兌	巽	坤	離	坎

예를 들어, 子(甲子·丙子·戊子·庚子·壬子)年이나 子月이나 子日이나 子時는 태좌(兌坐 - 庚·酉·辛坐)에 천황황도의 길신이 조(照)하여 길국을 얻는바, 다른 길국 2·3가지를 겸하도록 하면 좋은 이장택일이 되는 것입니다.

⑧ 도천전운(都天轉運)

즉, 탐랑(貪狼)·거문(巨門)·녹존성(祿存星)의 별칭인바, 정국은 아래 표와 같습니다.

길신 \ 年月日時	子寅辰午	丑卯巳未	寅辰午申	卯巳未酉	辰午申戌	巳未酉亥	午申戌子	未酉亥丑	申戌子寅	酉亥丑卯	戌子寅辰	亥丑卯巳
탐랑 (貪狼)	中	巽	震	坤	坎	離	艮	兌	乾	中	巽	震
거문 (巨門)	乾	中	離	震	坤	坎	離	艮	兌	乾	中	巽
녹존 (祿存)	兌	乾	中	巽	坤	坎	離	艮	兌		乾	中

예를 들어, 子年이나 寅年月日時 등에는 乾坐에 거문(巨門)이란 길신이 임하는 것을 얻어 장매에 유리하나 단, 통천규나 주마육임 등과 합국(合局 : 같이 있는 것)해서 사용하면 좋은 안장일이 되는 것입니다.

⑨ 진제성(眞帝星)

진제성(眞帝星)은 태양, 태음, 용덕, 복덕의 별칭입니다. 다음 표와 같습니다.

절 기	坐	절 기	坐
입춘 뒤 경칩 전	艮寅坐	입추 뒤 백로 전	坤申坐
경칩 뒤 청명 전	甲卯坐	백로 뒤 한로 전	庚酉坐
청명 뒤 입하 전	乙辰坐	한로 뒤 입동 전	辛戌坐
입하 뒤 망종 전	巽巳坐	입동 뒤 대설 전	乾亥坐
망종 뒤 소서 전	丙午坐	대설 뒤 소한 전	壬子坐
소서 뒤 입추 전	丁未坐	소한 뒤 입춘 전	癸丑坐

예를 들어, 을진좌(乙辰坐)를 놓게 될 경우 청명일부터 입하되기 전 사이에서 다른 길국(吉局)을 맞추어 택일하면 좋은 안장이 된다는 것입니다.

⑩ 사리제성(四利帝星)

길신 \ 年月日時	子 年月日時	丑 年月日時	寅 年月日時	卯 年月日時	辰 年月日時	巳 年月日時	午 年月日時	未 年月日時	申 年月日時	酉 年月日時	戌 年月日時	亥 年月日時
태양(太陽)	癸丑	艮寅	甲卯	乙辰	巽巳	丙午	丁未	坤申	庚酉	辛戌	乾亥	壬子
태음(太陰)	甲卯	乙辰	巽巳	丙午	丁未	坤申	庚酉	辛戌	乾亥	壬子	癸丑	艮寅
용덕(龍德)	丁未	坤申	庚酉	辛戌	乾亥	壬子	癸丑	艮寅	甲卯	乙辰	巽巳	丙午
복덕(福德)	庚酉	辛戌	乾亥	壬子	癸丑	艮寅	甲卯	乙辰	巽巳	丙午	丁未	坤申

⑪ 성마귀인(星馬貴人)

艮寅丙午辛戌坐는 申子辰 年月日時·乾亥甲卯丁未坐는 巳酉丑 年月日時吉.

坤申壬子乙辰坐는 寅午戌 年月日時·巽巳庚酉癸丑坐는 亥卯未 年月日時.

⑫ 존제성(尊帝星)

이 길국(吉局)은 존성(尊星) 제성(帝星) 옥청(玉淸) 옥인(玉印)의 길성을 칭하는 바, 연월일시국(年月日時局)이 다 있습니다.

● 연국(年局)

三元	길성 \ 행사년	甲子 壬申 庚辰 戊子 丙申 甲辰 壬子 庚申	乙丑 癸酉 辛巳 己丑 丁酉 乙巳 癸丑 辛酉	丙寅 甲戌 壬午 庚寅 戊戌 丙午 甲寅 壬戌	丁卯 乙亥 癸未 辛卯 己亥 丁未 乙卯 癸亥	戊辰 丙子 甲申 壬辰 庚子 戊申 丙辰	己巳 丁丑 乙酉 癸巳 辛丑 己酉 丁巳	庚午 戊寅 丙戌 甲午 壬寅 庚戌 戊午	辛未 己卯 丁亥 乙未 癸卯 辛亥 己未
上元	존성(尊星)	乾	兌	艮	離	坎	坤	震	巽
中元	존성(尊星)	坎	坤	震	巽	乾	兌	艮	離
下元	존성(尊星)	乾	兌	艮	離	坎	坤	震	巽
下元	제성(帝星)	巽	震	坤	坎	離	艮	兌	乾
下元	옥청(玉淸)	坤	離	乾	震	兌	巽	坎	艮
下元	옥인(玉印)	艮	坎	巽	兌	震	乾	離	坤

> **참고** 현재는 下元 甲子입니다. (서기 1984년 甲子부터) 그래서 下元甲에 해당하는 것만 적용하면 되겠습니다. 예를 들어, 己丑년(서기 2009년)에는 존성(尊星)이 庚·酉·辛坐(兌) 제성(帝星)이 甲·卯·乙坐(震) 옥청(玉淸)이 丙·午·丁坐(離) 옥인(玉印)이 壬·子·癸坐(坎)가 되겠습니다. 年月日時 모두 길국으로 정하면 좋은 안장일이 되겠습니다.

◉ 월국(月局)

존성(尊星)·제성(帝星)·옥청(玉淸)·옥인(玉印)의 월국(月局)은 다음과 같습니다.

年\구분	月	寅	卯	辰	巳	午	未	申	酉	戌	亥	子	丑
甲丙戊庚壬年	존성(尊星)	艮	離	坎	坤	震	巽	乾	兌	艮	離	坎	坤
	제성(帝星)	坤	坎	離	艮	兌	乾	巽	震	坤	坎	離	艮
	옥청(玉淸)	乾	震	兌	巽	坎	艮	坤	離	乾	震	兌	巽
	옥인(玉印)	巽	兌	震	乾	離	坤	艮	坎	巽	兌	震	乾
乙丁己辛癸年	존성(尊星)	震	巽	乾	兌	艮	離	坎	坤	震	巽	乾	兌
	제성(帝星)	兌	乾	巽	震	坤	坎	離	艮	兌	乾	巽	震
	옥청(玉淸)	坎	艮	坤	離	乾	震	兌	巽	坎	艮	坤	離
	옥인(玉印)	離	坤	艮	坎	巽	兌	震	乾	離	坤	艮	坎

坎 - 壬子癸同, 艮 - 丑艮寅同, 震 - 甲卯乙同, 巽 - 辰巽巳同,
離 - 丙午丁同, 坤 - 未坤申同, 兌 - 庚酉辛同, 乾 - 戌乾亥同

예를 들어, 陽年 辰月의 행사라면 坎(壬子癸) 離(丙午丁) 兌(庚酉辛)坐에 존성, 제성, 옥청, 옥인의 길성을 취하게 될 것입니다.

◉ 일국(日局)

二至 \ 길성 \ 일진	甲子 壬申 庚辰 戊子 丙申 甲辰 壬子 庚申	乙丑 癸酉 辛巳 己丑 丁酉 乙巳 癸丑 辛酉	丙寅 甲戌 壬午 庚寅 戊戌 丙午 甲寅 壬戌	丁卯 乙亥 癸未 辛卯 己亥 丁未 乙卯 癸亥	戊辰 丙子 甲申 壬辰 庚子 戊申 丙辰	己巳 丁丑 乙酉 癸巳 辛丑 己酉 丁巳	庚午 戊寅 丙戌 甲午 壬寅 庚戌 戊午	辛未 己卯 丁亥 乙未 癸卯 辛亥 己未
동지후 冬至後 존성(尊星)	乾	兌	艮	離	坎	坤	震	巽
제성(帝星)	巽	震	坤	坎	離	艮	兌	乾
옥청(玉淸)	坤	離	乾	兌	兌	巽	坎	艮
옥인(玉印)	艮	坎	巽	震	震	乾	離	坤
하지후 夏至後 존성(尊星)	坎	坤	震	巽	乾	兌	艮	離
제성(帝星)	離	艮	兌	乾	巽	震	坤	坎
옥청(玉淸)	兌	巽	坎	艮	坤	離	乾	震
옥인(玉印)	震	乾	離	坤	艮	坎	巽	兌

예를 들어, 하지 뒤 감산(坎山 - 壬子癸坐)에 안장(安葬)하게 될 경우라면 甲子·壬申·庚辰日 등이 길국(吉局)이라 하겠습니다.

● 합국법 : 다른 길성이 없더라도 제성(尊帝星)으로만 年月日時가 모두 합국(合局) 되어도 좋은 택일이 되는 것입니다.

◉ 시국(時局)

年 \ 길성 \ 時	子	丑	寅	卯	辰	巳	午	未	申	酉	戌	亥
甲庚丙壬戊日 존성(尊星)	乾	兌	艮	離	坎	坤	震	巽	乾	兌	艮	離
제성(帝星)	巽	震	坤	坎	離	艮	兌	乾	巽	震	坤	坎
옥청(玉淸)	坤	離	乾	震	兌	巽	坎	艮	坤	離	乾	震
옥인(玉印)	艮	坎	巽	兌	震	乾	離	坤	艮	坎	巽	兌
乙辛丁癸己日 존성(尊星)	坎	坤	震	巽	乾	兌	艮	離	坎	坤	震	巽
제성(帝星)	離	艮	兌	乾	巽	震	坤	坎	離	艮	兌	乾
옥청(玉淸)	兌	巽	坎	艮	坤	離	乾	震	兌	巽	坎	艮
옥인(玉印)	震	乾	離	坤	艮	坎	巽	兌	震	乾	離	坤

예를 들어, 己丑年은 陰干年이므로 乙丁癸己辛의 글자를 찾고 위 年月日 局을 길성으로 맞춘 뒤 坎山(壬子癸坐)에 未時, 離山(丙午丁坐) 巳時 등을 취용(取用)하게 되는 것입니다.

⑬ 삼기제성(三奇帝星)

삼기(三奇)란 乙丙丁입니다. 이 삼기의 길성정국(吉星定局)은 아래와 같습니다.

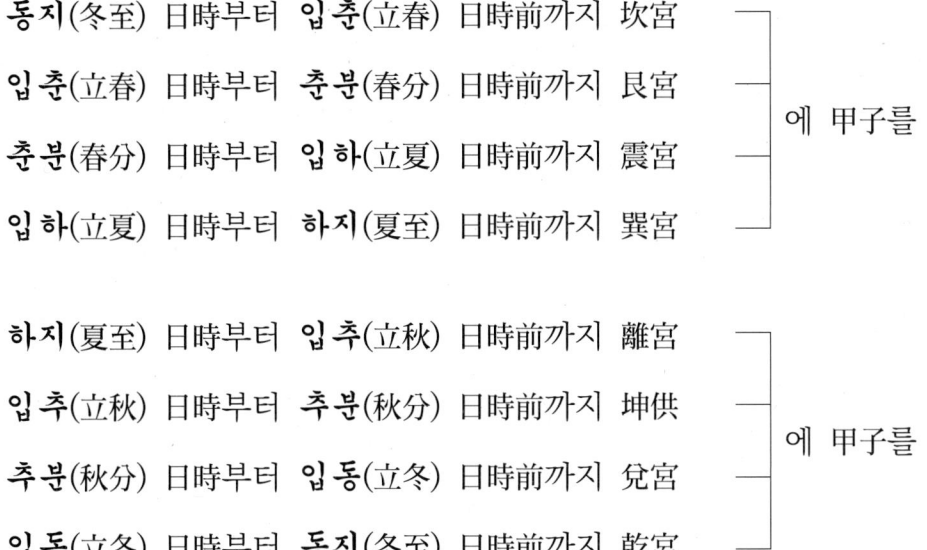

붙여 양둔(陽遁)(동지 후 ~ 하지 전)에는 九宮을 순행(順行)하고, 음둔(陰遁)에는 九宮을 역행(逆行)하며 당년 태세(戊子年·己丑年 등의 예)에서 다시 正月을 붙여 동지 후 양둔에는 구궁(九宮)을 순행하고 하지 후 음둔에는 九宮을 역행하여 月建의 干이 乙(乙丑 乙亥 乙酉 등)이나 丙(丙寅 丙子 丙戌 등)이나 丁(丁卯 丁丑 丁亥 등)에 해당하면 이 乙丙丁이 바로 삼기제성(三奇帝星)이란 길국(吉局)이라 하겠습니다.

```
┌─────────────────────────┐
│ 양둔 順                  │
│  ┌─────┬─────┬─────┐    │
│  │ 입하 │ 하지 │ 입추 │    │
│  │ 巽  │ 離  │ 坤  │    │
│  ├─────┼─────┼─────┤    │
│  │ 춘분 │     │ 추분 │    │
│  │ 震  │     │ 兌  │    │
│  ├─────┼─────┼─────┤    │
│  │ 입춘 │ 동지 │ 입동 │    │
│  │(甲子)│(甲子)│     │    │
│  │ 艮  │ 坎  │ 乾  │    │
│  └─────┴─────┴─────┘  ↑│
│   양둔 ←        음둔 逆 │
└─────────────────────────┘
```

삼기제성(三奇帝星)의 음양둔 정국(陰陽遁定局)은 다음과 같습니다.

● 양둔정국(陽遁定局)

예를 들어, 庚寅年 입춘부터 춘분전은 삼기가 中, 乾(戌乾亥) 兌(庚寅年)에 드는 것은 庚寅年 寅月은 戊寅 卯月은 己卯, 辰月은 庚辰, 巳月은 辛巳, 午月은 壬午, 未月은 癸未, 申月은 甲申, 酉月은 乙酉, 戌月은 丙戌, 즉, 乙丙丁에 닿는 것입니다.

절기 태세 삼기	동지 乙	丙	丁	입춘 乙	丙	丁	춘분 乙	丙	丁	입하 乙	丙	丁
甲子, 己酉	坎	坎	坤	艮	艮	離	震	震	巽	巽	巽	中
甲戌, 己未	坤	坤	震	離	離	坎	巽	巽	中	中	中	乾
甲申	震	震	巽	坎	坎	坤	中	中	乾	乾	乾	兌
甲午	巽	巽	中	坤	坤	震	乾	乾	兌	兌	兌	艮
甲辰	中	中	乾	震	震	巽	兌	兌	艮	艮	艮	離

태세 \ 절기 삼기	동지 乙	동지 丙	동지 丁	입춘 乙	입춘 丙	입춘 丁	춘분 乙	춘분 丙	춘분 丁	입하 乙	입하 丙	입하 丁
甲寅, 己巳	乾	乾	兌	巽	巽	中	艮	艮	離	離	離	坎
己卯	兌	兌	艮	中	中	乾	離	離	坎	坎	坎	坤
己丑	艮	艮	離	乾	乾	兌	坎	坎	坤	坤	坤	震
己亥	離	離	坎	兌	兌	艮	坤	坤	震	震	震	巽
乙丑, 丙子, 丁亥 戊戌, 庚戌, 辛酉年	離	坎	坤	兌	艮	離	坤	震	巽	震	巽	中
丙寅, 丁丑, 戊子 庚子, 辛亥, 壬戌年	艮	離	坎	乾	兌	艮	坎	坤	震	坤	震	巽
丁卯, 戊寅, 庚寅 辛丑, 壬子, 癸亥年	兌	艮	離	中	乾	兌	離	坎	坤	坎	坤	震
戊辰, 庚辰, 辛卯 壬寅, 癸丑年	乾	兌	艮	巽	中	乾	艮	離	坎	離	坎	坤
庚午, 辛巳, 壬辰 癸卯, 乙卯年	中	乾	兌	震	巽	中	兌	艮	離	艮	離	坎
辛未, 壬午, 癸巳 乙巳, 丙辰年	巽	中	乾	坤	震	巽	乾	兌	艮	兌	艮	離
壬申, 癸未, 乙未 丙午, 丁巳年	震	巽	中	坎	坤	震	中	乾	兌	乾	兌	艮
癸酉, 乙酉, 丙申 丁未, 戊午年	坤	震	巽	離	坎	坤	巽	中	乾	中	乾	兌
乙亥, 丙戌, 丁酉 戊申, 庚申年	坎	坤	震	艮	離	坎	震	巽	中	巽	中	乾

● 음둔정국(陰遁定局)

예를 들어, 추분 뒤 입동 전의 길일을 乙丙丁 삼기로 선택한다면 庚寅年 八月 음둔(陰遁)이라 兌宮에 甲子를 붙여 九宮 순서를 거꾸로 돌려나가 행년 태세가 어느 곳에 이르는가를 보니 艮宮에 庚寅이 이른다. 庚寅年의 寅月은 戊寅이라 艮이 戊寅 兌가 己卯, 乾이 庚辰, 中이 辛巳, 巽이 壬午, 坤이 癸未, 坎이 甲申, 離가 乙酉, 艮이 丙戌, 兌가

丁亥, 乙丙丁 삼기가 離(丙午丁), 艮(丑艮寅) 離(丙午丁) 兌(庚酉辛) 등의 坐에 임하게 되는 것입니다.

절기 태세 삼기	하지			입추			추분			입동		
	乙	丙	丁	乙	丙	丁	乙	丙	丁	乙	丙	丁
甲子, 己酉	離	離	艮	坤	坤	坎	兌	兌	乾	乾	乾	中
甲戌, 己未	艮	艮	兌	坎	坎	離	乾	乾	中	中	中	巽
甲申	兌	兌	乾	離	離	艮	中	中	巽	巽	巽	震
甲午	乾	乾	中	艮	艮	兌	巽	巽	震	震	震	坤
甲辰	中	中	巽	兌	兌	乾	震	震	坤	坤	坤	坎
甲寅, 己巳	巽	巽	震	乾	乾	中	坤	坤	坎	坎	坎	離
己卯	震	震	坤	中	中	巽	坎	坎	離	離	離	艮
己丑	坤	坤	坎	巽	巽	震	離	離	艮	艮	艮	兌
己亥	坎	坎	離	震	震	坤	艮	艮	兌	兌	兌	乾
乙丑, 丙子, 丁亥 戊戌, 庚戌, 辛酉年	坎	離	艮	震	坤	坎	艮	兌	乾	兌	乾	中
丙寅, 丁丑, 戊子 庚子, 辛亥, 壬戌年	坤	坎	離	巽	震	坤	離	艮	兌	艮	兌	乾
丁卯, 戊寅, 庚寅 辛丑, 壬子, 癸亥年	震	坤	坎	中	巽	震	坎	離	艮	離	艮	兌
戊辰, 庚辰, 辛卯 壬寅, 癸丑年	巽	震	坤	乾	中	巽	坤	坎	離	坎	離	艮
庚午, 辛巳, 壬辰 癸卯, 乙卯年	中	巽	震	兌	乾	中	震	坤	坎	坤	坎	離
辛未, 壬午, 癸巳 乙巳, 丙辰年	乾	中	巽	艮	兌	乾	巽	震	坤	震	坤	坎
壬申, 癸未, 乙未 丙午, 丁巳年	兌	乾	中	離	艮	兌	中	巽	震	巽	震	坤
癸酉, 乙酉, 丙申 丁未, 戊午年	艮	兌	乾	坎	離	艮	乾	中	巽	中	巽	震
乙亥, 丙戌, 丁酉 戊申, 庚申年	離	艮	兌	坤	坎	離	兌	乾	中	乾	中	巽

⑭ 태양주천(太陽周天)

- **동지**(冬至) - 艮坐 1일~3일간 癸丑分金 箕 3·4·5度, 4일~6일 辛丑分金 箕 6·7·8度, 7일~9일간 己丑分金 箕 9度 斗 1·2度, 10일~12일 사이 丁丑分金 斗 3·4·5度, 13일~15일 乙丑分金 斗 6·7·8度

- **소한**(小寒) - 丑坐 1일~3일간 癸丑分金 斗 9·10·11度, 4일~6일 사이 辛丑分金 두 12·13·14度, 7일~9일 사이 己丑分金 斗 15·16·17度, 10일~12일 사이 丁丑分金 두 18·19·20度, 13일~15일 사이 乙丑分金 斗 21·22·23度

- **대한**(大寒) - 癸坐 1일~3일 사이 壬子分金 牛 1·2·3度, 4일~6일 사이 庚子分金 牛 4·5·6度, 7일~9일 사이 戊子分金 牛 7度, 女 1·2度, 10일~12일 사이 丙子分金 女 3·4·5度, 13일~15일간 甲子分金 女 6·7·8度

- **입춘**(立春) - 子坐 1일~3일 사이 壬子分金 女 9·10·11度, 4일~6일 사이 庚子分金 虛 1·2·3度, 7일~9일 사이 戊子分金 虛 4·5·6度, 10일~12일 사이 丙子分金 虛 7·8·9度, 13일~15일 사이 甲子分金 虛 10, 危 1·2度

- **우수**(雨水) - 壬坐 1일~3일까지 癸亥分金 危 3·4·5度, 4일~6일까지 辛亥分金 危 6·7·8度, 7일~9일까지 己亥分金 危 9·10·11度, 10일~12일까지 丁亥分金 危 12·13·14度, 13일~15일까지 乙亥分金 危 15·16·17度

- **경칩**(驚蟄) - 亥坐 1일~3일까지 癸亥分金 危 18·19·20度, 4일~6일까지 辛亥分金 室 1·2·3度, 7일~9일까지 己亥分金 室 4·5·6度, 10일~12일까지 丁亥分金 室 7·8·9度, 13일~15일까지 乙亥分金 室 10·11·12度

* 춘분(春分) - 乾坐 1일~3일까지 壬戌分金 室 12·13·14度, 4일~6일까지 庚戌分金 室 15·16度, 7일~9일까지 戊戌分金 壁 2·3·4度, 10일~12일까지 丙戌分金 壁 5·6·7度, 13일~15일까지 甲戌分金 壁 8·9·10度

* 청명(淸明) - 戌坐 1일~3일까지 壬戌分金 壁 11·12·13度, 4일~6일까지 庚戌分金 奎 1·2·3度, 7일~9일까지 戊戌分金 奎 4·5·6度, 10일~12일까지 丙戌分金 奎 7·8·9度, 13일~15일까지 甲戌分金 奎 10·11·12度

* 곡우(穀雨) - 辛坐 1일~3일까지 癸酉分金 婁 1·2·3度, 4일~6일까지 辛酉分金 婁 4·5·6度, 7일~9일까지 己酉分金 婁 7·8·9度, 10일~12일까지 丁酉分金 婁 10·11·12度, 13일~15일까지 乙酉分金 婁 13, 胃 1·2度

* 입하(立夏) - 酉坐 1일~3일까지 癸酉分金 胃 3·4·5度, 4~6일까지 辛酉分金 胃 6·7·8度, 7일~9일까지 己酉分金, 胃 9·10·11度, 10~12일까지 丁酉分金, 胃 12·13度, 昴 1度, 13일~15일까지 乙酉分金 昴 2·3·4度

* 소만(小滿) - 庚坐 1일~3일까지 壬申分金 昴 5·6·7度, 4일~6일까지 庚申分金 昴 8·9, 畢 1度, 7일~9일까지 戊申分金 畢 2·3·4度, 10일~12일까지 丙申分金 畢 5·6·7度, 13일~15일까지 甲申分金 畢 8·9·10度

* 망종(芒種) - 申坐 1일~3일까지 壬申分金 畢 11·12·13度, 4일~6일까지 庚申分金 觜 1, 參 1·2度, 7일~9일까지 戊申分金 參 3·4·5度, 10일~12일까지 丙申分金 參 6·7·8度, 13일~15일까지 甲申分金 參 9·10·11度

- **하지**(夏至) – 坤坐   1일~3일까지 癸未分金 參 12, 井 1·2度, 4일~6일까지 辛未分金 井 3·4·5度, 7일~9일까지 己未分金 井 6·7·8度, 10일~12일까지 丁未分金 井 9·10·11度, 13일~15일까지 乙未分金 井 12·13·14度

- **소서**(小暑) – 未坐   1일~3일까지 癸未分金 井 15·16·17度, 4일~6일까지 辛未分金 井 18·19·20度, 7일~9일까지 己未分金 井 21·22·23度, 10일~12일까지 丁未分金 井 24·25·26度, 13일~15일까지 乙未分金 井 27·28·29度

- **대서**(大暑) – 丁坐   1일~3일까지 壬午分金 井 30, 鬼 1·2度, 4일~6일까지 庚午分金 鬼 3·4·5度, 7일~9일까지 戊午分金 柳 1·2·3度, 10일~12일까지 丙午分金 星 2·3·4度, 13일~15일까지 甲午分金 柳 7·8·9度

- **입추**(立秋) – 午坐   1일~3일까지 壬午分金 柳 10·11·12度, 4일~6일까지 庚午分金 柳 13·14·15度, 7일~9일까지 戊午分金 柳 16·17·18, 星 1度, 10일~12일까지 丙午分金 星 2·3·4度, 13일~15일까지 甲午分金 星 5·6·7度

- **처서**(處暑) – 丙坐   1일~3일까지 癸巳分金 星 8, 張 1·2度, 4일~6일까지 辛巳分金 張 3·4·5度, 7일~9일까지 己巳分金 張 6·7·8度, 10일~12일까지 丁巳分金 張 9·10·11度, 12일~15일까지 乙巳分金 張 12·13·14度

- **백로**(白露) – 巳坐   1일~3일까지 癸巳分金 張 15·16·17度, 4일~6일까지 辛巳分金 張 18, 翼 1·2度, 7일~9일까지 己巳分金 翼 3·4·5度, 10일~12일까지 丁巳分金 翼 6·7·8度, 12일~15일까지 乙巳分金 翼 9·10·11度

- **추분**(秋分) - 巽坐 1일~3일까지 壬辰分金 翼 12·13·14度, 4일~6일까지 庚辰分金 翼 15·16·17度, 7일~9일까지 戊辰分金 軫 1·2·3度, 10일~12일까지 丙辰分金 軫 4·5·6度, 13일~15일까지 甲辰分金 軫 7·8·9度

- **한로**(寒露) - 辰坐 1일~3일까지 壬辰分金 軫 10·11·12度, 4일~6일까지 庚辰分金 軫 12, 角 1·2度, 7일~9일까지 戊辰分金 角 3·4·5度, 10일~12일까지 丙辰分金 角 6·7·8度, 12일~15일까지 甲辰分金 角 9·10·11度

- **상강**(霜降) - 乙坐 1일~3일까지 癸卯分金 亢 1·2·3度, 4일~6일까지 辛卯分金 亢 4·5·6度, 7일~9일까지 己卯分金 亢 7·8·9度, 10일~12일까지 丁卯分金 亢 10·11, 氐 1度, 13일~15일까지 乙卯分金 氐 2·3·4度

- **입동**(立冬) - 卯坐 1일~3일까지 癸卯分金 氐 5·6·7度, 4일~6일가지 辛卯分金 氐 8·9·10度, 7일·9일까지 己卯分金 氐 11·12·13度, 10일~12일까지 丁卯分金 氐 14·15·16度, 13일~15일까지 乙卯分金 氐 17·18, 房 1度

- **소설**(小雪) - 甲坐 1일~3일까지 壬寅分金 房 2·3·4度, 4일~6일까지 庚寅分金 房 5, 心 1·2度, 7일~9일까지 戊寅分金 心 3·4·5度, 10일~12일까지 丙寅分金 心 6·7, 尾 1度, 13일~15일까지 甲寅分金 尾 2·3·4度

- **대설**(大雪) - 寅坐 1일~3일까지 壬寅分金 尾 5·6·7度, 4일~6일까지 庚寅分金 尾 8·9·10度, 7일~9일까지 戊寅分金 尾 11·12·13度, 10일~12일까지 丙寅分金 尾 14·15·16度, 13일~15일까지 甲寅分金 尾 17, 箕 1·2度

예를 들어, 寅坐 申向의 경우 대설 당일부터 5일까지는 壬寅分金을 놓는데 二十八宿로는 尾 5·6·7度 정도라는 뜻입니다. 이 진태양정국은 매우 좋은 길국이지만 사용하기가 쉽지 않으므로 굳이 이 길국을 사용하려 고집할 필요는 없을 것 같습니다.

⑮ 진태음(眞太陰) 정국

태음(太陰)은 하늘에 떠 있는 달(月)의 상징이오, 사람에 있어서는 후비(后妃)에 비유되므로 天地의 모든 흉살을 제복(制服) 함으로서 그 귀함이 높고 크다 하겠습니다. 그러므로 이장(移葬)에 이 태음정국을 사용하면 대길이나 이 길국은 사용하기가 쉽지 않으므로 아쉬울 뿐입니다.

坐＼月	正	二	三	四	五	六	七	八	九	十	十一	十二
壬子山	初1	26	24	22	19	17	15	12	10	8	5	3
	2	27	25	23	20	18	16	13	11	9	6	4
	3	28	26	24	21	19	17	14	12	10	7	5
乾亥山	4	初1	27	25	22	20	18	15	13	11	8	6
	5	2	28	26	23	21	19	16	14	12	9	7
辛戌山	6	3	初1	27	24	22	20	17	15	13	10	8
	7	4	2	28	25	23	21	18	16	14	11	9
庚酉山	8	5	3	初1	26	24	22	19	17	15	12	10
	9	6	4	2	27	25	23	20	18	16	13	11
	10	7	5	3	28	26	24	21	19	17	14	12
坤申山	11	8	6	4	初1	27	25	22	20	18	15	13
	12	9	7	5	2	28	26	23	21	19	16	14
丁未山	13	10	8	6	3	初1	27	24	22	20	17	15
	14	11	9	7	4	2	28	25	23	21	18	16

坐＼月	正	二	三	四	五	六	七	八	九	十	十一	十二
丙午山	15	12	10	8	5	3	初1	26	24	22	19	17
	16	13	11	9	6	4	2	27	25	23	20	18
	17	14	12	10	7	5	3	28	26	24	21	19
巽巳山	18	15	13	11	8	6	4	初1	27	25	22	20
	19	16	14	12	9	7	5	2	28	26	23	21
乙辰山	20	17	15	13	10	8	6	3	初1	27	24	22
	21	18	16	14	11	9	7	4	2	28	25	23
甲卯山	22	19	17	15	12	10	8	5	3	初1	26	24
	23	20	18	16	13	11	9	6	4	2	27	25
	24	21	19	17	14	12	10	7	5	3	28	26
艮寅山	25	22	20	18	15	13	11	8	6	4	初1	27
	26	23	21	19	16	14	12	9	7	5	2	28
癸丑山	27	24	22	20	17	15	13	10	8	6	3	初1
	28	25	23	21	18	16	14	11	9	7	4	2

예를 들어, 癸丑坐를 놓게 될 경우 10월에 안장(安葬) 예정이라면 음력 6일과 7일, 2일 중에 태음의 길기(吉氣)가 비치게 된다는 뜻입니다.

⑯ 자백성(紫白星)

자백(紫白)이란, 구궁(九宮)의 一白, 六白, 八白, 九紫星을 칭하는바, 年月日時의 坐에 자백(紫白)의 길성(吉星)이 비치면 이 또한, 역량(力量)이 크다 하겠습니다.

자백구성(紫白九星)은 年月日時局이 있는바 다음과 같습니다.

◉ 연백(年白)

上元甲子(1864)는 시작되는 甲子에 一白을 붙여 乙丑九紫 丙寅八白 丁卯七赤 식으로 九宮을 역행(逆行)합니다.

中元甲子(1924)는 시작되는 甲子에 四綠을 붙여 乙丑三碧 丙寅二黑 丁卯一白 식으로 九宮順을 반대로 짚어 나갑니다.

下元甲子(1984~2043년까지) 年은 七赤에 甲子를 붙여 乙丑六白 丙寅五黃 丁卯四綠 식으로 九宮을 역행합니다.

※ 현재는 음둔하원(陰遁下元)이며 서기 1864 甲子부터 음둔(陰遁)에 해당하므로 九宮을 역행하는 것입니다.

太歲(太歲) 年 三元甲	甲子 癸酉 壬午 辛卯 庚子 己酉 戊午	乙丑 甲戌 癸未 壬辰 辛丑 庚戌 己未	丙寅 乙亥 甲申 癸巳 壬寅 辛亥 庚申	丁卯 丙子 乙酉 甲午 癸卯 壬子 辛酉	戊辰 丁丑 丙戌 乙未 甲辰 癸丑 壬戌	己巳 戊寅 丁亥 丙申 乙巳 甲寅 癸亥	庚午 己卯 戊子 丁酉 丙午 乙卯	辛未 庚辰 己丑 戊戌 丁未 丙辰	壬申 辛巳 庚寅 己亥 戊申 丁巳
陰遁上元(1864)	一白	九紫	八白	七赤	六白	五黃	四綠	三碧	二黑
陰遁中元(1924)	四綠	三碧	二黑	一白	九紫	八白	七赤	六白	五黃
陰遁下元(1984)	七赤	六白	五黃	四綠	三碧	二黑	一白	九紫	八白

일백	이흑	삼벽	사록	오황	육백	칠적	팔백	구자
一白	二黑	三碧	四綠	五黃	六白	七赤	八白	九紫

◉ 월백(月白)

上元(子午卯酉年)은 正月에 八白을 시작하여 二月七赤으로 逆行

中元(辰戌丑未年)은 正月에 五黃을 시작하여 二月에 四綠으로 逆行

下元(寅申巳亥年)은 正月에 五黃을 시작하여 二月四綠으로 逆行

구분 \ 月	寅	卯	辰	巳	午	未	申	酉	戌	亥	子	丑
上元(子午卯酉年)	八白	七赤	六白	五黃	四綠	三碧	二黑	一白	九紫	八白	七赤	六白
中元(辰戌丑未年)	五黃	四綠	三碧	二黑	一白	九紫	八白	七赤	六白	五黃	四綠	三碧
下元(寅申巳亥年)	二黑	一白	九紫	八白	七赤	六白	五黃	四綠	三碧	二黑	一白	九紫

예를 들어, 己丑年 辰月이라면 三碧이 入中이므로 자백성은 艮(丑艮寅) 離(丙午丁) 坎(壬子癸) 坤(未坤申)에 자백구성의 길신이 임한다는 뜻입니다.

◉ 일백(日白)

日白星은 우선 음양둔(陰陽遁 - 冬至後 夏至前은 양둔이고 하지 후 동지 전은 음둔에 해당합니다.) 양둔 기간에는 一二三四五六七八九 식으로 하루에 한 자리씩 순행(順行)하고, 하지 후 동진 전의 음둔 기간에는 甲子日부터 九紫를 시작 九八七六五四三二一 식으로 구궁을 거꾸로 붙여 나갑니다.

양둔상원(陽遁上元)은 동지 전후 가까운 甲子日에 一白을 시작하여 乙丑 二黑, 丙寅 三碧, 丁卯 四綠 식으로 日九星을 순행(順行)

양둔중원(陽遁中元)은 上元甲子에서 두 번째 甲子日로 甲子에 七赤을 시작 八白乙丑, 九紫丙寅, 一白丁卯 식으로 九宮을 순행

양둔하원(陽遁下元)은 中元甲子 다음 甲子(上元에서 세 번째 甲子日)에 四綠을 시작 乙丑五黃, 丙寅六白 식으로 붙여 나갑니다.

음둔상원(陰遁上元)은 하지 전후 가까운 甲子日에 九紫를 시작하여 乙丑日 八白, 丙寅日 七赤, 丁卯日 六白 식으로 하루에 한 자리씩 구궁을 역행(逆行)합니다.

음둔중원(陰遁中元)은 음둔상원 다음 번 甲子日에 삼벽(三碧)을 시작하여 乙丑에 二黑, 丙寅에 一白, 丁卯에 九紫로 九宮을 역행

음둔하원(陰遁下元)은 음둔중원 다음 번째(上元의 세 번째) 甲子日로 甲子에 六白을 시작하여 乙丑日에 五黃, 丙寅日에 四綠, 丁卯日에 三碧이 되는 것입니다.

> **참고** 음양둔을 막론하고 上元은 동지 후 또는, 하지 후 甲子日이라 하였으나 동지 전이나 하지 전에 甲子日이 되는 경우가 많으므로 동지 전후 가까운 甲子日이 上元이고, 하지 전후 가까운 甲子日이 음둔상원으로 결정하면 되겠습니다. 만약 윤(閏)을 두지 않으면 1년에 5일이 남는 甲子日이 해가 지날수록 앞으로 당겨져 동지나 하지 전후 가까운 甲子日이 上元甲子가 아니고 下元甲子가 될 것입니다.

음양둔	三元	甲子 癸酉 壬午 辛卯 庚子 己酉 戊午	乙丑 甲戌 癸未 壬辰 辛丑 庚戌 己未	丙寅 乙亥 甲申 癸巳 壬寅 辛亥 庚申	丁卯 丙子 乙酉 甲午 癸卯 壬子 辛酉	戊辰 丁丑 丙戌 乙未 甲辰 癸丑 壬戌	己巳 戊寅 丁亥 丙申 乙巳 甲寅 癸亥	庚午 己卯 戊子 丁酉 丙午 乙卯 甲子	辛未 庚辰 己丑 戊戌 丁未 丙辰 乙丑	壬申 辛巳 庚寅 己亥 戊申 丁巳 丙寅
양둔 (陽遁) 동지후	上元甲	一白	二黑	三碧	四綠	五黃	六白	七赤	八白	九紫
	中元甲	七赤	八白	九紫	一白	二黑	三碧	四綠	五黃	六白
	下元甲	四綠	五黃	六白	七赤	八白	九紫	一白	二黑	三碧
음둔 (陰遁) 하지후	上元甲	九紫	八白	七赤	六白	五黃	四綠	三碧	二黑	一白
	中元甲	三碧	二黑	一白	九紫	八白	七赤	六白	五黃	四綠
	下元甲	六白	五黃	四綠	三碧	二黑	一白	九紫	八白	七赤

예를 들어, 양둔중원(陽遁中元) 무렵에 안장(安葬)할 경우 乙酉日이라면 一白이 入中이라 順行이므로 坎(壬子未)에 六白, 震(甲卯乙)에 八白, 巽(辰巽巳)에 九紫의 길국이 되는 것입니다.

◉ 시백(時白)

시구성(時九星)에도 음양둔을 분류하고 上中下 三元法이 있습니다. 우선 時에 해당하는 上中下 三元을 알아야 이해가 될 것입니다.

법식에는 甲己子午卯酉가 上元, 甲己寅申巳亥가 中元, 甲己辰戌丑未가 下元이라 하였습니다.

- 음양둔(陰陽遁) : 時九星(紫白)도 동지 후 하지 전은 양둔, 하지 후 동지 전을 음둔이라 합니다.

時의 干支	上元 甲子 乙丑 丙寅 丁卯 戊辰 己卯 庚辰 辛巳 壬午 癸未	上元 甲午 乙未 丙申 丁酉 戊戌 己酉 庚戌 辛亥 壬子 癸丑	中元 己巳 庚午 辛未 壬申 癸酉 甲申 乙酉 丙戌 丁亥 戊子	中元 己亥 庚子 辛丑 壬寅 癸卯 甲寅 乙卯 丙辰 丁巳 戊午	下元 甲戌 乙亥 丙子 丁丑 戊寅 己丑 庚寅 辛卯 壬辰 癸巳	下元 甲辰 乙巳 丙午 丁未 戊申 己未 庚申 辛酉 壬戌 癸亥
	양둔	음둔	양둔	음둔	양둔	음둔
甲子 癸酉 壬午 辛卯 庚子 己酉 戊午	一白	九紫	七赤	三碧	四綠	六白
乙丑 甲戌 癸未 壬辰 辛丑 庚戌 己未	二黑	八白	八白	二黑	五黃	五黃
丙寅 乙亥 甲申 癸巳 壬寅 辛亥 庚申	三碧	七赤	九紫	一白	六白	四綠
丁卯 丙子 乙酉 甲午 癸卯 壬子 辛酉	四綠	六白	一白	九紫	七赤	三碧
戊辰 丁丑 丙戌 乙未 甲辰 癸丑 壬戌	五黃	五黃	二黑	八白	八白	二黑
己巳 戊寅 丁亥 丙申 乙巳 甲寅 癸亥	六白	四綠	三碧	七赤	九紫	一白
庚午 己卯 戊子 丁酉 丙午 乙卯 甲子	七赤	三碧	四綠	六白	一白	九紫
辛未 庚辰 己丑 戊戌 丁未 丙辰 乙丑	八白	二黑	五黃	五黃	二黑	八白
壬申 辛巳 庚寅 己亥 戊申 丁巳 丙寅	九紫	一白	六白	四綠	三碧	七赤

예를 들어, 양둔 丁卯日 午時면 七赤이 入中이라 一白이 艮宮(丑艮寅) 六白이 巽宮(辰巽巳) 八白이 乾宮(戌乾亥) 九紫가 兌宮(庚酉辛)에 비쳤다 합니다.

【九宮入中圖】

一白入中

九紫	五黃	七赤
八白	一白	三碧
四綠	六白	二黑

二黑入中

一白	六白	八白
九紫	二黑	四綠
五黃	七赤	三碧

三碧入中

二黑	七赤	九紫
一白	三碧	五黃
六白	八白	四綠

四綠入中

三碧	八白	一白
二黑	四綠	六白
七赤	九紫	五黃

五黃入中

四綠	九紫	二黑
三碧	五黃	七赤
八白	一白	六白

六白入中

五黃	一白	三碧
四綠	六白	八白
九紫	二黑	七赤

七赤入中

六白	二黑	四綠
五黃	七赤	九紫
一白	三碧	八白

八白入中

七赤	三碧	五黃
六白	八白	一白
二黑	四綠	九紫

九紫入中

八白	四綠	六白
七赤	九紫	二黑
三碧	五黃	一白

4 흉살(凶殺)

① 무기살(戊己殺)

戊己는 중앙토(中央土)로서 토기(土氣)가 너무 왕하면 안장(安葬)을 위해 땅을 파고 흙 다루는 일을 꺼리게 됩니다. 그래서 戊己殺을 피하여 개장(改葬)해야 되는바 연무기(年戊己)와 월무기(月戊己)가 있습니다.

◉ 연무기(年戊己)

행년태세(行年太歲)의 月干이 戊己로 된 것입니다.

> 甲己年 - 辰巳月(戊辰 己巳), 乙庚年 - 寅卯子丑月(戊寅 己卯 戊子 己丑)
> 丙辛年 - 戌亥月(戊戌 己亥), 丁壬年 - 申酉月(戊申 己酉月)
> 戊癸年 - 午未月(己未)

◉ 월무기(月戊己)

개장(改葬)하게 되는 행년태세의 월건(月建)을 중궁에 넣고 九宮을 순행(順行)하여 좌(坐)에 戊己가 닿는 것을 칭합니다.

예를 들어, 己丑年 酉月이라면 월건이 癸酉, 이 癸酉를 中宮에 넣고 구궁을 순행하면 乾에 甲戌, 兌에 乙亥, 艮에 丙子, 離에 丁丑, 坎에 戊寅, 坤에 己卯가 되니 이 경우 坎(壬子癸)과 兌坤坐에 戊己殺이 되니 坎坤坐의 안장(安葬)을 꺼리는 것입니다.

② 황천·팔요수(黃泉·八曜水)

◉ 황천살(黃泉殺)

황천살에 해당하는 묘의 향(向)과 물(水)은 다음과 같습니다.

> 원문(原文) : 庚丁向 坤水, 坤向에 庚丁水, 甲癸向 艮水,
> 艮向 - 甲癸水, 乙丙向에 巽方水, 巽向에 乙丙水,
> 辛壬向 - 乾方水, 乾向에 辛壬方水

또는, 庚丁 - 坤, 甲癸 - 艮, 乙丙 - 巽, 辛壬 - 乾
壬子向 - 乾亥方水, 癸丑向 - 艮寅方水, 艮寅向 - 甲卯 癸丑方水
甲卯向 - 艮寅方水, 乙辰向 - 巽巳方水, 巽巳向 - 乙辰 丙午方水
丙午向 - 巽巳方水, 丁未向 - 坤申方水, 坤申向 - 庚酉 丁未方水
庚酉向 - 坤申方水, 辛戌向 - 乾亥方水, 乾亥向 - 辛戌 壬子方水

이 황천수(黃泉水)는 파(破 - 나가는 물목)는 꺼려도 득(得 : 들어오는 물의 방위)는 꺼리지 않습니다.

◉ 팔요수(八曜水)

팔요수를 형육수(刑戮水) 또는 용상팔살(龍上八殺)이라고도 하는바, 득(得)과 파(破)를 모두 꺼립니다.

> 坎山 - 震水, 艮山 - 寅水, 震山 - 申水, 巽山 - 酉水
> 離山 - 亥水, 坤山 - 卯水, 兌山 - 巳水, 乾山 - 午水

득(得)과 파(破)의 방위오행이 용(龍)·입수(入首) 좌(坐)의 오행을 극(克)하는 관계로 이루어진 살이라 하겠습니다.

③ 목욕좌(沐浴坐)

이 목욕좌를 살인목욕수(殺印沐浴水)라고도 하는바 범하지 않도록 주의하세요. 다음과 같습니다.

```
金局(癸丑 艮寅 甲卯 水口)   丙午坐
木局(丁未 坤申 庚酉 水口)   壬子坐
水局(乙辰 巽巳 丙午 水口)   庚酉坐
火局(辛戌 乾亥 壬子 水口)   甲卯坐
```

④ 용기(龍氣)의 왕쇠

이 항목에서의 포태법(胞胎法)은 음국(陰局)으로 작용됩니다.

乙木長生 午, 丁火長生 酉, 辛金長生 子, 癸水長生 卯

龍·入首 水口	壬子	癸丑	艮寅	甲卯	乙辰	巽巳	丙午	丁未	坤申	庚酉	辛戌	乾亥
辛戌乾亥壬子(火局乙龍)	病	衰	旺	冠	帶	浴	生	養	胎	絶	葬	死
癸丑艮寅甲卯(金局丁龍)	絶	葬	死	病	衰	旺	冠	帶	浴	生	養	胎
乙辰巽巳丙午(水局辛龍)	生	養	胎	絶	墓	死	病	衰	旺	冠	帶	浴
丁未坤申庚酉(木局癸龍)	冠	帶	浴	生	養	胎	絶	墓	死	病	衰	旺

龍·入首를 같이 보는데 理氣法으로 龍의 旺衰는 陽이 아닌 陰局法으로 長生을 일으켜 12방의 용기를 보는 것입니다. 그래서 관대(冠帶)나 생왕(生旺)이 되면 그 용에서 혈(穴)을 찾아 정하지만 쇠·병·사·묘·절·룡이 되면 용의 기운이 쇠진하여 아무리 형상이 좋더라도 무력한 용에서는 혈을 정하지 않는다 합니다.

⑤ 사대국수(四大局水)

원(圓)의 도수(度數)는 360°이고 이를 四方으로 나누면 子午卯酉 또는, 동서남북 4개 방위가 되고 사방의 중간에 간방(間方)이 끼면 감(坎)·이(離)·진(震)·손(巽)·간(艮)·곤(坤)·태(兌)·건(乾)의 팔괘방위가 되며, 이 팔괘방위가 또 세 개의 방위로 쪼개면 이십사방(二十四方)이 되는 것입니다. 수법(水法)에 있어 24방의 물을 四方으로 나누면 一方에 6개의 방위씩 차지하는바 나누는 기준은 乙辛丁癸를 첫 글자로 하였습니다.

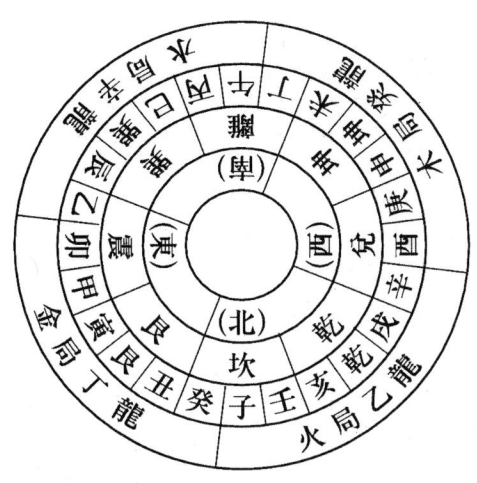

辛戌乾亥壬子 水口 火局乙龍(乙丙交而가 聚戌)

癸丑艮寅甲卯 水口 金局丁龍(斗牛納丁庚之氣)

乙辰巽巳丙午 水口 水局辛龍(辛壬會而聚辰)

丁未坤申庚酉 水口 木局癸龍(金羊收癸甲之靈)

【 四大局水의 왕쇠 】

水口 \ 坐	壬子	癸丑	艮寅	甲卯	乙辰	巽巳	丙午	丁未	坤申	庚酉	辛戌	乾亥
金局丁龍	死	墓	絶	胎	養	生	浴	帶	冠	旺	衰	病
水局辛龍	旺	衰	病	死	墓	絶	胎	養	生	浴	帶	冠
木局癸龍	浴	帶	冠	旺	衰	病	死	墓	絶	胎	養	生
火局乙龍	胎	養	生	浴	帶	冠	旺	衰	病	死	墓	絶

⑥ 구성수법(九星水法)

一上破軍 二中祿存 三下巨門 四中貪狼 五上文曲 六中廉貞
　파군　　　녹존　　　거문　　　탐랑　　　문곡　　　염정

七下武曲 八中伏吟(가운데 탐랑, 거문, 무곡水가 길수)
　무곡　　　복음

	水口坐	兌丁巳丑	震庚亥未	坤乙	坎癸申辰	巽辛	艮丙	離壬寅戌	乾甲
정양(淨陽)	乾甲山	破軍	녹존	巨門	탐랑	文曲	염정	武曲	복음
	坎癸申辰山	文曲	염정	武曲	복음	破軍	녹존	巨門	탐랑
	坤乙山	廉貞	문곡	伏吟	무곡	祿存	파군	貪狼	거문
	離壬寅戌山	祿存	파군	貪狼	거문	廉貞	문곡	伏吟	무곡
정음(淨陰)	艮丙山	巨門	탐랑	破軍	녹존	武曲	복음	文曲	염정
	震庚亥未山	武曲	거문	文曲	염정	巨門	탐랑	破軍	녹존
	巽辛山	貪狼	복음	祿存	파군	伏吟	무곡	廉貞	문곡
	兌丁巳丑山	伏吟	문곡	廉貞	문곡	貪狼	거문	祿存	파군

◉ 포태법 취용법식

첫째 : 木火土金水局(戌丑辰未 : 戌은 火局, 丑은 金局, 辰은 水局, 未는 木局)이라 국(局)으로 장생(長生)을 시작(木亥 火土寅 金巳 水申) 十二方을 순행(順行) 正生 正旺 등

둘째 : 자생(自生)과 자왕(自旺)은 水口의 첫 글자(乙辛丁癸)를 甲丙庚壬으로 하여 起長生

셋째 : 예를 들어, 火局乙龍인 경우 乙木을 甲木으로 하여 長生法을 취합니다. 正生·正旺·正墓·自生·自旺·自墓 등으로 추리합니다.

向＼水口	辛戌乾亥 壬子水口 火局乙龍 正	自	自	癸丑艮寅 甲卯水口 金局丁龍 正	自	自	乙辰巽巳 丙午水口 水局辛龍 正	自	自	丁未坤申 庚酉水口 木局癸龍 正	自	自
壬子向	胎					旺	旺			浴		旺
癸丑向	養				墓		衰					
艮寅向	生					生					生	
甲卯向	浴		旺	胎				旺		旺		
乙辰向					養		墓			衰		
巽巳向		生		生					生			
丙午向	旺				浴	旺	胎				旺	
丁未向	衰							養		墓		
坤申向						生	生					生
庚酉向		旺			旺		浴		旺	胎		
辛戌向	墓				衰						養	
乾亥向			生					生		生		

◉ 합법용수(合法龍水)

정왕향(正旺向 - 局으로) : 右旋龍에 左旋水가 合法

자왕향(自旺向) : 四大局 水口 첫 글자(乙亥丁癸를 甲庚丙壬의 장생법 대로) 기준은 左旋龍에 右旋水가 合法, 그리고 乙辛丁癸龍 기준은 右旋龍에 左旋水가 合法

정생향(正生向) : 局으로 따져 生向되는 것. 左旋龍에 右旋水가 合法

자생향(自生向) **정양향**(正養向) 모두 左旋龍에 右旋水가 合法

정묘향(正墓向)과 **쇠향**(衰向) 모두 右旋龍에 左旋水가 合法

태향(胎向) : 左旋龍에 右旋水가 合法

⑦ 부두법(符頭法)

　　壬子·癸丑龍·入首 － 甲申符頭　子丑戊己　午未空亡
　　艮寅·甲卯龍·入首 － 甲戌符頭　寅卯戊己　申酉空亡
　　乙辰·巽巳龍·入首 － 甲子符頭　辰巳戊己　戌亥空亡
　　丙午·丁未龍·入首 － 甲寅符頭　午未戊己　子丑空亡
　　坤申·庚酉龍·入首 － 甲辰符頭　申酉戊己　寅卯空亡
　　辛戌·乾亥龍·入首 － 甲午符頭　戌亥戊己　辰巳空亡

⑧ 무후법(無后法)

무후(無后)란 대(代)를 이을 자손이 끊긴다는 뜻인바 아래와 같습니다.

- 壬龍에　丑入首　丑坐
- 坎龍에　丑入首　丑坐
- 癸龍에　午丁入首　丙丁坐
- 丑龍에　丑入首　癸坐
- 丑龍에　丑入首　丑坐
- 艮龍에　艮入首　艮坐
- 寅龍에　丑入首　寅乾坐
- 寅龍에　未入首　午丙丁坐
- 卯龍에　艮坐, 巽龍에　卯坐
- 午龍脈下　坤未申坐
- 午龍丙入首　坤未申坐
- 丁午脈下　坤坐
- 坤龍　未入首　午丙丁坐
- 坤艮脈下　子坐
- 午丙脈下　坤未申坐

- 申龍乙入首 乙坐
- 亥龍癸入首 癸坐

⑨ 범죄자·노비

◉ 범죄자·천한 사람 나오는 용맥
- 戌龍에 丑枝 丑龍에 戌枝에 안장(安葬)

⑩ 광인·장애인·벙어리

◉ 광인(狂人)
- 辰龍에 未枝, 未龍에 辰枝에 안장(安葬)

◉ 장애인
- 寅龍에 巳枝, 巳龍에 寅枝

◉ 말 못하는 사람
- 午龍에 酉枝, 酉龍에 午枝에 안장(安葬)

⑪ 살인자·백정(白丁)

甲寅入首 癸丑坐, 巳丙入首 乙辰坐, 庚申入首 丁酉坐, 壬亥入首 辛戌坐

⑫ 걸인·도적·역적

◉ 걸인(乞人)

寅龍에 巳枝, 巳龍에 寅枝, 申龍에 亥枝, 亥龍에 申枝

◉ 도적(盜賊)·역적(逆賊)

左旋龍의 子龍 午枝 - 午龍 子枝, 巳龍 亥枝 - 亥龍 巳枝, 卯龍 - 酉枝, 酉龍 - 卯枝, 寅龍 - 申枝, 申龍 - 寅枝

⑬ 수액(水厄)·결항(結項)

陽坐에 乙辰方의 물이 넘겨 다 보이거나 乙辰方이 득·파 되는 경우

⑭ 염법

◉ 수렴(水廉)

수렴(水廉)이란, 광중에 물이 드는 것으로 재난이 일어납니다. 혹은, 자손 중에 水厄 당하는 이가 생길 수도 있습니다.

乾甲山 - 壬亥子得, 壬子癸山 - 甲寅乙卯得, 庚酉辛子山 - 子午得,
艮辰戌乾山 - 甲寅乙卯得, 亥山 - 庚酉辛得, 丑未山 - 坤申庚酉得,
巳丙丁山 - 坤申艮寅得, 寅甲乙山 - 丙午得, 卯巽山 - 乾亥壬子得,
午山 - 申酉辛得

◉ 목렴(木廉)

목렴이란, 광중에 있는 시신(尸身)에 가는 나무뿌리 같은 것이 엉켜 있는 것으로 다음과 같습니다.

寅甲卯乙辰方의 물(得)이 穴 앞으로 쏘아 오는 것.
水土山(申子辰坐)에 乙辰方水가 沖,
木山(亥卯未坐)의 未申方水가 沖,
金山(巳酉丑坐) 丑寅方水가 沖,
火山(寅午戌坐) 戌亥方水가 沖.

◉ 빙렴(氷廉)

빙렴이란, 광중 안이 몹시 냉하여 시신이 썩지 않는 穴을 지칭하는 것으로 다음과 같습니다.

子癸方의 물이 穴에서 넘겨 다 보이는 것

⑮ 규산(窺山)

규산이란, 안산·청룡·백호·현무정 어느 방위를 막론하고 산 너머에 있는 산봉우리가 보일 듯 말 듯 넘겨 다 보는 산을 뜻합니다.

主山 뒤 규산 : 대가 끊김. 백호 밖 규산은 장님이 아니면 외입장이 탄생. 안산 너머 규산은 吉, 청룡 밖 규산은 자손이 쇠약.

子方 : 도둑이 들거나 도둑질 하는 가족이 생김.

丑方 : 도둑이 들어 재물을 털어 감.

艮方 : 가정의 근심거리.

寅方 : 범죄자 나오고 무당이 생기며 집안이 망함.

卯方 : 장부며느리가 아니면 큰 딸이 악질에 걸림.

辰方 : 도둑이 들거나 도둑이 생김.

巽方 : 큰 며느리가 아니면 큰 딸이 악질에 걸림.

巳方 : 자손이 옥에서 죽고 무당이 나옴.

午方 : 현인(賢人)이 나오는데 한편 옥에서 사망하는 자손이 생김.

丁方 : 문필에 능한 선비가 나옴.

未方 : 현인이 나오지만 옥에서 죽는 자손이 생김.

坤方 : 巫女가 생겨남. 申方 : 산봉우리 셋이 있으면 대길.

酉方 : 늙은 부모에게 불리.

辛方 : 도둑이 듭니다.

亥方 : 부귀하나 무당이 나옴.

戌方 : 장손은 망하고 부귀하나 도둑이 생김.

5 기타

① 개총기일(開塚忌日)

개총(개총)이란, 이미 쓴 구묘(舊墓)와 합장하려거나 구묘를 다른 데로 옮기기 위해 무덤을 허무는 일에 꺼리는 날이 있습니다. 아래와 같습니다.

甲乙日 - 辛戌乾亥坐와 申酉時
丙丁日 - 坤申庚酉坐와 丑午申戌時
戊己日 - 辰戌酉坐와 辰戌酉時
庚辛日 - 艮寅甲卯坐 또는 丑辰巳時
壬癸日 - 乙辰巽巳坐 또는 丑未時

② 입지공망일(入地空亡日)

개장(改葬)의 경우 亡人의 命(故人이 된 분의 生年)을 꺼리는 날은 아래와 같습니다.

庚午日 - 고인이 甲己年 출생이면 안장(安葬)을 꺼립니다.
庚辰日 - 고인이 乙庚年 출생이면 안장(安葬)을 꺼립니다.
庚寅日 - 고인이 丙辛年 출생이면 안장(安葬)을 꺼립니다.
庚戌日 - 고인이 丁壬年 출생이면 안장(安葬)을 꺼립니다.
庚申日 - 고인이 戊癸年 출생이면 안장(安葬)을 꺼립니다.

③ 합수목(合壽木)

나이가 많아 세상을 뜰 날이 얼마 남지 않았다고 생각되면 관재(棺材)를 장만해 두거나 생분(生墳 : 즉, 假墓)을 만들거나 수의(壽衣)를 만들어 두는 경우가 간혹 있습니다.

甲子·甲戌 旬中人 辰宮에
甲申·甲午 旬中人 丑宮에
甲辰 旬中人　　　戌宮에
甲午 旬中人　　　未宮에

} 각각 40을 붙여 十二支를 順行하여 나이가 辰戌丑未宮에 닿지 않는 나이를 선택하여 이상의 일을 하게 됩니다.

또는, 최시살(催屍殺)도 피해야 됩니다.

子午卯酉命 - 子午卯酉年이나 日

辰戌丑未命 - 寅申巳亥年이나 日

寅申巳亥命 - 辰戌丑未年이나 日

④ 취토방(取土方)

산 사람의 집을 짓기 위해서는 生土方의 흙을 약간 뿌린 다음 기초공사 작업에 들어가는 것이나 죽은 이의 무덤을 만들기 위해서는 우선적으로 사토방(死土方)의 흙을 한 두 삽 떠서 광중에 뿌리고 성분(成墳)하면 길하다 하였습니다.

구분 \ 태세	子	丑	寅	卯	辰	巳	午	未	申	酉	戌	亥
생토(生土)	子	巳	卯	辰	午	申	戌	午	未	酉	午	申	戌
사토(死土)	午	亥	戌	亥	午	寅	辰	子	丑	卯	子	寅	辰

● 별항(別項)

① 세지신(歲支神) 일람표

● 적용 : 甲子·丙子·戊子·庚子·壬子年

巳	午	未	申
겁살劫殺 박사博士 지덕地德 월덕月德 / 적살㫋殺 사부死符 승광勝光 금신金神 / 소모小耗	재살災殺 홍염紅艶 대살大殺 수옥囚獄 / 세파歲破 천곡天哭 天哭	천살天殺 자미紫微 지해地解 용덕龍德 / 천희天喜 폭패暴敗 원진元辰 곡살哭殺 / 잠관蠶官 난간欄干 천액天厄	지살地殺 천덕합天德合 잠명蠶命 비염飛廉 / 지화地火 전송傳送 지배指背 백의白衣 / 급각急脚

辰	子 (中央)	酉
화개華蓋 삼태三台 금궤金匱 관부官符 / 피두披頭 비부飛符 지창地倉 지관地官 / 오귀五鬼 천강天罡 황번黃幡	2일 타겁혈인 打劫血刃 / 4일 나천대퇴 羅天大退 / 6일 좌산라후 坐山羅候 / 艮方 - 독화獨火 / 乾方 - 주서奏書 / 坤方 - 유재流財 / 巽方 - 박사博士 / 癸方 - 향살向殺 // 壬方 - 세월덕 歲月德 향향向 / 丙方 - 수守 좌坐 복伏 / 丁方 - 월덕합 月德合 좌坐 대大 // **子** // 살殺 전전殿 살殺 병兵 월月 살殺 화火	연살年殺 천희天喜 천덕天德 천창天倉 복성福星 / 복덕福德 피마披麻 유하流霞 함지咸地 권설卷舌 / 비인飛刃 도화桃花 대장군大將軍

卯	戌
육해六害 대수大隨 졸폭卒暴 양인羊刃 / 삼형三刑 관색貫索 세형歲刑 육액六厄 / 구문句紋 홍란紅鸞 태음太陰	월살月殺 천구天狗 부침浮沈 탄함呑陷 팔좌八座 / 과수寡宿 천해天解 표미豹尾 하괴河魁 조객弔客 / 지창地倉

寅	丑	子	亥
역마驛馬 고신孤辰 지상地喪 상문喪門 / 공조功曹 역사力士 세마歲馬	반안攀鞍 회기晦氣 천공天空 세합歲合 / 옥당玉堂 천희天喜 사부死符 지덕地德 / 태양太陽	장성將星 금궤金匱 검봉劍鋒 복시伏尸 / 태세太歲 신후神后 세렴歲厭 풍파風波	망신亡神 맥월陌越 하백河伯 병부病符 / 유재流財 천관부天官符 태음살太陰殺 옥토성玉兎星

472
제3장 신살론

◉ 적용 : 乙丑·丁丑·己丑·辛丑·癸丑年

巳	午	未	申
지살 지관 지살 지관 천곡 地官 天哭 官符 지살 오귀 地殺 五鬼 삼태 비부 三台 飛符 금궤 인격 金匱 人隔 지배 指背	연살 도화 年殺 挑花 월덕 원진 月德 元辰 사부 소모 死符 小耗 함지 咸池	월살 수전 표미 月殺 守殿 豹尾 난간 세파 전송 欄干 歲破 傳送 월공 유재 천관부 月空 流財 天官符 파쇄 대모 破碎 大耗	용덕 홍염 망신 龍德 紅艷 亡身 폭패 귀인 자미 暴敗 貴人 紫微 잠명 지해 천희 蠶命 地解 天喜 지창 천액 地倉 天厄

辰			酉
천살 태음 승광 天殺 太陰 勝光 태음 졸폭 太陰 卒暴 수천 구문 守天 句紋 관색 양인 貫索 羊刃	7일 라천대퇴 羅天大退 8일 타겁혈인 打劫血刃 좌산라후 坐山羅候	甲方 - 복병 살 伏兵 殺坐 乙方 - 천덕합 天德合 월덕합 月德合 좌 살 화 坐 殺 火 대 大	부침 비염 장성 浮沉 飛廉 將星 혈인 하괴 천해 血刃 河魁 天解 대장군 금신 팔좌 大將軍 金神 八座 금당 金堂

卯	丑		戌
재살 천강 災殺 天罡 지상 신격 地喪 神隔 수옥 오귀 囚獄 五鬼 피두 상문 披頭 喪門	震方 - 독화 獨火	庚方 - 향 向 殺 辛方 - 향 살 向 殺	과수 권설 반안 寡宿 卷舌 攀鞍 옥토성 귀격 천덕 玉兔星 鬼隔 天德 구천주작 세형 복성 九天朱雀 歲刑 福星 천창 복덕 天倉 福德

寅	丑	子	亥
겁살 홍란 태양 劫殺 紅鸞 太陽 유하 고신 流霞 孤辰 탄함 천공 吞陷 天空 회기 지창 悔氣 地倉 회기 晦氣	화개 수전 華盖 守殿 복시 공조 伏尸 功曹 검봉 태세 劍鋒 太歲 황번 풍파 黃幡 風派	육해 하백 六害 河伯 세합 병부 歲合 病符 맥월 태음살 陌越 太陰殺 고허 孤虛 옥당 玉堂	역마 신후 驛馬 神后 천구 세마 天狗 歲馬 조객 弔客 세렴 歲厭

◉ 적용 : 丙寅·戊寅·庚寅·壬寅·甲寅年

망신 亡神 천관 天官 태음 太陰 천덕합 天德合 / 세형 歲刑 관색 貫索 고신 孤辰 **巳**	장성 將星 삼태 三台 수전 守殿 지창 地倉 오귀 五鬼 / 비부 飛符 금궤 金匱 전송 傳送 **午**	반안 攀鞍 월덕 月德 천희 天喜 탄함 呑陷 / 사부 死符 소모 小耗 지덕 地德 **未**	역마 驛馬 하괴 河魁 월공 月空 해신 解神 팔좌 八座 / 세파 歲破 파쇄 破碎 혈인 血刃 혈도 血刀 연해성 年解星 **申**
월살 月殺 천곡 天哭 지상 地喪 귀격 鬼隔 / 상문 喪門 표미 豹尾 **辰**	丙 - 세월덕 歲月德 향 살 向 殺 丁 - 세천덕·천덕 歲天德·天德 향 살 向 殺 辛 - 월덕합 月德合 壬 - 천덕합 天德合 복 병 伏 兵 좌 살 坐 殺	1일 - 라천대퇴 羅天大退 3일 - 좌산관부 坐山官符 6일 - 타겁혈인 打劫血刃 乾方 - 잠 관 蠶 官 坤 - 박 사 博 士 艮方 - 주 서 奏 書 순산라 후 巡山羅 候 巽方 - 역 사 力 士 震方 - 독 화 獨 火 **寅**	육해 六害 폭패 暴敗 천액 天厄 원진 元辰 자미 紫微 / 용덕 龍德 옥토성 玉兎星 구퇴 灸退 **酉**
연살 年殺 태양 太陽 승광 勝光 인격 人隔 / 천공 天空 회기 晦氣 함지 咸池 **卯**			화개 華盖 대살 大殺 세덕 歲德 잠관 蠶官 / 신후 神后 백호 白虎 황번 黃幡 비렴 飛廉 **戌**
지살 地殺 피마 披麻 태세 太歲 오귀 五鬼 풍파 風波 / 검봉 劍鋒 지배 指背 천강 天罡 **寅**	천살 天殺 하백 河伯 신격 神隔 홍란 紅鸞 / 맥월 陌越 병부 病符 유재 流財 금신 金神 **丑**	천의 天醫 과수 寡宿 태음살 太陰殺 / 재살 災殺 조객 弔客 수천 守天 대장군 大將軍 / 천구 天狗 지창 地倉 수전 守殿 / 팔좌 八座 유재 流財 지창 地倉 **子**	겁살 劫殺 천덕 天德 복성 福星 / 세합 歲合 복덕 福德 잠명 蠶命 **亥**

第3章 신살론

● 적용 : 丁卯·己卯·辛卯·癸卯·乙卯年

巳	午	未	申
역마 驛馬 지창 地倉 지상 地喪 파쇄 破碎 적살 的殺 / 천덕합 天德合 고신 孤辰 탄함 呑陷 전송 傳送 / 세마 歲馬 비염 飛廉 상문 喪門	육해 六害 천희 天喜 구교 句絞 관색 貫索 / 태음 太陰 구퇴 灸退 육액 六厄	화개 華盖 삼태 三台 해신 解神 하괴 河魁 연해성 年解星 / 황번 黃幡 관부 官符 지관 地官	겁살 劫殺 월덕 月德 지해 地解 원진 元辰 / 지덕 地德 소모 小耗 사부 死符 옥토성 玉兔星

辰	卯(中宮: 印)		酉
반안 攀鞍 음살 陰殺 천공 天空 회기 晦氣 / 태양 太陽 천해 天害	甲方 - 세월덕 歲月德 / 향살 向殺 / 순산라후 巡山羅候 乙方 - 향살 向殺 辛方 - 대화 大火 庚方 - 좌살 / 辛方 - 坐殺 己日 - 월덕합 月德合	1일 - 라천대퇴 羅天大退 2일 - 타겁혈인 打劫血刃 9일 - 좌산라후 坐山羅候 乾方 - 잠관 蠶官 坤方 - 박사 博士 / 세천덕 歲天德 巽方 - 역사 力士 坎方 - 독화 獨火	재살 재살 災殺 월공 月空 신후 神后 난간 闌干 / 세파 歲破 세렴 歲厭 대모 大耗

卯			戌
장성 將星 금궤 金匱 태세 太歲 풍파 風波 / 복시 伏尸			천살 天殺 자미 紫微 지해 地解 천액 天厄 세합 歲合 / 폭패 暴敗 용덕 龍德 잠관 蠶官

寅	丑	子	亥
망신 亡身 맥월 陌越 천관 天官 귀격 鬼隔 / 하백 河伯 병부 病符 승광 勝光	월살 月殺 천해 天解 팔좌 八座 천구 天狗 조객 弔客 / 과수 寡宿 비인 飛刃 피두 披頭 인격 人隔 / 천강 天罡 오귀 五鬼 유재 流財	연살 年殺 천덕 天德 세형 歲刑 홍란 紅鸞 / 천창 天倉 함지 咸池 대장군 大將軍 구천주작 九天朱雀 / 복덕 福德 유재 流財	지살 地殺 지창 地倉 수천 守天 수전 守殿 대살 大殺 / 공조 功曹 신격 神隔 지배 地背 백호 白虎

● 적용 : 戊辰·庚辰·壬辰·甲辰·丙辰年

巳	午	未	申
겁살 劫殺 고신 孤辰 태양 太陽 천해 天解 / 유하 流霞 천공 天空 회기 晦氣 / 천희 天喜	재살 災殺 천해 天解 양인 羊刃 혈인 血刃 / 팔좌 八座 부침 浮沈 상문 喪門 연해 年解 / 비염 飛廉 귀격 鬼隔 하괴 河魁	천살 天殺 태음 太陰 세살 歲殺 졸폭 卒暴 / 구문 句紋 수옥 囚獄 관색 貫索	지살 地殺 삼태 三台 수천 水天 신후 神后 비부 飛符 / 세렴 歲厭 지배 枝背 지관 地官 비부 飛符 / 오귀 五鬼 관부 官符

辰			酉
화개 華盖 검봉 劍鋒 복시 伏尸 세형 歲刑 / 탄함 呑陷 태세 太歲 황번 黃幡 전송 傳送 / 풍파 風波	丙丁方 - 좌살 坐殺 丁方 - 천월덕합 天月德合 甲庚 - 수전 守殿 庚方 - 복병 伏兵 壬癸 - 향살 向殺 壬方 - 세천덕 歲天德 세월덕 歲月德	1일 - 나천대퇴 羅天大退 7일 - 좌산라후 坐山羅候 9일 - 타겁혈인 打劫血刃 乾方 - 잠실 蠶室 坤方 - 박사 博士 巽方 - 역사 力士 독화 獨火 坎方 - 독화 獨火	지창 地倉 금신살 金神殺 / 세합 歲合 사부 死符 소모 小耗 지덕 地德 / 연살 年殺 월덕 月德 함지 咸池 신격 神隔

辰

卯			戌
육해 六害 맥월 陌越 하백 河伯 지창 地倉 태음살 太陰殺 / 천해 天害 구퇴 灸退 병부 病符			파쇄 破碎 난간 闌干 / 잠관 蠶官 표미 豹尾 대모 大耗 원진 元辰 / 월살 月殺 월공 月空 공조 功曹 세파 歲破

寅	丑	子	亥
역마 驛馬 천구 天狗 천곡 天哭 / 세마 歲馬 조객 弔客	반안 攀鞍 복성 福星 천강 天罡 오귀 五鬼 / 과수 寡宿 유재 流財 복덕 福德 / 천덕 天德 천창 天倉 승광 勝光	장성 將星 금궤 金匱 비인 飛刃 피두 披頭 / 비염 飛廉 유재 流財 백호 白虎 대장군 大將軍	난간 闌干 / 지해 地害 천액 天厄 인격 人隔 / 망신 亡神 원진 元辰 자미 紫微 용덕 龍德 홍란 紅鸞

● 적용 : 己巳·辛巳·癸巳·乙巳·丁巳年

巳	午	未	申
지살 혈인 하괴 地殺 血刃 河魁 천해 지배 풍파 太歲 伏尸 年解星 검봉 부침 劍鋒 浮沉	연살 회기 年殺 晦氣 함지 태양 咸池 太陽 유하 옥토성 流霞 玉兎星 천공 天空	월살 신후 月殺 神后 지상 표미 地喪 豹尾 세렴 비염 歲廉 飛廉 상문 신격 喪門 神隔	망신 졸폭 고신 亡神 卒暴 孤辰 지창 관색 탄함 地倉 貫索 呑陷 세합 귀인 천관 歲合 貴人 天官 세형 구문 歲刑 句紋

辰			酉
천살 홍염 과수 天殺 紅艶 寡宿 천희 천해 태음살 天喜 天解 太陰殺 수옥 세살 囚獄 歲殺 맥월 하백 陌越 河伯	甲方 - 복병, 좌살 伏兵, 坐殺 乙方 - 좌살 坐殺 월덕합 수천 대화 月德合 守天 大火 丁方 - 수전 守殿 庚辛 - 향살 向殺 庚方 - 세월덕 歲月德 癸方 - 수전 守殿	1일 - 나천대퇴 羅天大退 2일 - 좌산라후 坐山羅候 4일 - 타겁혈인 打劫血刃 乾方 - 박사 博士 坤方 - 역사 力士 艮方 - 잠실 蠶室 巽方 - 주서 奏書 巳	장성 지관 관부 將星 地官 官符 삼태 오귀 적살 三台 五鬼 的殺 금궤 공조 음살 金匱 功曹 陰殺 인격 인격 人隔 人隔

卯			戌
재살 대장군 災殺 大將軍 팔좌 조객 八座 弔客 천구 급각살 天狗 急脚殺 전송 傳送			반안 홍란 攀鞍 紅鸞 월덕 유재 月德 流財 원진 사부 元辰 死符 월덕 지덕 月德 枝德

寅	丑	子	亥
겁살 천창 천곡 劫殺 天倉 天哭 천덕 지창 권설 天德 地倉 卷舌 복덕 잠명 구천 福德 蠶命 九天 복성 주작 福星 朱雀	화개 잠관 華蓋 蠶官 양인 황번 羊刃 黃幡 비렴 백호 飛廉 白虎 대살 금신살 大殺 金神殺 세살 歲殺	육해 자미 귀격 六害 紫微 鬼隔 육액 옥당 승광 六厄 玉堂 勝光 천액 구퇴 天厄 灸退 폭패 용덕 暴敗 龍德 지해 地解	역마 파쇄 세마 驛馬 破碎 歲馬 월공 천강 세파 月空 天罡 歲破 난간 오귀 세파 闌干 五鬼 歲破 피두 대모 披頭 大耗

● 적용 : 庚午·壬午·甲午·丙午·戊午年

巳	午	未	申
망신亡神的殺파쇄破碎맥월陌越 급각急脚신격神隔하백河伯병부病符 천관天官태음살太陰殺옥토성玉兎星금신살金神殺	장성將星금궤金匱신후申后세렴歲厭 풍파風波검봉劍鋒태세太歲세형歲刑	반안攀鞍원진元辰세합歲合태양太陽 천공天空회기晦氣인격人隔	역마驛馬세마歲馬고신孤辰상문喪門 공조功曹지상地喪상문喪門

辰	(中: 午)		酉
월살月殺팔좌八座해신解神천구天狗 천해天解과수寡宿표미豹尾조객弔客 하괴河魁연해성年解星	丙方 - 세월덕歲月德 향向 丁方 - 살殺 향向 壬癸 - 살殺 좌坐 辛方 - 월덕합月德合 壬癸 - 살殺 좌坐 癸方 - 살殺 좌坐 대大 壬方 - 화火 병兵 복伏 艮方 - 수전守殿, 잠실蠶室	2일 - 순산라후巡山羅候타겁혈인打劫血刃 6일 - 나천대퇴羅天大退세천덕歲天德사재士財박博유流독獨수守주奏역役力 乾方 - 나천대퇴세천덕사재박유독수주역력 兌方 - 坤方 - 巽方 -	육해六害홍란紅鸞태음太陰지창地倉 태음太陰구퇴灸退귀격鬼隔졸폭卒暴 관색貫索양인羊刃구교咎絞삼형三刑

卯			戌
연살年殺천희天喜복성福星복덕福德 권설卷舌피마披麻함지咸池대장군大將軍 천창天倉			화개華盖삼태三台비부飛符피두披頭 조객弔客유재流財지관地官천강天罡 오귀五鬼황번黃幡천강天罡관부官符

寅	丑	子	亥
지살地殺지배持背대살大殺천계天鷄 탄함吞陷백호白虎전송傳送비염飛廉 잠명蠶命천덕합天德合	천살天殺세살歲殺탄함吞陷천액天厄 지해地解용덕龍德자미紫微천해天害	재살災殺세파歲破대모大耗난간闌干 천곡天哭파쇄破碎월공月空	겁살劫殺월덕月德사부死符승광勝光 소모小耗

◉ 적용 : 辛未·癸未·乙未·丁未·己未年

巳			午		未		申	
역마 驛馬 팔좌 八座 천구 天狗 신후 神后	인격 人隔 세마 歲馬		육해 六害 맥월 陌越 세합 歲合 옥당 玉堂	하백 河伯 병부 病符 구퇴 灸退 태음살 太陰殺	화개 華盖 복시 伏尸 검봉 劍鋒 황번 黃幡	풍파 風波 태세 太歲 지창 地倉 공조 功曹	겁살 劫殺 홍란 紅鸞 고신 孤辰 천공 天空	회기 晦氣 태양 太陽 귀격 鬼隔

辰					未		酉	
반안 攀鞍 비인 飛刃 음살 陰殺 권설 卷舌	복성 福星 천덕 天德 과수 寡宿 복덕 福德	천창 天倉 옥토성 玉兎星 구천 九天 주작 朱雀	甲方 - 세천덕 歲天德 향살 向殺 乙方 - 향살 向殺 庚方 - 좌살 坐殺 辛方 - 좌살 坐殺 대화 大火 己日 - 천월덕합 天月德合 6일 - 나천대퇴 羅天大退 8일 - 좌산나후 坐山羅候 타겁혈인 打劫血刃		乾方 - 박사, 유재 博士, 流財 坤方 - 역 사 력 士 艮方 - 잠 실 蠶 室 巽方 - 주 서 奏 書 순산라후 巡山羅候 離方 - 독 화 獨 火		재살 災殺 피두 披頭 수옥 囚獄 수전 守殿	상조 喪弔 지상 地喪 오귀 五鬼 천강 天罡	금신살 金神殺

卯			丑		子		戌	
장성 將星 대살 大殺 부침 浮沉 천해 天解 백호 白虎	수천 守天 수전 守殿 하괴 河魁 비염 飛廉	백호 白虎 대장군 大將軍 연해성 年解星 대장군 大將軍					천살 天殺 관색 貫索 구교 句絞 태음 太陰	태음 太陰 유재 流財 승광 勝光 세살 歲殺

寅			丑		子		亥	
망신 亡神 폭패 暴敗 지해 地解 천액 天厄	자미 紫微 천희 天喜 잠명 蠶命 천관 天官	용덕 龍德	월살 月殺 적살 的殺 난간 蘭干 월공 月空	세파 歲破 지창 地倉 대모 大耗 전송 傳送	표미 豹尾 잠관 蠶官 용덕 龍德 세형 歲刑	연살 年殺 함지 咸池 지덕 枝德 소모 小耗	세합 歲合 함지 咸池 천해 天害	사부 死符	지살 地殺 지배 指背 삼태 三台 오귀 五鬼	천곡 天哭 비부 飛符 지관 地官 관부 官符	지덕 枝德

◉ 적용 : 壬申·甲申·丙申·戊申·庚申年

巳	午	未	申
겁살 劫殺 천덕 天德 복성 福星 복덕 福德 / 귀인 貴人 세합 歲合 천창 天倉 잠명 蠶命 / 피마 披麻 권설 卷舌 탄함 吞陷 귀격 鬼隔	재살 災殺 팔좌 八座 공조 功曹 지창 地倉 / 조객 弔客 대장군 大將軍 천구 天狗	천살 天殺 홍란 紅鸞 세살 歲殺 하백 河伯 / 과수 寡宿 맥월 陌越 태음살 太陰殺	지살 地殺 검봉 劍鋒 지배 指背 풍파 風波 / 피두 披頭 비인 飛刃 복시 伏尸 천강 天罡 / 태세 太歲 오귀 五鬼

辰			酉
화개 華蓋 대살 大殺 황번 黃幡 잠관 蠶官 / 신후 神后 비염 飛厭 세렴 歲厭 / 백호 白虎	丙方 : 수천 守天 복병 伏兵 / 수전 守殿 좌살 坐殺 丁方 : 월덕합 月德合 좌살 坐殺 戊日 : 천덕합 天德合	乾方 : 역력 癸方 : 향 세 歲 천덕 天德 坤方 : 주 奏 艮方 : 박 博 巽方 : 잠 蠶 離方 : 독 獨 / 사살 士殺 서사 書士 실화 室火	연살 年殺 태양 太陽 회기 晦氣 / 천공 天空 함지 咸池

卯			戌
육해 六害 용덕 龍德 지해 地解 천액 天厄 옥토성 玉兎星 / 원진 元辰 폭패 暴敗 자미 紫微 인격 人隔 / 구퇴 灸退 난간 闌干	辛方 : 순산라후 巡山羅候 壬方 : 향살 向殺 세천덕 歲天德 수전 守殿	1일 : 순산라후 巡山羅候 2일 : 나천대퇴 羅天大退 6일 : 타겁혈인 打劫血刃	월살 月殺 천곡 天哭 지상 地喪 / 상문 喪門 표미 豹尾

寅	丑	子	亥
역마 驛馬 해신 解神 월공 月空 세마 歲馬 / 세파 歲破 세형 歲刑 하괴 河魁 대모 大耗 / 양인 羊刃 부침 浮沈 연해성 年解星	반안 攀鞍 월덕 月德 천희 天喜 유재 流財 / 소모 小耗 지덕 地德 신격 神隔 사부 死符 / 음살 陰殺 금신살 金神殺	장성 將星 금궤 金匱 삼태 三台 오귀 五鬼 / 비부 飛符 지창 地倉 관부 官符 전송 傳送	망신 亡神 지해 地解 태음 太陰 천관 天官 구천주작 九天朱雀 / 고신 孤辰 구교 句絞 관색 貫索 천관부 天官符 / 지관부 地官符

● 申子辰合水, 巳申合水, 寅申沖, 卯申元辰, 申亥害

● 적용 : 癸酉·乙酉·丁酉·己酉·辛酉年

巳	巳	午	午	午	未	未	未	申	申
지살 地殺 대살 大殺 비염 飛廉 백호 白虎	잠명 蠶命 공조 功曹 금신살 金神殺	연살 年殺 복덕 福德 천창 天倉 홍란 紅鸞 권설 卷舌	천강 天罡 오귀 五鬼 복덕 福德 구천주작 九天朱雀 대장군 大將軍	피마 披麻 복성 福星 함지 咸池	월살 月殺 팔좌 八座 천구 天狗 피두 披頭	과수 寡宿 표미 豹尾 유재 流財 구천주작 九天朱雀	조객 弔客	망신 亡神 맥월 陌越 하백 河伯 병부 病符	승광 勝光 유재 流財 천관 天官 태음살 太陰殺

甲方 : 좌살병복 살병 坐伏
乙方 : 대화좌살 月德合
庚方 : 세월덕 歲月殺 향向

1일 : 좌산라후 坐山羅候
2일 : 나천대퇴 羅天大退
乾方 : 역력 사士 서書 화火 力
坤方 : 주奏 독獨
艮方 : 박博 세歲 천덕天德
巽方 : 잠蠶 실室

（酉）

辰	辰	卯	卯	卯	寅	寅	丑	丑	丑	子	子	子	亥	亥	亥	戌	戌

천살 天殺 지해 地解 자미 紫微 잠관 蠶官 용덕 龍德

세합 歲合 지창 地倉 세살 歲殺 폭패 暴敗

재살 災殺 수천 守天 수전 守殿 신후 神后

월공 月空 파쇄 破碎 난간 闌干 세파 歲破

대모 大耗 세염 歲厭

겁살 劫殺 월덕 月德 원진 元辰 옥토성 玉兔星

소모 小耗 사부 死符 지덕 地德

화개 華蓋 해신 解神 삼태 三台 비부 飛符

부침 浮沉 관부 官符 황번 黃幡 연해성 年解星

인격 人隔

육해 六害 육액 六厄 졸폭 卒暴 구교 句絞

관색 貫索 천희 天喜 탄함 吞陷 태음 太陰

구퇴 灸退 하괴 河魁

역마 驛馬 태양 太陽 천덕합 天德合 세마 歲馬

지상 地喪 고신 孤辰 귀격 鬼隔 신격 神隔

전송 傳送 비염 飛廉 상문 喪門

천해 天害 지창 地倉

반안 攀鞍 천공 天空 피두 披頭 회기 晦氣

풍파 風波

천곡 天哭 수전 守殿 태세 太歲 세형 歲刑

장성 將星 금궤 金匱 복시 伏尸 검봉 劍鋒

| 酉 |
| 戌 |
| 亥 |

● **적용** : 甲戌·丙戌·戊戌·庚戌·壬戌年

巳	午	未	申
망신 亡神 자미 紫微 홍란 紅鸞 용덕 龍德 / 천관 天官 잠명 蠶命 폭패 暴敗 / 천액 天厄 원진 元辰	장성 將星 천강 天罡 오귀 五鬼 백호 白虎 / 대장군 大將軍	반안 攀鞍 승광 勝光 유재 流財 복덕 福德 / 과수 寡宿 천창 天倉 세형 歲刑	역마 驛馬 세마 歲馬 천구 天狗 유재 流財 / 조객 弔客

辰	戌 (中宮)	酉
월살 月殺 공조 功曹 월덕 月德 수천 守天 / 잠관 蠶官 표미 豹尾 대모 大耗 파쇄 破碎 / 난간 闌干 월공 月空 세파 歲破	丙方: 세천덕 歲天德 세월덕 歲月德 향살 向殺 丁方: 향살 向殺 辛方: 천월덕합 天月德合 壬方: 복병좌살 伏兵坐殺 癸方: 순산라후 巡山羅候 좌살 坐殺 대화 大火 4일: 좌산라후 坐山羅候 9일: 나천대퇴 羅天大退 타겁혈인 打劫血刃 乾方: 역력독 力獨 坤方: 주주 奏 艮方: 박박 博 巽方: 잠잠 蠶 士 火 書 室 化 士	육해 六害 맥월 陌越 하백 河伯 천해 天害 / 병부 病符 구퇴 灸退 신격 神隔 지창 地倉 / 금신살 金神殺 태음살 太陰殺

卯		子	亥
연살 年殺 함지 咸池 월덕 月德 세합 歲合 / 지덕 枝德 지창 地倉 소모 小耗 사부 死符		재살 災殺 팔좌 八座 천해 天解 양인 羊刃 / 지상 地喪 부침 浮沉 상문 喪門 하괴 河魁 / 탄함 呑陷 연해성 年解星 비염 飛廉	화개 華蓋 복시 伏尸 검봉 劍鋒 태세 太歲 / 풍파 風波 전송 傳送 황번 黃幡 수전 守殿

寅	丑	子	亥
지살 地殺 삼태 三台 탄함 呑陷 오귀 五鬼 / 비부 飛符 지배 指背 관부 官符 세렴 歲厭 / 신후 神后	천살 天殺 졸폭 卒暴 구교 句絞 귀격 鬼隔 / 세살 歲殺 태음 太陰 옥토성 玉兔星 구천주작 九天朱雀	(see above)	겁살 劫殺 태양 太陽 천희 天喜 천공 天空 / 인격 人隔 고신 孤辰

第3章 신살론

◉ 적용 : 乙亥·丁亥·己亥·辛亥·癸亥年

巳	午	未	申
역마 驛馬 월공 月空 세마 歲馬 수전 守殿 / 세파 歲破 천강 天罡 오귀 五鬼 대모 大耗 / 파쇄 破碎 피두 披頭	육해 六害 승광 勝光 구퇴 灸退 용덕 龍德	화개 華蓋 신격 神隔 잠관 蠶官 황번 黃幡 / 유재 流財 백호 白虎	겁살 劫殺 천덕 天德 복성 福星 복덕 福德 / 천창 天倉 지창 地倉 유재 流財 천해 天害 잠명 蠶命 / 피마 披麻 권설 卷舌 구천 九天 주작 朱雀

辰			酉
반안 攀鞍 원진 元辰 음살 陰殺 월덕 月德 / 소모 小耗 사부 死符 지덕 枝德 / 홍란 紅鸞	甲方 : 세월덕 歲月德 향살 向殺 乙方 : 세천덕 歲天德 향살 向殺 己日 : 월덕합 月德合 庚方 : 천덕합 天德合 좌살 坐殺 辛方 : 좌살 坐殺 좌대 坐大	4일 : 타겁혈인 打劫血刃 6일 : 좌산라후 坐山羅候 9일 : 나천대퇴 羅天大退 乾方 : 주奏독獨 서書화火 실室사士 坤方 : 잠蠶 역力 艮方 : 역力 사士 巽方 : 박博 亥 재살 災殺 팔좌 八座 천해 天害 천구 天狗 / 수옥 囚獄 협살 夾殺 인격 人隔 전송 傳送	조객 弔客 천덕합 天德合 대장군 大將軍

卯			戌
장성 將星 금궤 金匱 오귀 五鬼 피두 披頭 / 삼태 三台 비염 飛廉 공조 功曹 지관 地官 / 관부 官符 귀격 鬼隔			천살 天殺 천희 天喜 맥월 陌越 과수 寡宿 / 탄함 吞陷 하백 河伯 병부 病符 세살 歲殺 / 태음살 太陰殺

寅	丑	子	亥
망신 亡神 고신 孤辰 구교 句絞 천관 天官 / 지창 地倉 태음 太陰 세합 歲合	월살 月殺 졸폭 卒暴 관색 貫索 상문 喪門 / 지상 地喪 표미 豹尾 졸폭 卒暴 금신살 金神殺 / 신후 神后 세렴 歲厭 비렴 飛廉	연살 年殺 함지 咸池 천공 天空 회기 晦氣 / 태양 太陽 옥토성 玉兎星 / 지살 地殺 수천 守天 수전 守殿 태세 太歲 세형 歲刑	부침 浮沈 혈인 血刃 해신 解神 하괴 河魁 지배 指背 / 복시 伏尸 천해 天解 풍파 風波 연해성 年解星

② 일간 (日干) 기준으로 한 신살정국

◉ 적용 : 甲子·甲戌·甲午·甲辰·甲寅日

식신 食神 문창 文昌 문곡 文曲 천주귀인 天廚貴人	낙정관 落井關	상관 傷官	천일관 千日關 홍염살 紅艷殺 극해공망 克害空亡	정재 正財	천복귀인 天福貴人	편관 偏官	칠살 七殺 급각살 急脚殺 홍염살 紅艷殺
		파조공망 破祖空亡		묘(墓)			
병病 巳		사死 午		묘墓 未		절絶 申	
편재 偏財 금여 金輿	철사관 鐵蛇關 천일관 千日關	甲子 - 진신(進神) 평두살(平頭殺) 甲戌 - 대공망일(大空亡日) 甲午 - 진신(進神) 덕합(德合) 　　　　대공망일(大空亡日) 甲辰 - 백호대살(白虎大殺) 　　　　평두살(平頭殺) 甲寅 - 일덕(日德) 　　　　복신(福神) 　　　　전록(專祿) 　　　　고란과곡(孤鸞寡鵠) 　　　　평두살(平頭殺) 팔존(八尊) 甲申 - 대공망일(大空亡日)				정관 正官	비인 飛印 유하살 流霞殺 급각살 急脚殺
쇠衰 辰						태胎 酉	
겁재 劫財 양인 羊刃			甲 日干 陽木			편재 偏財	
제왕 帝旺 卯						양養 戌	
비견 比肩 건록 建祿		정재 正財 협록 夾祿 천을귀인 天乙貴人	뇌공 雷公	정인 正印	목욕 沐浴	편인 偏印 학당 學堂 문곡 文曲	암록 暗祿 효신 梟神 도식 倒食
임관 臨官 寅		관대 冠帶 丑		목욕 沐浴 子		장생 長生 亥	

◉ 적용 : 乙丑·乙亥·乙酉·乙未·乙巳·乙卯日

상관 傷官 금여 金輿	목욕 沐浴	식신 食神 문창 文昌 문곡 文曲 학당 學堂 파조공망 破祖空亡	장생 長生 홍염살 紅艷殺 천일관 千日關 뇌공관 雷公關	편재 偏財	양 養	정관 正官 암합 暗合 천을귀인 天乙貴人 홍염살 紅艷殺	태 胎 급각살 急脚殺
巳		午		未		申	
정재 正財 천복 天福 철사관 鐵蛇關 천일관 千日關	관대 冠帶	乙丑 - 금신(金神) 대공망일(大空亡日) 乙亥 - 천덕(天德) 대공망일(大空亡日) 乙酉 - 목욕살(沐浴殺) 구추(九醜) 대공망일(大空亡日) 乙未 - 백호대살 (白虎大殺) 乙巳 - 고란과곡 (孤鸞寡鵠) 乙卯 - 희신(喜神) 전록(專祿) 팔전(八專) 음욕살(陰浴殺)		乙 日干 陰木		편관 偏官 칠살 七殺 급각살 急脚殺	절 絶
辰						酉	
비견 比肩 건록 建祿	임관 臨官					정재 正財 암록 暗祿 비인 飛刃 유하 流霞	묘 墓
卯						戌	
겁재 劫財 협기 夾氣	제왕 帝旺	편재 偏財 복성 福星	쇠 衰	편인 偏印 효신 梟神 도식 倒食 귀인 貴人	병 病 문곡 文曲 낙정관 落井關	정인 正印	사 死
寅		丑		子		亥	

◉ 적용 : 丙寅·丙子·丙戌·丙申·丙午·丙辰日

비견 比肩 건록 建祿 천복귀인 天福貴人 천주귀인 天廚貴人	임관 臨官	겁재 劫財 양인 羊刃 협록 夾祿	제왕 帝旺	상관 傷官 금여 金輿 철사관 鐵蛇關 유하살 流霞殺	쇠 衰	편재 偏財 암록 暗祿 문창 文昌 문곡 文曲 극해 克害 파조공망 破祖空亡	병 病 낙정관 落井關 천일관 千日關 철사관 鐵蛇官
	㉄		㉌		㉕		㉇
식신 食神 협록 夾祿	관대 冠帶	丙子 - 일귀(子中癸水로 正官) 양착(陽錯) 丙戌 - 천덕(天德) 평두(平頭) 백호대살(白虎大殺) 丙申 - 문창(文昌) 丙午 - 육수 (六秀) 희신 (喜神) 일인(日刃) 양착(陽錯) 丙辰 - 일덕(日德) 녹고(祿庫) 평두살(平頭殺)				정재 正財 천을귀인 天乙貴人	사 死
	㉂		丙 日干 陽火			식신 食神	묘 墓
정인 正印	목욕 沐浴						
	㉠						㉖
편인 偏印 효신살 梟神殺 도식 倒食 홍염살 紅艶殺	장생 長生 문창 文昌 학당 學堂	상관 傷官	양 養	정관 正官 복성 福星 급각살 急脚殺 뇌공 雷公	태 胎 비인 飛刃	편관 偏官 칠살 七殺 급각살 急脚殺 천을귀인 天乙貴人	절 絶
	㉅		㉃		㉓		㉗

◉ 적용 : 丁卯·丁丑·丁亥·丁酉·丁未·丁巳日

겁재 劫財 협록 夾祿	제왕 帝旺	비견 比肩 건록 建祿 천주귀인 天廚貴人	임관 臨官	식신 食神 암록 暗祿 양인 羊刃 홍염살 紅艷殺	관대 冠帶 협록 夾祿 철사관 鐵蛇官	정재 正財 금여 金輿 유하살 流霞殺 천일관 千日關	목욕 沐浴 파조공망 破祖空亡 극해공망 克害空亡
	巳		午		未		申
상관 傷官	쇠 衰	丁丑 - 퇴신(退神) 음차(陰差) 丁亥 - 일귀(日貴 - 천을귀인과 正官) 덕합(德合) 丁酉 - 문창(文昌) 일귀(日貴) 丁未 - 육수(六秀) 퇴신(退神) 음차(陰差) 丁巳 - 녹고(祿庫)			丁 日干 陰火	편재 偏財 문창 文昌 문곡 文曲 천복 天福 복성 福星	장생 長生 학당 學堂 귀인 貴人
	辰						酉
편인 偏印 효신 梟神 도식 倒食 문곡귀인 文曲貴人	병 病					상관 傷官 낙정관 落井關	양 養
	卯						戌
정인 正印	사 死	식신 食神 비인 飛刃	묘 墓	편관 偏官 칠살 七殺 급각살 急脚殺 뇌공살 雷公殺	절 絶	정관 正官 천을귀인 天乙貴人 급각살 急脚殺	태 胎
	寅		丑		子		亥

◉ 적용 : 戊辰·戊寅·戊子·戊戌·戊申·戊午日

편인 偏印 도식 倒食 효신살 梟神殺 천일관 千日關 극해공망 克害空亡	임관 臨官 건록 建祿 유하 流霞	정인 正印 양인 羊刃 협록 夾祿 극해공망 克害空亡	제왕 帝旺	겁재 劫財 금여 金輿	쇠 衰	식신 食神 복성 福星 문창 文昌 문곡 文曲	병 病 암록 暗祿 천주귀인 天廚貴人
	巳		午		未		申
비견 比肩 협록 夾祿 홍염살 紅艷殺	관대 冠帶	戊辰 - 일덕(日德) 복신(福神) 녹고(祿庫) 마고(馬庫) 팔전(八專) 백호대살(白虎大殺) 戊寅 - 복신(福神) 양착(陽錯) 戊子 - 육수(六秀) 음욕살(淫慾殺) 구추 (九醜) 戊戌 - 팔전 (八專) 戊午 - 육수(六秀) 일인(日刃)				상관 傷官	사 死
	辰						酉
정관 正官 낙정관 落井關 급각살 急脚殺	목욕 沐浴		戊 日干 陽土			비견 比肩 뇌공살 雷公殺 천복귀인 天福貴人 파조공망 破祖空亡	묘 墓
	卯						戌
편관 偏官 칠살 七殺 문곡귀인 文曲貴人 학당귀인 學堂貴人	장생 長生 급각살 急脚殺 철사관 鐵蛇官	겁재 劫財 천을귀인 天乙貴人	양 養	정재 正財 암합 暗合 비인 飛刃	태 胎	편재 偏財	절 絶
	寅		丑		子		亥

◉ 적용 : 己巳·己卯·己丑·己亥·己酉·己未日

정인 正印 협록 夾祿	제왕 帝旺	편인 偏印 건록 建祿 유하살 流霞殺 효신 梟神	임관 臨官 도식 倒食	비견 比肩 협록 夾祿 암록 暗祿 복성 福星	관대 冠帶	상관 傷官 금여 金輿 천을귀인 天乙貴人	목욕 沐浴
㉠ 巳		㉠ 午		㉠ 未		㉠ 申	
겁재 劫財 홍염살 紅艷殺	쇠 衰	己巳 - 금신(金神) 녹고(祿庫) 　　　관자(關子) 己卯 - 진신(進神) 음욕살(淫慾殺) 　　　구추(九醜) 관자(關子) 己丑 - 육수(六秀) 팔전(八專) 　　　관자(關子) 己亥 - 관자 　　　(關子) 己酉 - 진신 　　　(進神) 음욕살(淫慾殺) 　　　구추(九醜) 관자(關子) 己未 - 육수(六秀) 팔전(八專) 　　　관자(關子)		己 日干 陰土		식신 食神 문창 文昌 문곡 文曲 학당 學堂	장생 長生 천주귀인 天廚貴人
㉠ 辰						㉠ 酉	
편관 偏官 칠살 七殺 문곡 文曲 천복 天福	병 病 급각살 急脚殺					겁재 劫財 뇌공 雷公 파조공망 破祖空亡	양 養
㉠ 卯						㉠ 戌	
정관 正官 암합 暗合 철사관 鐵蛇官 극해공망 克害空亡	사 死	비견 比肩	묘 墓	편재 偏財 천을귀인 天乙貴人	절 絶	정재 正財	태 胎
㉠ 寅		㉠ 丑		㉠ 子		㉠ 亥	

◉ 적용 : 庚午·庚辰·庚寅·庚子·庚戌·庚申日

편관 偏官 七殺 학당 學堂 급각살 急脚殺	장생 長生 암록 暗祿	정관 正官 복성귀인 福星貴人 급각살 急脚撒	목욕 沐浴	정인 正印 협록 夾祿 천을귀인 天乙貴人 천복 天福	관대 冠帶	비견 比肩 건록 建祿 홍염살 紅艷殺	임관 臨官
	巳		午		未		申
편인 偏印 효신 梟神 도식 倒食 금여 金輿	양 養 유하살 流霞殺	庚午 - 암관(暗官) 庚辰 - 일덕(日德) 괴강(魁罡) 庚子 - 덕합(德合) 庚戌 - 괴강(魁罡) 庚申 - 녹마 　　　　(祿馬) 　　　전록 　　　(專祿)				겁재 劫財 양인 羊刃 협록 夾祿	제왕 帝旺
	辰			庚 日干 陽金			酉
정재 正財 비인 飛刃	태 胎					편인 偏印 도식 倒食 효신살 梟神殺 금여 金輿	쇠 衰 철사관 鐵蛇官 홍염살 紅艷殺
	卯						戌
편재 偏財 천일관 千日關 뇌공관 雷公關 극해공망 克害空亡	절 絶	정인 正印 천을귀인 天乙貴人	묘 墓	상관 傷官 낙정관 落井關 파조공망 破祖空亡	사 死	식신 食神 문창 文昌 문곡 文曲 천을귀인 天乙貴人	병 病 천주귀인 天廚貴人
	寅		丑		子		亥

◉ 적용 : 辛未·辛巳·辛丑·辛亥·辛酉日

정관 正官 복성 福星 급각살 急脚殺	사 死	편관 偏官 칠살 七殺 급각살 急脚殺 천을귀인 天乙貴人	병 病	편인 偏印 효신 梟神 도식 倒食	쇠 衰	겁재 劫財 협록 夾祿 낙정관 落井關	제왕 帝旺
	巳		午		未		申
정인 正印 암록 暗祿 비인 飛刃	묘 墓	辛巳 - 천덕(天德) 일귀(日貴-正官) 辛卯 - 음욕살(淫慾殺) 음차(陰差) 구추(九醜) 辛丑 - 관자(關子) 辛亥 - 고란과곡 (孤鸞寡鵠)				비견 比肩 건록 建祿 홍염살 紅艷殺	임관 臨官
	辰			辛 日干 陰金			酉
편재 偏財 유하살 流霞殺	절 絶	辛酉 - 전록 (專祿) 음욕살 (淫慾殺) 음차(陰差) 팔전(八專) 구추(九醜)				정인 正印 협록 夾祿 양인 羊刃 철사관 鐵蛇關	관대 冠帶
	卯						戌
정재 正財 천일관 千日關 뇌공관 雷公關 극해공망 克害空亡	태 台 천을귀인 天乙貴人	편인 偏印 도식 倒食 효신살 梟神殺	양 養	식신 食神 문창 文昌 문곡 文曲 학당 學堂	장생 長生 천주귀인 天廚貴人 파조공망 破祖空亡	상관 傷官 금여 金輿	목욕 沐浴
	寅		丑		子		亥

◉ 적용 : 壬申·壬午·壬辰·壬寅·壬子·壬戌日

편재 偏財	절 絶	정재 正財 비인 飛刃 암합 暗合	태 胎	정관 正官 급각살 急脚殺	양 養	편인 偏印 효신 梟神 도식 倒食 문곡 文曲	장생 長生 학당 學堂
巳		午		未		申	

| 편관
偏官
복성
福星
칠살
七殺
급각살
急脚殺 | 묘
墓 | 壬午 - 일귀(日貴 - 午中己土正官)
　　　 녹마동향(祿馬同鄕)

壬辰 - 천덕(天德) 괴강(魁罡)
　　　 마고(馬庫) 퇴신(退神)
　　　 양착(陽錯) 음차(陰差)

壬寅 - 문창(文昌) 대공망(大空亡)
　　　 음욕살
　　　 (淫慾殺) | 정인
正印
뇌공
雷公
극해공망
克害空亡 | 목욕
沐浴 |
| 辰 | | | | | 酉 | |

壬 日干
陽水

| 상관
傷官 | 사
死 | 壬子 - 일인
　　　 (日刃)
　　　 구추(九醜)

壬戌 - 일덕(日德) 괴강(魁罡)
　　　 음차(陰差) 퇴신(退神)
　　　 양착(陽錯)
　　　 백호대살(白虎大殺) | 편관
偏官
칠살
七殺
협록
夾祿
낙정관
落井關 | 관대
冠帶
급각
急脚 |
| 卯 | | | | 戌 | |

| 식신
食神
암록
暗祿
문창
文昌
문곡 금신
文曲 金神
파조공망
破祖空亡 | 병
病
천복
天福
암록
暗祿 | 정관
正官
금여
金輿
급각살
急脚殺
천일관
千日關 | 쇠
衰
철사관
鐵蛇關
극해공망
克害空亡 | 겁재
劫財
양인
羊刃
협록
夾祿
홍염
紅艶 | 제왕
帝旺
천주귀인
天廚貴人 | 비견
比肩
건록
建祿
천일관
千日關 | 임관
臨官
유하살
流霞殺 |
| 寅 | | 丑 | | 子 | | 亥 | |

● 적용 : 癸酉·癸未·癸巳·癸丑·癸亥日

정재 正財 천을귀인 天乙貴人	태 胎 巳	편재 偏財 천복 天福	절 絶 午	편관 偏官 칠살 七殺 비인 飛刃 급각살 急脚殺	묘 墓 未	정인 正印 홍염살 紅艶殺	사 死 申
정관 正官 암합 暗合 급각살 急脚殺	양 養 辰	癸酉 - 金神·福神(금신·복신) 癸巳 - 日貴(일귀-천을귀인 및 巳中 　　　　戊土 정관) 　　　녹마동향(祿馬同鄕 - 정재와 　　　정관이 함께 있음) 　　　음차(陰差) 癸卯 - 문창 　　　(文昌) 　　　일귀 　　　(日貴) 癸亥 - 음차(陰差) 　　　대공망일(大空亡日)		**癸** **陰水** 日干		편인 偏印 문곡 文曲 효신 梟神	병 病 암록 暗祿 酉
식신 食神 복성 福星 문창 文昌 문곡 文曲	장생 長生 천을귀인 天乙貴人 낙정관 落井關 천주귀인 天廚貴人 卯					정관 正官 암록 暗祿 암합 暗合	쇠 衰 급각살 急脚殺 戌
상관 傷官 금여 金輿 유하살 流霞殺 파조공망 破祖空亡	목욕 沐浴 寅	편관 偏官 양인 羊刃 칠살 七殺 암록 暗祿	관대 冠帶 협록 夾祿 천일관 千日關 급각살 急脚殺 丑	비견 比肩 건록 建祿	임관 臨官 子	겁재 劫財 협록 夾祿 천일관 千日關 뇌공살 雷公殺	제왕 帝旺 亥

6 음택(陰宅)

③ 월지(月支) 기준으로 이루어지는 사주신살

◉ 적용 : 丙寅·戊寅·庚寅·壬寅·甲寅月

巳	午	未	申
곡살(哭殺) 시약(時鑰) 사주관(四柱關) 사계관(四季關) 갈산(喝散)	직난관(直難關) 야체관(夜啼關)	수화관(水火關) 염왕관(閻王關) 백일관(百日關) 오묘(五墓) 폭패살(暴敗殺)	심수관(沉水關) 금쇄관(金鎖關)
辰 장군전(將軍箭) 욕분관(浴盆關) 백일관(百日關) 혈분관(血盆關)時	甲 : 천덕(天德) 丙 : 월덕(月德) 戊寅日 : 천혁(天赫)		**酉** 검봉(劍鋒) 장군전(將軍箭) 무정관(無情關) 삼구(三丘)
卯 천지전살(天地轉殺)	(음정월) **寅** 春 **(立春 後)** 陽 木 암간 (甲丙戌)		**戌** 수화관(水火關) 장군전(將軍箭) 혈분관(血盆關) 폭패살(暴敗殺)年
寅 급각살(急脚殺) 심수관(沉水關) 단교관(斷橋關) 무정관(無情關) 곡성(哭聲)	**丑** 혈인(血刃) 염왕관(閻王關) 백일관(百日關) 사계관(四季關) 곡성(哭聲) 삼구(三丘) 안맹(眼盲)	**子** 경살(炅殺) 급각살(急脚殺)	**亥** 사주관(四柱關) 황은귀(皇恩貴) 급각살(急脚殺)

● 적용 : 丁卯·己卯·辛卯·乙卯月(사주신살)

백일관(百日關) 시약(時鑰) 갈산(喝散) 巳	직난관(直難關) 야체관(夜啼關) 午	염왕관(閻王關) 수화관(水火關) 폭패살(暴敗殺) 未	천덕(天德) 심수관(沉水關) 백일관(百日關) 申
時-사주관(四柱關) 욕분관(浴盆關) 장군전(將軍箭) 사계관(四季關) 辰	甲 - 월덕(月德) 戊寅日 - 천혁(天赫)	(음 2월) **卯** 春 **(驚蟄 後)** 陰 木 암장 (乙木)	장군전(將軍箭) 백일관(百日關) 금쇄관(金鎖關) 삼구(三丘) 酉
단교관(斷橋關) 혈분관(血盆關) 卯			장군전(將軍箭) 수화관(水火關) 혈분관(血盆關) 戌
심수관(沉水關) 백일관(百日關) 寅	염왕관(閻王關) 사계관(四季關) 안맹관(眼盲關) 丑	급각살(急脚殺) 子	사주관(四柱關) 백일관(百日關) 폭패살(暴敗殺) 황은귀(皇恩貴) 급각살(急脚殺) 亥

◉ 적용 : 戊辰·庚辰·壬辰·甲辰·丙辰日(사주신살)

사계관(四季關) 시약(時鑰) 갈산(喝山) ㊣ 巳	백일관(百日關) 야체관(夜啼關) ㊣ 午	직난관(直難關) 염왕관(閻王關) 폭패살(暴敗殺) ㊣ 未	단교관(短橋關) 심수관(沉水關) ㊣ 申
욕분관(浴盆關) 장군전(將軍箭) 수화관(水火關) 혈분관(血盆關) ㊣ 辰	壬 - 천덕귀인(天德貴人) 　　월덕귀인(月德貴人) 戊寅日 - 천혁(天赫) (음 3월) **㊣辰 春** **(淸明 後)** 陽 土 (戊 癸乙)		사주관(四柱關) 장군전(將軍箭) 백일관(百日關) 삼구(三丘) ㊣ 酉
사주관(四柱關) 백일관(百日關) ㊣ 卯			장군전(將軍箭) 금쇄관(金鎖關) 혈분관(血盆關) 폭패살(暴敗殺) ㊣ 戌
심수관(沉水關) ㊣ 寅	염왕관(閻王關) 수화관(水火關) 사계관(四季關) 안맹관(眼盲關) 삼구(三丘) 급각살(急脚殺) ㊣ 丑	백일관(百日關) ㊣ 子	황은귀(皇恩貴) 폭패살(暴敗殺) 급각살(急脚殺) ㊣ 亥

◉ 적용 : 己巳·辛巳·癸巳·乙巳日(사주신살)

폭패살(暴敗殺) ㊛		심수관(沉水關) 욕분관(浴盆關) 장군전(將軍箭) 직난관(直難關) 백일관(百日關) 혈분관(血盆關) 급각살(急脚殺) ㊝	사주관(四柱關) 사계관(四季關) 안맹관(眼盲關) 갈산(喝散) 황은귀(皇恩貴) 시약(時鑰) ㊤
염왕관(閻王關) 수화관(水火關) 백일관(百日關) 사계관(四季關) 삼구(三丘) 폭패살(暴敗殺) ㊛ 장군전(將軍箭) 급각살(急脚殺) ㊐	辛 - 천덕(天德) 庚 - 월덕귀인(月德貴人) 甲午日 - 천혁(天赫) (음 4월) **㊛ 夏** **(立夏 後)** 陰 火 (丙 庚戌)		야체관(夜啼關) ㊥ 염왕관(閻王關) 백일관(百日關) ㊪
사주관(四柱關) ㊩	단교관(斷橋關) 혈분관(血盆關) ㊫	장군전(將軍箭) 백일관(百日關) 폭패살(暴敗殺) ㊓	사계관(四季關) ㊭

◉ **적용** : 庚午·壬午·甲午·丙午·戊午日(**사주신살**)

<table>
<tr>
<td>백일관(百日關)

巳</td>
<td>

午</td>
<td>사주관(四柱關)
심수관(沉水關)
욕분관(浴盆關)
장군전(將軍箭)
혈분관(血盆關)

未</td>
<td>백일관(百日關)
사계관(四季關)
안맹관(眼盲關)
갈산(喝散)
황은귀(皇恩貴)
시약(時鑰)

申</td>
</tr>
<tr>
<td>염왕관(閻王關)
수화관(水火關)
사계관(四季關)
삼구(三丘)

辰</td>
<td colspan="2" rowspan="2">丙 - 월덕귀인(月德貴人)
甲午日 - 천혁(天赫)

(음 5월)
午 夏
(芒種後)
陽 火
암간
(丁己)</td>
<td>야체관(夜啼關)

酉</td>
</tr>
<tr>
<td>장군전(將軍箭)
직난관(直難關)

卯</td>
<td>단교관(斷橋關)
염왕관(閻王關)

戌</td>
</tr>
<tr>
<td>백일관(百日關)

寅</td>
<td>사주관(四柱關)
수화관(水火關)
혈분관(血盆關)

丑</td>
<td>장군전(將軍箭)
금쇄관(金鎖關)

子</td>
<td>천덕귀인(天德貴人)
백일관(百日關)

亥</td>
</tr>
</table>

● 적용 : 辛未·癸未·乙未·丁未·己未日(사주신살)

巳	午	未	申
	사주관(四柱關) 백일관(百日關)	장군전(將軍箭) 심수관(沉水關) 욕분관(浴盆關) 혈분관(血盆關)	사계관(四季關) 안맹관(眼盲關) 갈산(喝散) 황은귀(皇恩貴) 시약(時鑰)
염왕관(閻王關) 수화관(水火關) 사계관(四季關) 삼구(三丘) 辰	甲 - 천덕(天德) 　　월덕(月德) 甲午日 - 천혁(天赫) (음 6월) **未** **(小暑 後)** 陰 土 암간 (己乙丁)		단교관(斷橋關) 백일관(百日關) 야체관(夜啼關) 酉
장군전(將軍箭) 직난관(直難關) 백일관(百日關) 卯			직난관(直難關) 염왕관(閻王關) 戌
寅	수화관(水火關) 금쇄관(金鎖關) 혈분관(血盆關) 丑	사주관(四柱關) 백일관(百日關) 子	亥

◉ 적용 : 壬申·甲申·丙申·戊申·庚申日(사주신살)

巳	午	未	申
사주관(四柱關) 직난관(直難關)	염왕관(閻王關)	백일관(百日關) 사계관(四季關) 안맹관(眼盲關) 황은귀(皇恩貴) 삼구(三丘)	직난관(直難關) 금쇄관(金鎖關) 폭패살(暴敗殺)

辰			酉
단교관(斷橋關) 백일관(百日關)	壬 - 월덕(月德) 癸 - 천덕(天德) 戊申日		심수관(沉水關) 수화관(水火關) 폭패살(暴敗殺)

(음 7월)

申

(立秋 後)

陽 金

암간

(庚壬戊)

卯			戌
			백일관(百日關) 혈분관(血盆關) 급각살(急脚殺)

寅	丑	子	亥
장군전(將軍箭) 급각살(急脚殺)	장군전(將軍箭) 백일관(百日關) 폭패살(暴敗殺)	염왕관(閻王關) 야체관(夜啼關)	사주관(四柱關) 욕분관(浴盆關) 사계관(四季關) 혈분관(血盆關) 갈산(喝山) 시약(時籥)

● 적용 : 癸酉·乙酉·丁未·己酉·辛酉日(사주신살)

단교관(斷橋關) 백일관(百日關) ㊣巳	장군전(將軍箭) ㊣午	사계관(四季關) 안맹관(眼盲關) 황은귀(皇恩貴) 삼구(三丘) ㊣未	백일관(百日關) 폭패살(暴敗殺) ㊣申
사주관(四柱關) ㊣辰	庚 - 월덕귀인(月德貴人) 戊申日 - 천혁(天赫) (음 8월) ●酉 **(白露 後)** 陰 金 암간 (辛金)		심수관(沉水關) 금쇄관(金鎖關) 폭패살(暴敗殺) ㊣酉 사주관(四柱關) 욕분관(浴盆關) 혈분관(血盆關) 급각살(急脚殺) ㊣戌
천덕(天德) 장군전(將軍箭) 백일관(百日關) 급각살(急脚殺) ㊣寅	장군전(將軍箭) 폭패살(暴敗殺) ㊣丑	야체관(夜啼關) ㊣子	백일관(百日關) 사계관(四季關) 혈분관(血盆關) 갈산(喝山) 시약(時鑰) ㊣亥

◉ 적용 : 甲戌·丙戌·戊戌·庚戌·壬戌日(사주신살)

巳	午	未	申
	단교관(斷橋關) 장군전(將軍箭) 염왕관(閻王關) 백일관(百日關)	사계관(四季關) 안맹관(眼盲關) 황은귀(皇恩貴) 삼구(三丘)	폭패살(暴敗殺)
辰	丙 - 천덕귀인(天德貴人) 　　　월덕귀인(月德貴人) 戊申日 - 천혁(天赫) (음 9월) **戌** **(寒露 後)** 陽 土 암간 (戊丁辛)		酉 사주관(四柱關) 심수관(沉水關) 수화관(水火關) 백일관(百日關) 폭패살(暴敗殺)
卯 사주관(四柱關) 직난관(直難關) 백일관(百日關)			戌 금쇄관(金鎖關) 혈분관(血盆關) 급각살(急脚殺)
寅 장군전(將軍箭) 직난관(直難關) 급각살(急脚殺)	丑 장군전(將軍箭) 백일관(百日關) 폭패살(暴敗殺)	子 염왕관(閻王關) 야체관(夜啼關)	亥 욕분관(浴盆關) 사계관(四季關) 혈분관(血盆關) 갈산(喝山) 시약(時鑰)

◉ 적용 : 乙亥·丁亥·己亥·辛亥·癸亥日(사주신살)

장군전(將軍箭) 巳	황은귀(皇恩貴) 午	단교관(斷橋關) 백일관(百日關) 未	사주관(四柱關) 장군전(將軍箭) 申
백일관(百日關) 급각살(急脚殺) 辰	甲 - 월덕귀인(月德貴人) 乙 - 천덕귀인(天德貴人) 甲子日 - 천혁(天赫) (음 10월) **亥** **(立冬 後)** 陰 木 암간 (壬甲)		酉
직난관(直難關) 야체관(夜啼關) 폭패살(暴敗殺) 卯			백일관(百日關) 사계관(四季關) 삼구(三丘) 戌
사주관(四柱關) 시약(時鑰) 직난관(直難關) 염왕관(閻王關) 사계관(四季關) 안맹관(眼盲關) 혈분관(血盆關) 갈산(喝山) 폭패(暴敗) 寅	심수관(沉水關) 욕분관(浴盆關) 수화관(水火關) 백일관(百日關) 혈분관(血盆關) 급각살(急脚殺) 丑	子	장군전(將軍箭) 금쇄관(金鎖關) 삼구(三丘) 亥

◉ **적용** : 甲子·丙子·戊子·庚子·壬子日(**사주신살**)

<table>
<tr>
<td>천덕귀인(天德貴人)
장군전(將軍箭)
백일관(百日關)

巳</td>
<td>황은귀(皇恩貴)
폭패살(暴敗殺)

午</td>
<td>사주관(四柱關)

未</td>
<td>장군전(將軍箭)
백일관(百日關)

申</td>
</tr>
<tr>
<td>직난관(直難關)
급각살(急脚殺)

辰</td>
<td colspan="2" rowspan="2">壬 - 월덕귀인(月德貴人)
甲子日 - 천혁(天赫)

(음 11월)
子
(大雪 後)
陽 木
암간
(癸水)</td>
<td>직난관(直難關)

酉</td>
</tr>
<tr>
<td>염왕관(閻王關)
야체관(夜啼關)
폭패살(暴敗殺)

卯</td>
<td>사계관(四季關)
삼구(三丘)

戌</td>
</tr>
<tr>
<td>염왕관(閻王關)
백일관(百日關)
사계관(四季關)
안맹관(眼盲關)
혈분관(血盆關)
시약(時鑰)
갈산(喝山)
폭패(暴敗)

寅</td>
<td>사주관(四柱關)
심수관(沉水關)
욕분관(浴盆關)
수화관(水火關)
백일관(百日關)
혈분관(血盆關)
급각살(急脚殺)

丑</td>
<td>금쇄관(金鎖關)

子</td>
<td>단교관(斷橋關)
장군전(將軍箭)
백일관(百日關)

亥</td>
</tr>
</table>

● 적용 : 乙丑·丁丑·己丑·辛丑·癸丑日(사주신살)

장군전(將軍箭) ㉺	사주관(四柱關) 백일관(百日關) 황은귀(皇恩貴) 폭패살(暴敗殺) ㉸	㉻	장군전(將軍箭) ㊀
직난관(直難關) 급각살(急脚殺) ㉰	庚 - 천덕귀인(天德貴人) 　　　월덕귀인(月德貴人) 甲子日 - 천혁(天赫) (음 12월) **㊁** **(小寒 後)** 陰 土 암간 (己辛癸)		백일관(百日關) 직난관(直難關) ㊂
백일관(百日關) 염왕관(閻王關) 야체관(夜啼關) 폭패살(暴敗殺) ㉯			삼구(三丘) ㊃
염왕관(閻王關) 사계관(四季關) 안맹관(眼盲關) 혈분관(血盆關) 시약(時鑰) 갈산(喝山) 폭패(暴敗) ㉮	심수관(沉水關) 욕분관(浴盆關) 수화관(水火關) 금쇄관(金鎖關) 혈분관(血盆關) 급각살(急脚殺) ㊇	사주관(四柱關) 백일관(百日關) 단교관(斷橋關) ㊆	장군전(將軍箭) 사계관(四季關) ㊅

④ 월지(月支) 기준으로 이루어지는 택일신살

◉ 적용 : 丙寅·戊寅·庚寅·壬寅·甲寅月(택일신살)

巳
- 보광 宝光 상일 相日 천강 天罡 독화 獨火
- 유화 遊火 빙소 와해 氷消瓦解 월형 月刑
- 월해 月害 오허 五虛 중일 重日

午
- 만통사길 萬通四吉 회가제성 回駕帝星
- 시덕 時德 임일 臨日 민일 民日 시음 時陰

未
- 오묘 五墓 경안 敬安 지덕 地德 산격 山隔
- 온황 瘟黃 귀곡 鬼哭

申
- 역마 驛馬 해신 解神 천후 天后 월해 月害
- 보호 普護 월파 月破

辰
- 염대 厭對 구공 九空 초요 招遙
- 천적 天賊 지격 地隔 토온 土瘟 고초 枯焦 구감 九坎
- 천무 天巫 육의 六儀 금당 金堂 수일 守日

寅 (입춘부터)
- 丙日 - 월덕귀인, 월은(月恩)
- 丁日 - 천덕귀인(天德貴人) 월공(月空)
- 壬日 - 천덕합 壬子日 - 청룡(青龍)
- 辛日 - 월덕합 甲月 - 중상
- 庚日 - 월공(月空)
- 庚子·庚午 - 지낭일(地囊日)
- 甲庚 - 복일 (复日)
- 甲子 - 옥제사일(玉帝赦日) (음정월) 5日-반지(反支)
- 7일 - 장성
- 9일 - 월재(月財)
- 庚戌 - 음차(陰差)
- 21일 - 단성
- 丁巳 - 옥제사일(玉帝赦日)
- 乙亥 - 천원(天願) 甲寅 - 양착(陽錯)
- 甲乙日 - 천귀(天貴)
- 丙丁 - 사상(四相)

酉
- 음덕 陰德 복생 福生 홍사 紅紗 오허 五虛
- 천리 天吏 치사 致死 인격 人隔 검봉 劍鋒

卯
- 옥우 玉宇 길기 吉期 병보 兵宝 관일 官日
- 대시 大時

戌
- 생기 生氣 황은 皇恩 대사 大赦 양덕 陽德 삼합 三合
- 천사신 天赦神 수사 受死 수격 水隔 지화 地火 월염 月厭
- 비렴 飛廉 대살 大殺 신호 神號 사격 四隔

寅
- 요안 要安 병복 兵福 왕일 旺日 소시 小時
- 토기 土忌 천격 天隔 왕망 往亡

丑
- 천의 天醫 속세 續世 멸몰 滅沒 토부 土府
- 혈기 血忌 혈지 血支 귀기 歸忌
- 월살 月殺 오허 五虛 멸망 滅亡 월허 月虛

子
- 피마 披麻 천구 天狗 천옥 天獄 익후 益後
- 시양 時陽 나망 羅網 천화 天火 태허 太虛

亥
- 오부 五富 성심 聖心 육합 六合 하괴 河魁 지파 地破
- 중일 重日 토금 土禁 오허 五虛

◉ 적용 : 丁卯·己卯·辛卯·癸卯·乙卯月(택일신살)

巳	午	未	申
역마 驛馬 천후 天后 천무 天巫 성심 聖心 / 상일 相日 토부 土府 토기 土忌 토온 土瘟 토 土 / 산격 山隔 왕망 往亡 홍사 紅紗 비염 飛廉	익후 益後 시덕 時德 민일 民日 / 임일 臨日 하괴 河魁 천리 天吏 치사 致死	오묘 五墓 속세 續世 보광 寶光 음덕 陰德 시음 時陰 / 삼합 三合 혈기 血忌 인격 人隔	해신 解神 천덕 天德 요안 要安 월해 月解 / 지덕 地德 라망 羅網 수격 水隔

辰	卯 (음 2월, 경칩부터)		酉
길기 吉期 병보 兵寶 수일 守日 수사 受死 / 독화 獨火 월해 月害 귀곡 鬼哭 지격 地隔 / 멸망 滅亡	甲日 - 월덕귀인 (月德貴人) 己日 - 월덕합 (月德合) 戊寅日 - 천혁 (天赫) 庚日 - 월공 (月空) 丁日 - 월은 (月恩) 4日 - 장성 甲子 - 옥제사일 (玉帝赦日) 3日 - 월재(月財) 癸未·癸丑 - 지낭일(地囊日) 辛酉 - 음차(陰差)	乙丑 - 옥제사일 甲戌 - 천원(天願) 甲乙 - 청룡(青龍) 丙丁 - 사상(四相) 천귀(天貴) 乙辛日 - 복일 (復日) 癸丑 - 청룡 (青龍) 乙日 - 중상(重喪) 19日 - 단성 乙丑 - 양착(陽錯) 5日 - 반지(反支)	옥우 玉宇 천적 天賊 지화 地火 피마 披麻 / 월파 月破 월염 月厭 검봉살 劍鋒殺
육의 六儀 복생 福生 병복 兵福 관일 官日 / 소시 小時 천화 天火 천옥 天獄 염대 厭對 / 초요 招搖			육합 六合 금당 金堂 온황 瘟黃 월살 月殺 / 월허 月虛 귀곡 鬼哭 사격 四隔

寅	丑	子	亥
천의 天醫 오부 五富 / 보호 普護 왕일 旺日 지격 地隔 혈지 血支 / 유화 遊火 귀기 歸忌	황은대사 皇恩大赦 경안 敬安 시양 時陽 / 천사신 天赦神 천구 天狗 고초 枯焦 월공 月空 / 구감 九坎 구공 九空	회가제성 回駕帝星 생기 生氣 대시 大時 빙소와해 氷消瓦解 / 천강 天罡 지파 地破 멸몰 滅沒 천격 天隔 / 양덕 陽德 대시 大時 월형 月刑	생기 生氣 삼합 三合 토금 土禁 신호 神號 / 만통사길 萬通四吉 중일 重日

● 적용 : 戊辰·庚辰·壬辰·甲辰·丙辰月(택일 신살)

巳	午	未	申
오부 五富 상일 相日 라망 羅網 / 인격 人隔 길기 吉期 병보 兵宝 금당 金堂 / 중일 重日	천무 天巫 시덕 時德 민일 民日 토온 土瘟 / 수격 水隔 천화 天火 피마 披麻 천옥 天獄 / 비염 飛廉 대살 大殺	천강 天罡 월살 月殺 월허 月虛 멸망 滅亡	경안 敬安 토기 土忌 지화 地火 왕망 往亡 / 만통사길 萬通四吉 월염 月厭 시음 時陰 / 사길 四吉 삼합 三合

辰	(가운데)	酉
옥우 玉宇 병복 兵福 수일 守日 월형 月刑 / 천사신 天赦神 온황살 瘟黃殺 소시 小時	壬日 - 천월덕귀인(天月德貴人) 丁日 - 천월덕합(天月德合) 戊寅日 - 천혁(天赫)　庚申 - 음차(陰差) 丙日 - 월공(月空)　甲辰 - 양착(陽錯) 庚日 - 월은(月恩) 己丑日 - 옥제사일(玉帝赦日) 己日 - 중상 (重喪) 戊己日 - 복일 (復日) 4日 - 월재 (月財) 乙酉 - 천원 (天願) 甲乙 - 청룡(靑龍) 丙丁 - 사상(四相) 甲子·甲寅 - 지낭일(地囊日) (음 3월) **辰** (청명부터)	지덕 地德 보호 普護 육합 六合 대시 大時 / 보광 寶光 월해 月解 토부 土府 검봉 劍鋒

卯		戌
천의 天醫 요안 要安 관일 官日 혈지 血支 / 산격 山隔 독화 獨火 월해 月害 천리 天吏 / 치사 致死		해신 解神 복생 福生 고초 枯焦 월파 月破 / 구공 九空 구감 九坎 사격 四隔

寅	丑	子	亥
역마 驛馬 속세 續世 천후 天后 육의 六儀 천적 天賊 / 염대 厭對 황은대사 皇恩大赦 회가제성 回駕帝星 양덕 陽德 왕일 旺日 / 혈기 血忌 초요 招搖 시양 時陽 천구 天狗	익후 益後 지파 地破 홍사 紅紗 고초 枯焦 / 빙소와해 氷消瓦解	생기 生氣 성심 聖心 삼합 三合 / 지격 地隔 귀기 歸忌 신호 神號	삼합 三合 멸몰 滅沒 수사 受死 토금 土禁 / 유화 遊火 중일 重日

● 적용 : 己巳·辛巳·癸巳·乙巳·丁巳月(택일 신살)

巳	午	未	申
병복 兵福 왕일 旺日 소시 小時 중일 重日	황은대사 皇恩大赦 수사 受死	성심 聖心 길기 吉期 병보 兵寶 관일 官日	대시 大時	익후 益後 천무 天巫 천적 天賊 지화 地火	천사신 天赦神 고초 枯焦 월염 月厭 비렴 飛廉	구공 九空 구감 九坎 대살 大殺	오부 五富 속세 續世 육합 六合 상일 相日	하괴 河魁 혈기 血忌 천격 天隔 유하 流霞	빙소 氷消 월형 月刑 오허 五虛

辰			酉
천의 天醫 양덕 陽德 복생 福生 시덕 時德	라망 羅網 혈지 血支 수격 水隔 월살 月殺	월허 月虛 오허 五虛	乙日 - 월덕합(月德合) 甲午日 - 천혁(天赫) 壬丙日 - 복일(復日) 丙日 - 천덕합(天德合) 중상(重喪) 丙寅 - 옥제사일(玉帝赦日) 庚日 - 월덕귀인(月德貴人) 辛日 - 천덕귀인(天德貴人)	요안 要安 월해 月害 시음 時陰 삼합 三合	민일 民日 천화 天火 홍사 紅紗 천옥 天獄

卯	(음 4월) 巳 (입하부터)	戌
음덕 陰德 보호 普護 시양 時陽 피마 披麻	인격 人隔 태허 太虛	己卯·己丑 - 지낭일 甲日 - 월공(月空) 丁未 - 음차(陰差) 己日 - 월은(月恩) 丁巳 - 양착(陽錯) 2日 - 월재(月財) 丙丁 - 천귀(天貴) 丙申 - 천원(天願) 戊己 - 사상(四相)	해신 解神 옥우 玉宇 지덕 地德 멸몰 滅沒	지격 地隔 멸망 滅亡

寅	丑	子	亥
천강 天罡 경안 敬安 지파 地破 토부 土府	토금 土禁 독화 獨火 온황살 瘟黃殺 월해 月害	태허 太虛 귀곡 鬼哭	육의 六儀 삼합 三合 임일 臨日 산격 山隔	만통 萬通 귀기 歸忌 염대 厭對 초요 招搖	사길 四吉 태허 太虛 신호 神號 사격 四隔	생기 生氣 오허 五虛 천리 天吏 치사 致死	검봉살 劍鋒殺	역마 驛馬 천후 天后 보광 寶光 금당 金堂	토기 土忌 왕망 往亡 월파 月破 중일 重日

● 적용 : 庚午·壬午·甲午·丙午·戊午月(택일 신살)

巳	午	未	申
천의 유화 天醫 遊火 옥우 홍사 玉宇 紅紗 왕일 중일 旺日 重日 혈지 血支	양덕 소시 월형 陽德 小時 月刑 병복 천격 월염 兵福 天隔 月厭 금당 지화 귀곡 金堂 地火 鬼哭 관일 온황 官日 瘟黃	길기 수일 吉期 守日 병보 兵宝 육합 六合 삼합 三合	역마 지격 驛馬 地隔 천후 토온 天后 土瘟 천무 天巫 상일 相日

辰			酉
요안 구공 要安 九空 시양 時陽 시덕 時德 천구 天狗	丙日 - 월덕귀인(月德貴人) 辛日 - 월덕합(月德合) 甲午日 - 천혁(天赫) 壬日 - 월공(月空) 丁未 - 천원(天願) 丁日 - 중상	(음 5월) **午** (망종부터) 丙午 - 음차(陰差) 양착(陽錯)	경안 천리 敬安 天吏 민일 치사 民日 致死 천강 天罡 멸몰 滅沒

卯			戌
속세 토기 빙소와해 續世 土忌 氷消瓦解 대시 혈기 구감 大時 血忌 九坎 하괴 왕망 河魁 往忘 지파 고초 地破 枯焦	丁癸日 - 복일 戊日 - 월은(月恩) 7日 - 월재(月財) 辛卯 - 옥제사일(玉帝赦日) 丙丁 - 천귀(天貴)	戊辰 지낭일 戊午 (地囊日) 戊己 - 사상(四相)	월해 임일 月解 臨日 보호 천사신 普護 天赦神 시음 라망 時陰 羅網 삼합 三合

寅	丑	子	亥
생기 천덕합 신호 生氣 天德合 神號 익후 귀기 益後 歸忌 토금 비염 土禁 飛廉 수격 대살 水隔 大殺	성심 월살 멸망 聖心 月殺 滅亡 보광 월해 宝光 月害 음덕 월허 陰德 月虛 독화 사격 獨火 四隔	해신 천화 염대 解神 天火 厭對 육의 피마 초요 六儀 披麻 招搖 천적 천옥 검봉살 天賊 天獄 劍鋒殺 수사 월파 受死 月破	천덕 산격 天德 山隔 오부 중일 五富 重日 지덕 地德 복생 福生

◉ 적용 : 辛未·癸未·乙未·丁未·己未月(택일 신살)

巳	午	未	申
역마 驛馬 천후 天后 복생 福生 시양 時陽 / 왕일 往日 천적 天賊 지화 地火 천구 天狗 / 월염 月厭 중일 重日	천의 天醫 육합 六合 관일 官日 지격 地隔 / 수사 受死 토기 土忌 왕망 往亡 천리 天吏 / 치사 致死	성심 聖心 병복 兵福 수일 守日 소시 小時	익후 益后 양덕 陽德 길기 吉期 병보 兵宝 / 상일 相日 멸몰 滅沒

辰			酉
보호 普護 시덕 時德 천강 天罡 지파 地破 / 멸망일 滅亡日 천격 天隔	甲日 - 천덕(天德) 월덕(月德) 己日 - 천덕합(天德合) 월덕합(月德合) 甲午日 - 천혁(天赫) 丙丁 - 천귀(天貴) 戊己 - 사상(四相)	戊午 - 천원(天願) 중상(重喪) 丁巳 - 음차(陰差) 丁未 - 양착(陽錯) 복일(復日)	속세 續世 천무 天巫 민일 民日 토온 土瘟 / 혈기 血忌 산격 山隔 피마 披麻
	(음 6월) 未 (하지부터)		

卯			戌
생기 生氣 경안 敬安 삼합 三合 임일 臨日 / 천화 天火 천옥 天獄 비염 飛廉 대살 大殺 / 신호 神號	庚日 - 월공(月空) 辛日 - 월은(月恩) 6日 - 월재(月財) 壬辰 - 옥제사일(玉帝赦日)	癸未·癸巳 - 지낭일(地囊日)	요안 要安 월해 月解 하괴 河魁 토부 土府 / 빙소와해 氷消瓦解 월살 月殺 월허 月虛

寅	丑	子	亥
오부 五富 토금 土禁 수격 水隔 유화 遊火	홍사 紅紗 월파 月破 월형 月刑 구공 九空 / 사격 四隔 천사신 天赦神	해신 解神 지덕 地德 금당 金堂 대시 大時 검봉 劍鋒 / 수격 水隔 독화 獨火 천적 天賊 온황 瘟黃 / 귀기 歸忌 고초 枯焦 월해 月害 구감 九坎	육의 六儀 옥우 玉宇 음덕 陰德 시음 時陰 / 라망 羅網 염대 厭對 초요 招搖 인격 人隔 / 중일 重日

● 적용 : 壬申·甲申·丙申·戊申·庚申月(택일 신살)

巳	午	未	申
오부 五富 요안 要安 보광 宝光 지파 地破	육합 六合 하괴 河魁 지파 地破 토금 土禁	태허 太虛	옥우 玉宇 시양 時陽 시덕 時德 천화 天火 피마 披麻	천구 天狗 천옥 天獄 천옥 天獄	천의 天醫 금당 金堂 멸몰 滅沒 혈지 血支	산격 山隔 월살 月殺 월허 月虛 오허 五虛	멸망 滅亡	천복 天福 왕일 旺日 소시 小時	병복 兵福

辰			酉
생기 生氣 속세 續世 삼합 三合 천사신 天赦神	대살 大殺 태허 太虛 신호 神號	사격 四隔	癸日 - 천덕(天德) 己巳 - 천원(天願) 壬日 - 월덕(月德) 庚申 - 천귀(天貴) 戊日 - 천덕합(天德合) 壬癸 - 사상(四相) 丁日 - 월덕합(月德合) 庚甲 - 중상(重喪) 戊申日 - 천혁(天赫) 庚日 - 복일(復日) (음 7월) 申 (입추부터) 癸未 ⟩지낭일 癸巳	음덕 陰德 길기 吉期 병보 病宝 관일 官日 대시 大時	토기 土忌 온황 瘟黃 왕망 往亡 홍사 紅紗 고초 枯焦	구감 九坎 인격 人隔 귀곡 鬼哭

卯			戌
익후 益后 오허 五虛 천리 天吏 치사 致死	왕망 往亡 지격 地隔 혈기 血忌 지화 地火	월염 月厭 비염 飛廉 대살 大殺	丙日 - 월공 (月空) 壬日 - 월은(月恩) 甲辰 - 음차(陰差) 9일 - 월재(月財) 庚申 - 양착(陽錯) 丁亥 - 옥제사일(玉帝赦日)	천무 天巫 경안 敬安 육의 六儀 양덕 陽德	수일 守日 천적 天賊 토온 土瘟 수격 水隔	염대 厭對 구공 九空 초요 招搖

寅	丑	子	亥
역마 驛馬 해신 解神 천후 天后 성심 聖心	천격 天隔 월파 月破 월형 月刑	검봉 劍鋒	지덕 地德 라망 羅網 수사 受死 귀기 歸忌	왕망 往亡	복생 福生 시음 時陰 시덕 時德	임일 臨日 민일 民日	월해 月解 보호 普護 상일 相日 천강 天罡	독화 獨火 유화 遊火	중일 重日

● 적용 : 癸酉·乙酉·丁酉·己酉·辛酉月(택일 신살)

巳	午	未	申
생기 生氣 보호 普護 삼합 三合 임일 臨日 / 토금 土禁 산격 山隔 홍사 紅紗 신호 神號 / 중일 重日	복생 福生 대시 大時 천강 天罡 지파 地破 / 멸몰 滅沒 빙소와해 氷消瓦解 구감 九坎 구감 九坎 / 고초 枯焦	보광 宝光 음덕 陰德 시양 時陽 천사신 天赦神 / 인격 人隔 수사 受死 토부 土府 / 천구 天狗 구공 九空	천의 天醫 오부 五富 성심 聖心 왕일 旺日 / 라망 羅網 혈지 血支 수격 水隔 유화 遊火 / 온황 瘟黃 귀곡 鬼哭

辰	(중앙)	酉

경안 敬安 육합 六合 월렴 月厭 월살 月殺 / 월허 月虛 사격 四隔	庚日 - 월덕(月德) 辛日 - 중상(重喪)
	乙日 - 월덕합(月德合) 乙·辛日 - 복일
	戊申日 - 천혁(天赫) 丁卯
	                           〉지낭일
	甲日 - 월공(月空) 丁巳
	庚辰 - 천원
	       (天願)
	庚辛 - 천귀 (음 8월) 己卯 - 음차
	       (天貴) 酉 (陰差)
	壬癸 - 사상 (백로부터) 辛酉 - 양착
	       (四相) (陽錯)
		익후 益後 육의 六儀 병복 兵福 관일 官日 / 소시 小時 천화 天火 천옥 天獄 월형 月刑 / 염대 厭對 초요 招搖

卯		戌
천적 天賊 지화 地火 피마 披麻 월파 月破 / 월렴 月厭 검봉살 劍鋒殺	癸日 - 월은(月恩) 3日 - 월재(月財) 2日 - 반지(反支) 丁亥日 - 옥제사일(玉帝赦日) 27日 - 양공기일(楊公忌日)	속세 續世 길기 吉期 병보 兵宝 수일 守日 / 혈기 血忌 독화 獨火 월해 月害 멸망 滅亡

寅	丑	子	亥
천덕 天德 해신 解神 지덕 地德 지격 地隔 / 귀기 歸忌	시음 時陰 금당 金堂	옥우 玉宇 양덕 陽德 시덕 時德 민일 民日 / 하괴 河魁 토기 土忌 천격 天隔 왕망 往亡 / 천리 天吏 치사 致死	역마 驛馬 요안 要安 천후 天后 천무 天巫 / 대살 大殺 천덕합 天德合 월해 月害 상일 相日 / 중일 重日 비염 飛厭

● 적용 : 甲戌·丙戌·戊戌·庚戌·壬戌月(택일 신살)

巳	午	未	申
유화 遊火 온황 瘟黃 / 인격 人隔 태허 太虛 귀곡 鬼哭 혈기 血忌 / 속세 續世 음덕 陰德 멸몰 滅沒 토금 土禁	생기 生氣 월해 月害 수격 水隔 요안 要安 / 신호 神號 태허 太虛 신호 神號 / 요안 要安 옥우 玉宇 월형 月刑 지파 地破 / 라망 羅網 빙소와해 氷消瓦解		역마 驛馬 천후 天后 육의 六儀 금당 金堂 / 염대 厭對 초요 招搖 시양 時陽 / 왕일 旺日 천적 天賊 천구 天狗

辰	중앙		酉
태허 太虛 / 월파 月破 비염 飛廉 구공 九空 사격 四隔 / 해신 解神 익후 益後 토기 土忌 왕망 往亡	丙日 - 천덕(天德)·월덕(月德) 辛日 - 천덕합(天德合)·월덕합(月德合) 戊申日 - 천혁(天赫) 壬日 - 월공(月空) (음 9월) **戌** (한로부터) 辛卯 - 천원(天願) 庚辛 - 천귀(天貴) 壬癸 - 사상(四相) 己 - 중상(重喪) 戊己 - 복일(復日) 戊辰 戊子 ›지낭일		천의 天醫 보광 普光 관일 官日 혈지 血支 / 독화 獨火 월해 月害 천리 天吏 치사 致死

卯			戌
검봉살 劍鋒殺 대시 大時 산격 山隔 / 해신 解神 성심 聖心 지덕 地德 육합 六合	庚日 - 월은(月恩) 4日 - 월재(月財) 乙未 - 옥제사일(玉帝赦日) 25日 - 양공기일(楊公忌日) 1日 - 반지(反支)		병복 兵福 수일 守日 소시 小時 천격 天隔 / 천사신 天赦神

寅	丑	子	亥
지화 地火 월염 月厭 고초 枯焦 구감 九坎 / 양덕 陽德 시음 時陰 임일 臨日 수사 受死	복생 福生 천강 天罡 홍사 紅紗 월살 月殺 / 월허 月虛 멸망 滅亡	천무 天巫 보호 普護 시덕 時德 민일 民日 / 토온 土瘟 천화 天火 천옥 天獄 대살 大殺 / 지격 地隔 귀기 歸忌 피마 披麻 비염 飛廉	오부 五富 길기 吉期 병보 兵寶 상일 相日 / 토부 土府 중일 重日

● 적용 : 乙亥·丁亥·己亥·辛亥·癸亥月(택일 신살)

巳	午	未	申
역마 驛馬 천후 天后 경안 敬安 중일 重日 / 월파 月破	월해 月解 보호 普護 천리 天吏 치사 致死 / 검봉살 劍鋒殺 오허 五虛	육의 六儀 복생 福生 임일 臨日 토기 土忌 / 태허 太虛 신호 神號 사격 四隔 왕망 往亡 / 염대 厭對 초요 招搖 삼합 三合	천강 天罡 지파 地破 수사 受死 토금 土禁 / 태허 太虛 천격 天隔 독화 獨火 월해 月害

辰	(중앙)	酉
해신 解神 양덕 陽德 지덕 地德 멸몰 滅沒 / 멸망 滅亡 토부 土府 수격 水隔 水隔	乙日 - 천덕(天德) 월은(月恩) 甲日 - 월덕(月德) 壬寅 - 천원(天願) 庚日 - 천덕합(天德合) 壬癸 - 천귀(天貴) 己日 - 월덕합(月德合) 甲乙 - 사상(四相) 甲子日 - 천혁(天赫) 　　　　(음 10월) 壬日 - 중상 亥 癸丑 - 음차(陰差) 　　(重喪) (입동부터) 癸亥 - 양착(陽錯) 壬丙日 - 복일(復日) 庚日 - 월공(月空)　　　庚子 　　　　　　　　　　　　〉지낭일 　　　　　　　　　　庚戌 2日 - 월재(月財) 丙申 - 옥제사일(玉帝赦日)	홍사 紅紗 피마 披麻 천구 天狗 성심 聖心 / 태허 太虛 시양 時陽

卯	戌
음덕 陰德 시음 時陰 삼합 三合 천화 天火 / 인격 人隔 천옥 天獄	천의 天醫 익후 益後 지격 地隔 혈지 血支 / 월살 月殺 월허 月虛 오허 五虛

寅	丑	子	亥
오부 五富 시덕 時德 육합 六合 금당 金堂 / 상일 相日 하괴 河魁 유화 遊火 / 오허 五虛 빙소와해 氷消瓦解	천무 天巫 옥우 玉宇 수일 守日 천적 天賊 / 대살 大殺 천사신 天赦神 토온 土瘟 산격 山隔 비렴 飛廉 / 지화 地火 귀기 歸忌 월염 月厭 구공 九空	길기 吉期 병보 兵宝 관일 官日 / 요안 要安 대시 大時 라망 羅網	귀곡 鬼哭 속세 續世 보광 宝光 병복 兵福 / 중일 重日 왕일 旺日 소시 小時

● 적용 : 甲子·丙子·戊子·庚子·壬子月(택일 신살)

巳	午	未	申
천덕 天德 오부 五富 익후 益後 지덕 地德 라망 羅網 홍사 紅紗	해신 解神 속세 續世 육의 六儀 양덕 陽德 천적 天賊 혈기 血忌 천격 天隔 천화 天火 피마 披麻 천옥 天獄 월파 月破 염대 厭對 초요 招搖 검봉 劍鋒	요안 要安 월해 月解 독화 獨火 월살 月殺 월해 月害 월허 月虛 오허 五虛 사격 四隔 멸망 滅亡	천덕합 天德合 생기 生氣 옥우 玉宇 삼합 三合 지격 地隔 토부 土府 토금 土禁 유화 遊火 신호 神號 고초일 枯焦日 비염 飛廉 구감 九坎 대살 大殺

辰			酉
성심 聖心 시음 時陰 삼합 三合 임일 臨日 천사신 天赦神	壬日 - 월덕(月德)　　庚子·庚戌 - 지낭 丁日 - 월덕합(月德合)　壬日 - 중상 甲子日 - 천혁(天赫) 丙日 - 월공(月空) 복일(復日) 癸丑 - 천원 (天願)　(음 11월)　壬子 - 음양차착 (陰陽差錯) 壬癸 - 천귀 (天貴) 甲乙 - 사상 (四相) 　　　　　　　　　**子** 　　　　　　　(대설부터) 甲日 - 월은(月恩)　　6日 - 반지(反支) 7日 - 월재(月財) 辛酉 - 옥제사일(玉帝赦日)		천덕합 天德合 금당 金堂 대시 大時 하괴 河魁 지파 地破 빙소와해 氷消瓦解

卯			戌
민일 民日 천강 天罡 멸몰 滅沒 수사 受紗 월형 月刑 천리 天吏 치사 致死			시양 時陽 토기 土忌 왕망 往亡 천구 天狗 구공 九空 시양 時陽

寅	丑	子	亥
역마 驛馬 천후 天后 천무 天巫 복생 福生 시덕 時德 상일 相日 토온 土瘟 수격 水隔 귀기 歸忌	보광 寶光 온황 瘟黃 옥우 玉宇 음덕 陰德 수일 守日 귀곡 鬼哭	경안 敬安 병복 兵福 관일 官日 소시 小時 지화 地火 월염 月厭	천의 天醫 왕일 旺日 소시 小時 산격 山隔 유화 遊火 혈지 血支 중일 重日

● 적용 : 乙亥·丁亥·己亥·辛亥·癸亥月(택일 신살)

巳	午	未	申
염대 厭對 초요 招搖 구감 九坎 육의 六儀 시음 時陰 삼합 三合 고초일 枯焦日	해신 解神 경안 敬安 지덕 地德 대시 大時 지격 地隔 독화 獨火 월해 月害	월해 月解 보호 普護 구공 九空 천사신 天赦神 월파 月破	라망 羅網 양덕 陽德 복생 福生 유화 遊火 토금 土禁

辰			酉
빙소와해 氷消瓦解 오허 五虛 하괴 河魁 천격 天隔 천격 天隔 월살 月殺 월허 月虛	庚日 - 천덕(天德) 　　　월덕(月德) 乙日 - 천덕합(天德合) 　　　월덕합(月德合) 甲子日 - 천원(天願) 　　　천혁(天赫)	甲子 - 천원(天願) 乙未 乙酉 　〉지낭일 戊己 - 復日	성심 聖心 천강 天罡 지파 地破 월형 月刑 멸망일 滅亡日 생기 生氣 삼합 三合 임일 臨日 수사 受死 산격 山隔 천화 天火 비염 飛廉

卯			戌
보광 宝光 금당 金堂 피마 披麻 천무 天巫 민일 民日 토온 土瘟 온황살 瘟黃殺	己日 - 중상(重喪) 甲乙日 - 사상(四相) 甲日 - 월공(月空) 辛日 - 월은(月恩) 6日 - 월재(月財) 壬戌 - 옥제사일(玉帝赦日)	(음 12월) ● 丑 (소한부터) 乾亥 - 청룡(青龍) 壬癸日 - 천귀(天貴) 癸亥 - 음차(陰差) 癸丑 - 양착(陽錯)	성심 聖心 천강 天罡 지파 地破 월형 月刑 멸망일 滅亡日

寅	丑	子	亥
상일 相日 멸몰 滅沒 피마 披麻 옥우 玉宇 길기 吉期 병보 兵宝 시덕 時德	요안 要安 병복 兵福 수일 守日 소시 小時 토기 土忌 왕망 往亡 홍사 紅紗	천의 天醫 속세 續世 육합 六合 관일 官日 토부 土府 혈기 血忌 혈지 血支 수격 水隔 귀기 歸忌 천리 天吏 치사 致死 육합 六合	역마 驛馬 익후 益後 천후 天后 음덕 陰德 단성 短星 시양 時陽 왕일 旺日 천적 天賊 지화 地火 천구 天狗 월염 月厭 인격 人隔

6 음택(陰宅)

부록

신살총해설

● 신살작용

가

- **간괘**(艮卦) : 팔괘의 하나로 팔괘(八卦) 순서의 7번째, 양토(陽), 위치는 동북, 모양은 ☶로 표시됩니다.

- **간궁**(艮宮) : 간괘(艮卦)의 위치, 또는, 간괘 그 자체가 되겠습니다.

- **간방**(艮方) : 간괘의 방위, 즉, 선천팔괘(先天八卦)로 진방(震方) 자리이며 동북방이 되겠습니다.

- **간오행**(干五行) : 천간(天干)에 매인 오행, 즉, 甲乙木·丙丁火·戊己土·庚辛金·壬癸水를 말합니다.

- **간충**(干沖) : 천간상충(天干相沖) 즉, 甲庚沖·乙辛沖·丙壬沖·丁癸沖·戊己沖이 되는 것입니다.

- **간하수**(澗下水) : 육십갑자 납음오행의 하나 즉, 丙子·丁丑에 해당하는 납음오행입니다.

- **간합**(干合) : 천간합(天干合)의 약칭, 즉, 甲己合·乙庚合·丙辛合·丁壬合·戊癸合을 칭하는 것입니다.

- **갈산**(喝散) : 공무원, 사무직에 근무하는 신분이면 아래 사람들에게 존경을 받게 됩니다.

- **감괘**(坎卦) : 주역 팔괘 순서 가운데 6번째(六坎水), 위치는 선천 곤괘(坤

卦) 자리인 정북방이고 괘의 모양은 ☵로 표시됩니다.

- **감궁**(坎宮) : 감괘가 위치한 곳 또는, 감괘 그 자체입니다.
- **감방**(坎方) : 감괘의 근본 위치 즉, 선천팔괘 곤괘(坤卦)의 자리이며 정북방이 되겠습니다.
- **개산황도**(盖山黃道) : 이장(移葬)을 하거나 새로이 건축을 할 때 적용(택일)하는 길국(吉局)의 하나로서 다른 길국(吉局) 2·3국과 함께 닿는 날 행사하면 좋습니다.
- **개일**(開日) : 십이직(十二直)의 11번째로 모든 행사와 오픈하는데 유리합니다. 단, 천적·수사 같은 흉신이 임하면 예외가 되겠습니다.
- **건괘**(乾卦) : 팔괘 가운데 첫 번째. 위치는 선천(先天) 간괘(艮卦)의 자리이며 이 곳을 戌亥궁인 서북방이 되며 이 괘를 노부(老父)라 칭하는 양괘(陽卦)가 되겠습니다.
- **건궁**(乾宮) : 건괘의 자리 서북방인 戌亥궁이 괘의 위치입니다.
- **건록**(建祿) : 정록(正祿) 또는, 천록(天祿)이라고도 하며 甲木이 寅·乙木이 卯, 丙戊火土는 巳, 丁己火土는 午, 庚金이 申, 辛金이 酉, 壬水는 亥, 癸水는 子가 되는데 명리법(命理法)과 음양택 등 여러 방면에 길신의 작용을 하게 됩니다.
- **건방**(乾方) : 乾卦가 있는 방위. 선천(先天)으로는 정남이고 후천(後天)으로는 서북방이 되겠습니다.
- **검봉금**(劍鋒金) : 壬申, 癸酉에 해당하는 납음오행(納音五行), 남녀 나이 궁합과 음양택에 적용합니다.
- **검봉살**(劍鋒殺) : 칼끝과 창끝. 자칫 사람을 다치게 하는 위험한 쇠붙이. 단, 이 살의 작용력은 크지 않습니다.
- **겁살**(劫殺) : 십이살의 첫 번째이고 재살(災殺)·천살(天殺)과 함께 삼살(三

殺)이라 칭하는바, 사주에 미치는 작용력은 두렵지 않으나 양택과 음택의 좌(坐)를 놓는데 크게 꺼리며 사는 집에서 겁살 위치(태세로 방위)에는 집수리, 증축(增築)과 다른 묘를 쓰지 못합니다.

- **겁재**(劫財) : 사주 생극 작용에 의해 해당되는 육친으로 日干과 오행이 같고 음양이 다른 자를 칭하는 것입니다.
- **격각살**(隔角殺) : 사주 관살의 하나로 이 살이 있으면 잠시라도 부모, 형제, 처자 등과 멀리 헤어진다 합니다.
- **격신**(隔神) : 사주와 육효점에 작용되는 흉신의 하나로 이 살이 있는 사람은 실물과 손재를 자주 당한다 합니다. 六爻 재물점에 불리 합니다.
- **경살**(冏殺) : 자주 몸을 다치는데 사주 격국(구성된 모양)이 나쁘면 비명횡사 하는 수도 있다 합니다.
- **경안**(敬安) : 택일에 적용되는바, 月支로 日支를 대조함. 길신으로 이 날에 윗사람 문안 가거나 경로행사 등을 실행하면 효과적이라 합니다.
- **경칩**(驚蟄) : 24절중에 3번째이며 卯月의 月建은 이 날부터 적용함.
- **고과살**(孤寡殺) : 사주와 택일에 적용. 이 살이 있거나 범하면 부부해로가 어려워 홀로 사는 신세가 될 수 있음. 사주는 생년 기준 월·일·시지, 택일은 태세로 일진 적용입니다.
- **고란살**(孤鸞殺) : 고란·과수살의 합칭인데 사주와 육효에 적용하는 수가 있음. 운명상의 작용은 고신·과수살과 같습니다.
- **고란과곡살**(孤鸞寡鵠殺) : 고란살과 과곡살의 합칭. 즉, 외로운 난새와 오리의 신세, 사주와 육효에 적용합니다.
- **고신**(孤辰) : 여자는 해당 안 됨. 사주와 육효신살로 홀아비 되는 살.
- **고초일**(枯焦日) : 묘목이나 나무를 옮겨 심으면 좋지 않다는 살인데 오직

택일에만 적용합니다.

- **곡살**(哭殺) : 사주와 육효에 참고 하나 작용력 미약. 月支기준 日·時支 대조합니다.
- **곡성**(哭聲) : 사주, 육효의 신수점, 질병점, 가택점 참고. 月支로 年·日·時支 대조합니다.
- **곡각**(曲脚) : 선천적 혹은 후천적 다리장애가 있기 쉽다는 살로 작용력은 미약하므로 크게 근심하지 않아도 무방합니다.
- **곡우**(穀雨) : 이십사절 중 4번째 辰月의 중기(中氣)가 되는 것입니다.
- **골파쇄**(骨破碎) : 사주신살의 하나. 이 살이 사주 가운데 있는 주인공은 남자는 처가가 잘 안 되고, 여자는 시집이 안 된다고 하나 작용력 미약. 生年支로 生月을 찾아보는 것입니다.
- **공격**(拱格) : 日支와 시지 사이에 재(財)나 관(官 - 正官)이나 천을귀인을 끼고 있음. 즉, 日時支 사이에 정관이나 천을귀인을 끼고 있으면 공귀요, 재고를 끼고 있으면 공재(拱財)요, 건록을 끼고 있으면 공록(拱祿)이라 칭합니다.
- **공망**(空亡) : 공망은 여러 가지가 있는바, 순중공망(旬中空亡)은 사주와 육효, 음양택 등 여러 방면에 적용. 절로공망은 출행에 꺼림, 각 공망에서 참고하십시오.
- **공조**(功曹) : 세지(歲支)를 기준 하는바, 해당되는 방위(공조)에서 어떤 일을 하거나 진행이 용이하리라 생각됩니다.(상품 만드는 일 등에 유리할 수도 있습니다.)
- **과수**(寡宿) : 年支로 月·日·時支를 대조. 이 살은 고독할 수 있다는 흉신인데 남자는 해당되지 않습니다.
- **관부**(官符) : 사주나 택일에 범하면 관재가 따릅니다.

- **관살**(官殺) : 사주법(命理)에서 日干을 克하되, 음양이 다르면 정관(正官), 음양이 같으면 편관(偏官)이라 하는바, 편관이 日干을 괴롭히는 경우 칠살로 칭합니다.
- **관색**(貫索) : 生年支로 月·日·時支 대조. 주인공은 하는 일마다 새끼와 실타래가 엉켜 풀리지 않는 것과 같이 엉켜 풀리지 않는 일이 많습니다.
- **관성**(官星) : 사주 육친법에 의하여 정해지는 명칭으로 정관(正官) 만을 칭하는 수가 있고 정·편관을 합칭하는 수도 있습니다.
- **관일**(官日) : 절기 기준으로 보는 길신입니다. 이 날은 관청 행사에 유리한데 다른 길신과 더불어 사용하면 유리하겠습니다.
- **관자**(關字) : 사주 관살의 하나로 生月干支(즉, 日柱)에 해당하면 손재수가 있다 합니다.
- **관재**(官災) : 사주신살의 명칭인바, 생년지로 生月을 본다. 이 살이 있는 주인공은 명칭과 같이 관재수가 따르나 살의 작용력은 미약함.
- **괴강**(魁罡) : 괴(魁)는 하괴(河魁), 강(罡)은 천강(天罡) 길흉이 극단으로 작용하고 남이 지니지 못한 괴벽이 있습니다.
- **교록**(交祿) : 사주 日과 時支 사이에 서로 남이 지닌 건록을 교환함. 예를 들어, 丙子日 癸巳時라면 丙日의 건록이 癸巳의 時支에 있고 時干 癸의 건록이 日支(子)에 있으므로 서로 교환이 쉽게 이루어집니다.
- **교역**(交易) : 물품거래를 크게 합니다.
- **구감**(九坎) : 택일에 적용되는데 감(坎)은 구덩이로 구덩이에 빠진다는 뜻이 있으나 작용력이 미약합니다. 질병이 따르고 부부 사이도 원만치 못해 자주 싸우게 됩니다.
- **구공**(九空) : 월가흉신(月家凶神)이며 月支 기준입니다. 이 날은 창고를 짓

거나 수리하는데 꺼립니다.
- **구사**(求嗣) : 대(代)를 이어줄 양자를 구합니다.
- **구성**(九星) : 구궁(九宮)인바, 자백구성·구성수(九星水)·이사구성 등이 밖에도 구성이라 칭하는 술어가 많으므로 생략합니다.
- **구성수**(九星水) : 지리법에 물이 들어오고 나가는 방위로서 문곡, 녹존, 거문, 탐랑, 염정, 파군, 무곡, 복음수 등 방위의 길흉을 본다.
- **구진**(句陳) : 육효점과 기타 여러 가지 분야에 적용되는바, 구진은 戊己 중앙토(中央土)라 소속방은 중앙이 되겠습니다.
- **구천주작**(九天朱雀) : 행년태세(行年太歲)로 방위와 건물의 향(向 - 坐의 상대궁)을 놓는데 불리라 하였습니다.
- **구추**(九醜) : 사주와 육효신살. 일명 음욕방해살과도 같은지라 사주 구성이 탁하면 부끄러움을 모르므로 주색과 음욕을 탐하니 왈, 추한 여자, 추잡한 남자의 평을 받기 쉬움.
- **구천주작**(九天朱雀) : 年支로 방위를 보는 것입니다.
- **권설**(卷舌) : 사주나 신수를 묻는 상태에 이 살이 있으면 몸을 다치기 쉽고 구설이 따른다 함. 年支로 月·日·時支 참고 하세요.
- **귀격**(鬼隔) : 택일에 적용하는바, 이 날(귀격일, 月支로 日辰)에 신당(神堂)을 꾸미거나 새로이 신상(神像) 모시는 일 등을 꺼립니다.
- **귀록격**(鬼祿格) : 적용은 사주뿐이며 時支에 건록을 놓은 것으로 재수에 있어 좋은 작용을 합니다.
- **귀문관**(鬼門關) : 年支와 日支 관계에 해당. 이 귀문관이 있는 주인공은 신들리거나 직감력이 뛰어나는데 사주가 혼탁하면 전신장애가 있거나 질병이 따른다 합니다.
- **귀혼**(歸魂) : 생기복덕법이나 기타 구성 짚어나가는데 본궁(本宮)이 됩니다.

- **극해공망(克害空亡)** : 日干으로 時支 대조. 사주에 이 살이 있으면 조실부모 하거나 아니면 처자와의 인연이 박하다 합니다.

- **급각살(急脚殺)** : 日干으로 時支대조. 혹은 年干으로 時支 대조. 사주에 이 살이 있으면 어릴 적에 소아마비 주의, 자라서는 다리 부상 주의, 특히, 출입 시 교통안전에 유의할 것입니다.

- **금궤(金匱)** : 사주에 있거나 육효에서 있거나 택일에 적용하면 재운이 열려 풍족하게 산다 함.

- **금박금(金箔金)** : 六十甲子의 壬寅 癸卯에 해당하는 납음오행으로 남녀 나이궁합을 참작하고 음양택에 많이 적용함.

- **금쇄 살(金鎖殺)** : 月支로 時支를 찾음. 사주관살의 하나로 이 살이 있는 주인공은 어릴 적에는 장롱, 냉장고 안에 들지 못하도록 주의해야 되며, 자라서는 법에 어긋나는 일은 그 일이 사소하더라도 절대 하지 마세요.

- **길기(吉期)** : 일반 택일의 길신이며 月支 기준으로 日支에서 찾아보는데 이 길기일을 사용하면 좋은 기회를 만나 뜻하는 바를 얻게 됩니다. 단, 길신으로서의 작용은 같이 있는 길흉신에 의해 작용될 것입니다.

나

- **나망(羅網)** : 육효점과 택일에 적용되는 흉신. 이 나망일에 중요한 행사를 치르면 관재수가 자주 생긴다 함. 月支로 日支를 대조하는데 이 육효점의 세(世)에 붙으면 구속당할 우려가 있습니다.

- **나천대퇴(羅天大退)** : 행년태세(行年太歲)를 기준 날짜를 대조합니다. 음택에는 꺼리지 않으나 양택(陽宅 - 집 짓고 수리)에 범하면 사람이 죽거나 재물이 흩어진다 하였으나 작용되는 경우는 흔치 않으리라 생

각됩니다.

- **낙정관**(落井關) : 日干으로 日·時支 대조. 소아관살의 흉신인바, 어릴 적에 우물이나 웅덩이 근처에 얼씬도 못하게 해야 할 것입니다.

- **난간**(欄干) : 生年支 기준 日時支. 이 살은 흉신으로 이 살이 있는 사람은 허약체질이 될 가능성이 있다 합니다.

- **납노**(納奴) : 月支로 日辰을 대조. 택일법에 적용되는바, 가정부, 운전사, 일꾼, 고용인 등을 채용하는데 길일과 꺼리는 날이 있습니다.

- **납인**(納人) : 납노와 동일하며 추가적으로 세방 들이는 일에 참고.

- **납축**(納畜) : 소, 개, 말, 고양이 등 가축과 애완동물 들이는 일에 참고.

- **낭자**(狼藉) : 행년태세로 月을 대조. 흉신이나 작용력 미상. 아마도 깊은 산 맹수주의가 요구되는 듯합니다.

- **노방토**(路傍土) : 六十甲子 중 庚午·辛未에 해당하는 납음오행

- **노중화**(爐中火) : 六十甲子 중 丙寅·丁卯의 납음오행입니다.

- **녹고**(祿庫) : 사주신살법으로 日柱에 해당. 이 녹고가 있으면 일생 직장 생활로 인한 녹을 받게 되며 재운도 따릅니다.

- **녹마동향**(祿馬同鄉) : 日支(生日)에 정재(正財)와 정관(正官)을 다 놓은 것으로 길명(吉命)이 됨. 壬午日·癸巳日을 칭합니다.

- **뇌정살**(雷霆殺) : 사주신살인데 生月로 日과 時에 있는지 살펴보는 것입니다. 이 살이 있는 주인공은 벼락 치는 날 높은 곳(원두막 위)에 가지 말아야 하며 또는, 고압 전기를 다루지 않도록 주의가 요구됩니다.

- **뇌공**(雷公) : 日干으로 日·時支 대조. 사주관살의 흉신이며 뇌공타뇌(雷公打雷)라고도 함. 이 살이 있는 주인공은 전기감전, 낙뇌(落雷 - 벼락)의 우려가 있으므로 주의를 요합니다.

- **뇌화**(雷火) : 사주나 육효점의 신살로서 이 뇌화가 있는 주인공은 관재(官

災)에 걸리더라도 어렵지 않게 풀려난다 하였습니다.
- **뇌공타뇌**(雷公打腦) : 日干 기준으로 日이나 時를 대조하는데 이는 오직 사주관살에 한해서 작용됩니다. 이 살이 있는 주인공은 우뢰 치는 날들 가운데로 나가지 말고 전기감전에는 주의할 필요가 있겠습니다.

다

- **다병관**(多病關) : 소아관살임. 사주 내에 이 살이 있으면 10세 이전에 잔병을 자주 앓게 된다고 합니다.
- **다액살**(多厄殺) : 사주관살로 사주에 이 살이 있으면 크고 작은 액이 따르므로 평생 고생이 심하다가 늦게야 전화위복이 된다 합니다.
- **단교관**(斷橋關) : 소아관살(小兒關殺)에 해당하며 生年支로 기준합니다. 이 살이 있는 사람은 어른 아이 막론하고 작은 배(小舟)를 타고 깊은 물을 건너거나 외나무다리, 징검다리 등을 건너지 말아야 안전합니다.
- **단명관**(短命關) : 소아관살(小兒關殺)이며 年이나 日支를 기준합니다. 어린이에게 이 살이 있으면 10세 이전을 주의하시되 단, 작용력이 미약하므로 5퍼센트쯤 해당된다고 생각하시길 바랍니다.
- **단성**(短星) : 月과 날짜를 대조해서 어느 날에 이 살이 임하는지 알아냅니다. 취임, 혼인식을 올리는데 마땅치 않은 날입니다.
- **당명관**(撞命關) : 소아관살이며 生年支로 月·日·時 가운데 어디 있거나 막론하고 해당됩니다. 어릴 적에 액이 따른다는 신살인바 작용력은 미약합니다.
- **대모**(大耗) : 연신방에 속하므로 행년태세(行年太歲) 기준으로 방위를 봅니다. 이 방위에서는 창고를 짓거나 흙을 다루거나 창고수리를 꺼리게 됩니다.

- **대살(大殺)** : 사주와 택일 기타 다른 면에도 해당합니다. 生月支 기준인데 이 살의 명칭은 크지만 살의 작용은 미약합니다.
- **대장군(大將軍)** : 연신방(年神方)의 흉방(凶方)에 해당합니다. 양택인 이 방위(대장군방)에 집을 짓거나 수리하는 일을 크게 꺼리지만 단, 음택인 묘를 쓰는 데는 꺼리지 아니합니다.
- **대패(大敗)** : 生年支로 生月을 대조합니다. 사주신살인데 이 살이 있는 주인공은 생애 중 한·두 차례 크게 실패하는 수가 있다 하나 작용은 미약합니다. 육효점에도 참작하시기 바랍니다.
- **대화(大火)** : 연신방위신(年神方位神)이므로 이 방위에서의 작업은 화재의 우려가 있다 합니다.
- **도화살(桃花殺)** : 이 도화살을 예전에는 바람피우는 살로만 여겨 왔으나 현 시대에는 인기 매력을 요구함으로서 이 도화가 있는 여성은 섹시하고 요염하여 남성의 유혹이 많다 하겠습니다. 때문에 다른 여성에 비하여 이성교제가 많겠으나 사주 구성이 좋으면 도리어 굳은 절개가 있다 하겠습니다.
- **독화일(獨火日)** : 월가흉신(月家凶神)이며 月支 기준입니다. 이 날에는 천화일과 마찬가지로 짚 섶으로 지붕 덮는 일을 하지 않았습니다. 현재는 난로나 보일러 설치에 이 날을 피한다 해도 맞는 말이 될 것입니다.

※ 첫 발음 [라]는 [나][아]에서 찾을 것

마

- **만통사길일(萬通四吉日)** : 월가길신(月家吉神)으로 이 길신이 임하는 날에 행사하면 모든 일이 전화위복(轉禍爲福) 된다 합니다.

- **망문과(望門寡)** : 사주신살입니다. 납음오행을 기준 月을 찾는바, 여자에게만 해당. 이 살이 있는 주인공은 남편을 멀리 보내고 문을 바라보며 돌아오기를 간절히 기다리게 된다는 과부살이지만 작용력은 미약하겠습니다.

- **망문환(望門鰥)** : 사주신살의 흉신입니다. 납음오행 기준인바, 남자의 경우 출입문을 바라보며 잃어버린 아내가 돌아오기를 기다린다는 뜻의 살입니다.

- **망신살(亡神殺)** : 특히, 사주에서 작용되는 경우가 많습니다. 年支로는 月·日·時를 日支로는 月과 時를 대조합니다. 포태법으로는 관성(冠星)에 해당하므로 이 살이 있다 해서 크게 우려할 일은 아닙니다. 단, 망신이란 술어가 달갑지 못하므로 이 살이 있는 주인공은 혹 당할지도 모르므로 언어 행동에 주의할 필요는 있겠습니다.

- **매아살(埋兒殺)** : 生年支나 生日支 기준으로 찾아보며 사주신살, 소아관살에 해당합니다. 이 신살이 있는 주인공은 갓난 어린이를 잃어 땅 속에 묻어볼 수 있다 하는데 단, 작용력이 미약한 것으로 생각됩니다.

- **맥월(陌越)** : 사주 신살에 해당하며 生年支로 日·時支에 신살정국이 있으면 생애 중 주인공의 잘못이 없는데도 까닭 없이 남에게 미움을 받는 수가 있다 합니다.

- **멸망일(滅亡日)** : 월가흉신(月家凶神)이며, 月支 기준인데 멸망이란 명칭은 무섭지만 큰 흉신으로 지목되지는 않은 것으로 보아 작용력이 미세하리라 생각됩니다.

- **멸몰**(滅沒) : 월가흉신(月家凶神) : 인데 月支 기준입니다. 이 날은 결혼식과 장거리 여행, 취임 하는 일 등을 행하지 않는 게 유리하겠습니다.
- **무정관**(無情關) : 소아관살에 해당하며 봄·여름·가을·겨울 절기 기준하여 時支에 해당하는지 대조해서 이 살이 있으면 두 부모를 섬기지 않으면 한 쪽 부모를 섬길 운명이라 합니다. (두 부모란 의부나 계모, 서모를 섬긴다는 뜻)
- **문창**(文昌)② 年干 기준이 아니고 일의 干支 기준인데 사주와 방위(方位)로 작용되는 길신입니다. 액이 해소되며 글재주가 있다 하겠습니다.
- **문창·문곡**(文昌·文曲) : 글(學問)을 칭하는 길신으로 사주를 볼 때는 日干을 기준하고, 그 해 그 해의 방위를 볼 때는 年干으로 방위를 보는 바, 학문을 닦는 이에게 길신이 되겠습니다.
- **민일**(民日) : 국민의 날. 절기로 日辰을 보는바, 관청에 민원을 청구하는데 효과적인 날입니다.

바

- **박사**(博士) : 연신방(年神方)으로 학업을 닦고 지식을 늘리는데 유리한 방위지만 작용력은 미약할 것입니다.
- **반안**(攀鞍) : 生年支로 月·日·時를 대조하며 십이살(十二殺)에 포함된다 하겠습니다. 반안의 한자 뜻은 과거에 급제하여 금안준마(金鞍駿馬)를 타고 의기양양하게 장안대로를 걷는다 함이니 살이 아닌 길신에 해당합니다. 어쨌거나 이 살이 있는 주인공은 몸은 약하나 지혜가 뛰어나고 뜻이 고상하여 뭇사람들에게 선망의 대상이 되는 수도 있습니다. 반안은 십이살로 쇠궁(衰宮)이 되므로 이 반안살이 있는 주인공은 몸이 허약할 가능성이 있습니다.

- **반지(反支)** : 월가흉신(月家凶神)으로 논문, 창작품, 발명, 생산품의 출시(出市) 출품 등에 꺼리는 것은 나간 작품이 되돌아 올 수 있다는 신살이기 때문이지만 작용력은 미약합니다.
- **방음부(傍陰符)** : 세간(歲干)으로 방위 및 묘의 좌(坐)를 보는데 이 방음부살은 장례행사만 꺼리고 양택, 즉, 집 짓고 수리하는 일에는 꺼리지 않습니다.
- **반음(反吟)** : 정국(定局)은 사주신살과 상충되는 지지로서 복음과 거의 같은 작용을 하게 된다 하였습니다.
- **방사폐(傍四廢)** : 사시흉신(四時凶神)으로 절기를 기준 날짜를 보는데 건축물을 짓기 위해 흙을 다루거나 생분(生墳 - 살아있는 사람이 장차 죽어서 들어갈 무덤을 미리 만들어 놓는 일)을 조성하는데 불리한 날입니다.
- **배곡살(背曲殺)** : 사주신살에 해당하는바, 생년납음(生年納音)으로 時支를 대조합니다. 이 살이 있는 주인공은 허리 장애로 허리를 못 펴거나 심한 경우 곱추가 될 수도 있다는 살입니다.
- **백호(白虎)①** : 年支를 기준 하는바, 여기에서의 백호는 육수(六獸) 가운데 있는 백호나 백호대살이 아니고 상문의 충방(沖方)에 해당하는 연신(년신)으로 주로 질병, 부상 등의 일이 작용된다 하겠습니다.
- **백호(白虎)②** : 육효점 및 기타에 백호는 庚辛日의 방위신으로 작용합니다.
- **백호대살(白虎大殺)** : 사주 흉살로서 年月日時 어디에 있거나 살의 작용을 하게 됩니다. 특히, 甲辰日과 乙未日生은 부친에게 액이 생길 수 있다 합니다.
- **벽력(霹靂)** : 사주와 택일. 육효신살인데 천둥하고 번개 칠 때 주의하십시오.

- 병보(兵寶) : 월가길신(月家吉神)으로 택일에만 참고 됩니다. 이 날은 병역의 징집, 사열식, 군사훈련 등에 좋은 날이라 하겠습니다.
- 병복(兵福) : 병보와 모두 동일합니다.
- 병부(病符) : 사주와 육효에 참고하는 신살로서 이 살이 있으면 질병이 따르나 작용력은 미약하겠습니다.
- 보광일(宝光日) : 월가길신(月家吉神)으로 月支 기준입니다. 이 날의 행사에는 결혼식, 연회와 집을 짓고 수리하는데 좋은 날입니다.
- 보호(普護) : 월가길신(月家吉神)이므로 月支 기준입니다. 행사는 기도에 들어가는 첫 날, 뱃길 여행과 질병치료 시작에 유리한 날입니다.
- 복단일(伏斷日)은 화장실 짓고 수리하거나 어린이 젖떼기 시작하는 일, 싫은 사람과의 인연을 끊는 일에만 효과적이고 그 외는 모두 불리합니다.
- 복덕수기(福德秀氣) : 사주 길신인데 잘 생기고 인품이 고상하며 인덕이 있으므로 주변에 주인공을 도와주는 사람이 많아 자연 복록을 누린다 합니다.
- 복병(伏兵) : 연신방(年神方)에 해당하며, 이 방위의 출행은 삼가 하는 게 좋을 것 같습니다.
- 복생(福生) : 月支 기준인 월가길신(月家吉神)입니다. 이 날은 제사와 고사 지내는 일, 기도에 들어가는 일 또는, 도와줄 사람 구하는 일 등에 유리합니다.
- 백일관(百日關) : 소아관살이며 月支 기준인데 출생한 날부터 100일째 되는 날은 방 밖으로는 나가지 못하도록 주의할 필요가 있다 합니다.
- 복마(伏馬) : 사주 및 육효점 등에 참고하는데 빈궁하고 배우자가 없어 사방으로 방랑생활을 하기 쉽다는 살입니다.

- **복성귀인(福星貴人)** : 사주 신살 및 방위 길신에 해당하는바 日干으로 月日時支를 대조합니다. 즉, 복록이 따르고 인덕이 많다 합니다.
- **복신(福神)** : 사주 및 택일신살의 길신인데 이 날짜에 태어난 주인공은 인품이 고상하고 복록이 따른다 합니다.
- **복일(復日)** : 月支로 日干을 대조하는데 같은 일이 거듭 생길 수 있다는 의미 때문에 초, 개장(改葬)을 막론하고 장사 치르는 일을 꺼리게 됩니다.
- **봉장(棒杖)** : 흉살인바, 사주나 기타에 해당하면 몸을 크게 다치거나 심한 고문을 당해보는 수 있다 하겠습니다.
- **부결(負結)** : 生月 기준 日·時支를 참고. 이 살이 있는 주인공은 벗어나기 어려운 일을 당하여 옴짝달싹 못할 지경에 이르는 수가 있다 합니다.
- **부벽성(斧劈星)** : 소아관살(小兒關殺)입니다. 生年과 生時로 대조 이 살이 어린이에게 해당하면 나무 쪼개다 놓아둔 도끼나 기타 연장을 만지지 않도록 주의하셔야 되겠습니다.
- **부천공망(浮天空亡)** : 年干과 방위를 보는바, 양택의 경우 건물의 향(向)을 놓는데 꺼리게 됩니다.
- **부침(浮沈)** : 사주신살이며, 요령은 生年支로 月과 時支에서 해당되는 지지가 있는가를 살펴봅니다. 이 살이 있는 주인공은 하는 일마다 침체되어 경제적인 어려움이 있게 된다 하였습니다.
- **복음(伏吟)** : 사주와 신수점에 적용되는바, 생년으로 생일, 생시를 대조해 보는 것입니다. 이 살이 있는 사람은 좋은 일이나 나쁜 일을 막론하고 비슷한 일들이 거듭 이르게 된다 하였습니다.
- **비살(飛殺)** : 사주와 육효점의 흉살, 소중한 것이 낙엽 날아가 버리듯 사라집니다.

- **비염살**(飛廉殺) : 月支 기준 日支를 대조하는바 사주신살, 또는, 택일 신살로 이 방위에 축사(畜舍)를 지으면 불리하다 합니다.
- **비인살**(飛刃殺) : 이 살은 양인살과 충(沖)이 되는 것으로 가만히 있는 양인을 충동하여 나쁜 짓을 하도록 방조하는 살이라 생각하면 되겠습니다.
- **비부**(飛符) : 사주관살에 해당되는데 生年支로 日이나 時支에 이 살이 있는가를 살펴봅니다. 이 살이 있는 주인공은 재물을 얻되 모이지 못하고 티끌처럼 날아가 버린다 하였으나 역시 작용력은 약하다 하겠습니다.
- **빙소와해일**(氷消瓦解日) : 월가흉신(月家凶神)이요, 月支 기준입니다. 이 날에는 새 집들이와 집 짓고 높은 축조물 쌓는 일의 시작을 하지 마세요.

사

- **사격**(四隔) : 사격(四擊)이라고도 칭하는데 사방이 막혔다는 의미가 있어 출행을 꺼리는게 아닌가 생각됩니다.
- **사계관**(四季關) : 소아관살에 해당하며 日干 기준으로 일이나 시지를 대조합니다. 이 살이 있는 어린이는 봄·여름·가을·겨울철이 바뀔 때마다 몸이 아파 고생하는 수가 있다 합니다.
- **사리**(四離) : 사시흉신(四時凶神)으로 절기로 日辰을 대조합니다. 매사에 유익함이 없다 하였으나 단, 작용력은 강하지 않습니다.
- **사부**(死符) : 사주와 육효신살로서 生年支로 日과 時에 있는가를 살펴 이 살(사부살)이 있는 주인공은 하늘이 내린 명(命)을 다 누리지 못한다 하나 작용력은 미약합니다.

- **사시대모**(四時大耗) : 절(節)과 日辰을 보는데 분가(分家)하고, 새 집들이, 집수리 등에 꺼립니다.
- **사시소모**(四時小耗) : 절(節)과 日辰으로 보는바, 꺼리는 것은 집수리와 땅을 파고 운반하는 일입니다.
- **사절**(四節) : 사시흉신(四時凶神)으로 절기와 일진을 대조합니다. 흉신의 작용력은 약하다 하겠습니다.
- **사주관**(四柱關) : 소아관살로서 月支 기준 日이나 時支 관계로 적용합니다. 어릴 적에 기둥(다리)이 넷 달린 물건 위에 오르지 못하도록 보호가 필요합니다.
- **산가곤룡**(山家困龍) : 행년(行年)의 天干을 기준 방위로 보는 흉신으로 집을 짓거나 묘를 쓰는데 대흉합니다.
- **산가관부**(山家官符) : 행년태세(行年太歲)의 天干을 기준 집이나 묘의 방위를 (좌향) 보는바, 이를 범하면 우환이 발생한다 합니다.
- **산가혈인**(山家血刃) : 연신방의 흉신이며 태세의 干으로 음력 날짜를 대조하는바, 집을 짓거나 묘를 쓰는데 방위를 범하면 불리합니다.
- **산격일**(山隔日) : 일반 택일 흉신인바, 月을 기준 일진을 찾아봅니다. 이 날에는 입산(入山), 등반, 수렵 등을 하지 않는 게 좋겠습니다.
- **산명일**(山鳴日) : 택일에 적용되는 흉신으로 산에 들어가 수렵하고 등반하고 발파작업 하는 등의 일은 하지 않아야 안전하겠습니다.
- **삼구살**(三尸殺) : 사주와 택일신살인데 집안에 근심거리와 질병이 자주 생긴다 합니다.
- **삼기성**(三奇星) : 사주 길신입니다. 年月日時干에 삼기가 있으면 용모가 잘 생기고 영웅적 포부가 있으며, 국가고시 치르는데 유리한데 사주 구성이 좋으면 이름을 사방에 떨친다 합니다.

- **삼태·팔좌**(三台·八座) : 年支로 日과 時를 보는데 사주나 육효, 또는 연신 방위신이라 하겠습니다. 이 길신이 있는 주인공은 직장운이 좋다 합니다.

- **상문**(喪門)① : 태세의 年支로 사주, 육효, 방위신 등을 보는바, 상문이 사주 내에 들면 경영하는 일이 부진하고 질병이 따르며, 육효에 들어 발동하면 가정이나 가까운 친척의 사망으로 복(服)을 잃게 되며, 양택에 상문방을 범하면 괴이한 일이 발생한다 하였습니다.

- **상문**(喪門)② : 연신방(年神方)이며 이 방위에 건축물 수리 혹은 달아내거나 영좌(靈座)를 설치하지 않는 게 좋습니다.

- **상삭**(上朔) : 年干을 기준 택일하려는 日辰을 대조하는데 혼인잔치, 일반 잔치, 취임식 등에 피하는 게 좋습니다.

상삭은 다음과 같습니다.

甲年 - 癸亥日, 乙年 - 己巳日, 丙年 - 乙亥日, 丁年 - 辛巳日,

戊年 - 丁亥日, 己年 - 癸巳日, 庚年 - 己亥日, 辛年 - 乙巳日,

壬年 - 辛亥日, 癸年 - 丁巳日

혼인식 올리는 일, 잔치 벌리기(손님 초대), 취임식 등에 꺼리는 흉신입니다.

- **상상**(上喪) : 육효, 질병점이나 가택점의 신살인바, 生月로 日支 기준입니다. 집안에 복제수가 아니면 노인·중병 환자는 매우 불리한 징조이며, 또는, 부모상을 일찍 당하는 수도 있겠습니다.

- **상일**(相日) : 절기와 일진으로 해당 유무를 보게 됩니다. 택일의 길신으로 무슨 일에나 유리하나 단, 작용력이 미약할 뿐입니다.

- **상충**(相沖) : 천간충, 지지충이 아니고 生年支로 生月을 대조하는 신살입니다. 이 살이 있는 주인공이 남자라면 질병, 부상 등의 액이 자주

이르고 여자는 난산(難産)으로 고생한다 합니다.

- **생기(生氣)** : 여기에서의 생기는 생기복덕법의 생기, 또는, 구궁정국(九宮定局), 구성법(九星法)에서 적용되는 생기가 아니고, 오직 月別로 日辰을 보는데 해당하는 생기일(生氣日)입니다. 일명 천희(天喜)라 하며 모든 행사에 유리한 길일이라 하겠습니다.

- **생(生)·병(病)·사갑순(死甲旬)** : 혼인, 이사, 건축 등에는 생갑순(生甲旬)이 길하고 병갑순(病甲旬)은 소흉(小凶)하나 사갑순(死甲旬)은 대흉이라 하며, 장매(葬埋)에는 반대로 사갑순이 길하고 병갑순은 무해무익이오, 생갑순은 대불리라 황제(黃帝)의 질문에 구천현녀(九天玄女)가 대답한 내용입니다.

- **성심(聖心)** : 월가길신이라 月支 기준입니다. 이 날은 불쌍한 사람에게 은혜를 베푸는 일, 고위층 신분에게 글을 올리는데 효과적인 날입니다.

- **세렴(歲厭)** : 행년태세(行年太歲)를 기준하여 방위를 보는바, 음양택을 막론하고 가능하면 범하지 않는 것이 좋으나 크게 꺼리지는 아니합니다.

- **세록** : 행년태세(行年太歲)의 天干을 기준하여 녹방향(祿方向)을 칭하는바, 이 방위에서 어떤 일을 경영하면 매우 유리할 것입니다.

- **세마(歲馬)** : 세지(歲支) 기준으로 해당하는 역마방위입니다. 집 짓고, 수리하고, 산에 가서 장례 치르는데 유리한 방위입니다.

- **세월덕(歲月德)** : 年支로 방위를 참고합니다. 이 방위의 행사는 모든 일에 다 유리하다 하였습니다.

- **세천덕(歲天德)** : 태세를 기준한 천덕방을 칭합니다. 방위 길신이며, 백 가지 행사에 들어 子年에 子方, 丑年에 丑方 등을 일컫는 말입니다.

- **세파(歲破)** : 행년태세(行年太歲)와 충(沖) 되는 방위로서 음양택을 막론하고 수리나 좌향을 놓는데 크게 꺼립니다.

- **세형**(歲刑) : 태세의 형(刑)을 당하는 것으로 유리한 것은 없으나 크게 꺼리지는 아니합니다.
- **소모**(小耗) : 택일과 재수점에 방위의 길흉. 사주에서의 신살로 작용됩니다. 특히, 창고 문을 열어 물품을 출하하거나 흙 다루는 일을 하거나 사주 내에 있으면 까닭 없이 야금야금 재산이 준다 하였습니다.
- **소살**(小殺) : 사주와 택일의 신살이며, 月과 時로 대조합니다. 단, 작용력이 약합니다.
- **소시**(小時)·**대시**(大時) : 월가흉신(月家凶神)에 해당하나 모든 행사에 큰 탈은 생기지 않을 것입니다.
- **속세일**(續世日) : 월가길신으로 月支 기준으로 해당되는 日辰을 찾습니다. 재산상속, 경영의 인계, 양자녀 세우는 일 등에 좋은 날입니다.
- **수격일**(水隔日) : 물에 들어가는 일 즉, 물에 들어가 낚시질 하거나 물을 건너거나 배를 타고 먼 바다를 가는 일 등을 피하는 게 안전 하겠습니다.
- **수명일**(水鳴日) : 月의 대소로 날짜와 대조합니다. 이 날은 수격일과 마찬가지로 배를 타고 깊은 바다를 건너지 말 것이며, 용왕제 지내는 일도 하지 않아야 합니다.
- **수사일**(受死日) : 월가흉신의 月支 기준으로 日支를 찾습니다. 이 날은 죽을사 라는 글자의 뜻이 있어 백사불길인데 단, 고기잡고 살충제 살포하는 일에 한해서 효과적인 것입니다.
- **수옥살**(囚獄殺) : 사주신살이며, 관재점(官災占)에 참고할 수도 있습니다. 生年支 기준인데 이 살의 작용은 진·가를 막론하고 감옥신세를 지는 수가 있습니다.
- **수일**(守日) : 택일 길신으로 절기로 일진을 찾는데 특히, 수비하는데 효과

적인 날이라 하겠습니다. 수의장(守衛長)으로 부임하는데 좋습니다.

- **수화관(水火關)** : 소아관살(小兒關殺)에 해당하나 어른에게도 적용되는 사주신살입니다. 이 살이 있는 주인공은 물조심, 불조심 등 두 가지를 주의하시기 바랍니다. 정국(定局)은 月支 기준으로 日이나 時支를 대조합니다.

- **순산라후(巡山羅候)** : 세지(歲支) 기준으로 방위를 보는데 흉신작용을 함으로서 집일을 하거나 장례행사를 치를 경우 관재와 횡액이 이른다 합니다.

- **승광(勝光)** : 글자로 보아 길신인 것 같습니다. 연신방위신(年神方位神)이며, 길흉 간에 작용력은 미약한 것으로 생각됩니다.

- **시양(時陽)** : 월가길신(月家吉神)으로 길일에 해당하지만 작용력이 강하지는 않습니다.

- **시음(時陰)** : 시양과 같이 월가길신의 보조길신이므로 다른 길신과 함께 만나면 무슨 일이나 유리한 방면으로 전개될 것입니다.

- **신음살(呻吟殺)①** : 납음오행으로 寅申巳亥 가운데 해당하면 신음살인데 이 살이 있는 주인공은 부상을 당하거나 질병으로 자주 고생하는 일이 있다 생각됩니다.

- **신음살(呻吟殺)②** : 납음오행(納音五行)을 기준 月이나 日이나 時支에 해당되는 支를 찾아보아야 합니다. 이 살이 있는 주인공은 뜻밖에 몸을 다치거나 몸이 아파 신음까지 할 정도의 질환이 자주 이른다 합니다.

- **신호(神號)·귀곡일(鬼哭日)** : 이 흉신은 귀신이 소리 내어 음산하게 울어댄다는 흉살로서 신상(神象)을 그리거나, 조각하거나, 안치(安置)하거나, 구입해 모시는 일 등을 꺼립니다.

- **십악대패일(十惡大敗日)** : 택일신살인데 결혼식 올리거나 이사, 개업 등

에 이 살을 범하면 크게 불리라 합니다.

아

- **안맹관**(眼盲關) : 月로 日·時支를 찾으세요. 사주신살로 눈을 못 뜨거나 시력이 매우 부족할 수가 있겠습니다.

- **알산**(喝散) : 사주신살이며, 절기 기준입니다. 사주나 택일에 참고하는 살인데 관재(官災)에 걸린 경우 불리합니다.

- **암록**(暗祿) : 日干으로 月·日·時支를 맞추어 보게 됩니다. 이 암록은 건록(建祿)의 지합(支合, 六合)으로 작용은 건록과 비슷하나 단, 남이 잘 모르는 지위, 재산을 지닐 수 있다고 추리하면 되겠습니다.

- **야체관**(夜啼關) : 生年支를 기준해 月이나 日이나 時支를 참고하세요. 낮에는 잘 놀다가 밤만 되면 몹시 울어대는 까닭은 야체관살이 있기 때문인지 모릅니다.

- **양공기일**(陽公忌日) : 중국의 명풍수(名風水) 양균송(梁筠松)을 지칭한 게 아닌가 생각됩니다. 음택에 있어 이 날만은 피해서 장례를 치르라는 말로 이해하는 게 옳은지 모르겠습니다.

- **양덕**(陽德) : 월가길신(月家吉神)이라 月支 기준이며 이 날의 향사길일은 혼인식 올리고, 무역, 상거래 시작하고 새로운 일을 개척하는 일로 사용하시면 결과가 좋을 것입니다.

- **양인살**(羊刃殺) : 사주법에는 生日의 日干으로 月·日·時를 대조하고 점(占)에는 점치는 날의 日干으로 기준 하는바, 사주에 있어 양인격이나 살인상정격(殺刃相停格) 같은 길격을 이루지 못하면 포악스러운 작용을 하게 됩니다. 그래서 약탈, 살생, 횡포, 화급(火急), 잔인성(殘刃性)이 작용되는 흉살입니다. 이 양인살은 사주, 육효, 기타 모든 일에 다

적용됩니다.

- **양착**(陽錯) : 生月支로 사주나 택일, 干支를 적용하되 작용력은 음차와 동일하겠습니다.

- **역마**(驛馬) : 월가길신(月家吉神)이라 月支 기준으로 역마가 되는 날입니다. 이 날은 여행, 이사, 무역업, 상거래 트는 일, 승용차 및 화물차 구입 등에 좋은 날입니다.

- **역사**(力士) : 年支 기준 방위를 보는데 이 곳에서의 경영이나 시합은 힘을 얻거나 힘 있는 사람의 도움을 받게 될 것입니다.

- **연살**(年殺) : 年支 기준은 月日時支를 대조하고, 日支 기준은 年月時支를 대조합니다. 십이살의 5번째로 포태법으로는 욕성(欲星)이며 연살을 도화(桃花) 함지(咸池) 또는, 패살(敗殺)이라고도 합니다. 사주나 육효점에 쓰이는 바, 이 살이 있는 주인공은 이성을 끄는 면이 있기에 바람기가 심해서 패가망신 한다 이르지만 실제로는 아무나 함부로 사귀지 않는 정조관념이 투철한 사람의 예가 많습니다.

- **연해성**(年解星) : 年支를 기준 하는 방위신(方位神)입니다. 이 곳에서의 행사는 귀인을 만나 엉킨 일이 풀어질 것입니다.

- **염왕관**(閻王關) : 사계절(四季節) 기준으로 日時支를 맞추어 해당 여부를 살펴보세요. 염왕관살이 있을 경우 어릴 적에 제사 지내고 불공 들이거나 무당 굿하는 것 등을 보이지 않아야 절, 무당 등을 섬기지 않는 사람이 되겠습니다.

- **오귀**(五鬼)① : 행년태세(行年太歲)의 지지(地支)를 기준 방위를 대조하는 바, 이사방위의 오귀는 질병, 부상이요, 음양택과 육효점 등에 오귀를 범하여도 괴이한 일, 질병, 손재, 부상 등의 액이 있는데 작용력은 약하다 하겠습니다.

- **오귀(五鬼)②** : 연신방(年神方)이며, 이 방위를 범하면 괴이한 일이 발생하나 작용력은 미약합니다.
- **오공일(五空日)** : 땅에 있는 모든 신살(神殺)이 조회(朝會)하기 위해 모두 하늘로 올라가 행사 일을 탈 잡을 수 없어 이 날은 임의로 묘를 쓰고, 집을 짓기 시작해도 탈이 되지 않는다 합니다.
- **오묘(五墓)** : 月支 기준이며, 日干의 오행이 자신의 묘고(墓庫)에 앉은 것으로 이 날에는 모든 행사에 꺼린다 하겠습니다.
- **오부일(五富日)** : 月支 기준 하는 월가길신(月家吉神)으로 집 짓고, 수리하고, 창고 짓고, 장례행사 치르는 등의 일에 모두 좋은 날입니다.
- **오합일(五合日)** : 寅卯日인데 寅日 제사만 제하고 백사에 다 유리한 날이 되겠습니다.
- **오허(五虛)** : 월가흉신(月家凶神)의 택일 신살입니다. 행사 후 허무하다는 뜻으로 해석되는데 작용력은 미약한 것으로 생각됩니다.
- **옥제사일(玉帝赦日)** : 죄(罪)가 있더라도 이 날을 사용하면 옥황상제(玉皇上帝)께서 용서해 준다는 길일이 되겠습니다.
- **옥우일(玉宇日)** : 월가길신(月家吉神)으로 月支를 기준 해당되는 日辰을 찾는데 이 날은 건축을 위한 기초공사 착수와 부분 수리, 손님초대 등에 유리한 신살이 되겠습니다.
- **옥토성(玉兎星)** : 연신방위(年神方位)의 길신이므로 이 방위에서의 행사는 뜻밖에 좋은 인연을 만나 힘든 일을 거들어 줄 것입니다.
- **온황살(溫瘟殺)** : 월지 기준인 일반 택일의 흉신입니다. 이사, 새 집들이에 불리하며, 집 짓고, 수리하는 일, 그 보다도 전염성이 있는 환자에게 문병 가는 일을 보류하는 게 좋을 것입니다.
- **외해(外解)** : 육효점 신살인데 月로 日時支를 대조합니다. 작용은 어떤 일

이 표면상으로는 해결되지만 내면의 문제는 풀리지 않는 모습입니다.

- **요안일(要安日)** : 월가길신(月家吉神)이라 月支 기준으로 찾는 길신입니다. 이 날을 선택 기도드리고, 요양에 들어가거나, 양자 세우는 일 등을 하면 하는 일 모두가 뜻대로 된다고 해석할 수 있습니다.

- **왕망일(往亡日)** : 월가흉신(月家凶神)으로 月支 기준입니다. 이 날은 거리의 멀고 가까운 곳을 막론하고 출행이 마땅치 않으며 취임, 이사 등에도 꺼리는 날이 되겠습니다.

- **왕일(旺日)** : 절기 기준으로 일진을 보는 택일신입니다. 이 날의 행사는 좋은 면으로 도움이 있게 됩니다.

- **욕분관(浴盆關)** : 소아관살이며 네 절기 기준인데 어릴 적에는 언제나 목욕시킬 때 잠시라도 혼자 욕조에 놓아두지 말아야 하겠습니다.

- **용덕(龍德)** : 세지(歲支 - 行年太歲의 支)를 기준 방위를 대조합니다. 이 방위는 길방으로서 모든 행사에 유리하나 단, 작용력이 미약할 뿐입니다.

- **원진(元辰)** : 生年支 기준이며 주인공과 상대 관계를 띠로 참고합니다. 사주, 궁합, 택일 등에 참고하는데 서로 미워하는 사이라 하겠습니다. 주인공의 生年과 세운(歲運)도 원진을 만나면 좋지 않습니다. 인덕이 없어 배은망덕을 당한다 합니다.

- **월간(月奸)** : 사주 및 육효점의 신살로서 月기준 日과 時支로 살의 유무를 살펴야 합니다. 여자로서 이 월간을 만나면 간음(奸淫)을 범하는 수 있다 합니다.

- **월공(月空)** : 택일에 쓰이는 월가길흉신(月家吉凶神)으로 방위나 일진 모두 해당합니다. 관청에 민원서 제출과 땅 파고 집 짓는 기초공사 시작하는 일 등에 길합니다.

- **월귀**(月鬼) : 月로 日·時支를 참고하는바, 사주나 점에 적용됩니다. 이상한 새가 집안으로 날아 들 경우 가정에 괴이한 일이 생길 징조입니다.

- **월기일**(月忌日) : 음력 5월 14일, 23일인데 매사에 불리한 작용을 하게 되며, 특히 건축, 결혼, 출행, 개업에 좋지 아니합니다.

- **월덕**(月德) : 月支로 방위도 보고 月支로 日辰을 대조하니 천덕방도 되고 천덕일도 되는 것입니다. 모든 행사에 길하며, 월덕방에서 어떤 일을 경영하거나 월덕일에 중요한 행사를 치르면 대길이라 하였습니다.

- **월덕귀인**(月德貴人) : 사주에 택일에 좋은 역할을 하는 길신인바, 月支로 干을 대조합니다. 작용력은 천덕귀인과 같이 운과 사람의 도움으로 어려운 일이 해소됩니다.

- **월덕합**(月德合)① : 월덕귀인과 干合 되는 것이 월덕합인데 사주, 택일, 방위 등을 참고하되 이 길신이 있는 주인공(날짜 방위)은 월덕귀인과 같이 길한 작용을 하게 될 것입니다.

- **월덕합**(月德合)② : 연신방위의 세월덕과 干合이 되는 방위입니다. 이 방위에서의 행사(장례행사, 건축, 집수리 등)나 경영은 모두 대길할 것입니다.

- **월살**(月殺) : 월살은 年이나 日支를 기준하게 되는데 적용되는 범위가 많습니다. 포태법으로는 대궁(帶宮)에 해당되는데 색정으로 인해 망신한다 하지만 작용력은 미약합니다.

- **월렴**(月厭)·**염대**(厭對) : 월가흉신(月家凶神)의 택일신살로서 결혼식 올리고 이사 하는 일을 꺼리게 됩니다.

- **월은**(月恩) : 월가길신이므로 月支 기준으로 길방(吉方)이나 길일을 찾는 것입니다. 이 월은일은 이사, 혼인 등의 행사와 집 짓고, 장사 지내는 일 등에 유리합니다.

- 월재(月財) : 월가길신으로 月과 음력 날 수로 대조합니다. 여행가는 일, 이사 일. 또는, 집 짓고 묘 쓰는 일 등에 좋은 날입니다.
- 월파(月破) : 月支와 日支가 沖되는 날입니다. 파괴의 의미가 있으므로 종기 째는 일, 낡은 건물 헐어내기, 불필요한 물건 파기하는 일, 파혼(破婚) 등에만 효과적이고 그 외는 모두 불리합니다.
- 월해(月害) : 月支와 日支가 해(害) 되는 날입니다. 이 날은 남과 타협하는 일, 돈에 관계 되는 일 등에 마땅치 아니합니다.
- 월해(月解) : 월가길신(月家吉神)으로 月支를 기준 해당되는 日辰을 찾아 참고하는데 다른 길신과 더불어 있으면 해결하기 어려운 일이 있어도 자연 해소된다 하겠습니다.
- 월허(月虛) : 월가흉신에 해당하지만 작용력이 미약합니다. 글자 그대로 해석한다면 중요한 행사에 허무한 마음을 느끼게 된다 하겠습니다.
- 월형(月刑) : 월가흉신이므로 月支 기준으로 신살을 찾게 됩니다. 월형이 되는 날은 계약체결, 취업, 혼인식 올리는 일 등에 마땅치 않습니다.
- 유재(流財) : 연신방으로서 행년태세(行年太歲)를 기준하며 양택에 이 방위를 범하면 어린이에게 해롭고 토지도 팔아 없앨 수 있다 합니다.
- 유하살(流霞殺) : 日干 기준 月·日·時를 참고합니다. 이 살이 있는 주인공은 남자일 경우 객자는 객사할 우려가 있고, 여자는 출산할 때 심히 고통스러우며, 심한 경우 아이를 낳다가 사망하는 일이 있다 하나 작용력은 미약한 것으로 생각됩니다.
- 육수(六秀) : 이 육수일에 태어나면 약고 총명하며 글재주가 있습니다. 단, 사주구성이 혼탁하면 이기적이고 약삭빠르며, 잔꾀에 능하고 인색하고, 야비한 경향이 있다 합니다.
- 육의(六儀日) : 월가길신으로 月支가 기준입니다. 이 날은 어떤 의식행사

에 효과적이고 귀한 손님을 초대하는 일에도 좋습니다.

- **육해**(六害) : 年支와 月支 두 가지로 작용되는바, 포태법의 사궁(死宮)이 되어 질병이 따르고 몸이 허약할 수 있다 하나 작용력은 미약합니다. 또는 삼재(三災)가 드는 두 번째 해가 되는 것입니다.

- **음간**(陰奸) : 사주와 각 점(占)에서 참고하는 신살인데 月로 日이나 時支로 신살 유무를 살펴보는 것입니다. 가택점이나 기타 점에 음간살이 있으면 여인네가 다른 남자와 통간(通奸)하는 일이 있다 하나 작용력은 미약한 것으로 생각됩니다.

- **음살**(陰殺) : 사주와 점을 치기 위한 신살인데 月支 기준 日과 時를 대조합니다. 이 살이 있는 주인공은 표면으로 쉽게 발견되지 않는 어떤 변리가 내부적으로 숨겨져 있다 하겠으나 그 작용력은 확률이 적은 것이라 하겠습니다.

- **음양귀인**(陰陽貴人) : 태세의 干으로 방위를 보는데 이 귀인방위에 행사하면 귀인의 도움과 인덕이 있다 합니다.

- **음욕방해살**(淫慾妨害殺) : 사주신살인데 일주(日柱)에 있을 때만 해당됩니다. 이 살이 있는 주인공은 음탕하여 색을 좋아하여 남녀를 막론하고 체통을 잃는다 합니다.

- **음차**(陰差)·**양착**(陽錯) : 택일에 참고하는 신살로서 月支 기준입니다. 이 음양착살은 혼인하고, 집 짓고, 수리하는 일, 장례행사(改葬에 한함)에 불리합니다.

- **익후일**(益後日) : 월가길신(月家吉神)으로 月支 기준입니다. 다른 길신과 함께 들도록 하여 재산상속, 양자(養子) 세우는 일, 경영의 인계 등에 매우 유리한 날이 되겠습니다.

- **인격일**(人隔日) : 月支 기준이며, 직원채용, 운전사, 가정부, 세입자 등을

맨 처음 집안이나 회사에 들이는 일을 꺼립니다.

- **일귀격**(日貴格) : 사주신살인바, 정국은 日支에 日干의 정관(正官) 및 천을 귀인을 놓은 것으로 인덕이 있어 귀인의 도움을 받게 될 것입니다.
- **일덕**(日德) : 사주와 택일에 적용되는 길신으로 길신의 작용을 하려면 日干의 기(氣)가 강한데다 형(刑), 충(沖), 파(破), 해(害) 및 재관운을 만나지 않아야 합니다.
- **일해**(日解) : 육효나 기타 점에 참고하는바, 이 길신이 있으면 관재에 걸린 상태에서 무혐의의 판결을 받거나 가석방으로 자유로운 몸이 될 것이라 합니다.
- **임일**(臨日) : 절기로 기준 하는 길신인바, 윗자리에 군림하는데 좋은 날이니 단, 정치를 목적으로 정사를 맨 처음 시작하는 데는 유리하겠습니다.

자

- **자미**(紫微) : 연지(年支)로 月·日·時를 대조하는바, 사주와 육효점에 적용됩니다. 이 자미성은 天上의 우두머리로 길신에 속하지만 (귀인의 풍모가 있음) 작용력은 미약합니다.
- **자액살**(自縊殺) : 사주신살이며, 年支 기준 月·日·時支 중에 이 자액살이 있으면 순간적인 스트레스를 견디지 못하고 스스로 목을 매는(自縊) 수가 있다 합니다.
- **장군**(將軍) : 연신방위의 길방입니다. 이 방위의 행사는 유리한 귀인의 도움을 받을 수도 있을 것입니다.
- **장성**(長星) : 月支로서 날짜를 맞추어 보는데 중요성이 있는 행사는 모두 이롭지 못하다 하겠습니다.
- **장성**(將星) : 장군의 상 사주에 장성이 있는 사람은 사주 구성이 길한 경

우에는 성격이 곧고 강해서 남에게 굽히지 않으며, 문무겸전한데 단, 고집이 세고, 남의 충고를 받아들이려 하지 않는 게 결점입니다. 여자가 장성이 있으면 八字가 셀 가능성이 있고 내 주장하게 되는데 혹 사회적으로 중대한 위치에 오를 수 있다 합니다.

- **재가살**(再嫁殺) : 生年支 기준 生月로 보는 것입니다. 이 살이 있는 주인공은 한 차례 결혼은 어렵다 합니다만 작용력은 미약한 것 같습니다. 이는 사주신살(四柱神殺)입니다.

- **재살**(災殺) : 십이살의 두 번째이며, 年支로 月·日·時를 대조하는데 사주, 육효, 또는, 음양택(陰陽宅) 등에 많이 적용됩니다. 유년신살(流年神殺)로는 삼살(三殺)에 해당하므로 건물이나 묘(墓)의 좌(坐)를 놓는데 크게 꺼립니다.

- **적살**(的殺) : 사주 및 점(占)을 보기 위한 신살의 하나로서 生年支와 生日 또는 時支로 해당됩니다. 이 살이 있는 주인공은 나쁜 일로 지목된 공격이나 비난의 표적이 되어 불이익을 당하는 수가 있다 합니다.

- **전송**(傳送) : 연신방위로서 행년태세의 地支 기준이며 작용력은 미상이나 흉신이 아닌 길신에 속하는 것으로 생각됩니다.

- **절로공망**(截路空亡) : 이 공망은 여행자에게 장애가 많다는 살로서 어느 날을 막론하고 壬·癸時를 말합니다. 즉, 甲己日에 壬申酉時(壬申·癸酉) 乙庚日에 午未時(壬午·癸未) 丙辛日에 辰巳時(壬辰·癸巳) 丁壬日에 寅卯時(壬寅·癸卯) 戊癸日에 子丑時(壬子·癸丑·壬戌·癸亥)로서 뜻은 가는 길에 큰물이 가로질러 있어 진행이 어렵다는데 비유됩니다.

- **절방**(絶房) : 사주신살인데 점의 목적에 따라 육효 신살로도 적용될 수 있습니다. 이 살이 있는 주인공은 부부 사이에 한때라도 헤어져 독수공방 세월을 보내게 된다 하였습니다.

- **정사폐**(正四廢) : 절기를 기준으로 날을 보는 사시흉신(四時凶神)으로 건물을 세우고 수리하는 일과 생분(生墳 - 살아있는 사람이 장차 들어갈 묘를 미리 만들어 놓는 일) 조성하는데 불리합니다.
- **정인**(正印) : 생아자인수(生我者印綬) 하는 정인(正印)이 아니고 生日干支만으로 해당되는 길신입니다. 이 일진에 태어난 주인공은 인격을 갖추고 학문과 예술에 소질이 있으며 뭇사람들의 존경을 받는다고 합니다.
- **조객**(弔客) : 태세의 年支로 기준 사주. 육효학의 질병점, 가택점, 또는 연신방(年神方)으로 참고하는데 가택점, 질병점과 양택에 범하는 것을 꺼리게 됩니다.
- **조신**(鳥神) : 사주에 있으면 고독하고 박복하며 단명의 우려가 있다 합니다.
- **졸폭**(卒暴) : 사주신살이며, 生年支 기준입니다. 사주 주인공이나 상대방의 인간성을 묻는 점(占)에 졸폭이 사주나 괘효(卦爻)에 해당하면 주인공은 옹졸하고도 포악스러운 면이 있다고 추리하면 되겠습니다.
- **중혼살**(重婚殺) : 사주신살인데 生年支로 月을 대조합니다. 이 살이 있는 주인공은 한 차례 결혼만으로 부부 해로하기 어렵다 합니다. 단, 작용력은 미약하다고 보겠습니다.
- **좌산관부**(坐山官符) : 연신방이며, 이 방위를 범하면 우환과 시비, 구설이 생겨나 집안이 시끄러워진다 합니다.
- **좌산라후**(坐山羅後) : 세지(歲支) 기준 날짜로 보는 것 같은데 이 날짜를 범하면 관재(官災)가 있고 먹을 것이 모자란 형태라 하였습니다.
- **좌살**(坐殺) : 이 살은 삼살 가운데 끼어 있으나 天干에 속하는데 음양택 행사에 꺼리는 것은 삼살과 동일합니다.

- **주서(奏書)** : 연신의 길방인데 이 방위에서 사는 경리담당이나 문서정리를 맡길 사람을 구하거나 주인공 자신이 이 방위로 가면 문서상의 이로운 점이 있겠습니다.

- **중상일(重喪日)** : 月支로 干을 대조하는바, 초·개장(初·改葬)을 막론하고 장사 지내는 일을 꺼립니다. 거듭 초상이 날 수도 있다는 뜻이기 때문입니다.

- **중일(重日)** : 좋은 일, 나쁜 일을 막론하고 중(重)이란 거듭이라는 뜻도 되므로 흉사(凶事)에는 이 날은 쓰지 않습니다.

- **지격(地隔)** : 월가흉신. 月支 기준으로 日辰을 찾는데 묘목 이식(移植)하는 일과 이장을 위한 장례행사(묘 쓰는 일)에는 피해야 되겠습니다.

- **지관부(地官符)** : 연신방위(年神方位)로서 행년태세(行年太歲)의 年支로서 묘의 좌향을 놓는데 꺼립니다. 그러나 행사 연월일로서의 납음으로 제(制)하면 무해한 것입니다.

- **지낭일(地囊日)** : 월가흉신(月家凶神)이므로 月支를 기준하여 살의 유무를 찾아봅니다. 이 날은 건축을 위한 기초공사 시작, 흙 다루는 일, 못이나 우물파기 등을 하지 말라 하였습니다.

- **지덕(地德)** : 월가길신에 해당하여 月支 기준입니다. 이 날은 흙 다루며 장사지내는 일에 유리합니다.

- **지살(地殺)** : 사주는 연지를 기준. 月·日支를 대조하고, 음양택에는 방위를 보는바, 포태법으로는 생궁(生宮)에 해당합니다. 십이살의 4번째입니다.

- **지소성(地掃星)** : 생년납음(生年納音)으로 時를 찾아봅니다. 사주 신살에 해당하는바, 이 살이 있는 여자로서 사주가 구성된 격국이 나쁘면 첫 번째 결혼은 실패하고 두 차례 시집가거나 남의 첩 노릇을 하게 되

는 수가 있다 합니다.

- **지배**(指背) : 사주, 점학(占學)의 흉살로서 이 지배가 있는 주인공은 뜻하는 일이 반대방향으로 어긋나 고생을 하게 된다고 추리됩니다.
- **지창**(地倉) : 연신방위의 길신에 해당합니다. 이 방위에서는 창고 짓고, 수리하는 일 뿐 아니라 사람이 사는 집을 지어도 매우 좋습니다.
- **지파일**(地破日) : 월가흉신(月家凶神)으로 月支 기준 日辰을 찾습니다. 일명은 팔좌(八座)라고도 하는데 땅을 파고 흙을 운반하는 일 등에 꺼립니다.
- **지화일**(地火日) : 월가흉신(月家凶神)으로 月支 기준입니다. 이 날도 화재의 위험성이 있다 하여 주의를 요하게 됩니다.
- **직난관**(直難關) : 소아관살로 月支 기준 日이나 時에서 찾아봅니다. 이 살이 있는 주인공은 이러지도 저러지도 못하는 입장을 당하게 된다 합니다. 또는 10세 이전에 날진 칼, 송곳 등을 가지고 놀지 말도록 해야 됩니다.
- **진신**(進神)·**퇴신**(退神) : 태어난 날의 일진에 해당하는바, 진신은 발전이 빠르고, 퇴신은 진도가 느리다고 생각하면 되겠습니다.

차

- **천강**(天罡)① : 연신방(年神方)이며, 이 방위에서 일을 경영하면 불리라 하지만 작용력은 미약합니다.
- **천강**(天罡)② : 월가흉신(月家凶神)으로 백사에 불리라 합니다. 그러나 이 날이 황도일(黃道日)이 되면 사용해도 나쁘지 않습니다.
- **천격**(天隔) : 비행기 타고 여행할 경우 월파일(月破日)과 천격이 함께 닿는 날은 여행을 보류함이 어떠실지 모르겠습니다.

- **천곡(天哭)** : 生年支로 月·日·時支에 해당하는 支가 있는가를 살펴봅니다. 사주나 신수점에 참고하는바, 이 살이 있는 주인공은 집 안에서 소리 내여 울게 될 일이 간간히 생긴다 하였으나 작용력은 미약합니다.

- **천공(天空)** : 年支를 기준. 시(時)를 대조하는데 사주에 천공살이 있고 사주 구성이 나쁘면 육친의 덕과 인연이 박하여 부모처자와 이별하는 수가 있어 이 수를 면하려면 머리 깎고 불가에 귀의(歸依)하는 게 고생을 면한다 하였습니다.

- **천관귀인(天官貴人)** : 사주 길신에 해당하며, 日干 기준 月·日·時支를 대조해 봅니다. 이 천관귀인이 있는 주인공은 지식과 인격을 갖춘 분이라면 고관대작(高官大爵)이 될 수 있는 명(命)이라 합니다.

- **천관부(天官符)** : 年支(당년)로 방위를 보는데 집 짓고 수리하는 일 등에는 꺼리지만 이장(移葬) 등 장례를 위한 묘의 좌향을 놓는 데는 꺼리지 않습니다.

- **천구살(天狗殺)** : 사주나 택일신살에 해당하는 生年支와 月·日·時支를 찾아봅니다. 이 살의 주인공은 어릴 적에 병 치례를 자주 하거나 개에 물려 부상을 당할 우려가 있다 합니다.

- **천구일(天狗日)** : 월지 기준으로 보는 신살인바, 천구일은 다른 행사에는 해되지 않으나 제사 음식을 천구가 내려와서 다 먹어치운다는 형식이라서 제사 지내는 일을 피하는데 단, 부모, 조상의 기일제는 천구일이라도 꺼리지 않고 제사를 올린다 하겠습니다.

- **천귀(天貴)** : 사시절(四時節)을 기준한 택일신살로 이 날의 모든 행사는 귀인의 도움이 있다 합니다.

- **천귀(天鬼)** : 사주와 각 점(占)에 참고하는 신살의 흉살로서 방해가 많다 하겠습니다. 이 살의 정국도 月支 기준 日과 時支에서 해당 유무를

살펴야 되겠습니다.

- **천기**(天忌) : 사주와 각 점에 참고하는 신살정국의 흉살입니다. 月支 기준 日과 時支를 참고하는데 이 살의 작용은 사람이 죽어 울음소리가 들린다 합니다. 단, 보조 신살인 만큼 작용되는 경우는 매우 적다 하겠습니다.

- **천덕**(天德) **월덕**(月德) **복덕**(福德) **용덕**(龍德) : 사주나 택일에 적용되는 바 생년지 기준으로 月日時支를 대조합니다.

- **천덕**(天德) : 月支 기준으로 日辰을 대조하는데 이 천덕일은 집 짓고, 장사 지내는 일을 포함해서 만사대길이라 하겠습니다.

- **천덕귀인**(天德貴人) : 生月로 年月日時干이나 支 가운데 해당되는 干支를 찾아 천덕귀인이 있는가 살펴보는 것입니다. 길신(吉神)으로서 하늘(운)의 도움과 삶의 도움이 있어 귀인성으로 작용됩니다. 사주, 택일 등에 적용됩니다.

- **천덕합**(天德合)① : 천덕귀인과 干合, 또는 支合에 해당되며 길한 작용은 천덕귀인과 동일합니다.

- **천덕합**(天德合)② : 여기에서의 천덕합은 일진이 아니고 방위이며, 천덕방과 干合이 되는 방위입니다. 이 천덕합이 되는 방위에서 무슨 일이든지 하게 되면 좋은 일들이 줄지어 생긴다 하였습니다.

- **천도살**(天屠殺) : 生年支로 日이나 時의 支에 해당되는 가를 봅니다. 사주 신살인데, 이 살이 있는 주인공은 관재가 따르며, 다리 질환으로 고생하는 수가 있습니다.

- **천롱**(天聾)·**지아일**(地啞日)은 日의 干支로서 음양택 행사에 유리하다 보겠습니다.

- **천리**(天吏)·**치사**(致死) : 월가흉신에 해당하는데 그 명칭(치사)은 무서우

나 작용력이 약한 흉신이라 염려치 않으셔도 되겠습니다.

- **천마·역마(天馬·驛馬)** : 태세를 기준하면 천마가 되고 月支를 기준하면 역마라 하나 같은 뜻입니다. 사주나 육효점, 또는 연신방위의 길신이라 하겠습니다. 해외출입이 잦고 국이 사주에 좋으면 외교관으로 출세하거나 무역·유통업으로 성공하게 됩니다.

- **천무일(天巫日)** : 월가길신(月家吉神)에 해당하므로 月支 기준이며, 다른 길신과 같이 있으면 대길한 날이 되겠습니다.

- **천복귀인(天福貴人)** : 사주신살, 방위신의 길성으로 사주나 방위에서 이 귀인성에 있으면 하늘에서 내려 주는 복록이 있으며, 어려운 일을 당해서는 구원자가 많이 생긴다 합니다.

- **천사일(天赦日)** : 生月支로 日辰을 대조하는바, 어려운 일을 당하여 고생하더라도 얼마 안가서 자연 고난에서 벗어난다 합니다.

- **천살(天殺)** : 年支를 기준 월·일·시지를 대조합니다. 이 천살(天殺)은 세살(歲殺)이라고도 하는바, 역시 삼살에 해당하여 음양택에는 건물이나 묘의 좌를 놓는데 크게 꺼립니다. 사주신살로서의 작용력은 미약합니다.

- **천서(天鼠)** : 사주신살이며, 쥐가 의복을 씹는 일이 생긴다면 집안에 좋지 못한 일이 생길 징조라 합니다.

- **천소성(天掃星)** : 日干으로 日과 時를 대조하며, 사주신살에 속합니다. 이 살의 작용은 남자에게만 해당하는데 사주 구성이 나쁜 가운데 이 살이 있으면 세 차례 아내를 맞이할 수가 있다 합니다.

- **천옥(天獄)** : 月支를 기준합니다. 작용력은 약하지만 취임, 고소장 제출 등에 좋지 않습니다.

- **천액(天厄)** : 生年支 기준이며, 사주신살의 흉신이며, 당 사주에서 일컫는

천귀, 천액, 천권하는 천액성이 아닙니다. 이 살이 있는 주인공은 사는 동안 크고 작은 액을 당할 수 있다 합니다.

- **천원**(天願) : 月支로 日辰을 대조합니다. 이 날에는 결혼식, 손님초대, 자금의 출자(出資) 등에 유리합니다.

- **천월**(天月) : 月支로 日과 時支를 대조. 이 살의 유무를 살펴보세요. 이 살은 환절기에 온역 따위의 유행성 질환에 걸리지 않도록 주의해야 되겠습니다.

- **천을귀인**(天乙貴人) : 사주나 신수를 볼 때는 日干을 기준하고 행년태세(行年太歲)의 방위를 볼 때는 세간(歲干 : 年干)을 기준 방위를 보는 바, 이 천을귀인이 있는 사람은 귀인의 도움이 많고, 행년태세의 천을귀인 방위에서는 좋은 사람을 만나 일을 성취한다 합니다.

- **천의**(天醫) : 천의(天宜)로도 불리우는 월가길신입니다. 질병 치료를 위한 시작 날과 병원, 주치의를 선택하는데 효과적인 날이라 하겠습니다.

- **천일관**(千日關) : 소아관살(小兒關殺)이며, 日干을 기준 하는데 출생한 날부터 1천일까지는 경기, 젖을 토해 내는 등 잔병이 잦아 근심된다 합니다. 또는, 출생 후 1천일째 되는 날 어린이를 떼어 놓지 말아야 합니다.

- **천재**(天財) : 태세의 干으로 방위를 보는데 이 방위에서 어떤 일을 경영하거나 유리한 사람을 만나고자 하면 매우 유익한 것입니다.

- **천저**(天猪) : 月支와 時支로 찾는데 이 살이 사주나 점(占)에 있는 사람은 천하기가 돼지 같은 것으로 비유되지만 적용되는지 의문입니다.

- **천적일**(天賊日) : 택일분야의 월가흉신정국(月家凶神定局)에 月支 기준인 바, 이 천적일에는 한 가지도 좋은 일이 없고, 백사불리라 하였습니다.

- **천전지전**(天轉地轉) : 아래 천지전살과 동일합니다.
- **천조관**(天弔關) : 生年支로 月·日·時 어디에 있거나 막론하고 이 살이 있으면 집안에 조객(弔客)을 맞게 된다 하는바, 소아살에 해당하지만 작용력은 미약합니다.
- **천주귀인**(天廚貴人) : 사주신살의 길신에 해당하며, 日干으로 月·日·時支를 대조합니다. 이 귀인성이 있는 주인공은 부귀는 물론 수복(壽福)을 겸비하는바, 천주귀인이 정관(正官)이나 정인(正印)에 해당하면 명성을 떨치게 된다 합니다.
- **천지전살**(天地轉殺) : 택일과 사주신살인데 사시(四時) 기준 日支와 대조합니다. 이 살을 범한 경우 이 곳, 저 곳 떠돌며 방랑생활을 하게 됩니다.
- **천지황무**(天地荒蕪) : 사시흉신(四時凶神)이라 절기와 일진으로 만나면 이에 해당하는바, 이 날은 생기(生氣)가 없는 날이라 음양택 모두 마땅치 않습니다.
- **천창**(天倉) : 연신방위의 길신인데 살고 있는 집을 기준 이 방위에서는 창고를 세우거나 확장 수리하는데 대길하다 하였습니다.
- **천해**(天害) : 연신방(年神方)으로 무슨 일에나 해롭다는 방위이지만 작용력은 미약합니다.
- **천해·지해**(天解·地解) : 이는 길신으로 生年支와 時支를 대조하는바 사주나 신수점에 이 길신을 만나면 금전사정, 옥에서의 출감 등 좋은 작용을 하게 됩니다.
- **천혁**(天赫) : 정국(定局)은 봄·여름·가을·겨울 절기 기준이며, 사주, 택일 연신방(年神方) 등 모든 좋은 작용을 하는 길신입니다.
- **천형살**(天刑殺) : 사주와 육효에 참고하는 신살로서 生年支로 日·時支를

참고합니다. 寅巳申三刑 하는 형살(刑殺)이 아닙니다. 이 살이 있는 주인공은 몸을 크게 다치거나 관재를 당하며 고생하는 수가 있다 합니다.

- **천화**(天禍) : 사주, 택일, 점(占) 등에 참고하는 신살입니다. 月支 기준. 일(日)이나 시(時)에서 해당여부를 살펴보는바, 사람의 힘으로 막기 어려운 재난을 당하는 수가 있습니다.

- **천화일**(天火日) : 지난 날 짚으로 이엉을 엮어 지붕을 덮을 때는 천화일만은 피해서 지붕을 덮었던 것입니다. 불조심 하세요.

- **천후일**(天后日) : 역마와 같은 날인바, 역마작용을 하는데다 천우신조(天佑神助)까지 있어 대길한 일진이 되겠습니다.

- **천희**(天喜) : 사주와 육효 연신방(年神方) 등에 적용되는데 글자 그대로 기쁨을 가져다주는 길신이므로 좋은 일과 경사가 자주 이르게 된다 합니다.

- **철사관**(鐵蛇關) : 사주신살이며, 日干 기준 생시로 보게 됩니다. 이 살이 있는 주인공은 어릴 적 홍역, 마마를 주의하라 하였는데 뱀에 물릴 수 있거나 관재수도 있게 된다고 풀이하겠습니다. 역시 작용력이 미약할 것입니다.

- **철소추**(鐵掃帚) : 生年支로 生月을 대조하는데 사주신살에 해당합니다. 사주에 이 살이 있으면 남자는 처가가 기울고, 여자는 시집의 가세가 줄어든다 하였습니다.

- **청룡**(靑龍) : 이 곳에서의 청룡은 年支 기준이며, 공부하는 학생이 이 방위에서 시험을 치르게 되거나 실력 향상에 힘쓰면 다른 방위에 비해 효과적이라 하겠습니다.

- **초요일**(招搖日) : 월가흉신(月家凶神)이며, 月支를 기준합니다. 이 날에는

회의개회와 잔치 베푸는 일에 마땅치 않습니다.
- **칠살일**(七殺日) : 군사 동원, 행선(바다 항해), 건축, 혼인식 등에 꺼리는 바, 아래와 같습니다.

 각(角), 항(亢), 우(牛), 규(奎), 누(婁), 귀(鬼), 성(星)

ㅋ으로 된 술어(述語)는 없으므로 생략합니다.

타

- **타겁혈인**(打劫血刃) : 年支 기준 음력 날짜 수를 참고 합니다. 이 날은 흙 다루는 일과 건물의 기초 작업에 좋지 않습니다.
- **탄함살**(呑陷殺) : 生年支 기준. 日時支를 보는바, 사주신살입니다. 이 탄함살이 있는 未戌亥生은 몸을 다치고, 巳申生은 질병이 따르고, 酉生은 아내가 달아나는 수가 있고, 卯生은 고향을 멀리 떠나가 살게 되고, 丑·午生은 몸을 다치고, 辰生과 午生은 수액(水厄)이 있다 하였습니다.
- **태백성**(太白星) : 生年支로 月·日·時 등을 찾아보는바, 사주, 점, 택일, 연신방위에 해당합니다. 이 태백성이 있는 주인공이 사주 구성이 나쁠 경우 빈천·고독한 명인데 사주 구성이 좋은 사람은 태백성이 있어도 무방합니다.
- **태양**(太陽) : 年支로 日·時를 대조하는바, 사주보다 연신방(年神方)에 적용됩니다. 작용력은 인기와 명성을 얻게 되며, 모든 액의 침입을 막아 주는 길신입니다.

- **태음(太陰)** : 年支 기준. 日과 時를 대조하는바, 사주와 육효, 그리고 연신방(年神方)의 길성입니다. 이 태음성이 있는 주인공은 참을성이 있고, 은연중에 천지신명의 가호가 있게 된다 합니다.
- **태음살(太陰殺)** : 유년태세 기준 방위를 봅니다. 이 방위에서는 집수리를 하거나 집의 좌향을 놓지 아니합니다.
- **탕화살(湯火殺)** : 소아관살(小兒關殺)인바, 生年支를 기준 時支에 표대로 있는가를 살펴 이 살에 해당하면 어릴 적 끓는 물에 손을 담그거나 엎지르지 않도록 주의하셔야 되겠습니다.
- **태허일(太虛日)** : 사시흉신(四時凶神)으로 해당될 경우 무슨 일에나 허망한 일이 자주 생긴다 하겠으나 작용력은 미약합니다.
- **택묘살(宅墓殺)** : 사주신살이며, 법식은 年支 기준입니다. 이 택묘살이 있는 사람이 겁살세운(劫殺歲運)을 만나면 집안에 불안한 일이 생기거나 몸이 아파 고생을 겪게 된다 합니다.
- **토금일(土禁日)** : 월가흉신(月家凶神)이며, 택일흉신입니다. 이 날은 땅을 파거나 땅을 헤쳐 흙을 운반하는 일 등에 마땅치 아니합니다.
- **토기일(土忌日)** : 월가흉신(月家凶神)인데 어떤 일을 목적으로 하거나를 막론하고 땅을 파거나 흙 다루는 일에는 동토 탈이 생길 수 있다 합니다.
- **토부(土符)** : 또는 토부(土府)라고도 씁니다. 건축이나 장례를 목적으로 땅 파는 일(우물, 못)·흙을 헤치는 일 등 일체를 하지 않는 게 좋겠습니다.
- **토온일(土瘟日)** : 월가흉신(月家凶神)으로서 땅 파고, 흙 다루는 일 등에 좋지 않으므로 집터 닦기 같은 일을 꺼리게 됩니다.

파

- **파록**(破祿) : 사주나 점(占)에 용신이나 건록이 충극을 당하는 것으로 빈천하고 몸도 건강치 못하다 하겠습니다.

- **파쇄**(破碎) : 사주신살이며, 生年支로 日이나 時를 대조합니다. 이 살이 있는 주인공은 생애 중 간간히 실패를 보게 된다 합니다.

- **파조공망**(破祖空亡) : 사주신살이며, 日干으로 日과 時支에 해당되는 글자가 있는가를 살펴보세요. 이 살이 있는 주인공은 부모, 조상 때 물려받는 재산을 다 없애고 자신에게는 유산이 없다 합니다. 설사 있더라도 주인공이 지키기는 어려울 것이라 합니다.

- **팔전**(八專) : 생일에 해당하는 흉신으로 고집 세고, 주관력이 강한 사람입니다.

- **팔패**(八敗) : 年支로 月支를 대조하여 이 팔패살이 있는 주인공은 여러 번 실패 수가 있다 합니다. 단, 작용력이 미약하겠습니다.

- **평두살**(平頭殺) : 사주신살에 속하는데 혼인이 잘 안 되는데 설사 요행히 결혼했다 할지라도 이혼 등으로 해로가 어렵다 합니다.

- **폭패살**(暴敗殺) : 정국은 生年支 기준입니다. 사주관살의 흉살이며, 이 살이 있는 주인공은 갑자기 실패를 당하거나 어떤 큰 실수가 있다 하겠습니다.

- **표미**(豹尾) : 이 신살은 표범의 꼬리라는 뜻으로 양택에 이 방위를 범하면 표범의 꼬리를 밟는 것 같이 위험스러우니 피하는 게 좋다 합니다. 그러나 역시 작용력은 약한 것으로 보겠습니다.

- **피마살**(披麻殺) : 生年支로 日과 時를 대조하는바, 사주와 택일에 관계되는 살입니다. 피마라 삼베옷을 입게 된다는 살로서 택일에 범하면 복(服)을 입게 된다 하나 작용력은 미약합니다.

하

- **하괴**(河魁)① : 이 곳의 하괴는 연신방이며, 흉신에 해당하나 작용력은 미세하므로 크게 신경 쓸 필요는 없겠습니다.

- **하괴**(河魁)② : 월가흉신(月家凶神)이며, 月支 기준입니다. 천강과 더불어 모든 행사에 불리하나 단, 황도일(黃道日)과 같이 있으면 사용해도 무방합니다.

- **학당**(學堂) : 학당귀인이라고도 칭하는바, 사주신살의 길신에 해당하므로 이 학당귀인이 있는 주인공은 글재주가 있을 뿐 아니라 학운(공부운)도 있어 나쁜 환경에 처했더라도 좋은 학교와 좋은 스승을 만나 지식을 풍부하게 한다 합니다.

- **해신**(解神) : 월가길신(月家吉神)이라 月支 기준으로 日辰을 맞추어 보게 됩니다. 이 해신은 풀려나온다 하는 뜻이 있어 질병, 빚, 구속 상태 등에서 풀려나올 가능성이 높은 날이 되겠습니다.

- **향살**(向殺) : 건물이나 묘의 좌(坐)가 좌살(坐殺)이면 자연 향살(向殺)이 되므로 좌살에 해당하면 향도 꺼리게 됩니다.

- **현침살**(顯針殺) : 생일주가 현침살에 해당하면 성격이 예민하고, 독하며 관재, 부상 등이 따릅니다. 이 살을 타고난 주인공은 역술, 침술, 의술 등으로 종사하면 유리합니다.

- **혈기일**(血忌日) : 월가흉신(月家凶神)의 하나로 月支 기준입니다. 이 날은 사람은 물론이고, 짐승한테도 피 흘릴 수 있는 일(수술받기)을 하지 말아야 부작용이 없다 하겠습니다.

- **협록**(夾祿) : 사주(四柱)의 기격(奇格), 日支와 時支 사이에 사주 표면에 없는 건록을 끼고 있는 것인데 이러한 사주의 주인공은 남모르는 재산을 지니는 수도 있다 합니다.

- **혈분관(血盆關)** : 소아적에만 적용되는 소아관살로서 절기 기준으로 출생한 時와 대조합니다. 어릴 적 피를 많이 흘리게 된다는 뜻의 흉살이므로 크게 다치지 않도록 주의하실 필요가 있겠습니다.

- **혈인(血刃)** : 생년지로 月·日·時를 대조함. 이 살이 있는 주인공은 예리한 쇠붙이에 몸을 다쳐 피를 많이 흘려볼 수가 있다 합니다.

- **혈지일(血支日)** : 월가흉신에 해당하며 月支 기준으로 신살 유무를 찾아보게 됩니다. 이 날은 종기 째고, 수술 받거나 이 빼는 등 출혈(出血)이 있는 일은 삼가 하는 게 안심이겠습니다.

- **홍란(紅鸞)①** : 生年支로 月·日·時支를 대조하는데 사주와 육효점의 길신이므로 이 홍란성이 있는 주인공은 남자는 마음씨가 착하나 나약성이 있어 탐탁지 않으나 여자는 품행이 단정하고 여성으로서의 얌전과 덕망을 지니고 있다 합니다.

- **홍란(紅鸞)②** : 사주에도 적용되는 길신방에 해당합니다. 남자라면 이 방위에서 좋은 배우자를 만날 수 있을지도 모릅니다.

- **홍사일(紅紗日)** : 월가흉신의 월지 기준인데 이 날 혼인식 올리는데 대흉하다 하였습니다.

- **홍염살(紅艷殺)** : 日干으로 月이나 日이나 時支를 대조하는바, 사주와 육효점, 기문학 등에 참고하는 살입니다. 이 홍염살이 사주에 있는 주인공은 이성의 마음을 끌어당기는 매력(요즘 말로 섹시함)이 있는데다 주인공 자신도 바람기가 심하여 색정(色情)에 빠져 망신하는 수가 있다고 합니다. 특히 여성은 요염하고 애교가 있어 남성의 마음을 사로잡게 됩니다. 사치스럽고 질투심도 강하여 이씨 왕조 숙종 때의 장희빈에 비유한다면 이해가 될 것입니다.

- **화개(華蓋)** : 生年支로 月과 日과 時를 대조합니다. 십이살 가운데 속하는

데 사주에 화개가 많은 주인공은 언변과 문장력이 뛰어나며, 방랑벽이 심하다 하였습니다. 멋쟁이 기질이 있는가 하면 신앙심도 돈독하므로 남이 주인공의 본심을 알아내기 어렵다 합니다. 여자는 사주에 辰戌丑未가 많으면 지혜로워 흡수력이 있으나 대개 고독하게 살아가는 경우가 많다합니다. 연예인이나 화류계에 진출한다면 인기가 높다 하였습니다.

- **환과(鰥寡)** : 生年支로 月·日·時 등을 참고합니다. 남여를 막론하고 배우자와 헤어지고 한 때라도 고독한 신세가 된다 합니다.

- **활요(活曜)** : 사주신살이며, 절기 기준 年·月·日·時支를 모두 참고합니다. 단, 길신으로서 작용되는 것 같습니다.

- **화상관(和尙關)** : 화상이란 중(僧)의 별칭인바, 生年支 기준으로 時支에 해당하는 가를 살펴봅니다. 소아관살로서 어릴 적에 절(寺)이나 사당 같은 곳에 데리고 가지 말며, 또는, 중·무당 등을 보이지 않는 것이 좋다 하였습니다.

- **황번(黃幡)** : 행년태세(行年太歲)로 방위를 보는바, 누런 깃발을 상징. 양택에 범하면 집안에 마포기를 쓸 일이 생긴다는 뜻인 것 같으나 작용력은 미약한 것으로 생각됩니다.

- **황은대사(皇恩大赦)** : 월가길신(月家吉神)에 해당하는바, 천지신명의 용서가 있어 지난 잘못을 모두 용서해 준다는 뜻이 있어 日辰이 다소 나쁘더라도 이 날에 행사하면 잘 못된 택일이라도 별 탈이 생기지 않는다 하겠습니다.

- **황천구퇴(皇天灸退)** : 연신방위(年神方位)로서 양택(집 짓고 수리하는 일)에 범하면 재물이 흩어진다 하였습니다.

- **황흑도(黃黑道)** : 황도와 흑도의 합칭으로 황도는 흉신의 작용을 달래고,

제압해서 악태를 부리지 못하게 하는 선신(善神)입니다. 그래서 천강(天罡)과 하괴(河魁)는 백사불리의 나쁜 작용을 하지만 황도일과 같이 만나면 천강·하괴살이 누그러져 사용이 가능한 것입니다.

- **희신**(喜神) : 사주·육효·방위·택일과 기타 여러 가지 목적에 적용됩니다. 이 길신이 있는 주인공은 정신력이 강하고 활동적이며 기쁜 일이 많이 생긴다 합니다.

참고 문헌

1. 韓重洙 · 曹誠佑 共著 [易學大辭典] 1994. 明文堂
2. 孔紫雲 [命理正典] 2004. 易林院
3. 李錫暎 [四柱捷徑] 1970. 韓國易學敎育學院
4. 신수훈 [命理講論] 2005. 도서출판 서지원
5. 金善浩 [紫微斗數全書] 2010. (주) 大有學堂

神殺百科
신 살 백 과

초 판ㅣ발행 2009년 3월 12일
개정판ㅣ발행 2017년 5월 15일

펴낸이ㅣ김강현(본명 김재식)
인쇄처ㅣ공감디자인
발행처ㅣ정훈 출판사
　　　　충청남도 당진시 밤절로 146 수청타워 505호
　　　　전화 041-352-2000 : 010-9405-5001

※ 이 책은 저작권법에 의하여 보호를 받는 저작물이므로
　 편저자의 승낙 없이 무단전재나 복제를 금합니다.